수학으로 이해하는 머신러닝 원리

KIKAIGAKUSHU NO ESSENCE
Copyright ⓒ 2018 Kimikazu Kato
All rights reserved.
Original Japanese edition published by SB Creative Corp.
Korean translation rights ⓒ 2021 by Rubypaper
Korean translation rights arranged with SB Creative Corp., Tokyo
through Botong Agency, Seoul, Korea

이 책의 한국어판 저작권은 Botong Agency를 통한 저작권자와의 독점 계약으로 루비페이퍼가 소유합니다. 신 저작권법에 의하여 한국 내에서 보호를 받는 저작물이므로 무단전재와 무단복제를 금합니다.

수학으로
이해하는
머신러닝
원리

라이브러리 사용법만으로는 부족함을 느낀다면

루비페이퍼

수학으로 이해하는 머신러닝 원리

초판 1쇄 발행 2021년 6월 18일

지은이 가토 기미카즈
옮긴이 이중민
편 집 윤나라

펴낸이 한창훈

펴낸곳 루비페이퍼 / **등록** 2013년 11월 6일(제 385-2013-000053 호)
주소 경기도 부천시 원미구 길주로 284 913호
전화 032-322-6754 / **팩스** 031-8039-4526
홈페이지 www.RubyPaper.co.kr
ISBN 979-11-86710-67-8

* 이 책은 저작권법에 따라 보호받는 저작물이므로 무단 전재와 무단 복제를 금하며,
  이 책 내용의 전부 또는 일부를 이용하려면 저작권자와 루비페이퍼의 서면 동의를 받아야 합니다.
* 책값은 뒤표지에 있습니다.
* 잘못된 책은 구입처에서 교환해 드리며, 관련 법령에 따라서 환불해 드립니다.
  단 제품 훼손 시 환불이 불가능합니다.

지은이의 말

2016년 알파고의 등장 이후 인공지능 관련 기술이 크게 주목을 받고 있습니다. IT와는 무관하다고 생각되는 경제·경영 분야의 서적이나 잡지에서도 다양한 애플리케이션이 소개될 정도입니다.

이러한 인공지능을 구현하는 수단으로 개발자들이 가장 관심을 갖는 기술은 머신러닝과 딥러닝입니다. 2021년 현재에는 이미 많은 사람이 머신러닝 라이브러리 등을 사용해 본 경험이 있을 것으로 생각합니다.

이 책은 머신러닝을 처음 접하는 개발자에게 머신러닝의 근본을 이해하는 데 도움을 주려는 목적으로 썼습니다. 먼저 머신러닝 알고리즘의 동작 원리를 설명한 후, 실제 프로그램을 구현하는 예를 소개합니다. 프로그래밍 언어는 머신러닝 분야에서 가장 많이 쓰이는 파이썬을 사용합니다.

한편 머신러닝을 공부하는 주변 사람들을 보면 머신러닝을 이해할 때 가장 어려운 부분은 수학이었습니다. 그래서 가급적 쉽게 이해할 수 있는 수학 개념으로 머신러닝을 설명합니다. 그런데 머신러닝 이론을 설명하기 위한 수학 개념이 추상적이면 수치 계산이나 프로그래밍을 연결해서 생각하기 어려우므로 별도로 수치 계산을 설명하는 부분을 두었습니다.

이 책으로 머신러닝을 충분히 배울 수 있도록 하는 것이 목표이지만, 머신러닝은 사실 책 한 권으로 모두 설명하기에는 방대한 분야입니다. 따라서 이 책의 마지막에는 여러분에게 도움을 줄 수 있는 참고 문헌을 실었습니다. 이를 참고해서 여러분의 머신러닝 지식을 더욱 넓히기 바랍니다. 그리고 이 책이 머신러닝의 구조를 더 깊게 이해하는 발판이 되기를 바랍니다.

이 책을 훌륭하게 기획해 주시고 집필에 필요한 지원을 아끼지 않은 SB크리에이티브의 히라야마 나오카츠 씨에게 감사드립니다. 초고를 읽고 많은 조언을 해준 주식회사 CMS 커뮤니케이션의 데라다 마나부 씨, 도쿄대학교의 츠지 신고 씨, 유튜버 가츠마타 겐타 씨에게도 감사드립니다. 그리고 이 책을 집필하는 동안 집중할 수 있는 환경을 제공해준 기치죠지의 카페 UNISON TAILOR에 감사드립니다. 빠른 인터넷과 맛있는 커피 덕에 좋은 책을 쓸 수 있었습니다.

가토 기미카즈

이 책의 예제 소스는 다음 경로에서 내려받습니다.
https://github.com/wizplan/ml-essence

| 옮긴이의 말 |

이제 머신러닝이나 딥러닝의 중요성은 모두가 알고 있습니다. 머신러닝과 딥러닝에 입문할 수 있는 자료가 많이 생겼기 때문에 공부하려고 마음먹는다면 누구나 할 수 있는 요즘입니다. 그래서 이 책을 번역할 때는 기존의 책과 어떤 차별점이 있는가에 중점을 두었습니다. 이 책은 단계별로 크게 네 가지 측면에서 머신러닝에 필요한 주요 이론을 단계에 맞춰서 설명합니다.

> ❶ 머신러닝을 공부하는 데 필요한 파이썬의 기초 문법을 소개합니다.
> ❷ 파이썬을 이용한 데이터 과학의 기초를 설명합니다.
> ❸ 꼭 알아야 할 머신러닝의 기반이 되는 수학을 설명합니다.
> ❹ ❶~❸에서 소개한 모든 지식을 바탕으로 머신러닝의 주요 알고리즘을 설명합니다.

지금까지 다양한 콘셉트의 머신러닝 관련 서적이 출간됐지만, 머신러닝의 주요 이론을 바로 설명하거나 혹은 앞 네 가지 중 특정 개론을 전문적으로 설명하는 것이 대부분입니다. 이 책의 분량이 많은 것은 아니지만 머신러닝과 연관된 파이썬과 수학을 차근차근 함께 설명해 나가는 것이 이 책의 차별화된 특징이라고 할 수 있습니다. 파이썬과 데이터 과학의 기초부터 시작해 머신러닝과 딥러닝까지 이어지는 흐름에 따라 머신러닝을 체계적으로 공부하려는 분이라면 이 책에서 큰 도움을 받을 것입니다.

마지막으로 이 책을 옮기는 데 많은 도움을 준 루비페이퍼 한창훈 대표님 이하 많은 분과 하루하루 제 삶을 지탱해주는 가족과 친구들에게 감사 인사를 전합니다.

2021년 봄이 지나가는 시기에

이중민

목차

| Chapter 01   머신러닝 준비하기 | 001 |

1 이 책의 목적   001

2 이 책에서 다루지 않는 내용   002
- 2.1 적절한 머신러닝 알고리즘을 선택하는 방법   002
- 2.2 최적화한 구현의 소개   003
- 2.3 딥러닝   003

3 머신러닝의 기초   003

4 파이썬 개발 환경 준비   007
- 4.1 파이썬 버전   007
- 4.2 아나콘다 가상 환경   008
- 4.3 파이썬과 라이브러리 개별 설치   014
- 4.4 예제 파일 다운로드   015

| Chapter 02   파이썬 기초 살펴보기 | 017 |

1 프로그램 실행 방법   017
- 1.1 REPL   018
- 1.2 주피터 노트북   020

2 파이썬 기본 문법 살펴보기   027
- 2.1 주석   028

3 숫자와 문자열   029

4 여러 줄 다루기   035

5 제어 구조   037

6 리스트, 딕셔너리, 세트 ... 041
   6.1 리스트 ... 041
   6.2 튜플 ... 045
   6.3 시퀀스 타입 ... 046
   6.4 딕셔너리 ... 047
   6.5 세트 ... 049

7 함수 정의 ... 050

8 표준 라이브러리 이용 ... 052
   8.1 클래스 정의 ... 052

9 모듈 ... 055
   9.1 모듈 만들기 ... 056

10 파일 다루기 ... 059
   10.1 pickle 모듈 이용 ... 061
   10.2 기타 파일 형식 ... 062

11 예외 처리 ... 065

Chapter 03   머신러닝에 필요한 수학 ... 069

1 머신러닝의 기초 수학 개념 ... 069
   1.1 집합 ... 070
   1.2 수열 ... 074
   1.3 사상과 함수 ... 075

2 선형대수학 ... 077
   2.1 벡터 기본 ... 077
   2.2 벡터의 내적 ... 084
   2.3 벡터의 기하학적 표현 ... 085
   2.4 행렬의 기본 ... 098
   2.5 행렬의 연산 ... 099
   2.6 블록행렬의 계산 ... 104
   2.7 역행렬과 연립방정식 ... 111
   2.8 역행렬과 선형독립 ... 116
   2.9 1차변환 ... 128
   2.10 고윳값 ... 134

- 2.11 직교행렬   140
- 2.12 대칭행렬   143

3 미적분   146
- 3.1 극한   146
- 3.2 지수함수   157
- 3.3 로그함수   162
- 3.4 미분   165
- 3.5 다항식의 미분   167
- 3.6 곱과 몫의 미분과 고계도함수   169
- 3.7 합성함수와 역함수의 미분   173
- 3.8 지수함수와 로그함수의 미분   178
- 3.9 지수의 미분   182
- 3.10 함수의 증가·감소와 극대·극소   184
- 3.11 부정적분   188
- 3.12 정적분   192
- 3.13 편미분과 기울기   194

Chapter 04   파이썬을 이용한 연산   203

1 기본 연산   203
- 1.1 실수 연산   203
- 1.2 연산에서 발생하는 유의성의 손실   207
- 1.3 수치의 범위 고려하기   211

2 넘파이 기본   214
- 2.1 넘파이의 배열   215
- 2.2 2차원 배열   217
- 2.3 배열의 데이터 속성 확인하기   218
- 2.4 배열의 형태 변경   219
- 2.5 기타 배열 관련 기능   222
- 2.6 행렬 연결   223

3 배열의 기본 연산   225
- 3.1 브로드캐스팅   226
- 3.2 배열끼리의 연산   231

4 희소행렬   238

5 넘파이와 사이파이를 이용한 선형대수학   242

6 난수   246
    — 6.1 시드와 재현성   247

7 데이터 시각화   254
    — 7.1 꺾은선 그래프   254
    — 7.2 산점도   256
    — 7.3 곡선 그래프   256
    — 7.4 다중 그래프   258
    — 7.5 히스토그램   259
    — 7.6 그래프 여러 개 그리기   260
    — 7.7 등고선   262

8 수학적 최적화   267
    — 8.1 선형계획법   267
    — 8.2 2차계획법   272
    — 8.3 경사하강법   278
    — 8.4 뉴턴 방법   286
    — 8.5 라그랑주 곱셈자 방법   294

9 통계   302
    — 9.1 통계의 기본   302
    — 9.2 정규분포와 확률밀도함수   307

Chapter 05 | 머신러닝 알고리즘   319

1 준비   319
    — 1.1 입력 데이터   319
    — 1.2 용어   324
    — 1.3 인터페이스   324

2 회귀   326
    — 2.1 원점을 지나는 직선을 이용한 근사   327
    — 2.2 일반 직선을 이용한 근사   329
    — 2.3 다차원 특징 벡터   332
    — 2.4 실제 데이터를 사용하는 예   337
    — 2.5 머신러닝 알고리즘의 평가   339

3 릿지 회귀   340
    — 3.1 하이퍼 파라미터   345

XI

4 일반화와 과적합	346
— 4.1 모델의 일반화 성능	350
— 4.2 교차 검증	356
5 라쏘 회귀	357
6 로지스틱 회귀	366
7 서포트 벡터 머신	374
— 7.1 오차를 허용하는 분류	390
— 7.2 커널 기법	397
8 k-평균 알고리즘	404
9 주성분 분석	412
— 9.1 다차원 투영과 특잇값 분해	414
— 9.2 주성분 분석 알고리즘	418

Chapter 06 | 참고 문헌과 자료   423

1 수학   423

2 파이썬   424

3 머신러닝   424

CHAPTER

머신러닝 준비하기

이 장에서는 이 책의 특징을 이해하고, 머신러닝 개요와 예제 프로그램을 실행하는 개발 환경 구축 방법을 소개합니다.

1 : 이 책의 목적

파이썬은 머신러닝(Machine Learning)을 배우는 프로그래밍 언어로 가장 인기가 높습니다. 머신러닝의 주요 알고리즘을 구현한 라이브러리인 사이킷런(Scikit-learn), 주요 딥러닝 라이브러리인 텐서플로(TensorFlow), 파이토치(PyTorch), 카페(Caffe) 등은 모두 파이썬에서 쉽게 실행할 수 있는 인터페이스를 제공하며 공식 문서도 잘 정리되어 있습니다. 참고로 자연어 처리 분야에는 NLTK(Natural Language Toolkit)와 젠심(Gensim)이라는 파이썬 라이브러리를 많이 사용합니다.

데이터 과학자가 단시간에 성과를 내려면 기존 라이브러리를 사용하는 것이 올바른 선택일까요? 맞는 말입니다. 단, 기존 라이브러리의 내용을 깊이 이해할 필요가 있습니다. 예를 들어 알고리즘을 제공하는 클래스 내부를 이해하면 더 정교하게 알고리즘을 튜닝할 수 있습니다. 또한 어떤 알고리즘에 학습 데이터를 입력했을 때 원하는 정확도가 나오지 않았다면 무작위로 하이퍼 파라미터값을 변화시켜 정확도가 높아지게끔 알고리즘을 개선해야 합니다. 이외에도 스스로 알고리즘을 고안하려면 기존 알고리즘 내용을 이해할 필요가 있습니다.

이 책에서는 파이썬으로 머신러닝의 몇 가지 유명한 알고리즘을 직접 처음부터 구현해봅니다. 이미 사이킷런에 구현된 알고리즘은 성능이 좋으므로 실용적인 가치를 따진다면 일부러 구현할 필요는 없습니다. 그러나 알고리즘을 재구현하면서 머신러닝 알고리즘을 제대로 이해하게 될 테니 무척 의미가 있을 것입니다. 참고로 이 책은 머신러닝 알고리즘의 이해가 최우선 목표이므로 간단하고 보기 쉬운 코드를 소개하는 데 중점을 둡니다. 해당 알고리즘의 계산 속도는 느릴 수도 있습니다.

초보자가 머신러닝을 연구할 때 겪는 어려움에는 수학적 지식이 부족하다는 점이 꽤 있을 것으로 생각합니다. 이 책은 머신러닝을 이해하는 데 필요한 수학 지식도 설명합니다. 설명은 고등학교 수학을 배운 사람이라면 이해할 수 있을 거라고 가정하지만, 선형대수학처럼 그 이상의 수준은 기초부터 요약해 설명할 것입니다. 물론 더 자세한 설명은 선형대수학 관련 서적을 참고하기 바랍니다.

2 : 이 책에서 다루지 않는 내용

이 절에서는 이 책에서 다루지 않는 내용이 무엇인지를 소개합니다.

2.1 적절한 머신러닝 알고리즘을 선택하는 방법

이 책은 구체적인 데이터 분석 방법을 설명하지 않습니다. 최소한 각 알고리즘을 언제 사용해야 하는지는 설명하지만, 구체적인 사례를 통해 어떤 알고리즘을 선택해야 하는지는 설명하지 않습니다.

2.2 최적화한 구현의 소개

보통 최적화한 구현이라고 하면 빠른 연산 속도와 유연하게 코드를 변경할 수 있는 구조를 뜻하는데, 이 책은 독자 여러분이 구현 예를 쉽게 이해하는 것을 중요하게 생각합니다. 따라서 최신 연구 성과를 기반에 둔 최적화한 구현을 소개하지 않고 이전 연구 내용을 기반으로 알고리즘을 구현하는 예도 있습니다. 연산 속도가 느릴 수도 있다는 뜻입니다.

또한 유연하게 코드를 변경할 수 있는 구조 대신 외부에서 설정할 수 있는 하이퍼 파라미터(hyperparameter)를 일부 조정해 알고리즘을 단순하게 보여주는 구현 예도 있습니다. 현업에 사용할 코드를 구현하려면 이 책의 구현 예 대신 머신러닝 라이브러리인 사이킷런 등을 사용하기 바랍니다.

2.3 딥러닝

딥러닝(Deep Learning, 심층학습)은 머신러닝 최신 연구에서 매우 인기 있는 분야지만, 이 책에서는 자세히 다루지 않습니다. 왜냐하면 이 책에 소개하는 알고리즘과 비교했을 때 구조가 단순한 편이며, 참고할 수 있는 다른 책이 많기 때문입니다. 단, 이 책이 딥러닝의 구조를 이해하는 데는 충분한 도움을 줄 것으로 생각합니다.

3 : 머신러닝의 기초

머신러닝을 간단하게 말하면 '데이터를 자동으로 학습해 어떤 예측·분류 등을 실행하는 구조'라고 할 수 있습니다. 즉, 머신러닝은 데이터에 숨어 있는 법칙을 자동으로 학습하는 방법이고, 여기에 수많은 알고리즘이 포함되어 있습니다. 인공지능 시스템을 구현하는 수단의 하나이기도 합니다.

머신러닝이 주목받는 계기가 된 애플리케이션으로 스팸 메일 자동 분류기가 있습니다. 시스템에서 다수의 메일을 받으면 사람이 받은 메일의 내용을 판단해 스팸 메일이면 스팸 메일 폴더에 넣습니다. 이를 반복해 사람이 스팸 메일로 분류한 데이터가 쌓이면, 시스템은 머신러닝으로 이 데이터를 학습해 새로운 메일을 받았을 때 스팸 메일인지 자동으로 판단할 수 있습니다.

머신러닝 기반의 스팸 메일 자동 분류기의 예에서는 어떤 메일을 스팸으로 판단했고, 어떤 메일을 스팸으로 판단하지 않았는지에 관한 정보가 중요합니다. 머신러닝에서는 보통 이 정보와 받은 메일을 훈련 데이터(또는 학습 데이터)로 다룹니다. 훈련 데이터로 학습한 결과 새로운 메일을 받아서 자동으로 스팸 메일인지 판단하는 것입니다.

머신러닝은 크게 지도 학습(Supervised Learning), 비지도 학습(Unsupervised Learning), 강화 학습(Reinforcement Learning)이 있습니다(강화 학습은 비지도 학습에 포함된다는 의견도 있고, 실제로 구분하기 애매합니다). 자동 스팸 메일 분류기는 어떤 메일이 스팸인지 판단할 수 있는 정답(레이블)이 포함된 데이터를 입력해 학습합니다. 이를 지도 학습이라고 하며, 지도 학습의 일반적인 형태인 '분류(Classification)'입니다. 그런데 지도 학습에는 레이블이 수치로 된 것도 있습니다. 예를 들어 "다양한 사람의 생체 정보와 혈압 수치로 어떤 학습을 한 후 알 수 없는 사람의 생체 정보를 보고 혈압을 예측하고 싶다"라고 하면 레이블로 혈압 수치를 사용합니다. 이러한 지도 학습을 '예측(Prediction)'이라고 합니다.

한편 "주어진 문서의 내용에서 어떤 형태로 분류를 해달라"처럼 정답이 없는 데이터에서 학습하는 것을 비지도 학습이라고 합니다. 대표적인 예로 비슷한 특징이 있는 데이터를 추출하는 '클러스터링(Clustering)'이 있습니다. 이외에 "다차원 데이터를 2차원 공간에 최대한 보기 쉬운 형태로 시각화하고 싶다"라는 '차원 축소(Dimensionality Reduction)' 방법들도 비지도 학습의 예입니다. 비지도 학습은 정답 데이터가 없으므로 출력 결과의 타당성을 평가하기 어렵지만, 일부 애플리케이션은 수치 기반 평가 방법이 확립되어 있습니다.

기계의 제어 등에는 강화 학습을 사용할 때가 많습니다. 예를 들어 로봇의 동작 결과가 좋은지 나쁜지를 판단해 보상(손해가 되는 보상일 때도 있음)을 제공하는 방식으로 학습하는 형태입니다. 지도 학습과 다른 점은 모든 동작이 아닌 유의미한 동작에만 보상을 준다는 것입니다.

지금까지 설명한 머신러닝의 다양한 학습 방법을 표 1-1에 정리했습니다.

학습 종류	예
지도 학습	분류, 예측
비지도 학습	클러스터링, 차원 축소
강화 학습	제어

표 1-1 머신러닝 학습 방법과 그 예

훈련 데이터 각각은 벡터(Vector)로 나타냅니다. 예를 들어 문서는 단어의 출현 횟수를 벡터로 나타낼 수 있고, 이미지 데이터는 각 점의 RGB 값을 벡터로 나타낼 수 있습니다. 이러한 벡터는 특징 벡터(Feature Vetor)라고 합니다. 지도 학습에서는 특징 벡터에 대응하는 레이블도 훈련 데이터에 포함하지만 비지도 학습에서는 특징 벡터만 제공합니다. 즉, 특징 벡터와 레이블을 집합 형태의 훈련 데이터로 제공하는 것을 지도 학습, 특징 벡터의 집합만 훈련 데이터로 제공하는 것을 비지도 학습이라고 할 수 있습니다.

여러 개의 특징 벡터는 세로로 나열하여 행렬[1]로 처리할 수 있습니다. 표 1-2는 머신러닝에서 대표적으로 사용하는 붓꽃 데이터 세트(Iris Data Set)[2]입니다.

---

1 행렬과 벡터는 3장에서 자세하게 다룹니다.
2 UCI Machine Learning Repository: Iris Data Set(https://archive.ics.uci.edu/ml/datasets/iris)

특징				레이블
꽃잎의 폭	꽃잎의 길이	꽃받침의 폭	꽃받침의 길이	
5.8	2.8	5.1	2.4	2
6	2.2	4	1	1
5.5	4.2	1.4	0.2	0
7.3	2.9	6.3	1.8	2
5	3.4	1.5	0.2	0
6.3	3.3	6	2.5	2
5	3.5	1.3	0.3	0
6.7	3.1	4.7	1.5	1
6.8	2.8	4.8	1.4	1
6.1	2.8	4	1.3	1

표 1-2 붓꽃 데이터 세트

특징 행렬의 각 행은 붓꽃의 각 속성을 뜻합니다. 꽃잎의 폭(Petal Width), 꽃잎의 길이(Petal Length), 꽃받침의 폭(Sepal Width), 꽃받침의 길이(Sepal Length)라는 4개의 속성이 있습니다. 그리고 각 개체에서 어떤 종(Species)의 붓꽃인지 판단하는 레이블을 0~2까지의 숫자로 나타냅니다.

이처럼 여러 특징을 모아 행렬로 만들고 행렬의 각 요소에 대응하는 레이블을 벡터로 만들어 구성한 데이터 세트는 머신러닝에서 사용하는 일반적인 데이터 세트 구조입니다. 행렬의 각 행은 특징 벡터를 뜻하고 행 개수는 특징 벡터의 개수입니다. 행렬의 행 개수와 레이블 벡터의 원소 개수는 같아야 합니다.

분석 대상의 형태를 어떻게 특징 벡터로 변환하는지는 대부분 분석 대상 분야의 지식(도메인 지식)을 이용합니다. 파라미터로 생각하는 모든 수치를 그대로 사용하면 잘못된 결과를 도출할 때가 많으므로 도메인 지식과 통계 지식으로 필요한 수치를 선별하는 것입니다.

4 : 파이썬 개발 환경 준비

4.1 파이썬 버전

이 책에서는 파이썬의 과학 기술 연산 라이브러리들로 머신러닝 알고리즘을 구현합니다. 파이썬은 2와 3 버전(파이썬 2, 파이썬 3라고 하겠습니다)이 있고 두 버전 사이에는 호환성이 없습니다. 이 책에서는 다음 이유로 파이썬 3를 사용합니다.

- 파이썬 2의 문법적 문제를 수정한 것이 파이썬 3입니다.
- 파이썬 3는 파이썬 2의 멀티 바이트 문자 처리의 불편함을 수정했으므로 다국어를 다루기가 쉽습니다.
- 파이썬 2의 공식 지원은 2020년 4월에 종료되었습니다.

지금은 보통 파이썬 3를 사용하지만 아직 파이썬 2를 사용하는 곳도 있습니다. 따라서 파이썬 2를 사용한 기존의 프로젝트를 다룰 때는 어쩔 수 없이 파이썬 2를 사용할 수밖에 없습니다. 처음부터 파이썬 2와 파이썬 3에서 동시에 실행되는 코드를 작성할 수도 있으며, 이를 지원하는 six라는 전용 라이브러리도 있습니다. 대신 코드가 복잡해지므로 디버깅해야 할 부분 등도 많아집니다. 그런데 파이썬 3를 배우면 파이썬 2에 적응하기 쉬우므로 이 책에서는 버전 사이의 호환성을 고려하지 않고 파이썬 3 기반의 코드를 설명합니다. 파이썬 2와 파이썬 3의 차이점은 파이썬 위키의 Should I use Python 2 or Python 3 for my development activity?[3]를 참고하세요.

이 책에서는 넘파이(NumPy), 사이파이(SciPy), 맷플롯립(Matplotlib) 등의 라이브러리를 사용합니다. 이러한 라이브러리는 개별로 설치할 수 있지만, 가능하면 아나콘다(Anaconda)라는 통합 패키지를 설치해 사용할 것을 권합니다.

아나콘다는 방금 설명한 라이브러리뿐만 아니라 파이썬 개발 환경도 포함하므로 해당 패키지만 설치하면 파이썬 및 각종 라이브러리를 바로 사용할 수 있습니다. 단, 아

---

3 https://wiki.python.org/moin/Python2orPython3

아나콘다는 데이터 분석 및 수치 계산 등의 라이브러리 다수를 포함한 대용량 패키지이므로 이 책에서 사용하지 않는 라이브러리가 설치되기도 합니다. 아나콘다를 설치하지 않고 이 책에 맞는 개발 환경을 구축하는 방법은 1.4.3에서 간단히 소개할 것입니다.

4.2 아나콘다 가상 환경

아나콘다는 Anaconda Individual Edition 페이지 아래에 있는 Installers에서 다운로드할 수 있습니다.

```
Anaconda Installers
https://www.anaconda.com/products/individual
```

```
Anaconda Installers

Windows                         MacOS                            Linux

Python 3.8                      Python 3.8                       Python 3.8
64-Bit Graphical Installer (457 MB)   64-Bit Graphical Installer (435 MB)   64-Bit (x86) Installer (529 MB)
32-Bit Graphical Installer (403 MB)   64-Bit Command Line Installer (428 MB)   64-Bit (Power8 and Power9) Installer (279 MB)
```

그림 1-1 Anaconda Installers 페이지

아나콘다는 Windows, macOS, Linux용 설치 파일이 있습니다. Windows와 macOS라면 그림 1-1을 참고해 'Python 3.X'에 해당하는 운영체제별 링크 중 'Graphical Installer' 항목을 눌러 다운로드합니다(윈도우 10이라면 [시작] → [설정] → [시스템] → [정보]를 선택한 후 장치 사양에서 64비트 혹은 32비트인지 확인하여 해당 버전에 맞는 설치 파일 링크를 누릅니다). Windows는 exe 파일, macOS는 pkg 파일이 다운로드됩니다.

Windows에 설치하기

다운로드한 exe 파일을 실행하면 설치를 시작합니다.

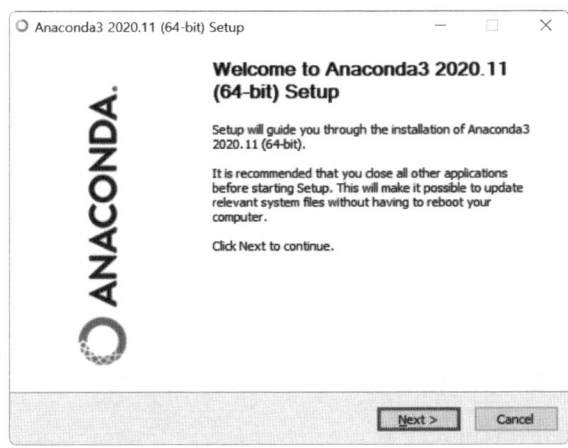

그림 1-2 설치 프로그램 시작

설치는 기본적으로 〈Next〉를 눌러 진행하며, License Agreement 창에서는 〈I Agree〉를 누릅니다. 설치 시작 전에는 그림 1-3 같은 고급 옵션 설정 창이 나타납니다.

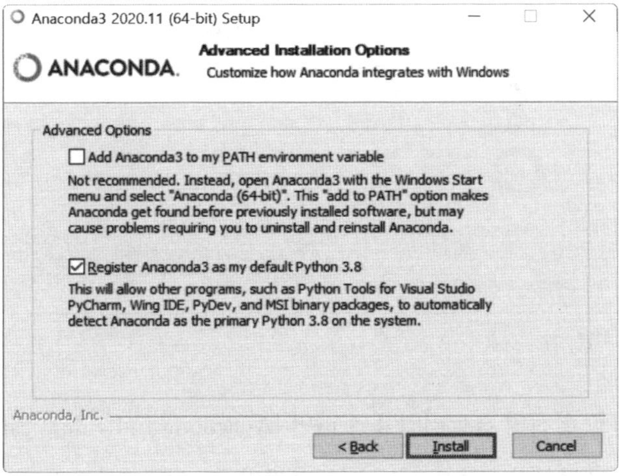

그림 1-3 고급 옵션 설정

[Register Anaconda3 as my default Python 3.8]은 아나콘다에 포함된 파이썬 개발 환경을 기본값으로 할 것인지 설정합니다. 여러 개 파이썬 버전을 구분해 사용하는 것이 아니라면 선택한 상태로 설치합니다.

[Add Anaconda3 to my PATH environment variable]은 아나콘다 설치 디렉터리를 PATH 환경 변수에 추가할지 설정하는 것입니다. 해당 설정을 선택하지 않고 〈Install〉을 누를 것을 권합니다. 뒤에서 설명할 '아나콘다 프롬프트(Anaconda Prompt)'를 Windows의 기본 명령 프롬프트와 구분해서 사용할 수 있기 때문입니다.

설치 완료 직전 젯브레인즈(JetBrains)의 파이참(PyCharm)을 추가 설치할 것인지 묻는 창이 나타날 수도 있습니다. 꼭 설치할 필요는 없습니다. 설치를 완료하면 그림 1-4와 같은 창이 나타납니다.

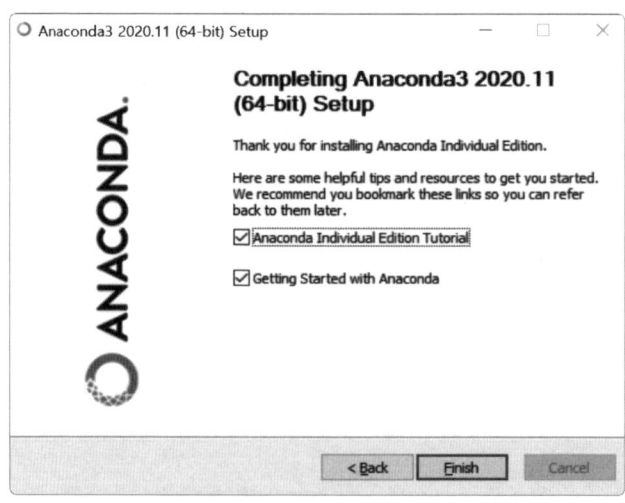

그림 1-4 설치 완료 화면

아나콘다 개인용 버전의 튜토리얼을 보려면 [Anaconda Individual Edition Tutorial]을 선택하고 아나콘다가 무엇인지 더 살펴보려면 [Getting Started with Anaconda]를

선택해 〈Finish〉를 누릅니다. 이러한 별도 자료를 살펴보지 않겠다면 두 설정을 모두 선택하지 않은 상태로 〈Finish〉를 누릅니다.

더 자세한 설치 방법은 이 책의 깃허브 저장소 '아나콘다 설치(https://github.com/wizplan/ml-essence/blob/master/readme/anacondainstall.md#윈도우)'를 참고하기 바랍니다.

macOS에 설치하기

다운로드한 pkg 파일을 실행하면 설치를 시작합니다.

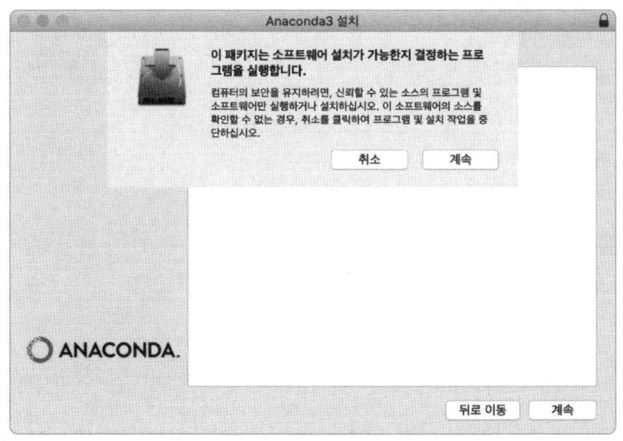

그림 1-5 설치 프로그램 시작

기본적으로 〈계속〉을 눌러 설치를 진행하며, 소프트웨어 사용권 계약 창에서는 〈동의〉를 누릅니다. 설치 위치는 [특정 디스크에 설치]를 선택해 설치할 하드디스크와 폴더를 선택한 후 〈설치〉를 누릅니다.

설치 완료 직전 젯브레인즈(JetBrains)의 파이참(PyCharm)을 추가 설치할 것인지 묻는 창이 나타날 수도 있습니다. 꼭 설치할 필요는 없습니다. 그림 1-6과 같은 화면

이 나타나면 아나콘다 설치를 완료한 것입니다. 〈닫기〉를 눌러 설치 프로그램을 종료합니다.

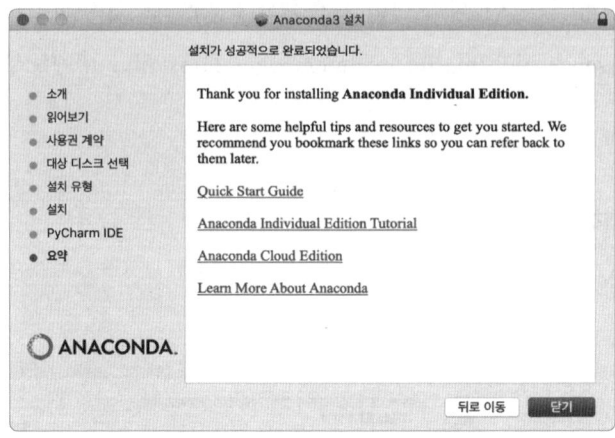

그림 1-6 설치 완료 화면

[응용 프로그램] - [Anaconda Navigator]를 실행한 후 원하는 프로그램을 선택해 실행하면 됩니다.

더 자세한 설치 방법은 이 책의 깃허브 저장소 '아나콘다 설치(https://github.com/wizplan/ml-essence/blob/master/readme/anacondainstall.md#macos)'를 참고하기 바랍니다.

Linux에 설치하기

여기에서는 우분투 리눅스 64비트 버전을 기준으로 아나콘다 설치 방법을 설명합니다. '터미널' 프로그램을 실행하고 홈 디렉터리에서 다음 명령을 실행해 아나콘다 설치에 필요한 명령을 담은 셸 스크립트 파일을 다운로드합니다.

```
$ wget https://repo.anaconda.com/archive/Anaconda3-버전이름-Linux-x86_64.sh
```

셸 스크립트 파일을 다운로드했다면 다음 명령을 실행해 아나콘다 설치를 시작합니다.

```
$ bash ./Anaconda3-버전이름-Linux-x86_64
```

이제 텍스트 기반의 설치 프로그램이 실행됩니다. 초기에 >>>라는 프롬프트가 나타나면 [Enter] 키를 누릅니다. 소프트웨어 사용권 계약 관련 메시지가 등장합니다. 중간에 [Space Bar]를 몇 번 누르면 동의할 것인지 yes 혹은 no로 묻습니다. yes를 입력합니다.

다음으로는 아나콘다를 설치할 디렉터리를 정합니다. 특별한 상황이 아니라면 [Enter] 키를 눌러 기본 위치(/home/사용자이름/anaconda3)에 설치합니다. 이제 파이썬 및 아나콘다 내비게이터(Anaconda Navigator)라는 런처 앱 등을 설치합니다. 설치 완료 직전에는 아나콘다를 초기화할 것인지 묻습니다. yes를 입력해 초기화해 둡니다.

설치가 완료되면 어떤 디렉터리 경로에서든 아나콘다를 실행할 수 있도록 다음 명령을 실행합니다.

```
$ export PATH=/home/사용자이름/anaconda3/bin:$PATH
```

아나콘다를 정상적으로 설치했는지 확인하려면 다음 명령을 실행합니다.

```
$ conda -V
conda 4.8.2
```

'conda 버전번호'라는 메시지가 출력되면 정상적으로 설치된 것입니다.

4.3 파이썬과 라이브러리 개별 설치

아나콘다를 설치하지 않아도 이 책에 필요한 파이썬 개발 환경을 구축하는 방법이 있습니다. 파이썬 공식 사이트에서 파이썬 3 설치 프로그램을 다운로드해 설치한 후 pip 명령어로 필요한 라이브러리를 직접 설치하는 것입니다. 이미 아나콘다를 설치했다면 다음부터 설명하는 내용은 읽지 않아도 괜찮습니다.

파이썬 공식 사이트에서는 운영체제별 파이썬 3 최신 버전 설치 프로그램을 제공합니다.

> Welcome to Python.org
> https://www.python.org

파이썬 3 설치 역시 아나콘다처럼 〈계속〉을 눌러 쉽게 설치할 수 있습니다. 자세한 설치 방법은 이 책의 깃허브 저장소의 '파이썬과 라이브러리 개별 설치(https://github.com/wizplan/ml-essence/blob/master/readme/pythoninstall.md)'를 참고하기 바랍니다.

설치한 후에는 각 운영체제의 셸 환경에서 다음 명령을 실행해 정상적으로 파이썬 3이 설치되었는지 확인합니다.

```
$ python3 -V
Python 3.8.2
```

참고로 리눅스에서는 apt-get 등의 패키지 관리 명령으로도 설치할 수 있고 macOS는 Homebrew를 이용해 설치할 수도 있습니다. 또한 파이썬 2와 3가 함께 설치된 상태라면 파이썬 3를 실행할 때는 꼭 python3라는 명령어로 실행합니다.

이제 pip 명령을 사용하여 각종 라이브러리를 설치합니다. 예를 들어 넘파이를 설치하려면 다음 명령을 실행합니다.

```
$ pip install numpy
```

이때 파이썬 버전을 구별하려고 python3를 입력했던 것처럼 파이썬 3 기반으로 라이브러리를 설치할 때는 pip 대신 pip3 명령어를 실행해야 합니다. 기본적으로 pip 명령은 파이썬 2를 의미합니다. 파이썬 2와 3이 함께 설치된 환경에서는 이를 주의하기 바랍니다.

한편 이러한 버전 구분이 번거롭다면 파이썬 가상 환경을 사용하는 것도 좋은 선택입니다. 파이썬 가상 환경은 꼭 사용할 필요는 없지만 만들고 싶은 프로그램에 따라 사용하는 라이브러리를 별도로 관리할 수 있다는 장점이 있습니다. 파이썬 가상 환경을 만들어 공부하려면 이 책의 깃허브 저장소 '파이썬 가상 환경 만들기(https://github.com/wizplan/ml-essence/blob/master/readme/pythoninstall.md#파이썬-가상-환경-만들기)'를 참고해 가상 환경을 구축하기 바랍니다.

4.4 예제 파일 다운로드

이 책의 파이썬 예제 파일 일부는 다음 깃허브 저장소에서 다운로드할 수 있습니다.

> **예제 파일 다운로드**
>
> http://github.com/wizplan/ml-essence

참고로 각 장의 예제는 장 번호 디렉터리로 구분하여 한꺼번에 다운로드할 수 있도록 zip으로 압축해놓았습니다. 각 예제 파일 이름은 본문에 명시했습니다. 예제 파일을 실행하는 방법은 2장에서 설명합니다.

Column 파이썬 2와 3 버전이 서로 호환하지 않는 이유

파이썬은 2와 3 버전을 구분합니다. 파이썬 3는 파이썬 2와 근본적으로 설계 방식이 다르므로 서로 호환하지 않습니다. 보통 프로그래밍 언어의 버전을 업그레이드할 때는 이전 버전의 코드를 실행할 수 있도록 바꾸는데 파이썬은 왜 설계 방식을 완전히 다르게 한 것일까요?

이는 파이썬이 처음 등장했을 때의 시대 상황에서 이유를 알 수 있습니다. 파이썬의 첫 번째 버전은 1991년에 발표했습니다. 그 당시는 유니코드(전 세계의 모든 문자를 컴퓨터에서 일관되게 표현하고 다루도록 설계된 산업 표준)라는 개념이 없어서 영어 이외의 언어를 다루는 상황은 거의 고려하지 않았습니다. 그러나 이후에 다국어를 다룰 상황이 생기면서 기능 확장이 필요해졌습니다. 그러나 기존 언어 설계를 보완하는 것으로는 기능 확장에 한계가 있었습니다.

이러한 다국어 처리 말고도 파이썬 2에는 여러 가지 설계상 문제점이 있었습니다. 그래서 상황을 해결하고자 근본적인 설계를 바꾼 것이 파이썬 3입니다. 물론 파이썬 3 초기에는 대폭적인 설계 변경에 따른 개발자들의 거부 반응도 있었습니다. 하지만 지금은 개발자들이 파이썬 3를 받아들여 통상적으로 사용하고 있습니다.

CHAPTER

파이썬 기초 살펴보기

이 장에서는 머신러닝을 배우는 데 꼭 필요한 파이썬 기초를 설명합니다. 따라서 파이썬 기초 문법 전체가 아니라 머신러닝 알고리즘 구현에 필요한 개념을 설명하는 데 집중합니다. 어느 정도의 프로그래밍 경험이 있다면 이 장에서 설명하는 파이썬 문법과 기능을 살펴보는 것만으로 파이썬에 꽤 익숙해질 것입니다. 프로그래밍 경험이 전혀 없다면 파이썬 기초와 관련된 책을 읽거나 강의를 듣기 바랍니다. 혹은 파이썬 공식 문서를 참고하기 바랍니다.

1 : 프로그램 실행 방법

파이썬 프로그램 실행 환경은 여러 가지가 있지만, 여기에서는 REPL과 주피터 노트북 두 가지를 살펴보겠습니다. 참고로 다음부터 이어지는 설명은 아나콘다를 설치해 파이썬을 사용한다고 가정합니다. 물론 파이썬 공식 사이트에서 파이썬 개발 환경을 다운로드해 설치했더라도 큰 문제없이 실행할 수 있습니다.

1.1 REPL

REPL(Read-Eval-Print Loop)은 대화형 파이썬 실행 환경입니다. 셸에서 python 명령(macOS나 Linux라면 python3)을 실행하여 사용합니다. 또한 파이썬 코드를 저장한 py 파일을 실행하는 방법도 있습니다.

REPL 실행하기

REPL 시작하기

```
# Windows
> python

# macOS
% python3

# Linux
$ python3
```

명령줄 맨 앞에 있는 >, %, $는 셸 프롬프트라고 하며 기본으로 나타나는 것이므로 입력할 필요가 없습니다. 또한 운영체제에 따라 python이 아닌 python3를 입력해야 할 때도 있습니다.

Windows에서는 보통 명령 프롬프트에서 python 명령을 실행하지만, 아나콘다를 이용하여 파이썬을 설치했다면 python 명령을 실행하는 폴더 디렉터리가 다를 수 있습니다. 이때는 [시작] → [Anaconda3] → [Anaconda Prompt]를 선택해 아나콘다 프롬프트를 실행합니다. 아나콘다 프롬프트는 다양한 환경 변수가 미리 설정된 명령 프롬프트입니다.

두 가지 프롬프트 모두 python 명령을 실행하면 다음과 같은 메시지가 나옵니다(설치한 파이썬 버전에 따라 메시지가 조금 다릅니다).

```
Python 3.8.6 (default, Nov 30 2020, 09:49:35)
[Clang 12.0.0 (clang-1200.0.32.27)] on darwin
Type "help", "copyright", "credits" or "license" for more information.
>>>
```

>>>는 파이썬 3의 프롬프트 표시로 코드를 입력하는 곳입니다. 여기에 3 * 5를 입력하고 [Enter] 키를 누릅니다. 그럼 다음처럼 계산 결과를 출력합니다.

프로그램 실행과 결과

```
>>> 3 * 5
15   # 실행 결과를 다음 줄에 출력
```

실행 결과를 출력한 후에는 또 >>>라는 프롬프트가 등장하며 코드 입력을 기다립니다.

이처럼 REPL을 사용하면 명령을 입력하여 실행 결과를 출력한 후 다시 입력을 기다립니다. 이는 중간에 실행 결과를 확인하면서 코드를 작성할 수 있다는 장점이 있습니다. 이 책에서 >>>로 시작하는 코드는 REPL에서 실행하는 것으로 생각하기 바랍니다.

py 파일 실행하기

파이썬 코드는 파일에 저장하고 실행할 수 있습니다. 예를 들어 코드 2-1을 ex2_01.py라는 이름의 파일로 저장한 후 실행해보겠습니다.

코드 2-1 ex2_01.py

```
print(3 * 5)
```

ex2_01.py 파일을 실행할 때는 셸에서 파일을 저장한 디렉터리로 이동하여 다음 명령을 실행합니다.

> **py 파일 실행하기**
>
> ```
> $ python ex2_01.py
> 15
> $
> ```

ex2_01.py에 작성한 print 함수는 괄호 안의 계산 결과를 출력하라는 뜻입니다. py 파일을 실행할 때는 REPL처럼 3 * 5라는 코드만 작성해서는 계산 결과를 출력하지 않는다는 점을 기억하기 바랍니다. REPL에는 입력한 수식의 계산 결과를 출력하라고 미리 설정되어 있으므로 print 함수를 사용하지 않아도 됩니다.

REPL과 py 파일을 이용하여 파이썬 코드를 실행하는 상황은 다음과 같이 구분해 사용하면 좋습니다.

- 정해진 길이의 프로그램을 실행할 때는 py 파일을 만들어 파이썬 코드를 실행합니다.
- 계산기처럼 숫자 계산이나 프로그램 작성 중 명령문이 올바르게 작동하는지 확인해야 하는 상황에서는 REPL을 이용해 파이썬 코드를 실행합니다.

1.2 주피터 노트북

주피터 노트북(Jupyter Notebook)은 데이터 과학 및 자연 과학 계산에서 자주 사용되는 GUI 기반의 REPL 도구라고 할 수 있습니다. 파이썬 공식 사이트에서 배포하는 개발 환경에 포함되지 않으므로 보통 아나콘다 패키지에 포함된 것을 사용합니다.

아나콘다를 설치하지 않았다면 pip 명령어를 이용해 주피터 노트북을 설치해야 합니다.

주피터 노트북 설치하기

```
$ pip install jupyter
```

이 책에서는 가급적 주피터 노트북은 사용하지 않을 것이지만 앞으로 여러분이 머신러닝을 다룰 때 매우 유용한 도구이므로 기본 사용법을 설명하겠습니다.

아나콘다를 설치하여 주피터 노트북을 실행할 때는 터미널이나 명령 프롬프트(Anaconda Prompt)에서 다음 명령을 실행합니다.

Jupyter Notebook 실행하기

```
$ jupyter notebook
```

보통 웹 브라우저가 자동으로 열리면서 그림 2-1과 같은 화면이 나타납니다.

그림 2-1 주피터 노트북 대시보드

이제 Windows의 파일 탐색기나 macOS의 Finder처럼 폴더를 이동하면서 REPL과 비슷한 방식으로 파이썬 프로그램을 실행하는 ipynb 파일을 만들고 사용할 수 있습니다. 참고로 jupyter notebook 명령을 실행하면 해당 명령을 실행한 위치의 디렉터리의 내용이 나타나야 합니다.

간혹 웹 브라우저가 열리지 않고 다음과 같은 메시지를 출력할 때도 있습니다.

```
Copy/paste this URL into your browser when you connect for the first time, to
login with a token:
        http://localhost:8888/?token=...
```

이때는 웹 브라우저를 실행한 후 'http://localhost:8888'이라는 주소를 입력하면 주피터 노트북을 사용할 수 있습니다.

주피터 노트북은 클라이언트-서버 방식의 웹 애플리케이션이므로 단축키 할당 부분을 빼면 운영체제에 따른 차이가 없습니다.

파이썬 프로그램 실행하기

이번에는 주피터 노트북에서 파이썬 프로그램을 실행하는 방법을 소개합니다.

먼저 노트북을 만들겠습니다. 대시보드의 오른쪽 위에서 [New] → [Python3]를 선택합니다.

그림 2-2 노트북 만들기

이제 웹 브라우저의 새로운 탭에 노트북이 만들어집니다. 노트북의 파일 확장자는 .ipynb이며 대시보드에 보이는 폴더에 저장됩니다.

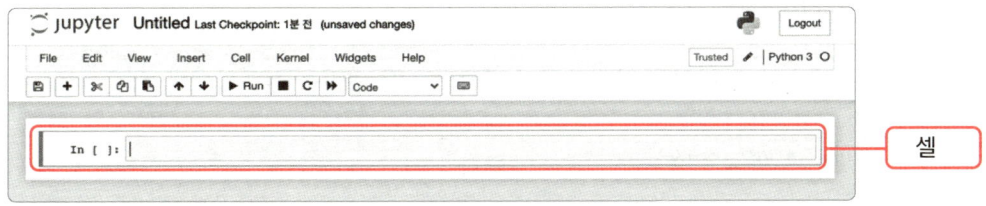

그림 2-3 만든 노트북

입력 대기 상태인 텍스트 상자를 셀이라고 합니다. 여기에 다음과 같은 코드를 입력해봅니다.

```
a = 4
b = 5
a * b
```

코드를 입력한 후 [Shift] + [Enter] 또는 [Ctrl] + [Enter](macOS는 [control] + [return])을 누릅니다. [Shift]와 [Ctrl]의 차이는 프로그램을 실행한 후 새로운 셀을 추가할지 여부입니다. [Shift] + [Enter]는 새로운 셀을 추가합니다.

셀에 입력한 코드가 실행되면 마지막 줄에 있는 a * b의 계산 결과를 출력합니다.

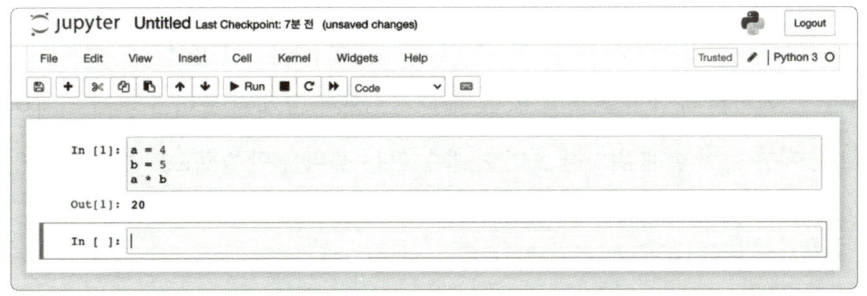

그림 2-4 코드 실행

py 파일 실행하기

노트북에서 py 파일을 실행하려면 셀에서 다음 명령을 실행합니다.

```
%run -i ex2_01.py
```

위는 19쪽에서 만든 ex2_01.py를 실행하는 예입니다. 그림 2-5와 같이 실행 결과를 출력합니다.

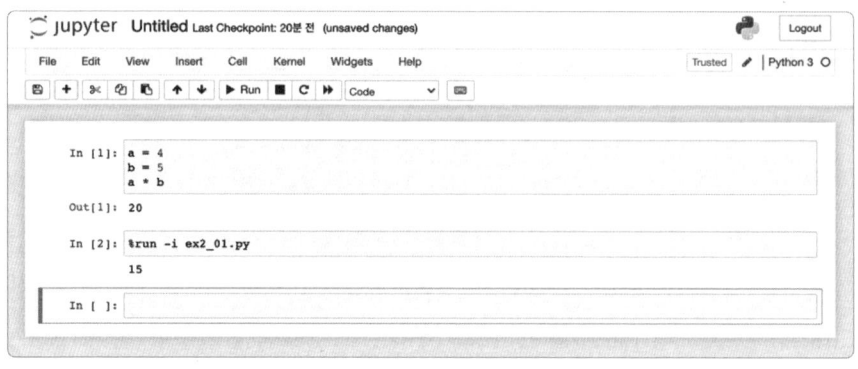

그림 2-5 py 파일 실행하기

%run은 시스템 동작을 제어하는 매직 명령어의 하나로 노트북 셀 안에서만 인식합니다. %run -i 파일이름으로 py 파일을 실행합니다.

참고로 셀에서는 해당 노트북을 만들 때 대시보드에 표시된 폴더를 현재 위치로 삼습니다. 예를 들어 현재 위치한 폴더 아래 02라는 폴더를 만들고 ex2_01.py를 저장했다면 %run -i 02/파일이름으로 실행합니다.

그래프 출력하기

주피터 노트북에서는 그림이나 그래프를 출력할 수 있습니다. 다음 코드를 새로운 셀에 입력하고 실행합니다.

```
%matplotlib inline
import matplotlib.pyplot as plt
import numpy as np

x = np.linspace(-5, 5)
y = x**2
plt.plot(x, y)
plt.show()
```

넘파이는 1장에서 설치한 과학 기술 계산용 라이브러리고 맷플롯립은 그래프를 출력하는 라이브러리입니다. 구체적인 사용 방법은 3장과 4장에서 설명합니다.

첫 번째 줄에 %matplotlib inline은 매직 명령어로 그래프를 주피터 노트북에서 출력하라는 뜻입니다. REPL이나 명령줄에서 그래프를 출력하는 코드를 실행할 때는 작성할 필요가 없습니다.

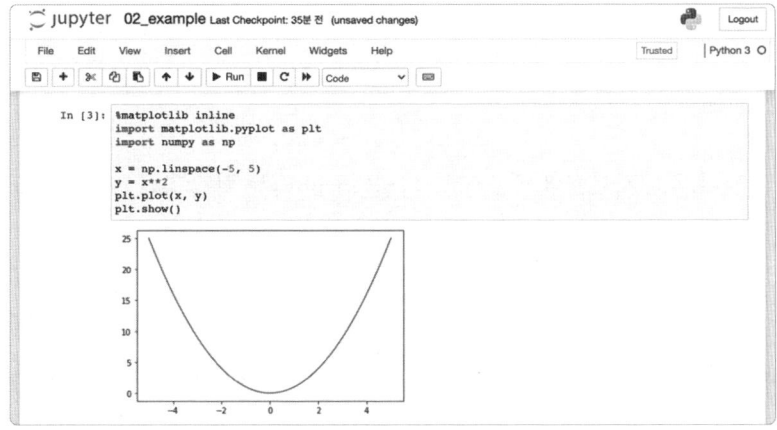

그림 2-6 주피터 노트북에서 그래프 출력하기

이렇게 파일 하나에 계산 코드와 결괏값을 시각화한 그래프를 포함하기 때문에 분석 보고서를 작성할 때 유용합니다.

주피터 노트북 종료하기

주피터 노트북은 웹 서버 프로세스로 동작합니다. 이 때문에 특정 노트북을 실행한 웹 브라우저 탭을 닫아도 프로세스가 종료되지 않습니다.

노트북을 종료하려면 메뉴에서 [File] → [Close and Halt]를 선택합니다. 해당 노트북 탭을 닫으면서 프로세스도 함께 종료됩니다. [Close and Halt]를 선택하지 않고 실수로 웹 브라우저의 탭을 닫았다면 대시보드의 [Running] 탭에서 프로세스를 종료할 수 있습니다.

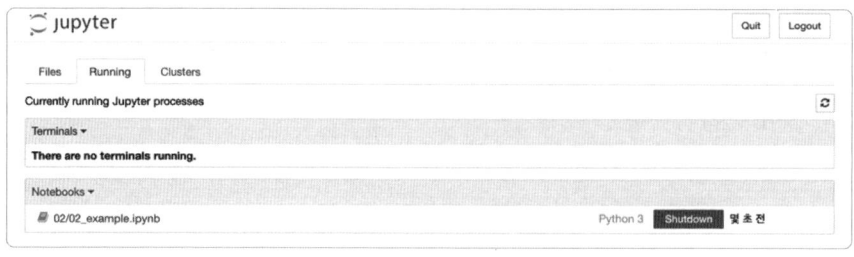

그림 2-7 Running 탭

종료한 노트북은 대시보드에서 노트북 파일(.ipynb라는 확장명의 파일)을 클릭하여 다시 실행할 수 있습니다.

주피터 노트북을 완전히 종료하려면 명령줄에서 [Ctrl] + [C](macOS에서는 [control] + [C])를 누릅니다. 다음과 같은 확인 메시지가 나오면 [y]를 눌러 종료합니다.

```
Shutdown this notebook server (y/[n])?    # [y]를 입력해 종료
```

2 : 파이썬 기본 문법 살펴보기

파이썬 기본 문법을 살펴보기 전에 꼭 알아 둘 점이 있습니다. 파이썬은 들여쓰기(공백 문자)를 의식하는 프로그래밍 언어라는 것입니다. 예를 들어 다음 코드는 'Hi!'라는 문자열을 세 번 연속 출력합니다.

for문을 이용한 반복문

```
>>> for i in range(3):
...     print("Hi!") # for 다음의 행은 반드시 들여쓰기해야 함
... # [Enter] 누름
Hi!
Hi!
Hi!
```

그런데 print("Hi!")를 들여쓰기하지 않으면 실행되지 않습니다. 다음과 같은 오류가 발생합니다.

```
>>> for i in range(3):
... print("Hi!") # 들여쓰기하지 않음
  File "<stdin>", line 2
    print("Hi!")
    ^
IndentationError: expected an indented block
```

for문의 시작 부분에 공백을 넣으면 다음과 같은 에러가 발생합니다.

```
>>>  for i in range(3): # 행 시작 부분에 공백을 넣음
  File "<stdin>", line 1
    for i in range(3):
    ^
IndentationError: unexpected indent
```

for문의 시작 부분은 들여쓰기해서는 안 되는 곳이어서 에러가 발생한 것입니다. 참고로 print 함수에 들여쓰기할 때는 일정한 간격으로만 들여쓰기하면 코드를 실행

하지만, 파이썬에서는 코드 가독성 측면에서 공백 4칸으로 들여쓰기할 것을 권합니다.[1]

2.1 주석

코드에 주석을 작성할 때는 #을 사용합니다. # 이후 작성한 내용은 해당 줄 끝까지 주석으로 처리합니다. 여러 줄의 주석을 작성할 경우에는 큰따옴표(""") 혹은 작은따옴표(''') 3개로 주석 내용의 앞뒤를 묶습니다. 섞어서 사용하지 않는다면 무엇을 사용하든 상관없습니다.

```
# 한 줄 주석을 작성할 때는 #을 사용합니다.

"""
여러 줄로
주석을 작성할 때는
큰따옴표 3개 혹은 작은따옴표 3개로 묶습니다.
"""
```

참고로 여러 줄의 주석은 for문 아래의 print 함수처럼 들여쓰기해야 하는 코드 영역이 등장하면 들여쓰기해서 나타내야 합니다.

```
>>> for i in range(3):
...     """
...     print 함수를
...     세 번 반복 실행합니다.
...     """
...     print("Hi!")
... # [Enter] 누름
Hi!
Hi!
Hi!
```

---

1 파이썬에서는 PEP 8(https://www.python.org/dev/peps/pep-0008)이라는 문서에서 가독성 높은 코드를 작성하는 규칙을 소개합니다. 해당 문서에서 들여쓰기는 4칸이 바람직하다고 합니다.

3 : 숫자와 문자열

숫자 연산에는 먼저 사칙연산인 '+(덧셈)', '-(뺄셈)', '*(곱셈)', '/(나눗셈)'이 있습니다. 그리고 자주 사용되는 연산으로 '//(나눗셈의 몫)', '%(나눗셈의 나머지)', '**(거듭제곱)'도 있습니다. 다음은 파이썬의 여러 가지 숫자 연산의 예입니다.

파이썬의 여러 가지 숫자 연산

```
>>> 3 + 5
8
>>> 3 - 4
-1
>>> 4 * 5
20
>>> 3 / 2
1.5
>>> 5 // 2
2
>>> 5 % 2
1
>>> 2 ** 3
8
```

숫자 타입(자료형)에는 주로 int 타입(정수형)과 float 타입(실수형)이 있습니다(복소수 타입도 있지만 이 책에서는 다루지 않습니다). 변수의 타입은 type 함수로 확인할 수 있습니다.

데이터 타입 확인

```
>>> a = 2
>>> b = 1.2
>>> type(a)
<class 'int'>   # int 타입
>>> type(b)
<class 'float'>  # float 타입
>>> c = a + b
>>> c
3.2   # int 타입과 float 타입의 합은 float 타입
```

```
>>> d = 3.   # float 타입으로 취급
>>> type(d)
<class 'float'>
>>> a + d
5.0
>>> e = 1.2e5   # 1.2×10⁵을 나타냄
>>> type(e)
<class 'float'>
>>> e
120000.0
>>> f = 1e-3   # 1×10⁻³을 나타냄
>>> f
0.001
```

앞 예에서 2는 int 타입이고 1.2는 float 타입입니다. int 타입과 float 타입의 합은 float 타입입니다. 정수 뒤에 마침표를 붙여 3. 같이 작성하면 float 타입으로 처리합니다. 실수를 지수로 나타내는 방법도 있습니다. 예를 들어 1.2e5는 1.2×10^5을 뜻하고 1e-3은 1×10^{-3}을 뜻합니다.

루트, 지수, 로그, 삼각함수[2] 등의 수학 함수 연산은 math 모듈을 이용하여 math.함수이름 형태로 호출하는데, 예를 들어 파이(π)는 math.pi입니다.

수학 함수 사용

```
>>> import math   # math 모듈 불러오기
>>> math.sqrt(2)   # 루트
1.4142135623730951
>>> math.exp(3)   # 지수
20.085536923187668
>>> math.log(5)   # 자연로그 함수
1.6094379124341003
>>> math.cos(math.pi)   # 코사인
-1.0
>>> math.sin(math.pi / 2)   # 사인
1.0
>>> math.tan(math.pi / 4)   # 탄젠트
0.9999999999999999
```

---

2 지수와 로그의 수학적 의미는 3장에서 설명합니다.

파이썬의 변수는 다른 스크립트 언어처럼 타입을 먼저 선언하지 않아도 됩니다. 그냥 대입하면 사용할 수 있습니다.

변수 다루기

```
>>> a = 3
>>> a
3
>>> b = 5
>>> b
5
>>> a + b
8
```

파이썬에는 2개의 항을 대상으로 변수에 값을 할당하는 할당 연산자가 있습니다. 예를 들어 a += 1은 a = a + 1과 같고, a *= 2는 a = a * 2와 같습니다. 다른 할당 연산자도 마찬가지입니다.

할당 연산자 다루기

```
>>> a = 1
>>> a += 1
>>> a
2
>>> a *= 2
>>> a
4
```

문자열은 큰따옴표 또는 작은따옴표로 묶어 나타냅니다. 또한 여러 줄로 작성하는 문자열은 큰따옴표 3개 혹은 작은따옴표 3개로 묶어 나타낼 수 있습니다.

코드 2-2 ex2_02.py

```python
a = "Hello"   # 모두 문자열로 다룸
b = 'Hi'
c = """Example   # 큰따옴표 3개로 여러 줄의 문자열을 묶음
```

```
of
multiple
lines"""

d = '''Another    # 작은따옴표 3개로 여러 줄의 문자열을 묶음
example
of
multiple
lines'''

print(a)
print(b)
print(c)
print(d)
```

실행 결과

```
Hello
Hi
Example
of
multiple
lines
Another
example
of
multiple
lines
```

문자열의 길이(문자 개수)를 확인할 때는 len 함수를 사용합니다. 부분 문자열을 검색하거나 추출할 때는 대괄호([ ])를 사용합니다. 예를 들어 문자열 s가 있을 때 s[i]는 인덱스 i에 해당하는 문자를 추출합니다. s[i:j]는 인덱스 i에서 인덱스 j-1까지의 부분 문자열을 추출합니다. 인덱스는 0부터 시작하므로 s[2]는 세 번째 문자를 뜻하고, s[1:5]는 두 번째부터 다섯 번째 문자를 뜻합니다. s[i:j]에서 i를 생략한 s[:j]는 첫 번째 문자(s[0])부터 j번째(s[j-1])까지의 부분 문자열을 추출합니다. 반대로 j를 생략한 s[i:]는 i+1번째 문자부터 마지막까지의 문자를 추출합니다.

':'을 사용하여 부분 문자열을 추출하는 방법을 슬라이싱이라고 합니다. 슬라이싱은 리스트나 튜플에서도 사용합니다. 참고로 인덱스는 음수로 지정할 수도 있습니다. 음수로 표현할 때는 가장 마지막 문자의 인덱스를 -1로 삼습니다. 그리고 마지막에서 두 번째 문자는 -2로 삼는 식으로 뒤에서부터 순서대로 계산합니다. 다음은 문자열 슬라이싱의 여러 가지 예입니다.

문자열 슬라이스

```
>>> a = "abcdefghi"
>>> len(a)   # 문자 개수 확인
9
>>> a[3]   # 네 번째 문자 추출
'd'
>>> a[2:5]   # 세 번째부터 다섯 번째까지의 문자 추출
'cde'
>>> a[:4]   # 첫 번째부터 네 번째까지의 문자 추출
'abcd'
>>> a [3:]   # 네 번째부터의 문자 추출
'defghi'
>>> a[-1]   # 마지막 문자 추출
'i'
>>> a[:-3]   # 뒤에서부터 3개 문자를 제외한 문자 추출
'abcdef'
```

문자열을 숫자로 변환할 때는 int 함수(정수형으로 바꾸는 경우)와 float 함수(실수형으로 바꾸는 경우)를 사용합니다.

숫자 변환

```
>>> a = "4"   # 문자열
>>> b = 3   # int 타입
>>> a + b   # 타입이 다르므로 에러 발생
Traceback (most recent call last):
  File "<stdin>", line 1, in <module>
TypeError: can only concatenate str (not "int") to str
>>> int(a) + 4   # 문자열을 정수로 바꿈
8
>>> c = "3.5"   # 문자열
```

```
>>> int(c) + b   # "3.5"는 int 타입으로 바꿀 수 없으므로 에러 발생
Traceback (most recent call last):
  File "<stdin>", line 1, in <module>
ValueError: invalid literal for int() with base 10: '3.5'
>>> float(c) + b  # float 타입으로 바꿈
6.5
```

숫자를 문자열로 바꿀 때는 str 함수를 사용합니다.

문자열 변환

```
>>> a = 6
>>> b = 7
>>> a + b   # 정수끼리 덧셈
13
>>> str(a) + str(b)   # 문자열로 바꾸고 나서 결합
'67'
```

문자열 사이에 변숫값을 대입할 때는 format 메소드를 사용합니다.

format 메소드

```
>>> a = 4
>>> b = 6
>>> c = a + b
>>> s = "{}와 {}의 합은 {}입니다".format(a, b, c)
>>> s
'4와 6의 합은 10입니다'
>>> t = "{:2d}를 {:2d}(으)로 나누면 {:5.3f}입니다".format(a, b, a / b)
>>> t
' 4를  6(으)로 나누면 0.667입니다'
```

여기에서는 {}가 3개 있는 문자열이므로 format 메소드에 3개의 인수(argument)를 설정한 후 호출해 그 결과를 변수 s에 대입합니다. 문자열의 {}에 변수 a~c값을 순서대로 할당해 출력합니다.

변수 t의 예에서는 {와 } 사이에 어떤 형태로 값을 대입할지 정하는 문자가 있습니다. {:2d}는 정수를 문자 2개만큼의 길이로 넣는다는 뜻이며, {:5.3f}는 실수를 총 5개의 문자, 즉 소수점 이하 세 자리로 넣는다는 뜻입니다. format 메소드에는 방금 소개한 것 이외에도 다양한 기능이 있습니다. 자세한 내용은 파이썬 공식 문서[3]를 참고하세요.

4 : 여러 줄 다루기

파이썬은 보통 어떤 기능에 해당하는 코드를 모두 입력한 후에 줄 바꿈합니다. 하지만 한 줄이 너무 길면 가독성이 좋지 못하므로 줄 바꿈을 해야 할 상황이 있습니다. 이때 아무런 기준 없이 줄 바꿈하면 의도대로 코드가 실행되지 않습니다. 코드 2-3을 작성해 py 파일로 저장한 후 실행한 결과를 살펴봅시다.

코드 2-3 ex2_03.py

```
a = 3
    + 5
```

실행 결과

```
  File "ex2_03.py", line 2
    + 5
    ^
IndentationError: unexpected indent
```

코드 2-3은 a = 3과 + 5라는 두 줄로 인식합니다. 그리고 + 5를 4칸 들여쓰기했는데 이는 들여쓰기 오류입니다.

---

3 옮긴이: https://docs.python.org/3/library/string.html#format-examples

어떤 기능에 해당하는 코드를 강제로 중간에서 줄 바꿈하려면 코드 2-4와 같이 줄 바꿈 앞에 역슬래시(\)를 입력합니다. 또는 괄호 안에 들어가는 코드 내용은 줄 바꿈을 무시한다는 규칙이 있으므로 괄호로 묶은 후 줄 바꿈해도 됩니다.

코드 2-4 ex2_04.py

```python
# 역슬래시를 입력한 후 줄 바꿈
a = 3 \
    + 5
print(a)

# 괄호 안은 줄 바꿈 가능
b = (3
    + 5)

# 함수의 괄호 안 내용도 줄 바꿈 가능
print(
    b)

# 리스트의 대괄호 안 내용도 줄 바꿈 가능
l = [1, 2,
    3]
print(l)
```

실행 결과

```
8
8
[1, 2, 3]
```

3 + 5를 두 줄로 나누는 두 가지 방법, print(변수)를 두 줄로 나누는 방법, 리스트를 두 줄로 나누는 방법을 확인할 수 있습니다.

5 : 제어 구조

조건문은 if를 사용합니다. 여기에서는 앞에서 설명한 들여쓰기를 정확하게 지켜야 합니다.

> **if를 이용한 조건문**
>
> ```
> >>> x = 100
> >>> if x > 10:
> ...     print("Big!") # 조건을 만족했을 때 실행하는 코드는 들여쓰기해야 함
> ... else:
> ...     print("Small!")
> ...
> Big!
> ```

REPL에서 콜론(:)으로 끝나는 줄의 다음부터는 들여쓰기해야 한다는 사실을 알리려고 프롬프트가 ...으로 바뀝니다. 이제 들여쓰기를 해서 몇 줄이든 코드를 입력할 수 있습니다. 더이상 들여쓰기할 필요가 없는 상황(제어문 작성 완료)이면 아무것도 입력하지 않은 상태에서 [Enter] 키를 누릅니다.

참고로 앞 예는 else가 있는 조건문인데 else는 들여쓰기하지 않습니다. else를 사용하지 않는 예는 다음과 같습니다.

> **else를 사용하지 않는 예**
>
> ```
> >>> x = 100
> >>> if x > 10:
> ...     print("Big!")
> ...
> Big!
> ```

반복문에는 for를 사용합니다. 단순히 숫자를 1씩 늘리면서 반복 실행할 때는 for 변수이름 in range(...)라는 형식을 사용합니다.

for를 이용한 반복문

```
>>> for i in range(5):  # 0부터 4까지 5회 반복 실행
...     print(i)
...
0
1
2
3
4
```

앞 예에서 range 함수의 인수로 5를 설정하면 i값은 0에서 4까지의 값을 출력한다는 점에 주의하기 바랍니다. 즉, i가 5가 되기 바로 전에 반복문을 종료합니다.

참고로 range 함수는 인수를 최대 3개까지 설정할 수 있습니다. 인수 2개를 설정하면 범위의 시작과 끝을 나타내며, 인수 3개를 설정하면 시작, 끝, 연속 숫자의 간격을 나타냅니다. 끝값은 인수 1개를 설정했을 때와 같이 해당 값 하나 앞에서 반복문이 종료된다는 점에 주의합니다.

range 함수 사용 예

```
>>> for i in range(2, 5):  # 2에서 4까지 출력
...     print(i)
...
2
3
4
>>> for i in range(3, 13, 2):  # 3에서 12까지 연속 숫자 간격 2씩 출력
...     print(i)
...
3
5
7
9
11
```

특정 조건을 만족하는 동안에만 반복 실행하는 경우에는 while을 사용합니다.

while을 이용한 반복문

```
>>> i = 0
>>> while i < 5:
...     print(i)
...     i += 1
...
0
1
2
3
4
```

조건문이나 반복문 같은 제어 구조를 섞어서 사용할 때는 여러 단계의 들여쓰기로 표현됩니다. 이를 살펴볼 수 있는 예로 피즈버즈(FizzBuzz) 문제가 있습니다. 이는 "1부터 차례로 숫자를 출력하는데 3의 배수는 숫자 대신 Fizz, 5의 배수는 Buzz, 15의 배수는 FizzBuzz를 출력한다"는 것입니다.

코드 2-5는 피즈버즈 문제의 답을 구현한 예입니다.

코드 2-5 ex2_05.py

```python
for i in range(1, 21):
    if i % 15 == 0:
        print("FizzBuzz")
    elif i % 3 == 0:
        print("Fizz")
    elif i % 5 == 0:
        print("Buzz")
    else:
        print(i)
```

실행 결과

```
1
2
Fizz
4
Buzz
Fizz
7
8
Fizz
Buzz
11
Fizz
13
14
FizzBuzz
16
17
Fizz
19
Buzz
```

앞 예에서는 elif가 처음 나옵니다. 이는 else와 if의 특성을 모두 합한 것입니다. 즉, 다음 두 코드는 같은 동작을 실행합니다.

```
if A:
    do_something1()
elif B:
    do_something2()
else:
    do_something3()

if A:
    do_something1()
else:
    if B:
        do_something2()
    else:
        do_something3()
```

두 번째 예처럼 else에 if문을 다시 사용하면 파이썬 문법의 특성 때문에 여러 번 들여쓰기해야 하므로 코드의 가독성이 낮아집니다. elif를 사용하면 이러한 상황을 막을 수 있습니다.

6 : 리스트, 딕셔너리, 세트

이 절에서는 여러 개의 값을 한꺼번에 다루려고 준비된 파이썬 기능을 설명합니다.

6.1 리스트

순서가 있는 여러 개의 값을 한꺼번에 다루면서 요소를 추가하고 삭제해야 할 때는 리스트를 사용합니다.

리스트의 사용 예

```
>>> a = [1, 2, 3, 4]   # 리스트 만들기
>>> a
[1, 2, 3, 4]
>>> a[1]   # 리스트의 두 번째 요소 추출
2
>>> a[2] = 99   # 리스트의 세 번째 요소 변경
>>> a
[1, 2, 99, 4]
>>> b = [1, "x", 3.4]   # 문자열이나 소수인 요소를 포함하는 리스트
>>> b[1]
'x'
>>> b[2]
3.4
```

리스트 a의 요소에 접근할 때는 인덱스를 사용합니다. 인덱스가 i라면 a[i]로 리스트의 요소에 접근합니다. 또한 리스트 b와 같이 리스트 안 요소의 데이터 타입은 통일할 필요가 없습니다.

그리고 리스트는 문자열처럼 슬라이싱이 가능합니다.

리스트 슬라이싱

```
>>> a = [1, 2, 3, 4, 5]
>>> a
[1, 2, 3, 4, 5]
>>> a[2:4]   # 리스트의 세 번째와 네 번째 요소 추출
[3, 4]
>>> a[3:]    # 리스트의 네 번째부터 끝까지의 요소 추출
[4, 5]
>>> a[:-1]   # 리스트의 마지막 요소를 제외하고 추출
[1, 2, 3, 4]
```

리스트에는 append(리스트의 끝에 요소 추가), insert(지정된 위치에 요소 추가), extend(여러 개 리스트 연결) 메소드를 자주 사용합니다. 리스트의 연결은 두 리스트의 모든 요소를 합해 하나의 리스트로 묶는 것을 뜻합니다. 빈 리스트는 []로 나타냅니다.

리스트의 여러 가지 메소드

```
>>> l = [1, 2, 3]
>>> l
[1, 2, 3]
>>> l.append(4)   # 4를 리스트 마지막 요소로 추가
>>> l
[1, 2, 3, 4]
>>> l.insert(1, 100)   # 리스트의 두 번째 요소로 100을 추가
>>> l
[1, 100, 2, 3, 4]
>>> a = [1, 2, 3]
>>> b = []   # 빈 리스트 만들기
>>> b.append(4)
>>> b.append(5)
>>> b
[4, 5]
>>> a.extend(b)   # 리스트 a와 b 연결
>>> a
[1, 2, 3, 4, 5]   # 리스트 a의 뒤에 리스트 b의 요소를 추가
>>> a = [1, 2, 3]
>>> a + b   # 리스트 a와 b를 연결한 결과를 출력
[1, 2, 3, 4, 5]
```

그럼 extend 메소드와 +의 차이가 궁금할 것입니다. 이는 리스트 자체를 바꾸는지 여부입니다. 즉, a.extend(b)는 리스트 자체가 [1, 2, 3, 4, 5]로 바뀌지만 a + b는 출력 결과가 같더라도 리스트 a는 [1, 2, 3] 그대로입니다. 참고로 append와 insert 메소드도 리스트 자체를 바꿉니다.

어떤 리스트를 저장한 변수를 다른 변수에 대입하면 요소를 참조하는 형태로 할당(메모리에 저장된 요소의 주소를 참조해서 사용함)됨에 주의합니다. 요소 자체를 복사해 새로운 리스트를 만들 때는 리스트변수이름[:]을 사용합니다.

리스트의 참조와 복사

```
>>> l = [1, 2, 3]
>>> m = l    # 리스트를 참조하는 형태로 할당
>>> m.append(4)
>>> m
[1, 2, 3, 4]
>>> l
[1, 2, 3, 4]    # 리스트 m을 변경하면 l도 변경됨
>>> l = [1, 2, 3]
>>> m = l[:]    # 새로운 리스트를 만들고 요소를 복사
>>> m.append(4)
>>> m
[1, 2, 3, 4]
>>> l
[1, 2, 3]    # 리스트 m을 변경해도 l은 변경되지 않음
```

리스트 l이 있을 때 m = l은 리스트를 참조하는 형태로 m에 전달됩니다. 즉, l과 m의 요소가 저장된 메모리의 주소가 같으므로 m에 요소를 추가하면 l에도 같은 요소가 추가됩니다. 새로운 리스트를 만들어 l의 요소를 복사하려면 m = l[:]을 사용합니다. 그럼 m에 요소를 추가하더라도 l은 변하지 않습니다.

한편 리스트의 요소 일부, 혹은 어떤 리스트 자체를 다른 리스트의 요소로 삼을 수도 있습니다.

리스트 안에 리스트 넣기

```
>>> l = [[], [], []]    # 3개의 리스트를 요소로 갖는 리스트
>>> l[1].append(1)      # 두 번째 요소(리스트)에 1을 추가
>>> l
[[], [1], []]
>>> l[2].append(2)
>>> l[2].append(3)      # 세 번째 요소(리스트)에 2와 3을 추가
>>> l
[[], [1], [2, 3]]
```

먼저 3개의 빈 리스트를 요소로 삼는 리스트를 만듭니다. 요소 각각이 리스트이므로 리스트 안 리스트인 l[1], l[2]에 append 메소드로 요소를 추가할 수 있습니다.

다음과 같이 '리스트 내포'라는 방법으로 리스트를 만들 수도 있습니다.

리스트 내포

```
>>> l = [i**2 for i in range(5)]   # ❶
>>> l
[0, 1, 4, 9, 16]
>>> m = [[i * 10 + j for j in range(5)] for i in range(5)]   # ❷
>>> m
[[0, 1, 2, 3, 4], [10, 11, 12, 13, 14], [20, 21, 22, 23, 24], [30, 31, 32, 33, 34], [40, 41, 42, 43, 44]]
```

❶에서는 i가 range(5)의 값(즉, 0, 1, 2, 3, 4)을 이용해 i**2(거듭제곱)를 계산한 결과를 요소로 삼는 리스트를 만듭니다.

❷에서 m에 대입하는 것은 중첩 리스트 내포입니다. 바깥쪽 for문을 살펴보면 i는 range(5)의 결과를 반복해 저장합니다. 이를 [i * 10 + j for j in range(5)]로 보낸 후 계산하여 리스트를 요소로 갖는 리스트를 만듭니다.

[i * 10 + j for j in range(5)]는 앞에서 저장한 i값을 가져와 i * 10 + j를 계산하는데, range(5)의 결과를 j에 반복해 저장하면서 리스트 안 리스트의 요소로 삼습니다.

6.2 튜플

리스트와 비슷하게 순서가 있는 여러 개의 값을 한꺼번에 다루는 데이터 타입으로 튜플(Tuple)이 있습니다. 튜플은 여러 개의 값을 괄호(())로 묶어 나타냅니다. 튜플이 리스트와 다른 점은 요소를 바꿀 수 없다는 점(Immutable)입니다. 즉, 튜플의 요소는 다른 값으로 바꾸거나 새롭게 추가할 수 없습니다.

> **튜플의 사용 예**
>
> ```
> >>> t = 1, "a", 1.5   # 튜플 만들기
> >>> t
> (1, 'a', 1.5)
> >>> u = t, (1, 2, 3)   # 튜플을 요소로 갖는 튜플 만들기
> >>> u
> ((1, 'a', 1.5), (1, 2, 3))
> >>> t[1]
> 'a'
> >>> t[1] = 1   # 튜플 요소는 바꿀 수 없음
> Traceback (most recent call last):
>   File "<stdin>", line 1, in <module>
> TypeError: 'tuple' object does not support item assignment
> ```

t에는 쉼표로 구분한 값을 할당하는데 이는 튜플의 요소를 할당하는 방법입니다. 튜플의 요소에는 어떤 데이터 타입이든 할당할 수 있으며 튜플 안에 튜플을 할당할 수도 있습니다. 앞 예에서도 u에는 튜플 t와 (1, 2, 3)이라는 튜플을 요소로 갖는 튜플을 할당했습니다.

튜플의 요소는 리스트의 요소와 같이 대괄호([ ])를 사용해 참조합니다. 단, 튜플은 리스트와 달리 요소를 추가하거나 값을 바꿀 수 없습니다. 즉, t[1] = 1을 실행하면 에러가 발생합니다. 그렇다면 빈 튜플(요소가 없는 튜플)과 요소가 하나인 튜플을 어떻게 나타내느냐 하는 문제가 있습니다. 빈 튜플은 '()'로 나타내며, 요소 개수가 하나인 튜플은 요솟값 뒤에 쉼표를 적어 나타냅니다.

빈 튜플과 요소 개수가 하나인 튜플 다루기

```
>>> t =()   # 빈 튜플
>>> t
()
>>> u = 1,   # 요소가 하나만 있는 튜플
>>> u
(1,)
```

6.3 시퀀스 타입

문자열, 리스트, 튜플은 모두 대괄호로 요소 각각을 참조하거나 슬라이싱할 수 있다는 공통점이 있습니다. 이러한 특징이 있는 데이터 타입을 시퀀스 타입이라고 합니다. 시퀀스 타입 객체는 for문의 in 다음에 사용하여 요소 각각을 반복해서 할당할 수 있습니다. 또한 리스트 내포도 in 다음에 사용할 수 있습니다. 앞에서 for문을 설명할 때 나온 range 함수가 반환하는 값도 시퀀스 타입입니다.

시퀀스 타입의 사용 예

```
>>> for i in range(3):   # range 함수를 사용한 반복
...     print(i)
...
0
1
2
>>> l = [2, 4, 6]
>>> for x in l:   # 리스트를 사용한 반복
...     print(x)
...
2
4
6
>>> m = [x * 2 for x in l]   # l의 모든 요소에 2배 곱한 값을 갖는 리스트
>>> m
[4, 8, 12]
>>> s = "abcd"
>>> for x in s:   # 문자열 s에서 모든 문자를 반복해 할당한 후 출력
...     print(x)
...
```

```
a
b
c
d
>>> ["*" + x + "*" for x in s]   # 리스트 내포를 사용한 리스트 생성
['*a*', '*b*', '*c*', '*d*']
>>> list(s)   # list 함수를 사용하여 문자열의 문자 각각을 요소로 갖는 리스트 생성
['a', 'b', 'c', 'd']
```

첫 번째 예는 range 함수를 사용한 반복문입니다. 두 번째 예는 in 다음에 리스트 1을 설정한 후 리스트 안 요소를 반복 할당하는 방식으로 반복문을 사용합니다. 리스트 내포에서도 in 다음에 리스트를 설정할 수 있습니다. 세 번째 예에서는 리스트 1의 모든 요소에 2배 곱한 값을 갖는 리스트를 만들었습니다.

네 번째 예인 문자열도 시퀀스 타입이므로 for문의 in 다음이나 다섯 번째 예인 리스트 내포의 in 다음에 설정해 각 문자를 반복 할당할 수 있습니다. 여섯 번째 예 list 함수에서는 괄호 안에 시퀀스 타입인 문자열 변수 s를 설정해 각 문자를 반복 할당하면서 요소로 삼아 리스트를 만듭니다.

6.4 딕셔너리

딕셔너리 타입은 키(Key)와 값(Value)이라는 구조로 값의 연관 관계(매핑)를 만들어 저장하는 데이터 타입입니다.

딕셔너리의 사용 예

```
>>> d = {"a":1, "b":2, "c":3}   # 딕셔너리 만들기
>>> d["a"]   # 키를 사용하여 값 얻기
1
>>> d["d"]   # 존재하지 않는 키를 사용하면 에러 발생
Traceback (most recent call last):
  File "<stdin>", line 1, in <module>
KeyError: 'd'
>>> "b" in d   # 딕셔너리 d에 "b"라는 키가 있는지 확인
True
```

여기에서는 "a", "b", "c"라는 키에 1, 2, 3이라는 값을 설정한 딕셔너리 타입 객체를 변수 d에 할당합니다. 그리고 d["a"]로 키 "a"에 해당하는 값을 얻습니다. "d"는 키가 아니므로 d["d"]는 에러가 발생합니다. 어떤 키가 딕셔너리에 포함되었는지를 확인할 때는 in을 사용합니다. 앞 예에서 "b"는 d의 키 중 하나이므로 "b" in d는 True입니다.

다음은 키와 값을 하나씩 매핑하는 방법과 딕셔너리를 이용하는 반복문을 살펴봅니다.

키와 값을 활용하는 예

```
>>> d = {}   # 빈 딕셔너리 만들기
>>> d["x"] = 1
>>> d["y"] = 2
>>> d["z"] = 3
>>> d
{'x': 1, 'y': 2, 'z': 3}
>>> for k in d:   # 모든 키를 반복 할당해 출력
...     print(k)
...
x
y
z
>>> for x in d.items():   # 키와 값을 요소로 갖는 튜플을 반복 할당해 출력
...     print(x)
...
('x', 1)
('y', 2)
('z', 3)
```

{}를 사용하면 요소가 없는 딕셔너리를 만들 수 있습니다. 그리고 빈 딕셔너리에 d["x"] = 1과 같은 방식으로 키와 값을 매핑해 딕셔너리에 넣습니다. for문의 in 다음에 딕셔너리를 설정하면 모든 키 각각을 반복 할당해 출력할 수 있습니다. 또한 items 메소드를 사용하면 모든 키와 값을 튜플 타입으로 얻습니다.

6.5 세트

세트(Set, 집합) 타입은 리스트와 비슷하지만 두 가지 차이가 있습니다.

- 중복 요소를 허용하지 않습니다.
- 요소 순서에 의미가 없습니다.

요소의 순서에 의미가 없으므로 인덱스를 이용해 요소를 참조하거나 슬라이싱할 수 없습니다. 대신 중복 요소가 없어서 어떤 값이 요소에 포함되었는지 빠르게 판단한다는 장점이 있습니다. 또한 수학에서 집합과 같은 개념의 교집합(A∩B), 합집합(A∪B), 차집합(A-B) 연산[4]이 가능합니다. 파이썬에서는 각각 &, |, -로 나타냅니다.

> **집합의 사용 예**
>
> ```
> >>> a = set()   # 빈 세트 만들기
> >>> a.add(1)
> >>> a.add(2)
> >>> a.add(3)
> >>> a.add(3)
> >>> a
> {1, 2, 3}
> >>> 2 in a
> True
> >>> 5 in a
> False
> >>> b = {2, 3, 4}   # 요소가 3개 있는 세트 만들기
> >>> b
> {2, 3, 4}
> >>> a & b   # a와 b 둘 다 포함된 요소를 갖는 세트(교집합)
> {2, 3}
> >>> a | b   # a와 b 중 어느 하나에 포함된 요소를 갖는 세트(합집합)
> {1, 2, 3, 4}
> >>> a - b   # a에서 b에 있는 요소를 삭제하고 남은 요소를 갖는 세트(차집합)
> {1}
> >>> for x in a:   # 세트를 사용한 반복문 실행
> ...     print(x)
> ...
> 1
> 2
> 3
> ```

---

[4] 집합의 수학적 연산 개념은 3장에서 설명합니다.

먼저 변수 a에 빈 세트를 할당하려고 set 함수를 사용했습니다. 세트에 요소를 추가할 때는 add 메소드를 사용합니다. 앞 예에서는 같은 값 3을 두 번 추가했는데 중복 요소를 무시하므로 a의 요소는 {1, 2, 3}입니다. 어떤 값이 세트의 요소인지 확인할 때는 in을 사용합니다.

또한 b = {2, 3, 4}처럼 중괄호({})를 사용하여 세트를 만들고 할당할 수 있습니다. 참고로 딕셔너리도 중괄호를 사용해서 만들기 때문에 {}는 빈 세트가 아니라 빈 딕셔너리를 뜻한다는 점에 주의해야 합니다. 이후에는 두 세트 a, b를 대상으로 교집합, 합집합, 차집합을 계산했습니다.

세트 타입도 시퀀스 형식이므로 for문의 in 다음에 설정해 요소 각각을 반복 할당할 수 있습니다.

7 : 함수 정의

함수를 정의할 때는 def를 사용합니다.

코드 2-6 ex2_06.py

```
def f(a, b):    # 매개변수 2개를 더하는 함수
    return a + b

print(f(3, 5))
print(f(2, 1))
```

실행 결과

```
8
3
```

함수의 매개변수에는 기본값을 설정할 수 있습니다. 인수를 따로 설정하지 않으면 기본값을 사용합니다.

코드 2-7 ex2_07.py

```python
def g(a, b=100):   # 매개변수 b에 기본값을 설정
    return a + b

print(g(3))    # 매개변수 b에 해당하는 인수를 설정하지 않음
print(g(2, 3))
```

실행 결과

```
103
5
```

함수를 호출할 때 매개변수와 기본값을 명시할 수 있습니다. 이를 '매개변수를 지정한 호출'이라고 합니다.

코드 2-8 ex2_08.py

```python
def h(a, b=1, c=1):
    return a * 100 + b * 10 + c

print(h(1, 2, 3))   # 인수 3개 모두 설정 => 123
print(h(2))   # 인수 하나만 지정(b, c는 기본값 사용) => 211
print(h(2, c=2))   # 첫 번째 인수와 c를 설정. b는 기본값 => 212
print(h(a=2, c=3))   # a값과 c값을 지정 => 213
print(h(b=2, a=1, c=3))  # 매개변수를 지정해 호출할 때는 순서가 상관없음 => 123
```

8 : 표준 라이브러리 이용

파이썬을 처음 설치했을 때부터 포함된 라이브러리를 표준 라이브러리라고 합니다. 표준 라이브러리에서 관련 기능의 모음은 모듈이라는 단위로 제공합니다. 여기에서는 표준 라이브러리 클래스의 예로 datetime 모듈에 포함된 date를 소개합니다.

> **date 클래스 사용**
>
> ```
> >>> import datetime  # datetime 모듈 불러오기
> >>> d = datetime.date(2017, 1, 1)  # date 클래스의 인스턴스 생성
> >>> d.year  # year 속성 사용
> 2017
> >>> d.weekday() # weekday 메소드 사용
> 6
> ```

date 클래스는 날짜를 나타내는 클래스로 datetime.date처럼 (모듈이름).(클래스이름)의 형태로 호출합니다. 앞 예에서는 2017년 1월 1일에 해당하는 인스턴스를 생성합니다.

인스턴스에 접근할 때는 속성(Attribute)을 이용합니다. 속성을 이용할 때는 인스턴스를 나타내는 변수에 마침표(.)와 속성 이름을 붙입니다. 앞 예 d.year에서 date 클래스의 인스턴스 d는 year라는 속성을 참조하는 것입니다.

d.weekday()는 인스턴스 d에 weekday()라는 메소드를 호출합니다. 메소드는 ()를 붙여 사용하며 상황에 따라서는 괄호 안에 인수를 설정해 호출하기도 합니다. 속성은 속성 이름으로만 접근할 수 있습니다.

8.1 클래스 정의

지금까지 표준 라이브러리에 있는 모듈의 클래스를 이용하는 방법을 설명했습니다. 그런데 여러분 스스로 클래스를 만들 수 있습니다. 먼저 속성만 있는 클래스의 예를 살펴봅니다.

코드 2-9 ex2_09.py

```python
class Person:  # Person 클래스 정의
    def __init__(self, first_name="", last_name=""):
        self.first_name = first_name
        self.last_name = last_name

person1 = Person("John", "Smith")  # ❶
print(person1.first_name, person1.last_name)

person2 = Person()  # ❷
person2.first_name = "Robert"  # ❸
person2.last_name = "Johnson"
print(person2.first_name, person2.last_name)
```

실행 결과

```
John Smith
Robert Johnson
```

여기에 init이라는 단어의 앞뒤로 밑줄 2개씩을 붙인 __init__ 메소드는 생성자로 클래스를 초기화할 때 사용합니다. __init__의 첫 번째 매개변수인 self는 객체를 호출할 때 객체 자신을 전달합니다. 메소드를 정의할 때 으레 넣는 것이라고 생각하면 됩니다.

Person 클래스의 __init__ 메소드는 매개변수가 3개 있지만, 실제로 외부에서 인수를 설정할 수 있는 매개변수는 두 가지입니다. 여기서는 두 매개변수에 기본값을 설정하는데, __init__ 메소드의 구현 부분에서 두 매개변수를 속성으로 설정합니다. 즉, self.first_name 등은 클래스의 인스턴스에 관련된 속성을 뜻합니다.

❶에서는 Person 클래스를 인스턴스화하여 변수 person1에 대입합니다. 인수로는 "John"과 "Smith"를 전달했으므로 인스턴스의 속성에 "John"과 "Smith"가 설정됩니다. 그러면 person1.first_name 등으로 속성을 사용할 수 있습니다. ❷에서는 기본값을 사용하여 인스턴스를 만듭니다. ❸에서는 속성을 직접 선언해 속성 값을 바꿉니다.

코드 2-10은 Person 클래스에 메소드를 추가하는 예입니다.

코드 2-10 ex2_10.py

```python
class Person:
    def __init__(self, first_name="", last_name=""):
        self.first_name = first_name
        self.last_name = last_name

    def get_name(self):   # 메소드
        return self.first_name + " " + self.last_name

    def __str__(self):   # 특수 메소드
        return self.last_name + ", " + self.first_name

person1 = Person("John", "Smith")
print(person1.get_name())
print(person1)
```

실행 결과

```
John Smith
Smith, John
```

get_name 메소드는 first_name과 last_name 사이에 공백 하나를 두고 연결한 문자열을 반환합니다. get_name을 호출할 때는 person1.get_name()처럼 인스턴스 person1을 명시해서 메소드를 호출합니다.

한편 print(person1)을 실행하면 person1의 __str__ 메소드가 호출됩니다. 이와 같이 명시적으로 지정하지 않아도 호출되는 메소드를 특수 메소드라고 합니다. 특수 메소드는 앞뒤로 밑줄 2개씩을 붙인 메소드로 어떤 상황에 어떤 특수 메소드를 호출하는지는 파이썬 언어 사양으로 정해져 있습니다. 예를 들어 __str__은 print 함수의 인수로 설정한 객체를 문자열로 변환해 반환할 때 호출됩니다.

9 : 모듈

이미 8절 표준 라이브러리 이용에서 다음처럼 datetime 모듈을 불러오는 코드를 살펴봤었습니다.

```
import datetime
```

모듈은 함수, 클래스, 상수 등을 모아 놓은 것입니다. 예를 들어 datetime이라는 모듈은 날짜와 시간을 다루는 기능을 모은 모듈입니다. `import datetime`처럼 모듈을 불러오면 해당 모듈의 함수, 클래스 등을 사용할 수 있습니다. datetime 모듈의 date라는 클래스를 사용한다면 datetime.date처럼 (모듈이름).(클래스이름) 형식으로 호출합니다. 다음은 그 예입니다.

모듈 불러오기

```
>>> import datetime
>>> d = datetime.date(2018, 1, 1)  # date 클래스의 객체 생성
>>> d
datetime.date(2018, 1, 1)
```

그런데 date 클래스를 많이 사용한다면 매번 datetime.date라는 형태로 불러오는 것이 번거로울 수 있습니다. 이때는 다음처럼 `from ~ import ~` 구문을 사용합니다.

특정 클래스만 불러오기

```
>>> from datetime import date
>>> d = date(2018, 1, 1)  # date 클래스 객체 생성
>>> d
datetime.date(2018, 1, 1)
```

이처럼 클래스(또는 함수, 상수 등)를 지정하여 불러오면 이후에는 모듈 이름을 지정하지 않아도 해당 클래스(또는 함수, 상수 등)를 사용할 수 있습니다. 또한 다음처럼 모듈의 모든 클래스를 불러오는 구문도 있습니다.

모든 클래스 불러오기

```
>>> from datetime import *
>>> d = date(2018, 1, 1)
>>> d
datetime.date(2018, 1, 1)
```

그러나 이 방법은 추천하지 않습니다. 여러 모듈을 불러올 때 이름이 중복되어 충돌이 발생할 가능성이 있기 때문입니다. import *는 불러올 모듈이 적어 문제가 일어나지 않을 것으로 확신할 때만 사용해야 합니다.

이름이 중복되서 발생하는 충돌을 막기 위해 모듈을 명시하고 싶지만, 긴 모듈 이름을 그대로 사용하고 싶지 않으면 import ~ as ~ 구문이 편리합니다.

별칭을 설정해 불러오기

```
>>> import datetime as dt
>>> d = dt.date(2018, 1, 1)
>>> d
datetime.date(2018, 1, 1)
```

첫 번째 행은 datetime 모듈을 dt라는 별칭으로 설정해 불러옵니다. 이후 dt라고 하면 datetime 모듈을 가리키는 것입니다. 이는 이름 중복으로 인한 충돌을 피하고 코드를 단축하는 데 유용합니다. 하지만 남용하면 코드의 가독성을 저하시키므로 주의해서 사용해야 합니다.

9.1 모듈 만들기

여러분이 직접 새로운 모듈을 만들고 싶은 상황을 생각해보겠습니다. 모듈을 만들 때는 별도의 명시적 선언이 필요 없습니다. 확장자가 py인 파일에 클래스, 함수, 상수 등을 작성하면 자동으로 모듈로 인식합니다.

다음 2개의 파일을 같은 디렉터리에 만들어 예를 들어보겠습니다.

mod1.py

```python
def hello():
    return "Hello!"
```

코드 2-11 ex2_11.py

```python
import mod1   # mod1 불러오기

print(mod1.hello())
```

이제 ex2_11.py를 실행하면 다음 결과를 확인할 수 있습니다.

실행 결과

```
Hello!
```

ex2_11.py에서 모듈 mod1을 불러오도록 선언했으므로 같은 디렉터리에 있는 mod1.py를 불러옵니다.

모듈을 불러올 때는 같은 디렉터리에 있는 파일을 먼저 탐색합니다. 하지만 앞에서 살펴본 datetime과 같은 표준 모듈은 파이썬 언어의 시스템에 내장되어 있으므로 언어 시스템 특정 디렉터리에서 탐색해 불러옵니다.

참고로 모듈을 불러올 때 모듈 안에 있는 구문은 자동으로 실행됩니다.

mod2.py

```python
def meow():
    print("Meow!")

print("I am imported")   # 이 print 함수는 전역 범위
```

코드 2-12 ex2_12.py

```
import mod2

print("Bowwow!")
mod2.meow()
```

ex2_12.py를 실행해보면, mod2.py 안에 선언한 print 함수는 mod2를 불러올 때 실행됨을 알 수 있습니다.

실행 결과

```
I am imported
Bowwow!
Meow!
```

이처럼 불러오는 모듈에 있는 구문을 자동으로 실행하는 것은 원하지 않는 동작일 수 있으므로 주의해야 합니다. 어떤 파일을 모듈로 불러올 때 안에 있는 특정 구문을 실행하고 싶지 않으면 다음처럼 코드를 작성합니다.

mod3.py

```
def meow():
    print("Meow!")

def main():
    print("Entering main")
    meow()

if __name__ == "__main__":
    main()
```

코드 2-13 ex2_13.py

```
import mod3

mod3.meow()
```

위와 같이 py 파일 2개를 저장한 후 각각을 실행하면 결과는 다음과 같습니다.

실행 결과

```
$ python ex2_13.py
Meow!
$ python mod3.py
Entering main
Meow!
```

mod3.py의 if 문은 해당 파일을 직접 실행(모듈로 불러오지 않은 경우)했을 때 동작합니다. 즉, 직접 실행했을 때만 main 함수를 호출합니다.

10. 파일 다루기

어떤 파일을 열어 사용하려면 open 함수를 사용합니다. 코드 2-14는 텍스트 파일을 열고 그 내용을 1행씩 출력합니다.

코드 2-14 ex2_14.py

```python
f = open("sample.txt")  # 파일 열기

for line in f:  # 1행씩 저장
    line = line.rstrip()  # 뒷부분에 있는 공백과 줄 바꿈 제거
    print(line)

f.close()  # 파일 닫기
```

이 예제에서는 sample.txt라는 텍스트 파일을 읽기용으로 열고 변수 f에 파일 객체로 할당합니다. for문의 in 키워드 다음 파일 객체 f를 선언했으므로 해당 파일의 각 행을 읽는 동작을 반복 실행합니다.

각 행의 내용은 변수 line에 저장되며, 여기에는 개행 문자가 포함되어 있습니다. 따라서 rstrip 메소드로 개행 문자를 삭제합니다. 개행 문자를 삭제한 후 print 함수

로 해당 행을 출력(여기에서는 자동으로 줄 바꿈)하므로 결과적으로 텍스트 파일의 각 행을 읽고 출력하는 것입니다. 마지막으로 close 메소드로 파일을 닫아 더 사용할 수 없도록 합니다.

코드 2-14에서는 f.close()라고 명시해서 파일을 닫았습니다. 그런데 파일을 열고 닫는 사이에 예외가 발생하여 close 메소드가 호출되지 않을 가능성이 있습니다. 이 문제는 with를 사용하면 해결할 수 있습니다. 코드 2-14를 코드 2-15처럼 수정하겠습니다.

코드 2-15 ex2_15.py

```python
with open("sample.txt") as f:
    for line in f:
        line = line.rstrip()
        print(line)
```

with 다음에 open 함수를 사용해 sample.txt 파일을 연 후 해당 구문 범위 안에서 for문을 선언했습니다. 이러면 예상하지 못한 이유로 with 범위를 벗어났을 때 파일이 닫힙니다. 즉, close 메소드를 이용해 명시적으로 파일을 닫을 때 예외가 발생할 상황을 걱정할 필요가 없으므로 with를 사용하는 것이 좋습니다.

조금 전 텍스트 파일을 읽기용으로 열었다고 했습니다. 물론 파일에 내용을 쓸 수 있도록 열 수도 있습니다. 이때는 두 번째 인수로 "w"를 설정합니다.

코드 2-16 ex2_16.py

```python
with open("output.txt", "w") as fw:  # 쓰기용으로 파일 열기
    with open("sample.txt") as fr: # 읽기용으로 열기
        for line in fr:
            print(line, end="", file=fw)
```

output.txt라는 파일을 쓰기용으로 연 후 sample.txt라는 파일을 열어 한 줄씩 output.txt에 저장합니다. 또한 코드 2-15에서는 `rstrip` 메소드로 뒷부분의 공백과 줄 바꿈을 삭제했는데, 코드 2-16에서는 `print` 함수의 매개변수 `end`에 ""를 설정해 줄 바꿈을 추가하지 않도록 했습니다. 매개변수 `file`은 저장할 파일 객체를 뜻합니다.

참고로 읽기 전용으로 파일을 열 때는 원래 두 번째 인수에 "r"을 설정합니다. 하지만 기본값이므로 생략할 수 있습니다. 기존 내용에 새로운 내용을 추가하는 형태로 파일을 열 때는 "a"를 설정합니다. 또한 바이너리 파일을 열 때는 두 번째 인수에 "b"를 추가합니다. 예를 들어 바이너리 파일을 읽기용으로 열 때는 "rb"라고 설정합니다.

10.1 pickle 모듈 이용

객체의 내용을 파일로 내보내 저장하고 필요할 때 해당 파일을 불러와 복원하려면 파이썬에서는 pickle이라는 모듈을 사용합니다.

pickle 모듈의 사용 예

```
>>> from datetime import date
>>> import pickle  # pickle 모듈 불러오기
>>> x = date(2018, 1, 1)
>>> x
datetime.date(2018, 1, 1)
>>> with open("today.pkl", "wb") as f:
...     pickle.dump(x, f, -1)  # 파일에 날짜 저장하기
...
>>> with open("today.pkl", "rb") as f:
...     y = pickle.load(f) # 파일로 날짜 불러오기
...
>>> y
datetime.date(2018, 1, 1)
```

pickle 모듈로 파일에 어떤 내용을 저장하려면 dump 함수를 사용합니다. 단, 해당 함수를 사용하려면 파일이 쓰기용으로 열려 있어야 합니다. 이때 여는 파일은 일반 텍스트와 바이너리 파일 모두 가능하지만, 바이너리 파일이 실행 속도가 빠르다는 장점이 있습니다.

dump 함수의 인수에는 저장하려는 내용이 담긴 객체, 저장할 파일 객체, 쓰기 형식을 각각 설정합니다. 참고로 마지막 인수에 -1을 설정했을 때 성능이 가장 좋기 때문에 특별한 이유가 없으면 -1을 설정합니다.

pickle 형식으로 저장된 파일(*.pkl)을 불러올 때는 먼저 해당 파일을 연 다음 load 함수를 사용합니다. 바이너리 형식으로 저장된 파일을 불러올 때는 파일을 열 때 바이너리 형식을 여는 "b"가 포함된 인수를 설정해야 한다는 점에 주의하기 바랍니다.

10.2 기타 파일 형식

이번에는 데이터 처리에서 자주 사용되는 CSV와 JSON 파일을 다루는 방법을 설명합니다. CSV 포맷은 쉼표로 구분된 데이터를 늘어놓은 텍스트 파일입니다. 예를 들면 다음과 같은 형태입니다.

sample.csv

```
a,b,c,d
1,2,3,4
5,6,7,8
9,10,11,12
```

위와 같은 내용이 sample.csv로 저장되어 있을 때 해당 파일을 읽어 왼쪽에서 두 번째 열의 숫자를 모두 더해보겠습니다. 단, 첫 번째 행은 제목이므로 건너뛰겠습니다.

코드 2-17 ex2_17.py

```python
import csv  # csv 모듈 불러오기

s = 0
with open("sample.csv") as f:
    reader = csv.reader(f)  # csv 파일 읽기
    next(reader)  # 첫 번째 행 건너뛰기
    for row in reader:
        s += int(row[1])  # 왼쪽에서 두 번째 열의 숫자를 모두 더함

print(s)
```

실행 결과

| 18

텍스트 파일을 열고 해당 파일 객체 f를 인수로 삼는 csv.reader로 reader 객체를 생성했습니다. 이것이 CSV 파일을 읽는 방법입니다. next 함수를 사용하면 reader를 한 줄 읽을 때 첫 번째 행을 건너뛸 수 있습니다.

다음으로 for문을 사용하여 CSV 파일을 한 줄씩 읽고, row라는 변수에 리스트 형태로 저장합니다. 그리고 변수 s에 두 번째 열에 해당하는 데이터인 row[1]을 문자열에서 숫자 타입으로 바꾼 후 합을 계산합니다.

코드 2-18은 CSV 파일을 저장하는 예입니다.

코드 2-18 ex2_18.py

```python
import csv

data = [[1, "a", 1.1],  # 리스트를 요소로 포함하는 리스트 생성
        [2, "b", 1.2],
        [3, "c", 1.3]]

with open("output.csv", "w") as f:
    wr = csv.writer(f)  # csv 파일에 저장
    for row in data:
        wr.writerow(row)
```

리스트를 요소로 포함하는 리스트가 변수 data에 저장되어 있고 이를 CSV 파일에 저장합니다. 구체적으로 살펴보면 csv.writer(f)로 인스턴스를 생성해 변수 wr에 저장한 후, writerow 메소드를 이용해 data 리스트의 요소를 하나씩 불러와 저장합니다. 참고로 csv.writer 클래스에는 여러 줄을 한꺼번에 저장할 수 있는 writerows 메소드도 있습니다.

ex2_18.py를 실행하여 생성되는 output.csv 파일의 내용은 다음과 같습니다.

output.csv

```
1,a,1.1
2,b,1.2
3,c,1.3
```

JSON 파일의 읽고 쓰기는 json 모듈을 사용합니다. 파일 저장은 dump, 문자열로 저장은 dumps, 파일 불러오기는 load, 문자열로 불러오기는 loads 함수를 사용합니다. 다음은 문자열로 변환하는 예를 보여줍니다.

JSON 데이터 다루기

```
>>> import json   # json 모듈 불러오기
>>> data = {"a": 1, "b": "x", "c": [1, 2, 3], "d": {"a": 1, "b": 2}}
>>> s = json.dumps(data)   # 문자열로 저장
>>> s
'{"a": 1, "b": "x", "c": [1, 2, 3], "d": {"a": 1, "b": 2}}'
>>> data2 = json.loads(s)   # 문자열을 JSON 포맷으로 불러오기
>>> data2
{'a': 1, 'b': 'x', 'c': [1, 2, 3], 'd': {'a': 1, 'b': 2}}
```

딕셔너리나 리스트를 함께 포함한 데이터는 dumps 함수를 사용하면 JSON 포맷의 문자열로 바꿀 수 있습니다. 또한 JSON 형식의 문자열은 loads 함수를 이용해 딕셔너리와 리스트를 함께 포함한 데이터로 불러올 수 있습니다.

11: 예외 처리

먼저 존재하지 않는 키로 딕셔너리에 접근하는 예를 살펴봅니다.

존재하지 않는 키를 참조할 때 발생하는 오류

```
>>> d = {"a": 1, "b": 2, "c": 3}
>>> d["d"]
Traceback (most recent call last):
  File "<stdin>", line 1, in <module>
KeyError: 'd'
```

에러 메시지의 마지막 줄에 KeyError라는 메시지가 있습니다. 이는 발생한 예와 연관된 클래스를 뜻합니다. 코드 2-19는 KeyError가 발생했을 때 특정 동작을 실행하도록 설정하는 예입니다.

코드 2-19 ex2_19.py

```python
d = {"a": 1, "b": 2, "c": 3}

try:
    print(d["d"])    # 기본적으로 실행하는 구문
except KeyError:
    print("KeyError!")    # KeyError가 발생했을 때 실행하는 구문
```

실행 결과

```
KeyError!
```

try문에서 발생한 예외는 except문에서 처리합니다. except 다음에는 예외 클래스의 이름을 설정하여 지정된 예외가 발생했을 경우에만 print 함수를 실행합니다.

발생한 예외 관련 메시지를 보려면 except ~ as ~를 사용합니다.

코드 2-20 ex2_20.py

```
d = {"a": 1, "b": 2, "c": 3}

try:
    print(d["d"])
except KeyError as err:   # 발생한 예외 관련 메시지를 변수 err에 저장
    print("KeyError: {}".format(err))   # 에러 내용을 출력
```

실행 결과

```
KeyError: 'd'
```

먼저, 발생한 예외 관련 클래스의 인스턴스를 변수 err에 대입합니다. err은 KeyError 객체가 포함되었으므로 format 메소드를 이용하면 존재하지 않는 키를 나타내는 문자열로 변환됩니다.

except 다음에 아무것도 지정하지 않으면 모든 예외를 전달받습니다.

```
d = {"a": 1, "b": 2, "c": 3}

try:
    print(d["d"])
except:
    print("Something is wrong")
```

보통 모든 예외를 전달받은 후 이를 확인하지 않으면 예상하지 못한 예외를 놓치기 쉬우므로 좋은 코딩 방법이 아닙니다. 모든 예외를 변수에 전달받으려면 다음처럼 코드를 작성합니다.

```
d = {"a": 1, "b": 2, "c": 3}

try:
    print(d["d"])
except Exception as err:
    print(type(err))
    print(err)
```

파이썬은 시스템의 거의 모든 예외가 Exception을 상속합니다. 따라서 Exception을 전달받으면 거의 모든 예외를 처리할 수 있습니다. 단, 시스템 종료와 키보드 인터럽트(사용자가 [Ctrl] + [C]를 눌러서 종료시켰을 때) 예외 클래스는 상속되지 않으므로 Exception으로 예외를 처리할 수 없습니다. 그러나 시스템 종료나 키보드 인터럽트를 처리할 상황은 드물기 때문에 보통 Exception만으로 예외를 처리해도 충분합니다.

Column 파이썬으로 할 수 있는 작업

파이썬은 머신러닝 분야에서 사실상 표준입니다. 많은 머신러닝 라이브러리(실제 구현이 파이썬으로 되어 있지 않더라도)가 파이썬 기반의 인터페이스로 되어 있습니다. 그래서 많은 머신러닝 연구자와 엔지니어가 파이썬을 사용합니다.

하지만 파이썬은 머신러닝만을 위한 전용 언어가 아닙니다. 이 책에서는 머신러닝에 관련된 부분을 주로 설명하지만, 그 이외의 다양한 상황에도 파이썬을 활용할 수 있습니다.

특히 파이썬은 웹 애플리케이션 개발에 자주 사용됩니다. 여러 프레임워크를 pip로 설치할 수 있고, 웹 애플리케이션을 만드는 유용한 도구가 갖춰져 있습니다. 데이터 과학자도 웹 애플리케이션과 관련된 기술을 어느 정도 안다면 데이터를 효과적으로 시각화하는 구조를 만들 수 있습니다.

머신러닝이나 웹 애플리케이션 분야 이외에도 파이썬을 활용하는 여러 가지 방법이 있습니다. 또 다른 예를 들어 보면 파이썬은 집필 과정에도 활용할 수 있습니다. 텍스트 파일을 원하는 형태로 바꾸는 데 편리하기 때문에 이 책을 집필하면서도 파이썬으로 프로그램을 만들어 소스 코드를 자동으로 바꾸고 그림이나 표의 참조 관계를 확인하는 데 활용했습니다. 이렇게 파이썬에 익숙해지면 여러 분야에서 작업을 효율적으로 할 수 있습니다.

CHAPTER

머신러닝에 필요한 수학

이 장에서는 기초 수학 중 특히 머신러닝에 필요한 부분을 소개합니다. 개념마다 수학적 사실을 증명한다기보다는 직관적으로 설명하는 데 중점을 둘 것입니다. 자세한 수학적 증명을 확인하고 싶다면 대학교에서 다루는 '선형대수학'이나 '미적분' 교과서를 살펴볼 것을 권합니다. 이 책에서 다루는 내용 대부분을 포함하고 있을 것입니다.

수학적 사실을 설명할 때 계산기를 사용하는 계산 예를 소개하면 이해하는 데 도움이 될 것으로도 생각합니다. 하지만 이 장에서는 굳이 계산기를 사용하지 않고 설명할 것입니다. 파이썬을 이용하는 계산 예는 4장에서 다룹니다.

1 : 머신러닝의 기초 수학 개념

이 장에서는 주로 선형대수학과 미적분을 설명합니다. 하지만 이들을 배우기 전 이해하는 데 꼭 필요한 집합, 수열, 사상, 함수를 먼저 설명하겠습니다.

1.1 집합

수학적으로 특정한 조건이나 범위에 맞는 원소들의 모임을 **집합**이라고 합니다. **원소**는 집합을 구성하는 요소 각각을 뜻합니다. 집합은 보통 다음 예처럼 { } 안에 원소를 나열합니다.

$$A = \{1, 3, 6, 8\}$$

또한 집합 안 원소는 순서의 의미를 갖지 않습니다. 즉, 다음 두 집합은 수학적으로 같은 것입니다.

$$\{1, 3, 6, 8\} = \{6, 3, 1, 8\}$$

x가 집합 X의 원소임은

$$x \in X$$

라고 나타냅니다. 또한 x가 X의 원소가 아님은

$$x \notin X$$

라고 나타냅니다. 앞 집합 A의 예라면

$$1 \in A \text{이고}, 2 \notin A$$

입니다. 또한 여러 개 원소가 집합의 원소임을 나타낼 때는

$$1, 3 \in A$$

처럼 쉼표로 구분하여 나타낼 수 있습니다.

집합의 원소 개수는 반드시 정할 필요가 없습니다. 그럼 무한개의 원소를 나타낼 방법을 알아야 합니다. 이는 다음과 같습니다.

$$X = \{x \mid P(x)\}$$

$P(x)$는 x에 대한 조건입니다. 즉, 집합 X는 $P(x)$라는 조건을 만족하는 원소 x를 모았다는 뜻입니다. 예를 들어

$$A = \{x \mid x \text{는 짝수}\}$$

라는 집합의 원소 중 일부는

$$-2, 6, 8 \in A$$

입니다.

원소가 하나도 없는 집합을 **공집합**이라고 합니다. 예를 들어

$$\{x \mid x > 1 \text{ 그리고 } x < 0\} = \emptyset$$

입니다.

집합 A가 집합 B에 포함된다면 이를 $A \subset B$라고 나타냅니다. 이는 집합 A의 모든 원소가 집합 B의 원소라는 뜻입니다. 그림 3-1처럼 나타낼 수 있습니다.

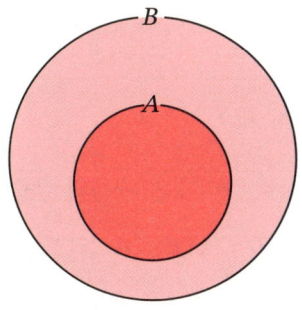

그림 3-1 집합 사이의 포함 관계

이때 집합 A는 집합 B의 부분집합이라고 합니다. $A \subset B$라는 기호는 $A = B$일 가능성도 있으므로 주의해야 합니다. 즉, 임의의 집합에 대해 $A \subset A$도 성립합니다. 또한 공집합은 모든 집합의 부분 집합입니다. 즉, 임의의 집합 A에 대해 $\emptyset \subset A$가 성립합니다.

다음으로 교집합, 합집합, 차집합을 살펴봅니다.

- **교집합**: 집합 A, B에 모두 포함된 원소의 집합입니다.
- **합집합**: 집합 A, B 중 적어도 하나에 포함된 원소의 집합입니다.
- **차집합**: 집합 A, B 중 A에는 포함되지만 B에는 포함되지 않는 원소의 집합입니다. $A - B$로 나타냅니다($A \setminus B$로 나타내기도 합니다). 반대로 집합 A, B 중 B에는 포함되지만 A에는 포함되지 않는 원소의 집합도 $B - A$라는 차집합입니다.

이러한 관계를 그림 3-2처럼 나타냅니다.

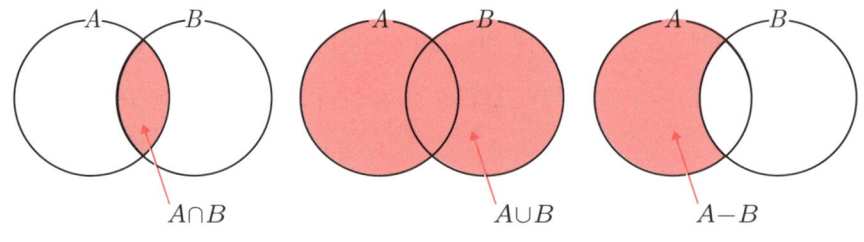

그림 3-2 교집합 · 합집합 · 차집합

교집합, 합집합, 차집합을 기호로 나타내면 다음과 같습니다.

$$A \cap B = \{x \mid x \in A \text{ 그리고 } x \in B\}$$
$$A \cup B = \{x \mid x \in A \text{ 또는 } x \in B\}$$
$$A - B = \{x \mid x \in A \text{ 그리고 } x \notin B\}$$

자주 사용하는 집합 기호로 $\mathbb{Z}$, $\mathbb{N}$, $\mathbb{Q}$, $\mathbb{R}$, $\mathbb{C}$가 있습니다. 다음과 같은 뜻을 갖습니다.

- $\mathbb{Z}$: 정수 전체를 나타내는 집합입니다.
- $\mathbb{N}$: 자연수(1 이상의 정수) 전체를 나타내는 집합입니다. 자연수에 0을 포함한다는 주장도 있지만, 이 책에서는 0은 포함하지 않습니다.
- $\mathbb{Q}$: 유리수 전체를 나타내는 집합입니다. 유리수는 정수 $p, q(q \neq 0)$가 있을 때 $\frac{p}{q}$처럼 분수로 표시되는 숫자입니다.
- $\mathbb{R}$: 수직선에 나타낼 수 있는 숫자인 실수 전체의 집합입니다. $\mathbb{R} - \mathbb{Q}$의 원소, 즉 유리수가 아닌 실수는 무리수라고 합니다. 무리수의 예로는 $\sqrt{2}$와 π(원주율) 등이 있습니다.
- $\mathbb{C}$: 복소수 전체의 집합입니다. 복소수는 제곱하면 -1이 되는 수를 $\sqrt{-1}$이라고 할 때, $u, v \in \mathbb{R}$인 조건에서 $u+v\sqrt{-1}$로 나타내는 숫자입니다.

이 집합 기호들을 식으로 나타내면 다음과 같습니다.

$$\mathbb{Z} = \{x \mid x\text{는 정수}\}$$

$$\mathbb{N} = \{x \mid x\text{는 자연수}\}$$
$$= \{x \mid x \in \mathbb{Z} \text{ 그리고 } x \geq 1\}$$

$$\mathbb{Q} = \{x \mid x\text{는 유리수}\}$$
$$= \{\frac{p}{q} \mid p \in \mathbb{Z}, q \in \mathbb{Z} \text{-} \{0\}\}$$

$$\mathbb{R} = \{x \mid x\text{는 실수}\}$$

$$\mathbb{C} = \{x \mid x\text{는 복소수}\}$$
$$= \{u+v\sqrt{-1} \mid u, v \in \mathbb{R}\}$$

또한 집합 기호 5개는 다음과 같은 포함 관계가 성립합니다.

$$\mathbb{N} \subset \mathbb{Z} \subset \mathbb{Q} \subset \mathbb{R} \subset \mathbb{C}$$

1.2 수열

2, 4, 6, 8, …과 같은 숫자의 나열을 **수열**이라고 합니다. 수열 n번째 숫자는 a_n처럼 오른쪽 밑에 n번째를 의미하는 숫자를 작성해 나타냅니다. 이 숫자를 **첨자**라고합니다. 방금 예로 든 수열이라면 다음처럼 나타냅니다.

$$a_1 = 2,\ a_2 = 4,\ a_3 = 6,\ a_4 = 8, \cdots$$

이 수열은 2부터 시작하여 2씩 증가하므로 a_n을 n을 이용한 식으로 나타낼 수 있습니다.

$$a_n = 2n$$

이처럼 a_n을 n을 이용한 식으로 나타낸 것을 수열의 **일반항**이라고 합니다.

수열의 합은 계산할 일이 자주 있습니다. a_1에서 a_n까지의 수열의 합은 다음 식과 같습니다.

$$\sum_{k=1}^{n} a_k$$

앞 식을 전개하면 다음과 같습니다.

$$\sum_{k=1}^{n} a_k = a_1 + a_2 + \cdots + a_k$$

여기서 Σ 아래에 쓴 $k = 1$과 위에 쓴 n은 수열의 첫 항과 끝 항을 뜻합니다. 또한 $k = 1$의 k는 수열의 항을 뜻합니다. 즉, 다음 예는 $k = 2$, $n = 4$이므로 수열의 두 번째 항부터 네 번째 항까지 더한다는 뜻입니다.

$$\sum_{k=2}^{4} a_k = a_2 + a_3 + a_4$$

수열의 합과 마찬가지로 a_1에서 a_n까지 수열의 곱은 다음 식과 같습니다.

$$\prod_{k=1}^{n} a_k$$

앞 식을 전개하면 다음과 같습니다.

$$\prod_{k=1}^{n} a_k = a_1 \cdot a_2 \cdots a_n$$

수열의 합에 대해서는 다음이 성립합니다.

$$\sum_{k=1}^{n}(a_k + b_k) = \sum_{k=1}^{n} a_k + \sum_{k=1}^{n} b_k$$

$$\sum_{k=1}^{n}(Na_k) = N\sum_{k=1}^{n} a_k$$

다음은 연속하는 두 항의 차이가 모두 일정한 등차수열의 합 공식입니다. 자주 사용하므로 기억해둡시다.

$$\sum_{k=1}^{n} k = \frac{1}{2}n(n+1)$$

$$\sum_{k=1}^{n} k^2 = \frac{1}{6}n(n+1)(2n+1)$$

1.3 사상과 함수

집합 **X**와 **Y**가 있고, **X**의 원소 하나에 **Y**의 원소 하나가 대응하는 것을 **사상**이라고 합니다. 사상은 f 등의 기호로 나타내며, $x \in X$에 대응하는 **Y**의 원소를 $f(x)$라고 합니다. 사상과 그에 관련된 집합을 나타낼 때는 다음과 같이 표기합니다.

$$f: X \to Y$$

이를 f는 $X \to Y$의 사상이라고 하며, 이때 집합 X는 사상 f의 **정의역**이라고 합니다. x가 $y = f(x)$에 대응할 때 y는 x의 **상(image)**이라고 하며, x는 y의 **원상(preimage)**이라고 합니다. 또한 $y = f(x)$를

$$f : x \mapsto y$$

라고 표현하기도 합니다.

X의 부분 집합 A가 사상 f에 포함될 때 이를 $f(A)$라고 하며 다음처럼 나타냅니다.

$$f(A) = \{f(x) \mid x \in A\}$$

이때 $f(A)$를 A의 '상'이라고 합니다. X 전체의 '상' $f(X)$는 반드시 Y와 1대1로 대응할 필요는 없습니다. 보통 $f(X) \subset Y$입니다. $f(X)$는 함수 f의 **치역**이라고 합니다. 치역이 Y와 일치할 필요가 없다는 것, 즉 $y \in Y$일 때 반드시 $f(x)$가 되는 x가 있지 않아도 된다는 것입니다. 하지만 $x \in X$라면 반드시 $f(x)$가 정의되어 있어야 합니다.

이 책에서는 사상 관계가 성립하는 집합(ℝ과 ℂ)을 **함수**라고 합니다. 함수는 수식으로 나타낼 수 있습니다. 예를 들어 다음처럼 ℝ → ℝ 관계가 성립하는 함수 $f : x \mapsto y$를 생각해보겠습니다.

$$y = x^2$$

앞 함수는 $x \in ℝ$일 때 $x^2 \in ℝ$에 대응한다는 뜻입니다. 이 수식은 자주 사용하므로 'ℝ → ℝ인 함수다'라고 명시하지 않습니다. 특히 이 책에서는 복소수를 다루지 않으므로 함수의 정의역은 ℝ 또는 ℝ의 부분 집합입니다. 또한 '함수 $y = x^2$'은 $x \mapsto y$임을 가정하고 x^2으로 계산합니다.

다음과 같은 함수를 생각해 보겠습니다.

$$y = \frac{1}{x}$$

이 함수는 $x = 0$에서 정의되지 않습니다. $\frac{1}{0}$은 수학적으로 정의되지 않은 수이기 때문입니다. 앞 함수는 $x \neq 0$인 $x \in \mathbb{R}$인 범위이므로 이 함수의 정의역은 $\mathbb{R} - \{0\}$입니다. 이렇게 정의역도 암묵적으로 가정할 수 있습니다. 즉, '함수 $y = \frac{1}{x}$'은 정의역을 명시하지 않아도 암묵적으로 $\mathbb{R} - \{0\}$이란 범위를 정의역으로 삼습니다.

정의역의 범위를 나타낼 때 구간을 나타내는 기호를 사용할 때도 있습니다. x가 $a \leq x \leq b$ 범위일 때 $[a, b]$로 나타냅니다. 즉,

$$[a, b] = \{x \mid a \leq x \leq b\}$$

입니다. 마찬가지로 기호를 사용하여 나타내는 범위는 다음과 같습니다.

$$(a, b) = \{x \mid a < x < b\}$$
$$[a, b) = \{x \mid a \leq x < b\}$$
$$(a, b] = \{x \mid a < x \leq b\}$$

2 : 선형대수학

선형대수학은 벡터, 행렬, 1차변환 등을 처리하는 수학 분야입니다. 이 개념은 머신러닝 여러 알고리즘에서 쓰입니다.

2.1 벡터 기본

다음처럼 대괄호 안에 세로로 숫자를 배치한 형태를 **벡터**라고 합니다.

$$\begin{bmatrix} 5 \\ 7 \\ 9 \end{bmatrix}$$

이 책에서 벡터는 $\boldsymbol{x}$처럼 굵은 소문자로 표기합니다. 책에 따라 문자 위에 화살표를 넣어 나타내거나, x처럼 소문자를 그대로 사용할 수 있습니다. 물론 손으로 계산할 때 굵은 소문자로 쓸 필요는 없습니다. 어떤 기호가 벡터인지를 주의하면서 수식을 작성하는 것이 중요합니다.

벡터는 보통 숫자를 수직으로 나열하는데 이는 공간을 차지하므로 $(1, 2, 3)^T$처럼 나타낼 수 있습니다. 즉,

$$\begin{bmatrix} 1 \\ 2 \\ 3 \end{bmatrix} = [1, 2, 3]^T$$

입니다.

벡터에 수직으로 배치된 숫자 각각을 **원소**라고 합니다. 또한 배치된 숫자는 맨 위부터 1 원소, 2 원소, …라고 합니다. 벡터의 원소가 실수이거나 복소수인지에 따라 실벡터나 복소벡터라고 구분합니다. 이 책에서는 실벡터만 다루므로 벡터라고 하면 실벡터라고 생각해도 좋습니다.

벡터에 포함된 숫자 개수를 **차원**이라고 합니다. 다음 벡터가 있다고 생각해보겠습니다.

$$\boldsymbol{u} = \begin{bmatrix} 2 \\ 3 \end{bmatrix} \quad \boldsymbol{v} = \begin{bmatrix} 4 \\ 5 \\ 6 \\ 7 \end{bmatrix}$$

$\boldsymbol{u}$는 2차원 벡터고 $\boldsymbol{v}$는 4차원 벡터입니다. d차원 실벡터의 집합을 $\mathbb{R}^d$라고 합니다.

벡터의 덧셈은 요소마다 더해서 정의합니다. 다음과 같은 벡터가 있다고 생각해봅시다.

$$u = \begin{bmatrix} u_1 \\ u_2 \\ \vdots \\ u_d \end{bmatrix} \quad v = \begin{bmatrix} v_1 \\ v_2 \\ \vdots \\ v_d \end{bmatrix}$$

벡터의 합은 다음처럼 나타냅니다.

$$u + v = \begin{bmatrix} u_1 + v_1 \\ u_2 + v_2 \\ \vdots \\ u_d + v_d \end{bmatrix}$$

즉, 벡터의 합은 벡터의 차원이 같을 때만 할 수 있습니다.

특별한 벡터의 하나로 **영벡터(zero vector) 0**이 있습니다. 다음처럼 정의합니다.

$$\boldsymbol{0} = \begin{bmatrix} 0 \\ 0 \\ \vdots \\ 0 \end{bmatrix}$$

벡터와 비교하는 개념으로 보통의 숫자(실수)를 **스칼라**라고 합니다. 이 개념을 이용해 벡터의 스칼라배를 정의합니다. 벡터의 스칼라배는 벡터의 각 요소에 스칼라를 곱한 값으로 정의합니다. 예를 들어 k라는 스칼라를 곱한 벡터는 다음과 같습니다.

$$k\boldsymbol{v} = \begin{bmatrix} kv_1 \\ kv_2 \\ \vdots \\ kv_d \end{bmatrix}$$

$k = 0$이라면 임의의 벡터 $\boldsymbol{v}$는 다음처럼 나타냅니다.

$$0\boldsymbol{v} = \boldsymbol{0}$$

$k = -1$이라면 벡터 $\boldsymbol{v}$는 다음처럼 나타냅니다.

$$(-1) \cdot \boldsymbol{v} = -\boldsymbol{v} = \begin{bmatrix} -v_1 \\ -v_2 \\ \vdots \\ -v_d \end{bmatrix}$$

이는 벡터의 부호를 바꾼 것과 같습니다. 벡터의 뺄셈은 다음처럼 정의합니다.

$$\boldsymbol{u} - \boldsymbol{v} = \boldsymbol{u} + (-\boldsymbol{v}) = \begin{bmatrix} u_1 - v_1 \\ u_2 - v_2 \\ \vdots \\ u_d - v_d \end{bmatrix}$$

어떤 벡터와 해당 벡터에 스칼라배한 벡터 사이에는 **평행 관계**가 성립합니다. 즉, $\boldsymbol{u}$와 $\boldsymbol{v} = k\boldsymbol{u}$는 평행입니다.

벡터도 교환 법칙, 결합 법칙, 분배 법칙이 성립합니다. 다음은 $\boldsymbol{u}$, $\boldsymbol{v}$ 벡터와 각 벡터에 k, l 만큼 스칼라배한 벡터를 사용한 예입니다.

$$u + v = v + u$$
$$(u + v) + w = u + (v + w)$$
$$k(u + v) = ku + kv$$
$$(k+l)v = kv + lv$$

또한 영벡터의 성질에 따라 다음 식이 성립합니다.
$$0 + v = v$$
$$0 - v = -v$$
$$0v = 0$$

실제 원소에 주목하여 계산해 보면 쉽게 이해할 수 있을 것이므로 증명은 생략합니다.

벡터의 크기를 나타내는 양을 **노름**이라고 합니다. 노름은 여러 가지가 있지만 이 책에서는 L1 노름과 L2 노름만을 다루겠습니다. 벡터 v의 L1 노름과 L2 노름은 각각 $|v|_1$과 $\|v\|$로 나타냅니다. 각각 다음 식으로 정의합니다.

$$|v|_1 = |v_1| + |v_2| + \cdots + |v_d|$$
$$\|v\| = \sqrt{v_1^2 + v_2^2 + \cdots + v_d^2}$$

여기서 $|x|$는 x의 절댓값입니다. 특별히 구분하지 않고 벡터 노름이라고 하면 L2 노름을 가리키는 것으로 기억하기 바랍니다. 또한 벡터의 크기(길이)라는 말도 L2 노름을 뜻합니다. 나중에 설명할 것인데 L2 노름은 공간 좌표에서 벡터를 화살표로 나타냈을 때 화살표 길이를 뜻하므로 벡터의 크기와 같은 것입니다.

벡터의 스칼라배 노름에는 다음 식이 성립합니다.

$$|k\boldsymbol{v}|_1 = |k||\boldsymbol{v}|_1$$

$$||k\boldsymbol{v}|| = |k|||\boldsymbol{v}||$$

이것은 다음과 같이 실제로 계산해 보면 확인할 수 있습니다.

$$|k\boldsymbol{v}|_1 = |kv_1| + |kv_2| + \cdots + |kv_d|$$
$$= |k||v_1| + |k||v_2| + \cdots + |k||v_d|$$
$$= |k|(|v_1| + |v_2| + \cdots + |v_d|)$$
$$= |k||\boldsymbol{v}|_1$$

$$||k\boldsymbol{v}|| = \sqrt{(kv_1)^2 + (kv_2)^2 + \cdots + (kv_d)^2}$$
$$= \sqrt{k^2 v_1^2 + k^2 v_2^2 + \cdots + k^2 v_d^2}$$
$$= \sqrt{k^2(v_1^2 + v_2^2 + \cdots + v_d^2)}$$
$$= |k|\sqrt{v_1^2 + v_2^2 + \cdots + v_d^2}$$

크기가 1인 벡터를 **단위벡터**라고 합니다. 영벡터가 아닌 임의의 벡터 $\boldsymbol{v}$가 있을 때 $\boldsymbol{v}$에 평행한 단위벡터가 있을 수 있습니다.

예 제

1 다음과 같은 벡터 3개가 있습니다.

$$\boldsymbol{u} = \begin{bmatrix} 1 \\ 2 \\ -2 \end{bmatrix}, \quad \boldsymbol{v} = \begin{bmatrix} 3 \\ 5 \\ 7 \end{bmatrix}, \quad \boldsymbol{w} = \begin{bmatrix} 1 \\ -1 \\ 2 \end{bmatrix}$$

다음 벡터 연산을 계산하세요.

ⓐ $u+v$

ⓑ $u-v$

ⓒ $3u$

ⓓ $2v+3w$

ⓔ $|u|_1$

ⓕ $\|u\|$

정 답

1

ⓐ $u+v = \begin{bmatrix} 1+3 \\ 2+5 \\ -2+7 \end{bmatrix} = \begin{bmatrix} 4 \\ 7 \\ 5 \end{bmatrix}$

ⓑ $u-v = \begin{bmatrix} 1-3 \\ 2-5 \\ -2-7 \end{bmatrix} = \begin{bmatrix} -2 \\ -3 \\ -9 \end{bmatrix}$

ⓒ $3u = \begin{bmatrix} 3\times 1 \\ 3\times 2 \\ 3\times(-2) \end{bmatrix} = \begin{bmatrix} 3 \\ 6 \\ -6 \end{bmatrix}$

ⓓ $2v+3w = \begin{bmatrix} 2\times 3+3\times 1 \\ 2\times 5+3\times(-1) \\ 2\times 7+3\times 2 \end{bmatrix} = \begin{bmatrix} 9 \\ 7 \\ 20 \end{bmatrix}$

ⓓ $|u|_1 = |1|+|2|+|-2| = 5$

ⓕ $\|u\| = \sqrt{1^2+2^2+(-2)^2} = 3$

2.2 벡터의 내적

벡터 $\boldsymbol{u} = (u_1, \cdots, u_d)^T, \boldsymbol{v} = (v_1, \cdots, v_d)^T$의 **내적** $\boldsymbol{u}^T\boldsymbol{v}$는 다음처럼 각 요소를 곱한 것을 모두 더해서 정의합니다.

$$\boldsymbol{u}^T\boldsymbol{v} = u_1v_1 + u_2v_2 + \cdots + u_dv_d$$

여기서 내적은 (벡터가 아닌) 스칼라가 되는 것에 주의하기 바랍니다. 내적은 $\boldsymbol{u}\cdot\boldsymbol{v}$나 $(\boldsymbol{u}, \boldsymbol{v})$와 같이 나타내기도 하는데, 이 책에서는 내적을 $\boldsymbol{u}^T\boldsymbol{v}$와 같은 형태로 나타냅니다. $\boldsymbol{u}^T\boldsymbol{v}$의 ^{T}는 앞에서 벡터를 가로로 나타낼 때도 사용했으므로 ^{T}의 의미가 무엇인지 궁금할 텐데, 이는 나중에 설명하겠습니다.

내적에는 다음과 같은 성질이 있습니다.

$$\boldsymbol{0}^T\boldsymbol{u} = 0$$
$$\boldsymbol{u}^T\boldsymbol{v} = \boldsymbol{v}^T\boldsymbol{u}$$
$$(\boldsymbol{u}+\boldsymbol{v})^T\boldsymbol{w} = \boldsymbol{u}^T\boldsymbol{w} + \boldsymbol{v}^T\boldsymbol{w}$$
$$(k\boldsymbol{u})^T\boldsymbol{v} = k(\boldsymbol{u}^T\boldsymbol{v})$$
$$\boldsymbol{v}^T\boldsymbol{v} = ||\boldsymbol{v}||^2$$

앞 식들은 벡터의 원소를 대입해서 직접 계산해 보면 쉽게 알 수 있는 원리이므로 증명은 생략합니다.

>>>> 예 제

1 $\boldsymbol{u} = (1, 3, 5)^T, \boldsymbol{v} = (2, -1, 1)^T$일 때 $\boldsymbol{u}^T\boldsymbol{v}$를 계산하세요.

2 $\boldsymbol{u}, \boldsymbol{v} \in \mathbb{R}^d$일 때 다음 식이 성립한다는 것을 증명하세요.

$$||\boldsymbol{u}+\boldsymbol{v}||^2 + ||\boldsymbol{u}-\boldsymbol{v}||^2 = 2(||\boldsymbol{u}||^2 + ||\boldsymbol{v}||^2)$$

> **정 답**
>
> **1** $u^T v = 1 \times 2 + 3 \times (-1) + 5 \times 1 = 4$
>
> **2** $\|u+v\|^2 + \|u-v\|^2 = (u+v)^T(u+v) + (u-v)^T(u-v)$
> $\qquad\qquad\qquad\quad = \{u^T(u+v) + v^T(u+v)\} + \{u^T(u-v) - v^T(u-v)\}$
> $\qquad\qquad\qquad\quad = (u^T u + u^T v + v^T u + v^T v) + (u^T u - u^T v - v^T u + v^T v)$
> $\qquad\qquad\qquad\quad = (u^T u + 2u^T v + v^T v) + (u^T u - 2u^T v + v^T v)$
> $\qquad\qquad\qquad\quad = 2u^T u + 2v^T v$
> $\qquad\qquad\qquad\quad = 2(\|u\|^2 + \|v\|^2)$

2.3 벡터의 기하학적 표현

벡터가 2차원이나 3차원이면 기하로 시각화할 수 있습니다. 2차원 벡터 $a = (a_1, a_2)^T$는 시작 지점이 원점 $(0, 0)$이고 끝점이 (a_1, a_2)인 화살표와 같은 개념입니다. 마찬가지로 3차원 벡터 $b = (b_1, b_2, b_3)^T$는 시작점이 원점 $(0, 0, 0)$이고 끝점이 (b_1, b_2, b_3)인 화살표와 같습니다. 그래서 '숫자를 나열한 것'인 벡터를 기하학적으로 표현할 수 있습니다.

예를 들어 그림 3-3은 2차원 벡터를 좌표상에 나타낸 것입니다. 시작점이 달라도 방향과 길이가 같은 벡터는 같다고 간주합니다. 즉, 벡터 a, b, c는 모두 같습니다.

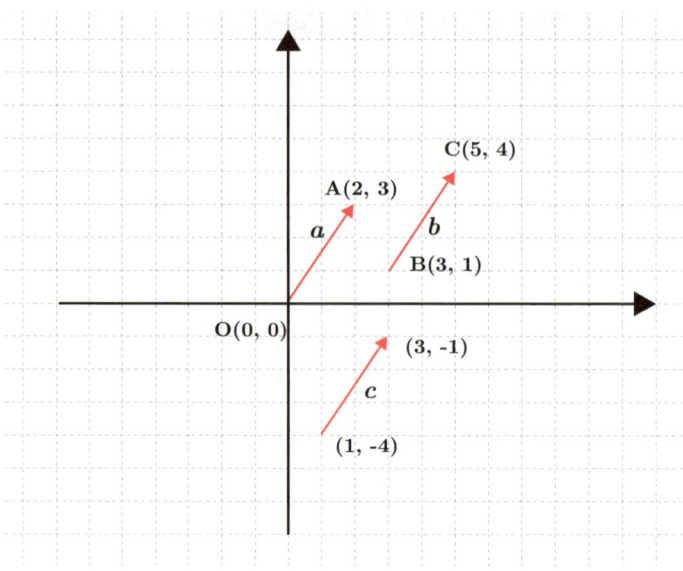

그림 3-3 벡터 이미지(2차원)

시작점이 O이고 끝점이 A인 벡터는 시작점과 끝점 위에 화살표를 적어 $\overline{OA}$ 처럼 나타냅니다. 즉, 그림 3-3에서 $a = \overline{OA}$, $b = \overline{BC}$ 고, $a = b$ 이므로 $\overline{OA} = \overline{BC}$ 입니다.

특히 벡터 a는 시작점이 원점이므로 끝점의 좌표로 벡터를 나타낼 수 있고, 다음과 같은 식이 성립합니다.

$$a = b = c = \begin{bmatrix} 2 \\ 3 \end{bmatrix}$$

이처럼 시작점이 원점 O이고 끝점이 A인 벡터를 점 A의 **위치벡터**라고 합니다. 공간 상의 점을 벡터로 대응시키는 것입니다. 이때 끝점의 좌표와 위치벡터는 서로 구별하지 않고 사용할 수 있습니다. 예를 들어 '점 a'는 '$\overline{OA} = a$인 점 A'와 같은 뜻입니다.

벡터의 크기(L2 노름)는 화살표의 길이에 해당합니다.

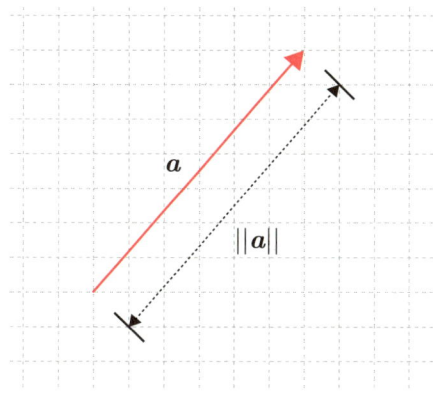

그림 3-4 벡터의 크기

벡터에 음수 기호가 있을 때는 크기는 같고 방향이 반대인 화살표입니다(그림 3-5 왼쪽). 즉, $-\overline{OA} = \overline{AO}$ 입니다.

벡터를 k만큼 곱한다는 것은 화살표의 길이를 k배하는 것을 뜻합니다. $k > 0$이면 같은 방향으로 화살표의 길이를 k배하는 것이고, $k < 0$이면 화살표 방향을 반대로 한 뒤 길이를 $-k$배하는 것입니다(그림 3-5 오른쪽). 이 개념에서 a와 ka가 평행이라고 정의한 이유를 알 수 있을 것입니다.

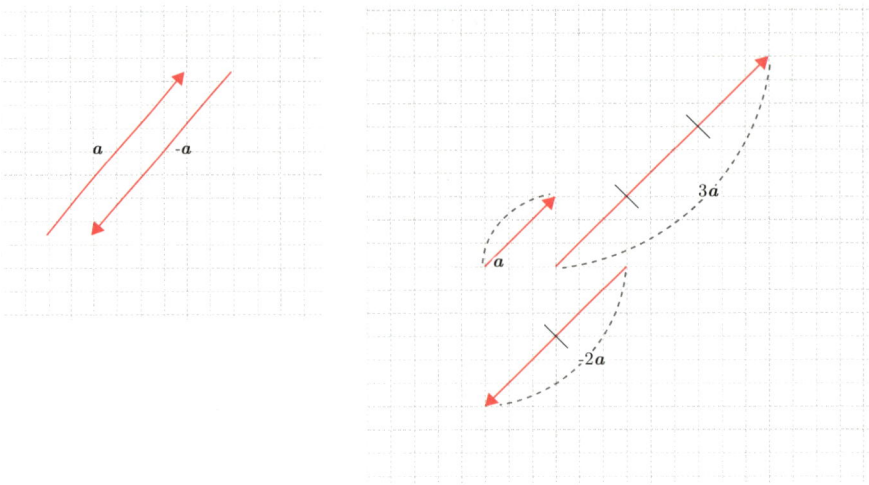

그림 3-5 음수 기호가 있는 벡터와 벡터의 스칼라배

벡터의 합 **a + b**는 그림 3-6의 왼쪽처럼 **a**의 끝점과 **b**의 시작점을 연결한 상태에서 **a**의 시작점과 **b**의 끝점을 연결한 벡터입니다. 혹은 그림 3-6의 오른쪽처럼 **a**와 **b**를 기반으로 구성한 평행사변형에서 대각선에 해당하는 화살표인데, 평행사변형의 성질에 따라 두 그림에서 **a+b**는 모두 같은 벡터입니다.

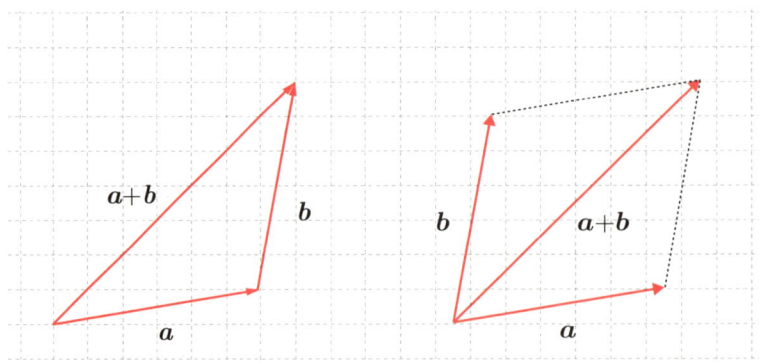

그림 3-6 벡터의 합

벡터의 차 $a-b$는 a와 b의 시작점이 같다고 전제하고 b의 끝점에서 a의 끝점까지를 연결한 벡터를 뜻합니다. 즉, $a = \overrightarrow{OA}$, $b = \overrightarrow{OB}$라면 $a - b = \overrightarrow{BA}$ 입니다.

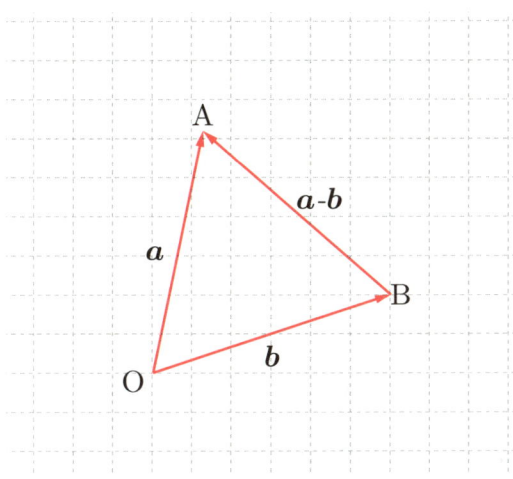

그림 3-7 벡터의 차

지금까지 살펴본 벡터의 합과 차의 개념을 이용하면 직선을 매개변수로 나타낼 수 있습니다. 그림 3-8처럼 직선 l, 그 직선의 점 P_0를 통과하는 위치벡터 $x_0 = \overrightarrow{OP_0}$, 직선 l의 방향을 나타내는 벡터 a가 있다고 생각해봅시다. 직선 l 위의 다른 한 점을 P라고 할 때 $\overrightarrow{P_0P}$는 a에 평행(정확하게는 같은 선 위)하므로 $\overrightarrow{P_0P} = ta$ 라고 할 수 있습니다.

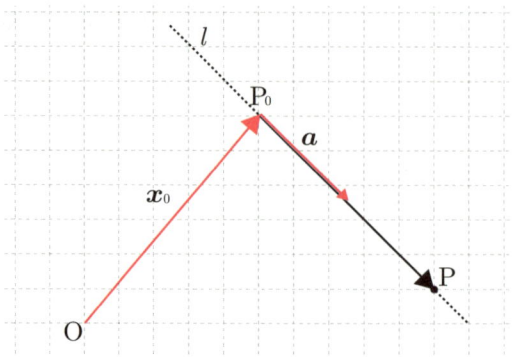

그림 3-8 직선을 매개변수로 나타내기

$$\overrightarrow{OP} = \overrightarrow{OP_0} + \overrightarrow{P_0P} = \boldsymbol{x}_0 + t\boldsymbol{a}$$

즉, P의 위치벡터가 $\boldsymbol{x}$라면 다음 식이 성립합니다.

$$\boldsymbol{x} = \boldsymbol{x}_0 + t\boldsymbol{a}$$

t의 범위가 모든 실수일 때, $\boldsymbol{x}$에 포함되는 점은 직선 l에 포함됨을 알 수 있습니다. 이처럼 직선 위에 있는 점의 위치벡터를 매개변수 t를 사용하여 표현한 것을 직선의 **매개변수표현**(parametric representation)이라고 합니다. 그리고 $\boldsymbol{a}$는 직선 l의 **방향벡터**라고 합니다.

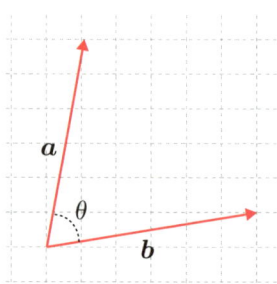

그림 3-9 벡터의 내적

그림 3-9처럼 벡터 **a**, **b** 사이의 각이 θ라면 벡터의 내적은 식 3-1처럼 정의합니다.

식 3-1

$$\boldsymbol{a}^T\boldsymbol{b} = \|\boldsymbol{a}\|\|\boldsymbol{b}\|\cos\theta$$

cos의 의미는 그림 3-10과 함께 살펴보겠습니다. $\|\boldsymbol{a}\|\cos\theta$는 **a**에서 **b**로의 **투영(projection)**이라고 합니다.

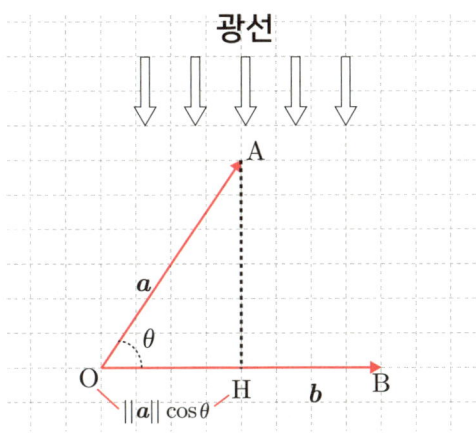

그림 3-10 투영

즉, $\boldsymbol{a} = \overline{OA}$, $\boldsymbol{b} = \overline{OB}$일 때 벡터 **a**의 끝점 A와 벡터 **b**에 수직인 직선이 있다고 생각해 봅시다. 해당 직선과 **b**가 만나는 점이 H라면 $\overline{OH}$를 $\overline{OA}$와 $\overline{OB}$의 투영이라고 합니다. 즉, 벡터 **b**에 수직으로 광선을 쏜다고 생각했을 때 벡터 **a**의 그림자라고 생각하면 됩니다.

그림 3-10은 θ < 90°인 경우입니다. 90° < θ ≤ 180°인 경우 cosθ < 0이므로 내적은 음수입니다. 식 3-1을 고려하면 OH의 길이($\|\boldsymbol{a}\|\cos\theta$)와 $\|\boldsymbol{b}\|$의 곱은 내적 $\boldsymbol{a}^T\boldsymbol{b}$입니다. 이 개념은 대칭 관계가 있습니다. 즉, **b**에서 **a**로의 투영과 $\|\boldsymbol{a}\|$와의 곱 역시 $\boldsymbol{a}^T\boldsymbol{b}$입니다.

특히 a와 b가 수직이면 $\cos 90° = 0$이므로 투영은 영벡터이고 내적 $a^T b$는 0입니다.

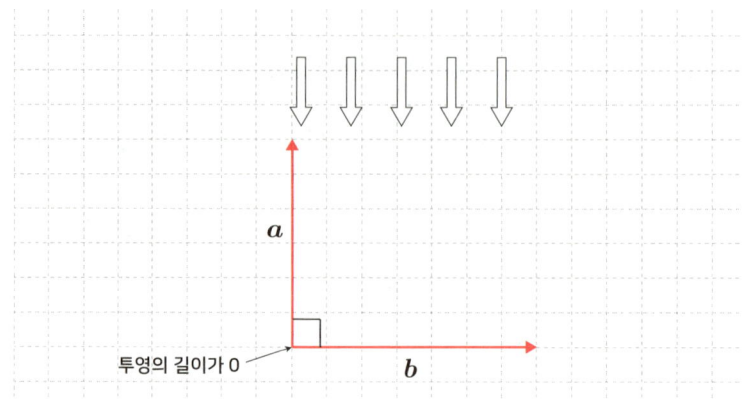

그림 3-11 내적이 0인 경우

내적을 이용하여 a에서 b로의 투영으로 이루어지는 벡터를 살펴보겠습니다. $\overrightarrow{OH}$를 구하려면 선 OH의 길이인 $\|a\|\cos\theta$에 b와 같은 방향의 단위벡터인 $\dfrac{b}{\|b\|}$의 길이를 곱합니다. 이를 나타내면 식 3-2와 같습니다.

식 3-2

$$\overrightarrow{OH} = \|a\| \cos\theta \times \frac{b}{\|b\|}$$

$$= \|a\| \frac{a^T b}{\|a\|\|b\|} \times \frac{b}{\|b\|}$$

$$= \frac{a^T b}{\|b\|^2} b$$

앞 식은 a에서 b로의 투영을 나타내는 것이기도 합니다.

이번에는 3차원 공간의 평면을 나타내는 방정식에서 어떤 점과 해당 평면까지의 거리를 계산하겠습니다. 먼저 원점을 지나는 평면을 다음 식으로 나타내겠습니다.

$$\boldsymbol{a}^T \boldsymbol{x} = 0$$

여기에서 $\boldsymbol{a}$는 고정된 벡터고 $\boldsymbol{x}$는 앞 식의 계산 결과가 0이 되는 조건에 해당하는 범위에서 평면을 이룹니다. 또한 $\boldsymbol{a}$와 $\boldsymbol{x}$가 수직이어야 하므로 고정된 벡터 $\boldsymbol{a}$에 수직인 범위에서 $\boldsymbol{x}$가 정해집니다. 즉, $\boldsymbol{x}$에 대응하는 점은 원점을 지나는 평면 위를 움직이는 것입니다(그림 3-12 왼쪽). $\boldsymbol{x}$가 움직이는 평면과 수직 관계인 벡터 $\boldsymbol{a}$를 평면의 법선벡터라고 합니다. 법선벡터는 스칼라배하더라도 법선벡터의 조건을 만족하므로 평면의 법선벡터는 무한대로 간주합니다(그러나 영벡터가 되면 안 되므로 법선벡터에 0을 곱하는 것은 제외합니다).

원점을 지나지 않는 평면도 식으로 나타낼 수 있습니다. 어떤 평면의 법선벡터를 $\boldsymbol{a}$, 해당 평면에 있는 점의 위치벡터를 $\boldsymbol{p}$라고 하겠습니다. 이때 평면 위 점의 위치벡터가 $\boldsymbol{x}$라면 그림 3-12 오른쪽처럼 $\boldsymbol{x} - \boldsymbol{p}$는 $\boldsymbol{a}$와 수직입니다. 즉, 점 $\boldsymbol{p}$를 지나고 법선이 $\boldsymbol{a}$인 평면의 방정식은 다음 식과 같습니다.

$$\boldsymbol{a}^T (\boldsymbol{x} - \boldsymbol{p}) = 0$$

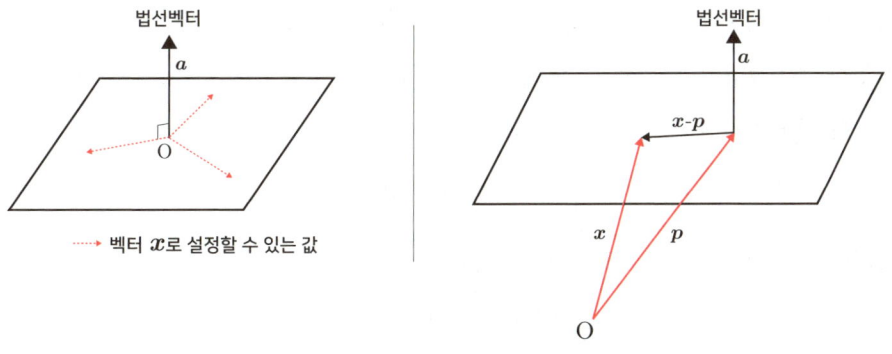

그림 3-12 3차원 공간의 평면과 벡터 거리

평면의 방정식은 보통 $-a^T p = b$일 때 다음 식으로 나타냅니다.

$$a^T x + b = 0$$

이번에는 점 q에서 평면 P: $a^T x + b = 0$까지의 거리를 구해보겠습니다. 평면 P와 q 사이의 거리는 q를 지나면서 평면 P에 수직인 직선이 평면 P와 만나는 점을 r이라고 했을 때, r과 q까지의 거리를 계산합니다(그림 3-13).

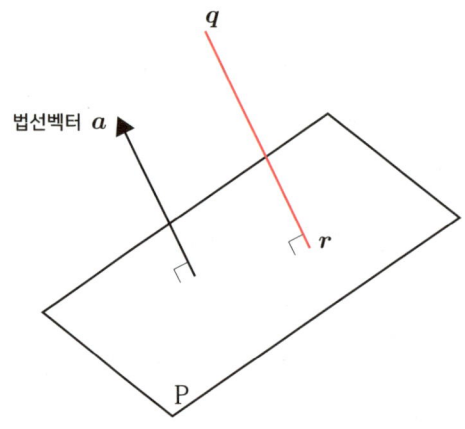

그림 3-13 점과 평면의 거리

평면 P 위의 점 r과 q의 거리 $\|q - r\|$이 평면 P와 q의 거리와 같을 때는 $r - q$가 평면 P에 직각일 때입니다. 그때 $r - q$는 법선벡터 a와 평행하므로, $r - q = ka$라는 식이 성립합니다. 즉,

$$r = ka + q$$

입니다. 그리고 r은 평면 P 위의 점이므로

$$a^T(ka + q) + b = 0$$

입니다.

앞 식을 k에 대해 정리하면 다음과 같습니다.

$$k = -\frac{a^T q + b}{\|a\|^2}$$

이때 평면 P와 점 q 사이의 거리는 다음 식처럼 계산합니다.

$$\begin{aligned}
\|r - q\| &= \|ka\| \\
&= |k|\|a\| \\
&= \left|-\frac{a^T q + b}{\|a\|^2}\right| \times \|a\| \\
&= \frac{|a^T q + b|}{\|a\|}
\end{aligned}$$

이로써 점과 평면 사이의 거리를 계산하는 공식이 나왔습니다.

지금까지는 벡터의 기하학적인 개념을 이해하기 쉽도록 2차원과 3차원을 예시로 다뤄보았습니다. 그런데 여기에서 다룬 개념 중 일부는 모든 차원에서 일반적으로 성립하기도 합니다. 예를 들어 d차원 공간에서도 직선, 벡터, 투영이라는 개념을 적용할 수 있습니다. 마찬가지로 3차원에서 평면의 방정식을 d차원에서는 초평면(hyperplane)이라고 합니다. 즉, 초평면은 d차원일 때 $d-1$차원을 $a^T x + b = 0$이라는 식으로 나타냅니다.

일반 d차원 공간에서 성립하는 개념은 다음과 같이 정리할 수 있습니다.

- d차원 공간 위의 직선은 매개변수 t를 사용해 $\boldsymbol{x} = \boldsymbol{x}_0 + t\boldsymbol{a}$로 나타낸다.
- d차원 공간 위의 벡터 $\boldsymbol{a}, \boldsymbol{b}$가 있을 때 $\boldsymbol{a}$에서 $\boldsymbol{b}$로의 투영은 $\frac{\boldsymbol{a}^T\boldsymbol{b}}{\|\boldsymbol{b}\|^2}\boldsymbol{b}$로 나타낸다.
- d차원 공간 위의 초평면은 $\boldsymbol{a}^T\boldsymbol{x} + b = 0$으로 나타낸다.
- d차원 공간 위의 점 $\boldsymbol{q}$와 초평면 $\boldsymbol{a}^T\boldsymbol{x} + b = 0$ 사이의 거리는 $\frac{|\boldsymbol{a}^T\boldsymbol{q} + b|}{\|\boldsymbol{a}\|}$로 나타낸다.

이 책에서는 이렇게 일반 차원에서 성립하는 개념을 이해하기 쉽게 2차원 또는 3차원에 적용해 시각화하여 설명할 것입니다.

예 제

1 xy 평면에서 다음 직선의 매개변수표현을 계산하세요.

ⓐ $y = 3x + 1$　ⓑ $x = 2$

2 $\boldsymbol{a} = (2, 3)^T, \boldsymbol{b} = (3, -1)^T$일 때 $\boldsymbol{a}$에서 $\boldsymbol{b}$로의 투영을 계산하세요.

3 좌표평면에서 O을 시작점으로 하는 OAB라는 삼각형의 넓이를 A, B의 위치벡터 $\boldsymbol{a}, \boldsymbol{b}$로 나타내세요.

정 답

1

ⓐ 직선 위의 두 점 (0, 1), (1, 4)의(꼭 이 예가 아니라도 직선 위의 두 점이면 됨) 방향벡터는 다음과 같습니다.

$$\begin{bmatrix} 1 \\ 4 \end{bmatrix} - \begin{bmatrix} 0 \\ 1 \end{bmatrix} = \begin{bmatrix} 1 \\ 3 \end{bmatrix}$$

이를 이용해 직선 $y = 3x + 1$을 표현하면 다음과 같은 벡터로 나타냅니다.

$$\boldsymbol{x} = \begin{bmatrix} 0 \\ 1 \end{bmatrix} + t\begin{bmatrix} 1 \\ 3 \end{bmatrix}$$

ⓑ 정답 ⓐ와 같은 개념으로 직선 위 점 (2, 0), (2, 1)일 때 방향벡터는 다음과 같습니다.

$$x = \begin{bmatrix} 2 \\ 0 \end{bmatrix} + t \begin{bmatrix} 0 \\ 1 \end{bmatrix}$$

2 식 3-2를 사용하여 계산합니다.

$$\frac{a^T b}{\|b\|^2} b = \frac{2 \times 3 + 3 \times (-1)}{3^2 + (-1)^2} \begin{bmatrix} 3 \\ -1 \end{bmatrix}$$

$$= \begin{bmatrix} \dfrac{9}{10} \\ -\dfrac{3}{10} \end{bmatrix}$$

3 그림 3-10을 참고해 $\frac{1}{2}$OB×AH를 계산하면 됩니다.

$$\|\overrightarrow{AH}\|^2 = \|\overrightarrow{OA} - \overrightarrow{OH}\|^2$$

$$= \left\| a - \frac{a^T b}{\|b\|^2} b \right\|^2$$

$$= \|a\|^2 - 2 \cdot \frac{a^T b}{\|b\|^2} \cdot a^T b + \left(\frac{a^T b}{\|b\|^2} \right)^2 \|b\|^2$$

$$= \|a\|^2 - \frac{(a^T b)^2}{\|b\|^2}$$

OB = $\|b\|$이므로 삼각형 OAB의 넓이는 다음과 같습니다.

$$\frac{1}{2} \times \|b\| \times \sqrt{\|a\|^2 - \frac{(a^T b)^2}{\|b\|^2}} = \frac{1}{2} \sqrt{\|a\|^2 \|b\|^2 - (a^T b)^2}$$

2.4 행렬의 기본

다음처럼 숫자를 가로와 세로로 늘어놓은 형태의 식을 **행렬**이라고 합니다.

$$X = \begin{bmatrix} 1 & 2 \\ 3 & 4 \\ 5 & 6 \end{bmatrix}$$

벡터와 마찬가지로 행렬에 나열된 숫자는 **원소**라고 합니다. 이 책에서는 원소가 실수인 것만 다룹니다. 원소가 실수인 행렬을 **실수행렬**이라고 합니다. 행렬은 다음과 같은 식으로 일반화하며 가로 n개, 세로 m개의 숫자를 늘어놓은 것입니다.

$$A = \begin{bmatrix} a_{11} & a_{12} & \cdots & a_{1n} \\ a_{21} & a_{22} & \cdots & a_{2n} \\ \vdots & \vdots & \ddots & \vdots \\ a_{m1} & a_{m2} & \cdots & a_{mn} \end{bmatrix}$$

벡터와 마찬가지로 이 책에서는 행렬도 대문자의 굵은 글씨로 나타냅니다. 단, 책에 따라 A처럼 일반 대문자를 사용하기도 합니다.

행렬의 가로는 **행**이라고 하고, 세로는 **열**이라고 합니다. 행은 위에서부터 순서대로 첫 번째, 두 번째 행이며 열은 왼쪽에서부터 순서대로 첫 번째, 두 번째 열입니다. 예를 들어 앞에서 소개한 행렬 X의 첫 번째 행은 다음과 같습니다.

$$[1 \quad 2]$$

X의 두 번째 열은 다음과 같습니다.

$$\begin{bmatrix} 2 \\ 4 \\ 6 \end{bmatrix}$$

행렬의 원소가 0일 때는 다음처럼 생략할 수 있습니다.

$$\begin{bmatrix} 1 & & \\ 2 & 3 & \\ & & 4 \end{bmatrix} = \begin{bmatrix} 1 & 0 & 0 \\ 2 & 3 & 0 \\ 0 & 0 & 4 \end{bmatrix}$$

행렬에서 행의 수를 **행 수**, 열의 수를 **열 수**라고 합니다. X의 행 수는 3, 열 수는 2입니다. A의 행 수는 m, 열 수는 n입니다. 행 수가 m이고 열 수가 n인 행렬은 m행 n열 행렬 또는 $m \times n$ 행렬이라고 합니다. X는 3행 2열의 행렬 혹은 3×2 행렬입니다.

또한 행렬의 행과 열 개수의 조합을 행렬의 **크기**(size)라고 합니다. 예를 들어 A의 크기는 $m \times n$이나 (m, n)이라고 합니다.

행렬의 i행 j열에 해당하는 원소를 (i, j) 원소라고 합니다. 예를 들어 X의 (1, 2) 원소는 2, A의 (i, j) 원소는 a_{ij}입니다. 참고로 a_{21}은 21번째를 의미하는 것이 아니고, (2, 1) 원소를 뜻하므로 $a_{2,1}$처럼 인덱스에 쉼표를 넣을 때도 있습니다. 특히 두 자릿수 이상의 행렬 원소를 나타낼 때는 쉼표 표현을 많이 사용합니다.

2.5 행렬의 연산

행렬의 합, 차, 스칼라배 등은 벡터와 마찬가지로 원소끼리 연산하는 것으로 정의됩니다. 앞에서 다룬 A와 함께 B가 다음과 같다고 생각해봅시다.

$$B = \begin{bmatrix} b_{11} & b_{12} & \cdots & b_{1n} \\ b_{21} & b_{22} & \cdots & b_{2n} \\ \vdots & \vdots & \ddots & \vdots \\ b_{m1} & b_{m2} & \cdots & b_{mn} \end{bmatrix}$$

그림 A와 B를 이용한 합과 차, 스칼라배 등의 연산은 다음과 같습니다.

$$A + B = \begin{bmatrix} a_{11} + b_{11} & a_{12} + b_{12} & \cdots & a_{1n} + b_{1n} \\ a_{21} + b_{21} & a_{22} + b_{22} & \cdots & a_{2n} + b_{2n} \\ \vdots & \vdots & \ddots & \vdots \\ a_{m1} + b_{m1} & a_{m2} + b_{m2} & \cdots & a_{mn} + b_{mn} \end{bmatrix}$$

$$kA = \begin{bmatrix} ka_{11} & ka_{12} & \cdots & ka_{1n} \\ ka_{21} & ka_{22} & \cdots & ka_{2n} \\ \vdots & \vdots & \ddots & \vdots \\ ka_{m1} & ka_{m2} & \cdots & ka_{mn} \end{bmatrix}$$

$$-A = \begin{bmatrix} -a_{11} & -a_{12} & \cdots & -a_{1n} \\ -a_{21} & -a_{22} & \cdots & -a_{2n} \\ \vdots & \vdots & \ddots & \vdots \\ -a_{m1} & -a_{m2} & \cdots & -a_{mn} \end{bmatrix}$$

$$A - B = A + (-B) = \begin{bmatrix} a_{11} - b_{11} & a_{12} - b_{12} & \cdots & a_{1n} - b_{1n} \\ a_{21} - b_{21} & a_{22} - b_{22} & \cdots & a_{2n} - b_{2n} \\ \vdots & \vdots & \ddots & \vdots \\ a_{m1} - b_{m1} & a_{m2} - b_{m2} & \cdots & a_{mn} - b_{mn} \end{bmatrix}$$

앞 식을 살펴보면 행렬의 합과 차는 두 행렬의 크기가 일치할 때만 계산할 수 있습니다.

이번에는 다음과 같은 행렬 A와 벡터 v가 있다고 생각해보겠습니다.

$$A = \begin{bmatrix} a_{11} & a_{12} & \cdots & a_{1n} \\ a_{21} & a_{22} & \cdots & a_{2n} \\ \vdots & \vdots & \ddots & \vdots \\ a_{m1} & a_{m2} & \cdots & a_{mn} \end{bmatrix}, \quad v = \begin{bmatrix} v_1 \\ v_2 \\ \vdots \\ v_n \end{bmatrix}$$

행렬과 벡터의 곱은 다음처럼 계산합니다.

$$Av = \begin{bmatrix} a_{11}v_1 + a_{12}v_2 + \cdots + a_{1n}v_n \\ a_{21}v_1 + a_{22}v_2 + \cdots + a_{2n}v_n \\ \vdots \\ a_{m1}v_1 + a_{m2}v_2 + \cdots + a_{mn}v_n \end{bmatrix}$$

즉, A의 각 행을 벡터라고 생각하고 해당 벡터와 v의 내적을 나열합니다. 참고로 행렬과 벡터의 곱을 계산하려면 행렬의 열 수와 벡터의 차원이 같아야 합니다.

행렬의 곱을 응용하면 연립방정식을 단순하게 나타낼 수 있습니다. 예를 들어 다음과 같은 연립방정식을 보겠습니다.

$$\begin{cases} 2x + y + 3z = 7 \\ x - y + z = 4 \\ x + 2y - z = -3 \end{cases}$$

앞 방정식을 다음처럼 행렬로 나타낼 수 있습니다.

$$\begin{bmatrix} 2 & 1 & 3 \\ 1 & -1 & 1 \\ 1 & 2 & -1 \end{bmatrix} \begin{bmatrix} x \\ y \\ z \end{bmatrix} = \begin{bmatrix} 7 \\ 4 \\ -3 \end{bmatrix}$$

이번에는 앞에서 살펴본 A와 다음 소개하는 $n \times l$ 행렬 B를 대상으로 행렬과 행렬의 곱을 살펴봅니다.

$$B = \begin{bmatrix} b_{11} & b_{12} & \cdots & b_{1l} \\ b_{21} & b_{22} & \cdots & b_{2l} \\ \vdots & \vdots & \ddots & \vdots \\ b_{n1} & b_{n2} & \cdots & b_{nl} \end{bmatrix}$$

행렬과 행렬의 곱은 B의 각 열을 벡터로 생각해 $b_1, b_2, \cdots, b_l$로 나눕니다.

$$b_1 = \begin{bmatrix} b_{11} \\ b_{21} \\ \vdots \\ b_{n1} \end{bmatrix}, \quad b_2 = \begin{bmatrix} b_{12} \\ b_{22} \\ \vdots \\ b_{n2} \end{bmatrix}, \quad \cdots, \quad b_l = \begin{bmatrix} b_{1l} \\ b_{2l} \\ \vdots \\ b_{nl} \end{bmatrix}$$

그럼 행렬 B를 다음처럼 간략한 식으로 나타낼 수 있습니다.

$$B = [b_1 \ b_2 \ \cdots \ b_l]$$

이때 A와 B의 곱은 $Ab_1, Ab_2, \cdots, Ab_l$을 나란히 행렬에 대응하면 됩니다. 즉, 다음과 같이 정의됩니다.

$$AB = [Ab_1 \quad Ab_2 \quad \cdots \quad Ab_l] = \begin{bmatrix} \sum_{k=1}^{n} a_{1k}b_{k1} & \sum_{k=1}^{n} a_{1k}b_{k2} & \cdots & \sum_{k=1}^{n} a_{1k}b_{kl} \\ \sum_{k=1}^{n} a_{2k}b_{k1} & \sum_{k=1}^{n} a_{2k}b_{k2} & \cdots & \sum_{k=1}^{n} a_{2k}b_{kl} \\ \vdots & \vdots & \ddots & \vdots \\ \sum_{k=1}^{n} a_{mk}b_{k1} & \sum_{k=1}^{n} a_{mk}b_{k2} & \cdots & \sum_{k=1}^{n} a_{mk}b_{kl} \end{bmatrix}$$

행렬의 곱 AB를 정의하려면 A의 열과 B의 행 수가 같아야 합니다. 또한 A가 $m \times n$ 행렬이고, B가 $n \times l$ 행렬이면 AB는 $m \times l$ 행렬입니다. 이처럼 행렬의 곱을 계산하기 전에 계산 결과로 나오는 행렬의 크기가 어떨지 생각하는 습관을 들이면 좋습니다.

행렬의 곱에는 교환 법칙 $AB = BA$가 성립하지 않으므로 주의하세요. 보통 두 행렬을 바꾸어 계산한 결과가 다르며, AB는 계산할 수 있지만 BA는 계산할 수 없는 경우도 있습니다.

행렬의 곱에는 다음 법칙이 성립합니다. A, B, C는 행렬이고 k는 스칼라값입니다.

$$(kA)B = k(AB)$$
$$(AB)C = A(BC) \quad \text{(결합법칙)}$$
$$A(B + C) = AB + AC$$
$$(A + B)C = AC + BC \quad \text{(분배법칙)}$$

모든 원소가 0인 행렬을 **영행렬**이라고 합니다. $m \times n$인 영행렬은 $O_{m,n}$으로 나타냅니다. 행렬의 크기를 명시할 필요가 없으면 O이라고 씁니다. A가 $m \times n$ 행렬이면 다음 식이 성립합니다.

$$A + O_{m,n} = O_{m,n} + A = A$$
$$AO_{n,l} = O_{m,l}$$
$$O_{l,m}A = O_{l,n}$$

다음은 전치행렬을 살펴봅니다. 행렬 A의 **전치**는 A의 행과 열을 서로 바꾼 것으로 A^T라고 나타냅니다. A^T의 식은 다음과 같습니다.

$$A^T = \begin{bmatrix} a_{11} & a_{21} & \cdots & a_{m1} \\ a_{12} & a_{22} & \cdots & a_{m2} \\ \vdots & \vdots & \ddots & \vdots \\ a_{1n} & a_{2n} & \cdots & a_{mn} \end{bmatrix}$$

$m \times n$ 행렬의 전치는 $n \times m$ 행렬입니다. 또한 행렬의 전치에는 다음 식이 성립합니다.

$$(A^T)^T = A$$

$$(AB)^T = B^T A^T$$

벡터는 열 수가 1인 행렬이기도 합니다. 벡터는 앞에서 $v = (v_1, v_2, \cdots, v_d)^T$로 표기한다고 설명했는데, 이는 행이 하나고 열이 d개인 행렬의 전치를 나타내는 것과 같습니다. 숫자를 세로로 나열한 것($d \times 1$ 행렬)이나 가로로 나열한 것($1 \times d$ 행렬) 모두 벡터이고 각각 열벡터, 행벡터라고도 합니다. 이 책에서는 언급하는 벡터는 열벡터를 뜻합니다.

그리고 벡터의 내적을 $u^T v$라는 식으로 표기했는데 이를 행렬의 전치와 곱의 조합으로 나타낼 수 있습니다. u가 d차원 벡터라면 $d \times 1$ 행렬입니다. 그럼 전치인 u^T는 $1 \times d$ 행렬이고, $d \times 1$ 행렬인 v와 곱할 수 있습니다. 행렬의 곱의 정의에 따르면 두 행렬의 곱은 1×1 행렬이므로 스칼라값입니다. 계산 결과도 내적의 정의와 같습니다.

2.6 블록행렬의 계산

행렬의 곱을 응용하여 행렬을 블록으로 구분해 계산하는 방법이 있습니다. 예를 들어 다음과 같은 행렬이 있다고 생각해보겠습니다.

$$A = \begin{bmatrix} 1 & 1 & 1 & 2 \\ & 1 & 1 & 1 \\ & & 1 & 1 \\ & & 1 & 1 \end{bmatrix}, \quad B = \begin{bmatrix} 2 & 1 & 1 & 1 \\ & 1 & 1 & 1 \\ & & 2 & 1 \\ & & & 1 \end{bmatrix}$$

여기서 AB를 계산하려면 A와 B를 다음처럼 블록으로 나눕니다.

$$A = \left[\begin{array}{cc|cc} 1 & 1 & 1 & 2 \\ & 1 & 1 & 1 \\ \hline & & 1 & 1 \\ & & 1 & 1 \end{array}\right] = \begin{bmatrix} A_{11} & A_{12} \\ A_{21} & A_{22} \end{bmatrix}, \quad B = \left[\begin{array}{cc|cc} 2 & 1 & 1 & 1 \\ & 1 & 1 & 1 \\ \hline & & 2 & 1 \\ & & & 1 \end{array}\right] = \begin{bmatrix} B_{11} & B_{12} \\ B_{21} & B_{22} \end{bmatrix}$$

각 블록은 다음과 같은 2×2 행렬로 나타낼 수 있습니다.

$$A_{11} = \begin{bmatrix} 1 & 1 \\ 0 & 1 \end{bmatrix}, \quad A_{12} = \begin{bmatrix} 1 & 2 \\ 1 & 1 \end{bmatrix}, \quad A_{21} = O, \quad A_{22} = \begin{bmatrix} 1 & 1 \\ 1 & 1 \end{bmatrix}$$

$$B_{11} = \begin{bmatrix} 2 & 1 \\ 0 & 1 \end{bmatrix}, \quad B_{12} = \begin{bmatrix} 1 & 1 \\ 1 & 1 \end{bmatrix}, \quad B_{21} = O, \quad B_{22} = \begin{bmatrix} 2 & 1 \\ 0 & 1 \end{bmatrix}$$

앞 식에 따라 AB를 다음 식으로 정리합니다.

$$AB = \begin{bmatrix} A_{11}B_{11} + A_{12}B_{21} & A_{11}B_{12} + A_{12}B_{22} \\ A_{21}B_{11} + A_{22}B_{21} & A_{21}B_{12} + A_{22}B_{22} \end{bmatrix}$$

즉, 행렬을 블록으로 나눠 작은 행렬로 만들어 계산해도 원래 행렬의 곱과 결과가 같습니다. 여기서 $A_{21} = B_{21} = O$이므로 다음처럼 계산할 수 있습니다.

$$AB = \left[\begin{array}{c|c} \begin{bmatrix} 1 & 1 \\ 0 & 1 \end{bmatrix}\begin{bmatrix} 2 & 1 \\ 0 & 1 \end{bmatrix} & \begin{bmatrix} 1 & 1 \\ 0 & 1 \end{bmatrix}\begin{bmatrix} 1 & 1 \\ 1 & 1 \end{bmatrix} + \begin{bmatrix} 1 & 2 \\ 1 & 1 \end{bmatrix}\begin{bmatrix} 2 & 1 \\ 0 & 1 \end{bmatrix} \\ \hline O & \begin{bmatrix} 1 & 1 \\ 1 & 1 \end{bmatrix}\begin{bmatrix} 2 & 1 \\ 0 & 1 \end{bmatrix} \end{array}\right]$$

$$= \begin{bmatrix} 2 & 2 & 4 & 5 \\ 0 & 1 & 3 & 3 \\ 0 & 0 & 2 & 2 \\ 0 & 0 & 2 & 2 \end{bmatrix}$$

방금 행렬을 2×2로 나눠서 계산하는 예를 살펴봤는데, 임의의 행과 열 수로 나눠도 괜찮습니다. 즉, A를 $M×N$으로 나누고 B를 $N×L$로 나누면 A와 B는 다음과 같습니다.

$$A = \begin{bmatrix} A_{11} & A_{12} & \cdots & A_{1N} \\ A_{21} & A_{22} & \cdots & A_{2N} \\ \vdots & \vdots & \ddots & \vdots \\ A_{M1} & A_{M2} & \cdots & A_{MN} \end{bmatrix}, \quad B = \begin{bmatrix} B_{11} & B_{12} & \cdots & B_{1L} \\ B_{21} & B_{22} & \cdots & B_{2L} \\ \vdots & \vdots & \ddots & \vdots \\ B_{N1} & B_{N2} & \cdots & B_{NL} \end{bmatrix}$$

여기서 임의의 열과 행 수에 해당하는 L, M, N에 대해 A_{MN}의 열 수와 B_{NL}의 행 수가 일치하면 다음 식이 성립합니다.

$$AB = \begin{bmatrix} \sum_{k=1}^{N} A_{1k}B_{k1} & \sum_{k=1}^{N} A_{1k}B_{k2} & \cdots & \sum_{k=1}^{N} A_{1k}B_{kL} \\ \sum_{k=1}^{N} A_{2k}B_{k1} & \sum_{k=1}^{N} A_{2k}B_{k2} & \cdots & \sum_{k=1}^{N} A_{2k}B_{kL} \\ \vdots & \vdots & \ddots & \vdots \\ \sum_{k=1}^{N} A_{Mk}B_{k1} & \sum_{k=1}^{N} A_{Mk}B_{k2} & \cdots & \sum_{k=1}^{N} A_{Mk}B_{kL} \end{bmatrix}$$

이러한 형태로 계산하는 행렬을 **블록행렬(block matrix)**이라고 합니다. "열과 행 수를 뜻하는 L, M, N에 대해 A_{MN}의 열과 B_{NL}의 행 수가 일치한다"라는 조건은 블록으로 나누어 계산할 때 행렬의 곱에 대한 규칙이 모두 적용된다는 뜻입니다. 앞 식을 살펴보면 행렬의 곱 정의와 비슷하므로 공식처럼 기억하기 쉽습니다. 그러나 각 블록의 계산은 행렬의 곱이므로 교환법칙이 성립하지 않는다는 점 등에 주의하기 바랍니다.

블록행렬을 행 하나씩 또는 열 하나씩으로 나누면 나눈 각 블록은 벡터로 다룰 수 있다는 점을 꼭 기억하세요. 즉, X, Y가 $m \times n$ 행렬이면 다음과 같은 식이 성립합니다.

$$X = \begin{bmatrix} x_1 & x_2 & \cdots & x_n \end{bmatrix}, \quad Y = \begin{bmatrix} y_1^T \\ y_2^T \\ \vdots \\ y_m^T \end{bmatrix}$$

여기에서 X는 $m \times 1$ 행렬을 가로로 n개 나열한 형태이므로 m차원 행벡터이기도 합니다. 그래서 x_i처럼 굵은 소문자로 나타냅니다. Y는 $1 \times n$ 행렬을 세로로 m개 나열한 형태이므로 m차원 열벡터입니다. 이 책에 나오는 벡터는 열벡터로 간주하므로 Y의 원소는 n차원 열벡터의 전치라는 뜻에서 y_i^T로 표기합니다.

예 제

1 행렬 A, B, C, D가 다음과 같습니다.

$$A = \begin{bmatrix} 2 & 1 \\ -1 & 1 \end{bmatrix}, \quad B = \begin{bmatrix} 1 & -1 \\ 1 & 1 \end{bmatrix}, \quad C = \begin{bmatrix} 1 & 2 \\ 2 & 1 \\ -1 & 2 \end{bmatrix}, \quad D = \begin{bmatrix} 1 & -1 & \\ & 1 & 2 \\ & & 1 \end{bmatrix}$$

다음 행렬 계산을 해보세요.

ⓐ $2A$

ⓑ $A + B$

ⓒ $A - B$

ⓓ $2A - 3B$

ⓔ AB

ⓕ BC^T

ⓖ $C^T D$

2 행렬 X가 1000×100 행렬, Y가 100×500 행렬, Z가 1000×500 행렬일 때 다음 행렬의 크기를 계산하세요.

ⓐ XY

ⓑ $(XYZ^T X)^T X$

3 행렬 A, B, C가 있을 때 다음 식이 성립함을 증명하세요.

$$(AB^T C)^T = C^T B A^T$$

4 블록행렬의 개념을 이용하여 행렬 A, B에 대해 AB를 계산하세요.

$$A = \begin{bmatrix} 1 & 1 & & & & \\ & 1 & & & & \\ & & 1 & 1 & & \\ & & & 1 & & \\ & & & & 1 & 1 \\ & & & & & 1 \end{bmatrix}, \quad B = \begin{bmatrix} 2 & 3 & 2 & 3 & 2 & 3 \\ & 4 & & 4 & & 4 \\ & & 2 & 3 & & \\ & & & 4 & & \\ & & & & 2 & 3 \\ & & & & & 4 \end{bmatrix}$$

정답

1

ⓐ $2A = \begin{bmatrix} 2\times 2 & 2\times 1 \\ 2\times(-1) & 2\times 1 \end{bmatrix} = \begin{bmatrix} 4 & 2 \\ -2 & 2 \end{bmatrix}$

ⓑ $A + B = \begin{bmatrix} 2+1 & 1+(-1) \\ -1+1 & 1+1 \end{bmatrix} = \begin{bmatrix} 3 & 0 \\ 0 & 2 \end{bmatrix}$

ⓒ $A - B = \begin{bmatrix} 2-1 & 1-(-1) \\ -1-1 & 1-1 \end{bmatrix} = \begin{bmatrix} 1 & 2 \\ -2 & 0 \end{bmatrix}$

ⓓ $2A - 3B$

$= 2 \times \begin{bmatrix} 2 & 1 \\ -1 & 1 \end{bmatrix} + (-3) \times \begin{bmatrix} 1 & -1 \\ 1 & 1 \end{bmatrix}$

$= \begin{bmatrix} 4 & 2 \\ -2 & 2 \end{bmatrix} + \begin{bmatrix} -3 & 3 \\ -3 & -3 \end{bmatrix} = \begin{bmatrix} 1 & 5 \\ -5 & -1 \end{bmatrix}$

ⓔ $AB = \begin{bmatrix} 2\times 1 + 1\times 1 & 2\times(-1) + 1\times 1 \\ (-1)\times 1 + 1\times 1 & (-1)\times(-1) + 1\times 1 \end{bmatrix} = \begin{bmatrix} 3 & -1 \\ 0 & 2 \end{bmatrix}$

ⓕ $BC^T = \begin{bmatrix} 1 & -1 \\ 1 & 1 \end{bmatrix} \begin{bmatrix} 1 & 2 & -1 \\ 2 & 1 & 2 \end{bmatrix}$

$= \begin{bmatrix} 1\times 1 + (-1)\times 2 & 1\times 2 + (-1)\times 1 & 1\times(-1) + (-1)\times 2 \\ 1\times 1 + 1\times 2 & 1\times 2 + 1\times 1 & 1\times(-1) + 1\times 2 \end{bmatrix}$

$= \begin{bmatrix} -1 & 1 & -3 \\ 3 & 3 & 1 \end{bmatrix}$

❾ $C^T D = \begin{bmatrix} 1 & 2 & -1 \\ 2 & 1 & 2 \end{bmatrix} \begin{bmatrix} 1 & -1 & \\ & 1 & 2 \\ & & 1 \end{bmatrix}$

$= \begin{bmatrix} 1\times 1 & 1\times(-1)+2\times 1 & 2\times 2+(-1)\times 1 \\ 2\times 1 & 2\times(-1)+1\times 1 & 1\times 2+2\times 1 \end{bmatrix}$

$= \begin{bmatrix} 1 & 1 & 3 \\ 2 & -1 & 4 \end{bmatrix}$

2

ⓐ 1000×500

ⓑ XY의 크기가 1000×500이고 Z^T의 크기가 500×1000이므로, XYZ^T의 크기는 1000×1000입니다. XYZ^TX의 크기가 1000×100이므로 $(XYZ^TX)^T$의 크기는 100×1000입니다. 따라서 $(XYZ^TX)^TX$의 크기는 100×100입니다.

3 $(AB^TC)^T = \{(AB^T)C\}^T = C^T(AB^T)^T = C^T\{(B^T)^TA^T\} = C^TBA^T$

4 $A_1 = \begin{bmatrix} 1 & 1 \\ 0 & 1 \end{bmatrix}, \quad B_1 = \begin{bmatrix} 2 & 3 \\ 0 & 4 \end{bmatrix}$ 이면

$A = \begin{bmatrix} A_1 & & \\ & A_1 & \\ & & A_1 \end{bmatrix}, \quad B = \begin{bmatrix} B_1 & B_1 & B_1 \\ & B_1 & \\ & B_1 & \end{bmatrix}$ 이므로

$AB = \begin{bmatrix} A_1B_1 & A_1B_1 & A_1B_1 \\ & A_1B_1 & \\ & A_1B_1 & \end{bmatrix}$ 입니다. $A_1B_1 = \begin{bmatrix} 2 & 7 \\ 0 & 4 \end{bmatrix}$ 이므로

$$AB = \begin{bmatrix} 2 & 7 & 2 & 7 & 2 & 7 \\ & 4 & & 4 & & 4 \\ & & 2 & 7 & & \\ & & & 4 & & \\ & & & & 2 & 7 \\ & & & & & 4 \end{bmatrix}$$ 입니다.

2.7 역행렬과 연립방정식

열과 행 수가 같은 $n \times n$(n은 정수) 행렬을 **정사각행렬(square matrix)**이라고 합니다. 행렬의 크기가 $n \times n$인 정사각행렬을 n차 정사각행렬이라고도 합니다. 이때 n을 정사각행렬의 차수라고 합니다.

정사각행렬의 행과 열이 같은 (i, i) 원소는 **대각원소(diagonal element)**라고 합니다. 특히 대각원소 이외에 다른 원소가 0인 행렬을 **대각행렬**이라고 합니다. 대각원소가 왼쪽부터 $(d_1, \cdots, d_n)$인 대각행렬을 $\text{diag}(d_1, \cdots, d_n)$으로 나타냅니다. 풀어쓰면 다음과 같습니다.

$$\text{diag}(d_1, \ldots, d_n) = \begin{bmatrix} d_1 & & & \\ & d_2 & & \\ & & \ddots & \\ & & & d_n \end{bmatrix}$$

행렬의 곱에서는 교환법칙이 성립하지 않지만 대각행렬끼리의 곱은 교환법칙이 성립합니다. 실제로 $D = \text{diag}(d_1, \cdots, d_n)$, $E = \text{diag}(e_1, \cdots, e_n)$일 때 다음이 성립합니다.

$$DE = \begin{bmatrix} d_1 e_1 & & & \\ & d_2 e_2 & & \\ & & \ddots & \\ & & & d_n e_n \end{bmatrix} = ED$$

대각행렬 중에서 대각원소에 1이 나열된 것을 **단위행렬**이라고 합니다. 크기가 $n \times n$인 단위행렬은 I_n으로 나타냅니다. 행렬의 크기를 명시할 필요가 없으면 I로 나타낼 수도 있습니다. $m \times n$ 행렬 A에 대한 단위행렬은 다음의 식이 성립합니다.

$$AI_n = I_m A = A$$

정사각행렬 A에 $AX = I$인 X를 **역행렬**(inverse matrix)이라고 하며, A^{-1}로 나타냅니다. $AX = I$면 $XA = I$이므로 다음 식이 성립합니다.

$$AA^{-1} = A^{-1}A = I$$

단, 정사각행렬 A에 반드시 역행렬이 존재한다고는 할 수 없으므로 주의해야 합니다. 역행렬이 존재하는 정사각행렬을 **가역행렬**(invertible matrix)이라고 하고, 역행렬이 존재하지 않는 정사각행렬을 **비가역행렬**이라고 합니다. 가역행렬이 성립하는 조건은 나중에 설명하겠습니다.

다음으로 행렬과 연립방정식의 관계를 살펴보겠습니다. 예를 들어 다음과 같은 연립방정식이 있다고 생각해봅시다.

$$\begin{cases} 2x + y = 3 \\ x - 3y = 5 \end{cases}$$

이 연립방정식은 다음과 같은 행렬로 나타낼 수 있습니다.

$$A = \begin{bmatrix} 2 & 1 \\ 1 & -3 \end{bmatrix}, \quad x = \begin{bmatrix} x \\ y \end{bmatrix}, \quad b = \begin{bmatrix} 3 \\ 5 \end{bmatrix}$$

그리고 다음과 같은 행렬의 곱으로 나타낼 수 있습니다.

$$Ax = b$$

역행렬 A^{-1}을 식의 양변에 곱해보겠습니다. 먼저 좌변에 A^{-1}을 곱해 결괏값을 계산합니다.

$$A^{-1}(Ax) = (A^{-1}A)x = Ix = x$$

앞 계산의 결과를 참고하면 연립방정식을 행렬 곱으로 나타낸 식을 다음처럼 바꿀 수 있습니다.

$$x = A^{-1}b$$

2×2 행렬의 역행렬은 간단하게 계산할 수 있습니다. 다음과 같은 2×2 행렬 X가 있다고 생각해봅시다.

$$X = \begin{bmatrix} a & b \\ c & d \end{bmatrix}$$

X가 역행렬을 가질 조건은 $ad - bc \neq 0$이며 역행렬을 구하는 공식은 다음과 같습니다.

$$X^{-1} = \frac{1}{ad-bc} \begin{bmatrix} d & -b \\ -c & a \end{bmatrix}$$

그럼 원래 행렬 X와 앞 공식을 곱해보겠습니다. 계산 과정은 다음과 같습니다.

$$\begin{bmatrix} a & b \\ c & d \end{bmatrix} \times \frac{1}{ad-bc}\begin{bmatrix} d & -b \\ -c & a \end{bmatrix} = \frac{1}{ad-bc}\begin{bmatrix} a & b \\ c & d \end{bmatrix}\begin{bmatrix} d & -b \\ -c & a \end{bmatrix}$$

$$= \frac{1}{ad-bc}\begin{bmatrix} a\times d + b\times(-c) & a\times(-b)+b\times a \\ c\times d + d\times(-c) & c\times(-b)+d\times a \end{bmatrix}$$

$$= \frac{1}{ad-bc}\begin{bmatrix} ad-bc & 0 \\ 0 & ad-bc \end{bmatrix}$$

$$= I$$

이제 역행렬을 구하는 공식을 사용하여 A의 역행렬을 계산하겠습니다.

$$A^{-1} = \frac{1}{2\times(-3)-1\times 1}\begin{bmatrix} -3 & -1 \\ -1 & 2 \end{bmatrix} = -\frac{1}{7}\begin{bmatrix} -3 & -1 \\ -1 & 2 \end{bmatrix}$$

역행렬을 이용하면 연립방정식의 해를 다음처럼 계산할 수 있습니다.

$$x = A^{-1}b = -\frac{1}{7}\begin{bmatrix} -3 & -1 \\ -1 & 2 \end{bmatrix} \times \begin{bmatrix} 3 \\ 5 \end{bmatrix} = -\frac{1}{7}\begin{bmatrix} (-3)\times 3 + (-1)\times 5 \\ (-1)\times 3 + 2\times 5 \end{bmatrix} = \begin{bmatrix} 2 \\ -1 \end{bmatrix}$$

따라서 연립방정식의 해는 $x=2, y=-1$입니다.

이번에는 2차 정사각행렬의 역행렬이 존재하지 않는 경우를 살펴보겠습니다. 행렬 X에서 $ad-bc=0$일 때 역행렬이 존재하지 않습니다. 조건 $ad-bc=0$은 $a:b=c:d$일 때 성립하는데, 이는 $(a, b)^T$와 $(c, d)^T$가 평행이라는 뜻입니다. 즉, 2차 정사각행렬은 첫 번째 행과 두 번째 행의 벡터가 평행일 때 역행렬이 존재하지 않습니다.

이때 $ad-bc$를 **행렬식**이라고 하며 $\det A$라고 표기합니다. 행렬식은 차수가 2일 때뿐만 아니라 다른 차수의 정사각행렬에서도 정의할 수 있습니다. 하지만 이 책에서는 2차 정사각행렬에 대한 행렬식만 다룹니다.

예를 들어 다음과 같은 행렬을 살펴보겠습니다.

$$\begin{bmatrix} 1 & 2 \\ 2 & 4 \end{bmatrix}$$

앞 행렬의 원소를 계수로 갖는 연립방정식을 행렬로 나타내면 다음과 같습니다.

$$\begin{bmatrix} 1 & 2 \\ 2 & 4 \end{bmatrix} \begin{bmatrix} x \\ y \end{bmatrix} = \begin{bmatrix} 3 \\ 4 \end{bmatrix}$$

그런데 이 방정식은 해가 없습니다. 실제로 다음처럼 연립방정식으로 바꿔서 살펴보겠습니다.

$$\begin{cases} x + 2y = 3 \\ 2x + 4y = 4 \end{cases}$$

위에 있는 식의 양변에 2를 곱한 후 아래에 있는 식을 빼면 $0x + 0y = 2$이므로 방정식을 만족하는 x, y가 없습니다.

다음과 같은 경우도 생각해보겠습니다.

$$\begin{bmatrix} 1 & 2 \\ 2 & 4 \end{bmatrix} \begin{bmatrix} x \\ y \end{bmatrix} = \begin{bmatrix} 2 \\ 4 \end{bmatrix}$$

위의 있는 식에 2를 곱하면 아래의 식과 같아집니다. 그럼 연립방정식의 해는 $x + 2y = 2$가 성립하는 모든 (x, y)쌍으로 해가 무한히 존재합니다.

지금까지 역행렬이 존재하지 않으면 연립방정식의 해는 없거나 무한히 존재한다는 것을 알아봤습니다. 그럼 역행렬이 존재하는 경우는 어떨까요? 해가 하나로 정해집니다. 즉, 연립방정식의 계수로 만든 행렬의 역행렬이 존재할 필요충분조건은 방정식의 해가 하나인 경우입니다. 이 책에서는 2×2 행렬의 역행렬만 다루지만 일반적인 정사각행렬에서도 성립하는 개념입니다.

2.8 역행렬과 선형독립

2차 정사각행렬은 첫 번째 행과 두 번째 행에 대응하는 벡터가 평행일 때 역행렬이 존재하지 않습니다. 그런데 3차 이상의 정사각행렬에서는 조건이 좀 더 복잡합니다. 예를 들어 다음 행렬은 역행렬이 존재하지 않습니다.

$$C = \begin{bmatrix} 1 & 1 & 2 \\ 2 & -1 & 1 \\ 4 & 1 & 5 \end{bmatrix}$$

그리고 이 행렬로 만든 다음 연립방정식은 해가 없습니다.

$$\begin{cases} x + y + 2z = 1 & \cdots \text{①} \\ 2x - y + z = 2 & \cdots \text{②} \\ 4x + y + 5z = 3 & \cdots \text{③} \end{cases}$$

실제로 2 × ① + ② − ③을 계산하면 $0x + 0y + 0z = 1$이고, 이를 만족하는 x, y, z는 존재하지 않습니다.

그럼 C의 첫 번째, 두 번째, 세 번째 행을 각각 세로로 나열한 벡터를 c_1, c_2, c_3라고 하면 다음 식이 성립합니다.

$$2c_1 + c_2 - c_3 = 0$$

이때 벡터 c_1, c_2, c_3를 **선형종속(linear dependent)**이라고 합니다. 보통 벡터 $v_1, \cdots, v_n$이 선형종속인 조건은 적어도 하나는 0이 아닌 $k_1, \cdots, k_n$이 있고 다음 식을 만족할 때입니다.

$$k_1 v_1 + k_2 v_2 + \cdots + k_n v_n = 0$$

선형종속이 아닌 벡터의 집합은 **선형독립(linear independent)**이라고 합니다. $v_1, \cdots, v_n$이 선형독립이면 다음 식이 성립합니다.

$$k_1 v_1 + k_2 v_2 + \cdots + k_n v_n = 0 \text{이면 } k_1 = k_2 = \cdots = k_n = 0$$

방금 연립방정식의 예에서 본 것처럼 행렬의 행을 벡터로 생각하면 선형종속일 때 역행렬이 존재하지 않습니다. 보통 역행렬이 존재할 조건은 행렬의 행으로 만든 행벡터가 선형독립인 경우입니다. 예를 들어 다음 행렬에서 역행렬이 존재할 조건은 $v_1, \cdots, v_n$이 선형독립인 경우입니다.

$$\begin{bmatrix} v_1^T \\ v_2^T \\ \vdots \\ v_n^T \end{bmatrix}$$

앞에서는 각 행을 벡터로 다뤄봤는데, 각 열을 벡터로 다뤄도 마찬가지입니다. 즉, 다음 행렬에서 역행렬이 존재할 조건은 $u_1, u_2, \cdots, u_n$이 선형독립인 경우입니다.

$$\begin{bmatrix} u_1 & u_2 & \cdots & u_n \end{bmatrix}$$

조금 전의 연립방정식 예에서 C의 열을 왼쪽부터 c_1', c_2', c_3'라고 하겠습니다. 즉,

$$c_1' = \begin{bmatrix} 1 \\ 2 \\ 4 \end{bmatrix}, \quad c_2' = \begin{bmatrix} 1 \\ -1 \\ 1 \end{bmatrix}, \quad c_3' = \begin{bmatrix} 2 \\ 1 \\ 5 \end{bmatrix}$$

일 때

$$c_1' + c_2' - c_3' = 0$$

이 성립하므로 선형종속임을 알 수 있습니다.

2×2 행렬의 역행렬을 계산하는 공식은 이미 소개했으니, 이번에는 일반 정사각행렬의 역행렬을 계산하는 방법을 소개하겠습니다. 크기가 큰 행렬의 역행렬을 직접 계산하는 것은 그다지 실용적이지 않으므로 보통 계산기를 사용합니다. 하지만 행렬의 성질을 이해해보기 위해 직접 계산하는 과정을 설명하겠습니다.

먼저 행렬의 행에 다음 중 하나의 **변환**을 실행해야 합니다.

1. 어떤 행에 상수를 곱함
2. 어떤 행에 상수를 곱한 값을 다른 행에 더함
3. 행과 행을 교환함

그럼 예를 들어 다음 행렬의 역행렬을 계산하겠습니다.

$$\begin{bmatrix} 3 & 1 & 1 \\ 1 & 2 & 1 \\ 0 & -1 & 1 \end{bmatrix}$$

이 행렬에 단위행렬을 연결하여 다음과 같은 행렬을 만듭니다.

$$\left[\begin{array}{ccc|ccc} 3 & 1 & 1 & 1 & & \\ 1 & 2 & 1 & & 1 & \\ 0 & -1 & 1 & & & 1 \end{array}\right]$$

그리고 왼쪽의 행렬이 단위행렬이 될 때까지 아까 소개한 변환 과정을 반복합니다. 왼쪽 행렬이 단위행렬이 되었을 때 오른쪽에 나타나는 행렬이 바로 역행렬입니다. 실제 과정인 식 3-3을 살펴봅니다.

식 3-3

1단계 두 번째 행에 −3을 곱한 결과를 첫 번째 행에 더함

$$\begin{bmatrix} 3 & 1 & 1 & 1 & \\ 1 & 2 & 1 & & 1 \\ 0 & -1 & 1 & & 1 \end{bmatrix} \rightarrow \begin{bmatrix} 0 & -5 & -2 & 1 & -3 \\ 1 & 2 & 1 & & 1 \\ 0 & -1 & 1 & & 1 \end{bmatrix}$$

2단계 첫 번째 행과 두 번째 행을 바꿈

$$\rightarrow \begin{bmatrix} 1 & 2 & 1 & & 1 \\ 0 & -5 & -2 & 1 & -3 \\ 0 & -1 & 1 & & 1 \end{bmatrix}$$

3단계 세 번째 행에 2를 곱한 결과를 첫 번째 행에 더하고, 세 번째 행에 −5를 곱한 결과를 두 번째 행에 더함

$$\rightarrow \begin{bmatrix} 1 & 0 & 3 & & 1 & 2 \\ 0 & 0 & -7 & 1 & -3 & -5 \\ 0 & -1 & 1 & & & 1 \end{bmatrix}$$

4단계 두 번째 행과 세 번째 행을 바꿈

$$\rightarrow \begin{bmatrix} 1 & 0 & 3 & & 1 & 2 \\ 0 & -1 & 1 & & & 1 \\ 0 & 0 & -7 & 1 & -3 & -5 \end{bmatrix}$$

5단계 두 번째 행에 −1을 곱함

$$\rightarrow \begin{bmatrix} 1 & 0 & 3 & & 1 & 2 \\ 0 & 1 & -1 & & & -1 \\ 0 & 0 & -7 & 1 & -3 & -5 \end{bmatrix}$$

6단계 세 번째 행에 3/7을 곱한 결과를 첫 번째 행에 더하고, 세 번째 행에 −1/7을 곱한 결과를 두 번째 행에 더함

$$\rightarrow \begin{bmatrix} 1 & 0 & 0 & \frac{3}{7} & -\frac{2}{7} & -\frac{1}{7} \\ 0 & 1 & 0 & -\frac{1}{7} & \frac{3}{7} & -\frac{2}{7} \\ 0 & 0 & -7 & 1 & -3 & -5 \end{bmatrix}$$

7단계 세 번째 행에 −1/7을 곱함

$$\rightarrow \begin{bmatrix} 1 & 0 & 0 & \frac{3}{7} & -\frac{2}{7} & -\frac{1}{7} \\ 0 & 1 & 0 & -\frac{1}{7} & \frac{3}{7} & -\frac{2}{7} \\ 0 & 0 & 1 & -\frac{1}{7} & \frac{3}{7} & \frac{5}{7} \end{bmatrix}$$

이 일곱 가지 단계를 거쳐 구한 역행렬은 다음과 같습니다.

$$\begin{bmatrix} \frac{3}{7} & -\frac{2}{7} & -\frac{1}{7} \\ -\frac{1}{7} & \frac{3}{7} & -\frac{2}{7} \\ -\frac{1}{7} & \frac{3}{7} & \frac{5}{7} \end{bmatrix}$$

역행렬을 제대로 계산했는지 확인하려면 원래 행렬과 역행렬을 곱했을 때 단위행렬이 되는지 확인하면 됩니다.

$$\begin{bmatrix} 3 & 1 & 1 \\ 1 & 2 & 1 \\ 0 & -1 & 1 \end{bmatrix} \begin{bmatrix} \dfrac{3}{7} & -\dfrac{2}{7} & -\dfrac{1}{7} \\ -\dfrac{1}{7} & \dfrac{3}{7} & -\dfrac{2}{7} \\ -\dfrac{1}{7} & \dfrac{3}{7} & \dfrac{5}{7} \end{bmatrix}$$

식 3-3의 과정은 단지 추측으로 변환한 것이 아니라 다음처럼 규칙에 따라 변환을 실행한 것입니다.

1. **2단계**에서 첫 번째 행과 두 번째 행을 바꿨을 때 첫 번째 열의 첫 번째 원소가 1이 되고 두 번째와 세 번째 원소는 0이 되어야 합니다. 따라서 **1단계**에서 두 번째 행에는 -3이라는 스칼라값을 곱해서 첫 번째 행과 더했습니다. 세 번째 행의 첫 번째 원소는 이미 0이므로 스칼라값을 곱하지 않고 그대로 둡니다.

2. **4단계**에서 두 번째 행과 세 번째 행을 바꿨을 때 두 번째 열의 두 번째 원소가 1이 되고 첫 번째와 세 번째 원소는 0이 되어야 합니다. 따라서 **3단계**에서 세 번째 행에 2라는 스칼라값을 곱해서 첫 번째 행과 더하고, 세 번째 행에 -5라는 스칼라값을 곱해서 두 번째 행과 더했습니다.

3. **4단계** 이후 두 번째 열의 두 번째 원소가 -1이므로 **5단계**에서 두 번째 행에 -1이라는 스칼라값을 곱해 1로 만듭니다.

4. **5단계** 이후 더는 행을 바꾸지 않아도 되며, 세 번째 열의 첫 번째와 두 번째 원소는 0이 되고, 세 번째 원소는 1이 되어야 합니다. 따라서 **6단계**에서 세 번째 행에 3/7을 곱한 후 첫 번째 행과 더합니다. 다음으로 세 번째 행에 -1/7을 곱한 후 두 번째 행과 더합니다.

5. 마지막은 세 번째 행에 -1/7을 곱해서 세 번째 열의 세 번째 원소를 1로 만듭니다. 그럼 왼쪽의 3×3 행렬은 단위행렬이 됩니다.

이렇게 기존에는 오른쪽에 있었던 3×3 단위행렬을 왼쪽으로 옮기는 과정을 거치면 오른쪽의 3×3 행렬이 자연스레 역행렬이 됩니다. 단위행렬을 만들기 위해 각 단계에서는 어떤 행을 선택해서 변환해도 되며, 다른 과정을 거치더라도 왼쪽 행렬이 단위행렬이 되면 결과로 나오는 역행렬은 동일합니다.

다음으로 비가역행렬인 행렬 B를 예로 들어 앞에서 한 변환 과정을 적용해보겠습니다.

$$B = \begin{bmatrix} 1 & 1 & 2 \\ 1 & -1 & 1 \\ 3 & -1 & 4 \end{bmatrix}$$

행렬 B의 오른쪽에 단위행렬을 나열하고 식 3-3과 마찬가지로 역행렬을 계산하겠습니다.

식 3-4

1단계 첫 번째 행에 -1을 곱한 결과를 두 번째 행에 더하고, 첫 번째 행에 -3을 곱한 결과를 세 번째 행에 더함

$$[B \quad I] = \begin{bmatrix} 1 & 1 & 2 & 1 & & \\ 1 & -1 & 1 & & 1 & \\ 3 & -1 & 4 & & & 1 \end{bmatrix} \rightarrow \begin{bmatrix} 1 & 1 & 2 & 1 & & \\ 0 & -2 & -1 & -1 & 1 & \\ 0 & -4 & -2 & -3 & & 1 \end{bmatrix}$$

2단계 두 번째 행에 -1/2을 곱함

$$\rightarrow \begin{bmatrix} 1 & 1 & 2 & 1 & & \\ 0 & 1 & \frac{1}{2} & \frac{1}{2} & -\frac{1}{2} & \\ 0 & -4 & -2 & -3 & & 1 \end{bmatrix}$$

3단계 두 번째 행에 -1을 곱한 결과를 첫 번째 행에 더하고, 두 번째 행에 4를 곱한 결과를 세 번째 행에 더함

$$\rightarrow \begin{bmatrix} 1 & 0 & \frac{3}{2} & \frac{1}{2} & \frac{1}{2} \\ 0 & 1 & \frac{1}{2} & \frac{1}{2} & -\frac{1}{2} \\ 0 & 0 & 0 & -1 & -2 & 1 \end{bmatrix}$$

왼쪽 행렬의 세 번째 행이 모두 0이 되어 더는 역행렬을 계산할 수 없습니다. 이는 행렬 B가 역행렬이 존재하지 않는다는 뜻입니다. 여기서 왼쪽 행렬의 세 번째 행만 보면 0^T와 같습니다. 행렬을 변환한 결과가 0^T와 일치하지 않는 행 수를 해당 행렬의 **랭크(rank)**라고 합니다.

행렬 B는 랭크가 2고, rank$B$ = 2라고 나타냅니다. 3차 정사각행렬은 랭크가 1이 될 수도 있고, 특히 영행렬 O은 랭크가 0인 행렬입니다. 방금은 역행렬을 계산하는 과정을 비교하려고 B의 오른쪽에 단위행렬을 연결했지만 랭크를 계산하려는 목적뿐이라면 단위행렬을 연결하지 않아도 됩니다. 가역행렬인 A는 랭크가 3입니다. 이처럼 n차 정사각행렬의 랭크가 n이라는 것과 해당 행렬이 가역행렬이라는 것은 필요충분조건 관계입니다.

역행렬을 계산하는 과정을 정리하면 다음과 같습니다.

> **❶** 역행렬을 계산하려는 n차 정사각행렬 A의 오른쪽에 단위행렬을 붙여 $[A \; I]$라는 블록행렬을 만듭니다.
>
> **❷** i행을 대상으로 1부터 n행까지 다음 과정을 반복합니다.
>
> - 왼쪽 행렬에서 i행 또는 i행보다 아래 행 중 가장 왼쪽에 0이 아닌 원소가 나타나는 행을 하나 선택합니다. 만약 i행 또는 i행보다 아래 행의 왼쪽 원소가 모두 0이면 더 반복하지 않습니다.
> - 선택한 행의 가장 왼쪽에 있는 0이 아닌 열을 k번째 열이라고 하면, 다른 행의 k번째 열이 모두 0이 되도록 행렬 변환을 실행합니다. 그리고 선택한 행에 스칼라값을 곱해 k번째 열의 원소가 1이 되게 합니다. 그리고 해당 행을 i행과 바꿉니다.

> **1 2** 과정이 끝나면 왼쪽 행렬이 단위행렬이 되고 오른쪽 행렬이 역행렬입니다. 만약 단위행렬이 되지 않으면 A는 비가역행렬이며, 왼쪽 행렬에서 0^T가 아닌 행 수가 A의 랭크입니다.

참고로 행렬의 랭크만 계산할 때는 단위행렬을 같이 나열할 필요가 없어 계산 절차가 단순해집니다. $m \times n$ 행렬인 A의 랭크를 계산하는 방법을 살펴보겠습니다.

> i행을 대상으로 1부터 m행까지 다음 과정을 반복합니다.
> - i행보다 아래 행 중 0이 아닌 원소가 나타나는 행을 선택합니다. 만약 모든 행의 원소가 0이면 더 반복하지 않습니다.
> - 선택한 행의 가장 왼쪽에 있는 0이 아닌 열을 k번째 열이라고 하면, i행 이후에 선택한 행을 제외한 k번째 열이 모두 0이 되도록 행렬 변환을 합니다.
>
> 과정이 끝났을 때 0^T가 아닌 행 수가 A의 랭크입니다.

앞 과정을 참고하면 행렬의 랭크라는 개념은 정사각행렬뿐만 아니라 일반 행렬에서도 성립합니다.

역행렬 계산과 비교하여 행렬의 랭크 계산에서 생략하는 과정은 i번째 행과 $i-1$번째 행을 대상으로 행렬을 변환하는 과정과 가장 왼쪽에 0이 아닌 원소가 1이 되도록 변환하는 과정입니다. 행렬 B의 랭크를 계산하겠습니다.

1단계 첫 번째 행에 −1을 곱한 결과를 두 번째 행에 더하고, 첫 번째 행에 −3을 곱한 결과를 세 번째 행에 더함

$$B = \begin{bmatrix} 1 & 1 & 2 \\ 1 & -1 & 1 \\ 3 & -1 & 4 \end{bmatrix} \to \begin{bmatrix} 1 & 1 & 2 \\ 0 & -2 & -1 \\ 0 & -4 & -2 \end{bmatrix}$$

2단계 두 번째 행에 −2를 곱한 결과를 세 번째 행에 더함

$$\rightarrow \begin{bmatrix} 1 & 1 & 2 \\ 0 & -2 & -1 \\ 0 & 0 & 0 \end{bmatrix}$$

즉, 결과는 랭크가 2입니다. 결과는 같지만 식 3-4보다 계산 과정이 단순합니다.

참고로 일반 행렬의 랭크 개념에서 $m \times n$ 행렬 A의 랭크는 최대 $\min(m, n)$(m과 n 중 작은 수)을 초과하지 않습니다. 특히 $\text{rank} A = \min(m, n)$일 때 행렬 A를 **풀 랭크**(**full rank**)라고 합니다.

마지막으로 지금까지 살펴본 행렬의 가역성에 관한 조건을 정리합니다.

n차 정사각행렬 A에 대해 다음 조건은 모두 동치(equivalence)입니다.

- 정사각행렬 A가 가역행렬입니다. 즉, 역행렬이 존재합니다.
- $x = (x_1, x_2, \cdots, x_n)^T$에 대한 연립방정식 $Ax=b$는 유일한 해를 갖습니다.
- A를 다음처럼 세로로 나타냈을 때 벡터 $a_1, \cdots, a_n$은 선형독립입니다.

$$A = \begin{bmatrix} a_1^T \\ a_2^T \\ \vdots \\ a_n^T \end{bmatrix}$$

- A를 다음처럼 가로로 나타냈을 때 벡터 $a_1, \cdots, a_n$은 선형독립입니다.

$$A = \begin{bmatrix} a_1 & a_2 & \cdots & a_n \end{bmatrix}$$

- A가 풀 랭크입니다. 즉, 차수가 n일 때 $\text{rank} A = n$입니다.

예 제

1 다음 행렬의 역행렬을 계산하세요. 역행렬이 존재하지 않는다면 랭크를 계산하세요.

$$A = \begin{bmatrix} 5 & -2 \\ -2 & 1 \end{bmatrix}, \quad B = \begin{bmatrix} 5 & 2 \\ 10 & 4 \end{bmatrix}, \quad C = \begin{bmatrix} 1 & 1 & 1 \\ 1 & 2 & 1 \\ 1 & 1 & 2 \end{bmatrix}, \quad D = \begin{bmatrix} 1 & 1 & 2 \\ 1 & 2 & 3 \\ 3 & 4 & 7 \end{bmatrix}$$

2 다음 행렬의 랭크를 계산하세요.

$$A = \begin{bmatrix} 1 & 2 & 3 & 4 \\ 2 & 3 & 4 & 5 \\ 5 & 6 & 7 & 8 \end{bmatrix}, \quad B = \begin{bmatrix} 1 & 1 & 1 \\ 1 & 1 & 1 \\ 1 & 1 & 1 \\ 1 & 1 & 1 \end{bmatrix}$$

정 답

1 $\det A = 5 \times 1 - (-2) \times (-2) = 1$이므로

$$A^{-1} = \frac{1}{1} \begin{bmatrix} 1 & 2 \\ 2 & 5 \end{bmatrix} = \begin{bmatrix} 1 & 2 \\ 2 & 5 \end{bmatrix}$$

입니다.

B는 두 번째 행이 첫 번째 행의 2배이므로 $\operatorname{rank} B = 1$입니다.

C의 역행렬을 계산할 때는 다음과 같은 행렬 변환을 합니다.

$$[C \quad I] = \begin{bmatrix} 1 & 1 & 1 & 1 & & \\ 1 & 2 & 1 & & 1 & \\ 1 & 1 & 2 & & & 1 \end{bmatrix} \rightarrow \begin{bmatrix} 1 & 1 & 1 & 1 & & \\ & 1 & & -1 & 1 & \\ & & 1 & -1 & & 1 \end{bmatrix}$$

$$\rightarrow \begin{bmatrix} 1 & & 1 & 2 & -1 & \\ & 1 & & -1 & 1 & \\ & & 1 & -1 & & 1 \end{bmatrix}$$

$$\rightarrow \begin{bmatrix} 1 & & & 3 & -1 & -1 \\ & 1 & & -1 & 1 & \\ & & 1 & -1 & & 1 \end{bmatrix}$$

따라서

$$C^{-1} = \begin{bmatrix} 3 & -1 & -1 \\ -1 & 1 & \\ -1 & & 1 \end{bmatrix}$$

입니다.

D^{-1}을 계산하는 행렬 변환 과정은 다음과 같습니다.

$$[D \quad I] = \begin{bmatrix} 1 & 2 & 1 & 1 & & \\ 1 & 2 & 3 & & 1 & \\ 3 & 4 & 7 & & & 1 \end{bmatrix} \rightarrow \begin{bmatrix} 1 & 1 & 2 & 1 & & \\ & 1 & 1 & -1 & 1 & \\ & 1 & 1 & -3 & & 1 \end{bmatrix}$$

$$\rightarrow \begin{bmatrix} 1 & & 1 & 2 & -1 & \\ & 1 & 1 & -1 & 1 & \\ & & & -2 & -1 & 1 \end{bmatrix}$$

블록행렬 중 왼쪽 행렬의 세 번째 행이 모두 0이 되었으므로 rank$D$ = 2입니다.

②
$$\begin{bmatrix} 1 & 2 & 3 & 4 \\ 2 & 3 & 4 & 5 \\ 5 & 6 & 7 & 8 \end{bmatrix} \rightarrow \begin{bmatrix} 1 & 2 & 3 & 4 \\ & -1 & -2 & -3 \\ & -4 & -8 & -12 \end{bmatrix}$$

$$\rightarrow \begin{bmatrix} 1 & 2 & 3 & 4 \\ & -1 & -2 & -3 \end{bmatrix}$$

따라서 $\mathrm{rank}\,A = 2$입니다.

B는 첫 번째 행을 두 번째 행 이후의 각 행에서 빼면 모두 0이 되므로 $\mathrm{rank}\,B = 1$입니다.

2.9 1차변환

2×2 행렬은 좌표평면 위의 점에서 점으로의 변환이기도 합니다. 2×2 행렬 A에서 xy평면 위 점의 위치벡터를 x라고 하면 다음 식이 성립합니다.

$$y = Ax$$

이 식은 x가 y에 대응하는 사상이라는 뜻이며, 이러한 사상을 **1차변환**이라고 합니다. 다음은 구체적인 예입니다.

$$A = \begin{bmatrix} 3 & 1 \\ 2 & 2 \end{bmatrix}$$

x가 전체 평면 안에서 이동할 수 있다면 $y = Ax$가 이동할 수 있는 범위는 어떻게 될까요? 우선 행렬식을 계산해보겠습니다.

$$\det A = 3 \times 2 - 1 \times 2 = 4 \neq 0$$

따라서 A는 가역행렬입니다. 이때 다음 식이 성립합니다.

$$x = A^{-1}y$$

임의의 y에 대응하는 점 x는 $x = A^{-1}y$로 계산할 수 있습니다. 즉, 평면 위 모든 점을 대상으로 A에 의해 옮겨지는 점이 있다는 뜻입니다. x가 평면 위 모든 점을 이동할 수 있다면 그 변환인 Ax도 평면 위 전체를 이동할 수 있습니다.

다음으로 1차변환을 기하학적으로 살펴보겠습니다. A를 이용해 1차변환을 한 $e_1 = (1, 0)^T$와 $e_2 = (0, 1)^T$는 각각

$$Ae_1 = \begin{bmatrix} 3 \\ 2 \end{bmatrix}, \quad Ae_2 = \begin{bmatrix} 1 \\ 2 \end{bmatrix}$$

로 이동합니다. 이렇게 A를 이용한 1차변환은 평면 위 도형을 왜곡시키는 변환이라고도 생각할 수 있습니다. 그림 3-14는 원이 평면 위에서 어떻게 이동하는지를 나타냅니다.

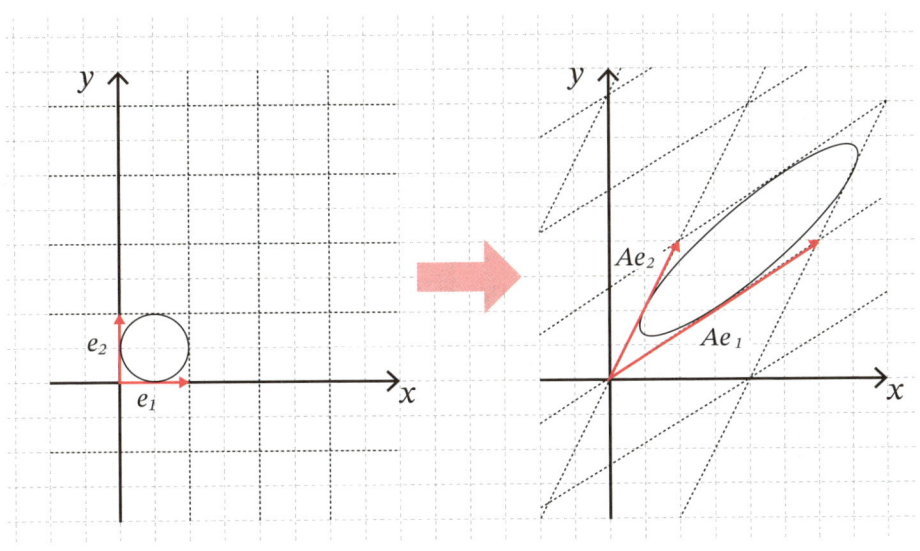

그림 3-14 원의 1차변환

지금 살펴본 1차변환은 가역행렬을 기반으로 합니다. 그럼 비가역행렬의 1차변환은 어떤지 살펴보겠습니다.

$$B = \begin{bmatrix} 2 & 4 \\ 1 & 2 \end{bmatrix}$$

행렬 B에서 첫 번째 행 원소는 두 번째 행 원소의 2배입니다. 즉, $b = (1, 2)^T$라면 B를 다음처럼 나타낼 수 있습니다.

$$B = \begin{bmatrix} 2b^T \\ b^T \end{bmatrix}$$

그럼 B를 이용한 1차변환에서 점 x가 어떤 점으로 이동할지에 관한 식은 다음과 같습니다.

$$Bx = \begin{bmatrix} 2b^T x \\ b^T x \end{bmatrix}$$

x가 평면 위를 이동할 때 $b^T x$는 임의의 실숫값입니다. 즉, x가 평면 위의 모든 점을 대상으로 이동할 때 $t = b^T x$라면 y에 관한 다음 식이 성립합니다.

$$y = \begin{bmatrix} 2t \\ t \end{bmatrix} = t \begin{bmatrix} 2 \\ 1 \end{bmatrix}$$

이는 원점을 지나는 방향벡터 $(2, 1)^T$의 직선 위를 이동하는 것입니다.

다음은 3차 정사각행렬을 살펴봅니다. 다음 행렬 3개가 있습니다.

$$C_1 = \begin{bmatrix} 3 & 1 & 1 \\ 1 & 2 & 1 \\ 0 & -1 & 1 \end{bmatrix}, \quad C_2 = \begin{bmatrix} 1 & 1 & 1 \\ 1 & -1 & 1 \\ 1 & 0 & 1 \end{bmatrix}, \quad C_3 = \begin{bmatrix} 1 & 1 & 2 \\ 2 & 2 & 4 \\ -3 & -3 & -6 \end{bmatrix}$$

각 행렬의 랭크는 다음과 같습니다.

$$\text{rank}C_1 = 3, \ \text{rank}C_2 = 2, \ \text{rank}C_3 = 1$$

이 행렬 3개로 1차변환을 정의하면 3차원 공간에 어떻게 투영될지 알아보겠습니다.

첫 번째 C_1은 역행렬이 존재하므로 $y = C_1 x$에서 x를 y 자리로 이동하여 정리하면 $x = C_1^{-1} y$입니다. 즉, 어떤 공간 위의 점 y로 이동하는 x가 성립합니다. 이는 어떤 공간 전체를 다른 공간으로 투영하는 것입니다.

또한 C_2의 첫 번째 행을 $c_{21} = (1, 1, 1)^T$, 두 번째 행을 $c_{22} = (1, -1, 1)^T$라고 하면 세 번째 행은 $\frac{1}{2}(c_{21}^T + c_{22}^T)$로 나타낼 수 있습니다.

$$y = C_2 x = \begin{bmatrix} c_{21}^T x \\ c_{22}^T x \\ \frac{1}{2}(c_{21}^T + c_{22}^T)x \end{bmatrix}$$

여기서 x가 3차원 공간 전체를 이동할 때 $u = c_{21}^T x$ 와 $v = c_{22}^T x$ 는 임의의 실숫값입니다.

따라서 u와 v를 이용해 y를 나타내면 u와 v는 임의의 실숫값입니다. 그럼 y는 다음처럼 원점을 지나는 두 벡터 $(1, 0, \frac{1}{2})^T$, $(0, 1, \frac{1}{2})^T$를 포함하는 평면 위 임의의 점으로 나타낼 수 있습니다.

$$y = \begin{bmatrix} u \\ v \\ \frac{1}{2}u + \frac{1}{2}v \end{bmatrix} = u \begin{bmatrix} 1 \\ 0 \\ \frac{1}{2} \end{bmatrix} + v \begin{bmatrix} 0 \\ 1 \\ \frac{1}{2} \end{bmatrix}$$

보통 벡터 p과 q를 포함하는 평면은 그림 3-15처럼 원점을 지나는 p와 q를 포함하는 평면을 말합니다. 이 평면 위의 점은 $u\boldsymbol{p} + v\boldsymbol{q}$로 나타냅니다. 그러므로 $\boldsymbol{C}_2$는 원점을 지나는 두 벡터 $(1, 0, \frac{1}{2})^T$와 $(0, 1, \frac{1}{2})^T$를 포함하는 평면으로 이동함을 알 수 있습니다.

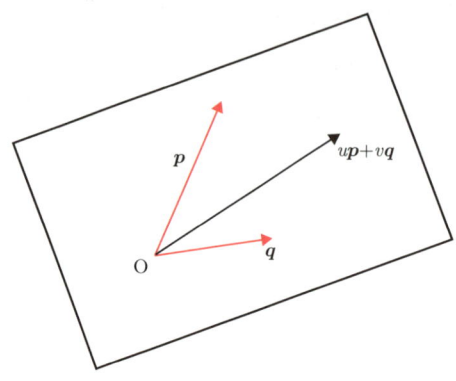

그림 3-15 평면의 1차변환

다음은 $\boldsymbol{C}_3$를 살펴봅니다. 이 행렬의 첫 번째 행을 $\boldsymbol{c}_3^T$라고 하면 다음 식이 성립합니다.

$$\boldsymbol{C}_3 = \begin{bmatrix} \boldsymbol{c}_3^T \\ 2\boldsymbol{c}_3^T \\ -3\boldsymbol{c}_3^T \end{bmatrix}$$

앞 식을 1차변환하면 다음과 같습니다.

$$\boldsymbol{y} = \boldsymbol{C}_3 \boldsymbol{x} = \begin{bmatrix} \boldsymbol{c}_3^T \boldsymbol{x} \\ 2\boldsymbol{c}_3^T \boldsymbol{x} \\ -3\boldsymbol{c}_3^T \boldsymbol{x} \end{bmatrix}$$

여기서 x가 3차원 공간 전체를 이동할 때 $t = c_3^T x$의 범위는 실수 전체입니다. 이 t를 사용하여 y를 나타내면 다음 식과 같습니다.

$$y = \begin{bmatrix} t \\ 2t \\ -3t \end{bmatrix} = t \begin{bmatrix} 1 \\ 2 \\ -3 \end{bmatrix}$$

t는 임의의 실수이므로 y는 원점을 지나는 방향벡터 $(1, 2, -3)^T$의 직선 위를 이동합니다. 즉, 3차원 공간 전체는 C_3에 따라 원점을 지나는 방향벡터 $(1, 2, -3)^T$의 직선을 투영하는 것입니다.

지금까지 살펴본 몇 가지 예를 보면 행렬 X에 대응하는 1차변환 공간 전체는 rank$X$ 차원 공간에 투영된다고 말할 수 있습니다. 실제로 이는 임의의 행렬로 나타낼 수 있습니다. 이 책에서는 정사각행렬의 1차변환만 다뤘는데 1차변환은 정사각행렬이 아니라도 정의되며, 이때 투영된 전체 공간은 앞 차원과 행렬의 랭크가 같습니다.

예 제

점 O, A, B가 O(0, 0), A(1, 0), B(0, 1)이라면 다음 행렬 A를 1차변환했을 때 삼각형 OAB의 넓이가 몇 배가 될지 계산하세요(이때 $ad - bc \neq 0$입니다).

$$A = \begin{bmatrix} a & b \\ c & d \end{bmatrix}$$

정 답

1차변환 전 삼각형 OAB의 넓이는 $\frac{1}{2}$이고, 1차변환 후 O, A, B는 각각 $(0, 0), (a, c), (b, d)$입니다. 그럼 $a = (a, c)^T, b = (b, d)^T$이므로 다음처럼 넓이를 계산합니다.

$$\frac{1}{2}\sqrt{\|\boldsymbol{a}\|^2 \|\boldsymbol{b}\|^2 - (\boldsymbol{a}^T\boldsymbol{b})^2} = \frac{1}{2}\sqrt{(a^2+c^2)(b^2+d^2)-(ab+cd)^2}$$

$$= \frac{1}{2}\sqrt{a^2d^2 + b^2c^2 - 2abcd}$$

$$= \frac{1}{2}\sqrt{(ad-bc)^2}$$

$$= \frac{1}{2}|ad-bc|$$

따라서 $|ad-bc|$배입니다.

2.10 고윳값

정사각행렬 A에 대해 영벡터가 아닌 벡터 v와 스칼라값 λ가 다음 식을 만족하면 v를 A의 **고유벡터**(eigenvector)라고 하고, λ를 **고윳값**(eigenvalue)이라고 합니다.

식 3-5

$$A v = \lambda v$$

단, $v = 0$이면 λ가 어떤 값이든 식이 항상 성립하므로 이러한 예는 제외합니다.

이제 2차 정사각행렬의 예인 다음 행렬을 살펴보겠습니다.

$$A = \begin{bmatrix} 1 & 4 \\ 1 & 1 \end{bmatrix}$$

앞 행렬의 고윳값을 계산하면 다음과 같습니다.

$$A v = \lambda v = \lambda I v$$

그럼 다음 식이 성립합니다.

식 3-6

$$(A - \lambda I)v = 0$$

만약 $(A - \lambda I)$가 가역행렬이면 양쪽에 역행렬을 곱했을 때 $v = 0$이 됩니다. 따라서 $v \neq 0$이 되는 v가 존재하려면 $(A - \lambda I)$가 비가역행렬이어야 합니다. 이는 다음 행렬식으로 나타낼 수 있습니다.

$$\det(A - \lambda I) = \det \begin{bmatrix} 1-\lambda & 4 \\ 1 & 1-\lambda \end{bmatrix} = (1-\lambda)(1-\lambda) - 4 \times 1 = 0$$

앞 행렬식은 2차 방정식의 개념입니다. 방정식을 풀면 $\lambda = -1, 3$입니다.

이번에는 고유벡터를 찾아봅니다. 각 고윳값에는 대응하는 고유벡터가 있으므로 하나씩 찾겠습니다. $\lambda = -1$인 경우 앞에서 살펴본 식 3-6은 다음처럼 나타낼 수 있습니다.

$$\begin{bmatrix} 2 & 4 \\ 1 & 2 \end{bmatrix} v = 0$$

예를 들어 앞 식은 $v = (2, -1)^T$일 때 성립합니다. 여기서 '예를 들어'라고 말한 이유는 고유벡터에 0이 아닌 정수를 곱해도 고유벡터가 되기 때문입니다. 실제로 식 3-5 양변에 있는 v를 $kv(k \neq 0)$로 바꿔도 식이 성립합니다. 이처럼 고유벡터는 0 이외의 스칼라값을 곱해도 고유벡터의 조건을 만족하므로 벡터 하나를 선택해 대표로 삼는 경우가 많습니다.

마찬가지로 $\lambda = 3$인 경우 앞 식은 $v = (2, 1)^T$일 때 성립합니다. 이에 따른 고윳값과 고유벡터의 조합은 다음 두 가지입니다.

$$\left[-1, \begin{bmatrix} 2 \\ -1 \end{bmatrix} \right], \left[3, \begin{bmatrix} 2 \\ 1 \end{bmatrix} \right]$$

첫 번째 고유벡터는 $v_1 = (2, -1)^T$, 두 번째 고유벡터는 $v_2 = (2, 1)^T$입니다. 그럼 행렬 A를 이용한 1차변환은 v_1 방향으로 -1배, v_2 방향으로 3배를 곱해 확장한 것으로 생각할 수 있습니다. -1배 확장은 방향을 전환한다는 뜻입니다. 그림 3-16은 고유벡터의 1차변환을 나타낸 그림입니다.

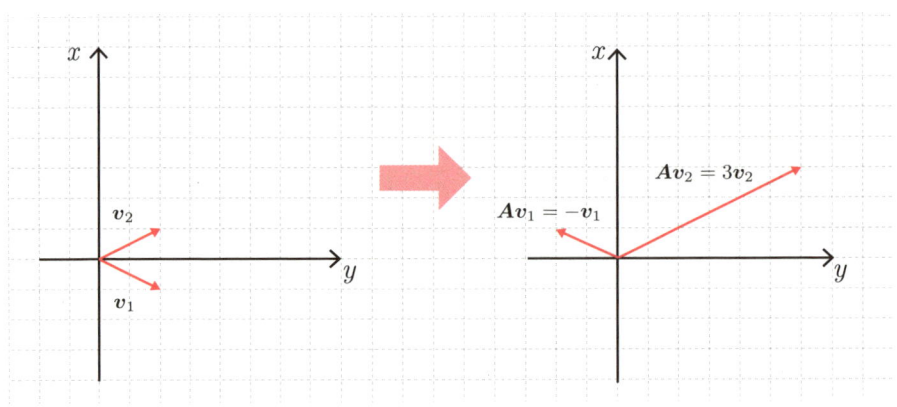

그림 3-16 고유벡터의 1차변환

지금까지 설명한 내용이 고윳값과 고유벡터의 기하학적인 의미입니다.

고유벡터를 응용하는 예로 지수 계산이 있습니다. 앞 고유벡터 v_1, v_2에 대응하는 고윳값을 각각 λ_1, λ_2라고 하겠습니다.

식 3-7

$$A\begin{bmatrix} v_1 & v_2 \end{bmatrix} = \begin{bmatrix} \lambda_1 v_1 & \lambda_2 v_2 \end{bmatrix} = \begin{bmatrix} v_1 & v_2 \end{bmatrix} \begin{bmatrix} \lambda_1 & \\ & \lambda_2 \end{bmatrix}$$

그럼 다음 식이 성립합니다.

$$[\boldsymbol{v}_1 \quad \boldsymbol{v}_2] = \boldsymbol{V}, \begin{bmatrix} \lambda_1 & \\ & \lambda_2 \end{bmatrix} = \boldsymbol{\Lambda}$$

식 3-7의 양변 오른쪽에 $\boldsymbol{V}^{-1}$을 곱하면 식 3-8과 같습니다.

식 3-8

$$\boldsymbol{A} = \boldsymbol{V}\boldsymbol{\Lambda}\boldsymbol{V}^{-1}$$

이제 다음을 계산할 수 있습니다.

$$\begin{aligned}
\boldsymbol{A}^n &= (\boldsymbol{V}\boldsymbol{\Lambda}\boldsymbol{V}^{-1})^n \\
&= \underbrace{(\boldsymbol{V}\boldsymbol{\Lambda}\boldsymbol{V}^{-1}) \cdot (\boldsymbol{V}\boldsymbol{\Lambda}\boldsymbol{V}^{-1}) \cdots (\boldsymbol{V}\boldsymbol{\Lambda}\boldsymbol{V}^{-1})}_{n \text{개}} \\
&= \boldsymbol{V}\boldsymbol{\Lambda}(\boldsymbol{V}^{-1}\boldsymbol{V})\boldsymbol{\Lambda}(\boldsymbol{V}^{-1}\boldsymbol{V})\boldsymbol{\Lambda}\boldsymbol{V}^{-1} \cdots \boldsymbol{V}\boldsymbol{\Lambda}\boldsymbol{V}^{-1} \\
&= \boldsymbol{V}\boldsymbol{\Lambda}^n \boldsymbol{V}^{-1}
\end{aligned}$$

여기서 $\boldsymbol{\Lambda}$는 대각행렬이므로 n제곱을 쉽게 계산할 수 있습니다.

$$\boldsymbol{\Lambda}^n = \begin{bmatrix} \lambda_1^n & \\ & \lambda_2^n \end{bmatrix}$$

그럼 구체적인 숫자를 넣어 계산해보겠습니다. $\boldsymbol{V}$와 $\boldsymbol{V}^{-1}$이 다음과 같습니다.

$$\boldsymbol{V} = \begin{bmatrix} 2 & 2 \\ -1 & 1 \end{bmatrix}, \quad \boldsymbol{V}^{-1} = \frac{1}{4}\begin{bmatrix} 1 & -2 \\ 1 & 2 \end{bmatrix}$$

이제 134쪽의 행렬 $\boldsymbol{A}$를 대상으로 다음처럼 계산합니다.

$$A^n = \begin{bmatrix} 2 & 2 \\ -1 & 1 \end{bmatrix} \begin{bmatrix} (-1)^n & \\ & 3^n \end{bmatrix} \cdot \frac{1}{4}\begin{bmatrix} 1 & -2 \\ 1 & 2 \end{bmatrix}$$

$$= \frac{1}{4}\begin{bmatrix} 2\times(-1)^n + 2\times 3^n & -4\times(-1)^n + 4\times 3^n \\ -(-1)^n + 3^n & 2\times(-1)^n + 2\times 3^n \end{bmatrix}$$

식 3-8처럼 정사각행렬 A에 대해 행렬 V와 대각행렬 Λ를 사용하여 $A = V\Lambda V^{-1}$라고 나타내는 것을 **대각화(diagonalization)**라고 합니다. 단, 정사각행렬 모두를 대각화할 수는 없으므로 주의해야 합니다.

이 책은 3차 이상 정사각행렬의 고윳값과 고유벡터를 계산하는 방법은 소개하지 않습니다. 하지만 정사각행렬 대부분은 고윳값과 고유벡터를 계산할 수 있습니다. 참고로 행렬의 고윳값은 실수가 아닌 복소수일 수도 있습니다. 특히 n차 정사각행렬에 n개의 서로 다른 고윳값이 있으면, 해당 행렬은 대각화할 수 있습니다.

▶▶▶ 예 제

1 다음 행렬의 고윳값과 고유벡터를 계산하세요.

$$A = \begin{bmatrix} 5 & -2 \\ 9 & -6 \end{bmatrix}$$

2 다음 행렬의 고윳값은 -2, 4, 5입니다. 각각의 고윳값에 대응하는 고유벡터를 계산하세요.

$$A = \begin{bmatrix} 4 & & 6 \\ & -3 & 4 \\ & -2 & 6 \end{bmatrix}$$

정 답

1 $\det(A - \lambda I) = 0$이므로

$(5 - \lambda)(-6 - \lambda) + 18 = 0$

$\lambda^2 + \lambda - 12 = 0$

$(\lambda + 4)(\lambda - 3) = 0$

$\therefore \lambda = -4, 3$

$$A - (-4)I = \begin{bmatrix} 9 & -2 \\ 9 & -2 \end{bmatrix}$$

따라서 고유벡터는 다음과 같습니다.

$$\begin{bmatrix} 2 \\ 9 \end{bmatrix}$$

또한

$$A - 3I = \begin{bmatrix} 2 & -2 \\ 9 & -9 \end{bmatrix}$$

따라서 고유벡터는 다음과 같습니다.

$$\begin{bmatrix} 1 \\ 1 \end{bmatrix}$$

지금까지의 계산 과정을 정리하면 고윳값과 고유벡터쌍은 다음과 같습니다.

$$\begin{bmatrix} -4, \begin{bmatrix} 2 \\ 9 \end{bmatrix} \end{bmatrix}, \begin{bmatrix} 3, \begin{bmatrix} 1 \\ 1 \end{bmatrix} \end{bmatrix}$$

2

$$A - (-2)I = \begin{bmatrix} 6 & & \\ & -1 & 4 \\ & -2 & 8 \end{bmatrix}$$

앞 결과에 대응하는 고유벡터는 $(1, -4, -1)^T$입니다.

$$A - 4I = \begin{bmatrix} & & 6 \\ & -7 & 4 \\ & -2 & 2 \end{bmatrix}$$

앞 결과에 대응하는 고유벡터는 $(1, 0, 0)^T$입니다.

$$A - 5I = \begin{bmatrix} -1 & & 6 \\ & -8 & 4 \\ & -2 & 1 \end{bmatrix}$$

앞 결과에 대응하는 고유벡터는 $(12, 1, 2)^T$입니다.

지금까지의 계산 결과를 정리하면 -2, 4, 5에 대응하는 고유벡터는 각각 다음과 같습니다.

$$\begin{bmatrix} 1 \\ -4 \\ -1 \end{bmatrix}, \begin{bmatrix} 1 \\ 0 \\ 0 \end{bmatrix}, \begin{bmatrix} 12 \\ 1 \\ 2 \end{bmatrix}$$

2.11 직교행렬

다음 식을 만족하는 정사각행렬 U를 **직교행렬**(orthogonal matrix)이라고 합니다.

$$U^T U = I$$

이때 U는 가역행렬입니다.

$$U^{-1} = U^T$$

그럼 역행렬의 성질에 따라 다음 식이 성립합니다.

$$U^T U = U U^T = I$$

이를 확인하기 위해 다음처럼 U를 열로 나누겠습니다.

$$U = [u_1 \, u_2 \, \cdots \, u_n]$$

그럼 앞 식을 다음처럼 전개할 수 있습니다.

$$U^T U = \begin{bmatrix} u_1^T \\ u_2^T \\ \vdots \\ u_n^T \end{bmatrix} [u_1 \quad u_2 \quad \cdots \quad u_n]$$

$$= \begin{bmatrix} u_1^T u_1 & u_1^T u_2 & \cdots & u_1^T u_n \\ u_2^T u_1 & u_2^T u_2 & \cdots & u_2^T u_n \\ \vdots & \vdots & \ddots & \vdots \\ u_n^T u_1 & u_n^T u_2 & \cdots & u_n^T u_n \end{bmatrix}$$

이제 직교행렬의 정의에 따라 다음 식을 얻습니다.

$$u_i^T u_j = \begin{cases} 1 & (i = j \text{일 때}) \\ 0 & (i \neq j \text{일 때}) \end{cases}$$

이는 직교행렬에서 중요한 벡터 $u_1, u_2, \cdots, u_n$의 정규직교라는 성질입니다. $u_i^T u_i = \|u\| = 1$이 정규라는 개념이고 $u_i^T u_j = 0 (i \neq j)$은 직교라는 개념입니다.

지금까지 U를 열로 나눈 예를 살펴봤으니 이번에는 행으로 나누는 예도 살펴보겠습니다.

$$U = \begin{bmatrix} u_1^{'T} \\ u_2^{'T} \\ \vdots \\ u_n^{'T} \end{bmatrix}$$

앞 식에 따라 다음 식이 성립합니다.

$$UU^T = I$$

또한 직교행렬의 정의에 따라 다음 식을 얻습니다.

$$u_i^{'T} u_j^{'} = \begin{cases} 1 & (i = j \text{일 때}) \\ 0 & (i \neq j \text{일 때}) \end{cases}$$

지금까지의 계산 과정을 정리하면 직교행렬을 각 열벡터로 구성된 벡터 집합이라고 생각해도 됩니다. 이때 각 행으로 구성된 벡터 집합도 모두 정규직교의 조건을 충족합니다.

또한 직교행렬의 중요한 성질에는 내적이 같다는 것이 있습니다. 즉, 두 벡터 u, v가 있을 때 u와 v의 내적과 Uu와 Uv의 내적은 같습니다. 다음 식을 보면 확인할 수 있습니다.

$$(Uu)^T(Uv) = u^T U^T U v = u^T(U^T U)v = u^T v$$

이번에는 기하학적 관점에서 평면 위 직교행렬의 1차변환을 살펴보겠습니다. 다음은 행렬의 크기가 2×2인 직교행렬 U입니다.

$$U = [u_1 \ u_2]$$

U를 이용한 1차변환에 따라 벡터 $(1, 0)^T$는 u_1에 투영되고 벡터 $(0, 1)^T$는 u_2에 투영됩니다. 직교행렬의 성질에 따라 $\|u_1\| = \|u_2\| = 1$이고, u_1과 u_2는 직교하므로 그림 3-17처럼 합동인 상태로 이동합니다. 즉, 1차변환했을 때 도형의 모양과 크기가 왜곡되지 않습니다.

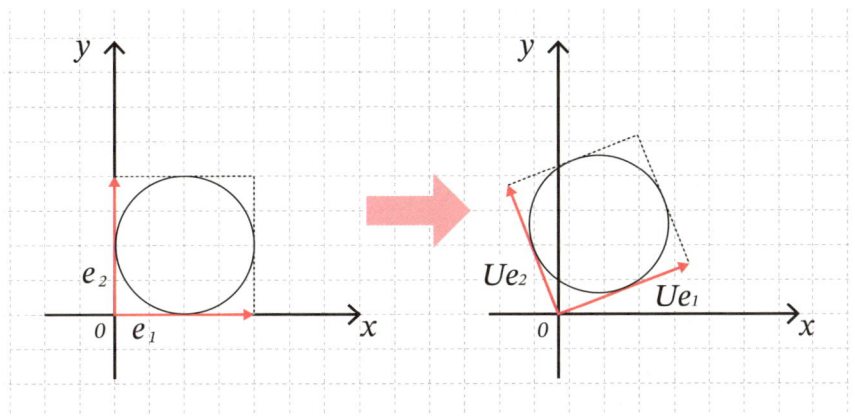

그림 3-17 직교행렬의 1차변환

그림 3-17을 보면 직교행렬이 내적이 변하지 않는다는 성질을 직관적으로 알 수 있습니다. U를 이용한 1차변환이 모양과 크기를 바꾸지 않으므로 임의의 벡터는 이 변환에 따라 크기가 변경되지 않습니다. 또한 임의의 두 벡터가 이루는 각도도 변하지 않습니다. 따라서 임의의 두 벡터 내적은 U로 인해 변하지 않습니다.

2.12 대칭행렬

다음과 같은 조건을 만족하는 정사각행렬 A를 **대칭행렬**(symmetric matrix)이라고 합니다.

$$A^T = A$$

대칭행렬은 고윳값 및 고유벡터와 관련해 특별한 성질이 있습니다.

- 보통 실제 정사각행렬의 고윳값은 실수가 아닐 수도 있지만, 대칭행렬의 고윳값은 반드시 실수입니다.
- 대칭행렬은 직교행렬을 사용하여 대각화할 수 있습니다. 즉, 대칭행렬 A에 대해 $U^{-1}AU = U^TAU$가 대각행렬이 되는 직교행렬 U가 존재합니다.

대칭행렬 중에서는 특히 **양의 준정부호(positive semidefinite)**[1]라는 성질에 주목해야 합니다. n차 대칭행렬 A가 양의 준정부호 성질을 갖는다면 어떤 벡터 $x \in \mathbb{R}^n$에 대해 다음 식이 성립합니다.

$$x^T A x \geq 0$$

A가 양의 준정부호이므로 A의 고윳값은 모두 0 이상입니다. A가 양의 준정부호일 때 직교행렬 U에 관해 다음 식이 성립합니다.

$$U^T A U = \Lambda = \text{diag}(\lambda_1, \lambda_2, \cdots, \lambda_n)$$

$$A = U \Lambda U^T$$

만약 $U^{-1} = U^T$라면 U^T은 가역행렬입니다. 따라서 $y = U^T x$일 때 x의 범위는 $\mathbb{R}^n$이고, y의 범위도 $\mathbb{R}^n$입니다.

$$\begin{aligned} x^T A x &= x^T (U \Lambda U^T) x \\ &= (U^T x)^T \Lambda (U^T x) \\ &= y^T \Lambda y \\ &= \lambda_1 y_1^2 + \lambda_2 y_2^2 + \cdots + \lambda_n y_n^2 \end{aligned}$$

그런데 앞 식에서 $y = (y_1, y_2, \cdots, y_n)^T$입니다. 그럼 모든 y가 0 이상이 되려면 $\lambda_1, \lambda_2, \cdots, \lambda_n$이 모두 0 이상이어야 합니다.

양의 준정부호 정의에서 $\geq$를 $>$로 대체한 것이 **양의 정부호(positive definite)**라는 성질입니다. 즉, A가 양의 정부호라면 영벡터가 아닌 $x \in \mathbb{R}^n$에 대해 다음 식이 성립합니다.

$$x^T A x > 0$$

양의 준정부호와 마찬가지로 행렬 A가 양의 정부호면 모든 고윳값이 양수입니다.

---

1 옮긴이: 모든 고윳값이 양수일 때를 뜻합니다.

일반 정사각행렬이 양의 준정부호인지 확인하는 방법은 이 책에서 다루지 않고, 다음과 같은 2×2 행렬만 살펴보겠습니다.

$$A = \begin{bmatrix} a & b \\ b & d \end{bmatrix}, \quad x = \begin{bmatrix} x \\ y \end{bmatrix}$$

A의 고윳값은 다음 방정식으로 계산할 수 있습니다.

$$\det(A - \lambda I) = 0$$
$$\therefore \lambda^2 - (a+d)\lambda + ad - b^2 = 0$$

여기에서 방정식의 해가 $\lambda = \lambda_1, \lambda_2$라면 다음 식이 성립합니다.

$$\lambda_1 + \lambda_2 = a + d, \quad \lambda_1 \lambda_2 = ad - b^2$$

이때 $\lambda_1 \geq 0, \lambda_2 \geq 0$이 되는 조건은 다음과 같습니다.

$$a + d \geq 0, \quad ad - b^2 \geq 0$$

앞 식이 A가 양의 준정부호가 될 조건입니다. 또한 A가 양의 정부호가 될 조건은 앞 식에서 부등호만 >로 바꾸면 됩니다. 즉, 양의 정부호가 될 조건은 다음 식과 같습니다.

$$a + d > 0, \quad ad - b^2 > 0$$

양의 준정부호 및 양의 정부호와 마찬가지로 음의 준정부호 및 음의 정부호라는 개념도 있습니다. n차 정사각행렬 A가 **음의 준정부호**(**negative semidefinite**)라면 임의의 벡터 $x \in \mathbb{R}^n (x \neq 0)$에 관해 다음 식이 성립합니다.

$$x^T A x \leq 0$$

또한 **음의 정부호**(negative definite)는 영벡터가 아닌 임의의 벡터 $x \in \mathbb{R}^n$에 관해 다음 식이 성립합니다.

$$x^T A x < 0$$

양의 준정부호와 마찬가지로 A가 음의 준정부호가 될 조건은 모든 고윳값이 0 이하일 때입니다. 그리고 음의 정부호가 될 조건은 모든 고윳값이 음수일 때입니다.

양의 준정부호와 같은 계산 방식으로 다음 행렬을 살펴봅니다.

$$\begin{bmatrix} a & b \\ b & d \end{bmatrix}$$

이때 음의 준정부호가 될 조건은 다음 식과 같습니다.

$$a + d \leq 0, \ ad \geq 0$$

마찬가지로 음의 정부호가 될 조건은 다음 식과 같습니다.

$$a + d < 0, \ ad > 0$$

3 : 미적분

보통 고등학교에서 미적분을 배울 때는 공식을 외워 문제를 푸는 상황이 많습니다. 하지만 이 책에서는 수학적 개념을 중심으로 설명할 것입니다.

3.1 극한

다음과 같은 무한수열을 살펴봅니다.

$$1, \ \frac{1}{2}, \ \frac{1}{3}, \ \cdots$$

이 수열의 n항인 a_n은 다음 식으로 나타냅니다.

$$a_n = \frac{1}{n}$$

이처럼 n번째 항을 나타낸 식을 수열의 일반항이라고 합니다.

무한수열은 n이 커질수록 0에 가까워집니다. 이를 다음과 같은 식으로 나타냅니다.

$$\lim_{n\to\infty} \frac{1}{n} = 0$$

다음처럼 나타낼 수도 있습니다.

$$n \to \infty \text{일 때 } \frac{1}{n} \to 0$$

$\lim_{n\to\infty}\frac{1}{n}$처럼 표기할 때는 lim 아래에 $n \to \infty$를 작성합니다. 여기서 $\frac{1}{n}$이 커질수록 가까워지는 0을 **극한** 또는 **극한값**이라고 하고 0에 수렴한다고 합니다.

모든 무한수열에 극한이 있는 것은 아닙니다. 예를 들어 일반항이 $a_n = n$인 다음과 같은 수열이 있다고 생각해봅시다.

$$1, 2, 3, \cdots$$

이 수열은 n이 무한히 커집니다. 이를 '수열이 **발산(divergence)**한다'라고 합니다. 수열의 발산은 양의 무한대 혹은 음의 무한대로 발산합니다. 예를 들어 일반항을 $a_n = -n^2$으로 나타내는 다음과 같은 수열은 음의 방향으로 발산합니다.

$$-1, -4, -9, \cdots$$

방금 설명한 양과 음의 무한대로의 발산은 다음 식으로 나타냅니다.

$$\lim_{n\to\infty} n = \infty, \quad \lim_{n\to\infty}(-n^2) = -\infty$$

여기서 ∞는 숫자가 아니라 발산을 나타내는 기호라는 점에 주의해야 합니다. ∞는 숫자가 아니므로 ∞에 대한 연산을 정의할 수 없습니다.

이번에는 일반항 $a_n = (-1)^n n$으로 나타내는 수열을 살펴봅니다.

$$-1, 2, -3, 4, \cdots$$

이 수열은 극한에 수렴하지 않으며, n이 커질수록 무한히 커지지도 않고, 무한히 작아지지도 않습니다. 이 수열의 홀수항만 살펴보면

$$-1, -3, -5, \cdots$$

이므로 n이 커질수록 무한히 작아집니다. 반대로 짝수항만 살펴보면

$$2, 4, 6, \ldots$$

이므로 n이 커질수록 무한히 커집니다.

이렇게 발산도 수렴도 하지 않는 수열의 상태를 **진동(oscillation)**이라고 합니다. 즉, 일반항 $a_n = (-1)^n n$으로 나타내는 수열은 진동합니다.

함수의 극한도 수열의 극한과 개념이 비슷합니다. 예를 들어 $f(x) = \dfrac{1}{x}$이라는 함수는 x가 한없이 커지면 0에 가까워집니다. 이는 그림 3-18의 그래프를 보면 바로 알 수 있습니다.

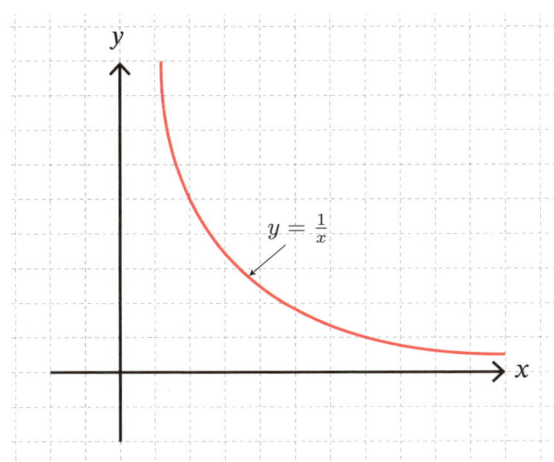

그림 3-18 $y = \dfrac{1}{x}$ 의 그래프

이를 나타내는 식은 다음과 같습니다.

$$\lim_{x \to \infty} \frac{1}{x} = 0$$

함수 $f(x) = x$는 수열과 마찬가지로 x가 커질수록 함숫값이 무한대로 커집니다. 또한 함수 $f(x) = -x^2$는 x가 커질수록 함숫값이 무한대로 작아집니다. 이러한 함수는 발산한다고 하며 다음 식으로 나타냅니다.

$$\lim_{x \to \infty} x = \infty$$

$$\lim_{x \to \infty} -x^2 = -\infty$$

다음으로 함수 $f(x) = x\sin x$를 살펴봅니다. 그림 3-19처럼 x가 커질수록 위아래로 흔들리는 폭이 커집니다. 무한히 큰 x에 대해서는 큰 값과 작은 값을 모두 얻습니다. 이처럼 한쪽으로 발산하지도 수렴하지도 않는 함수는 진동한다고 합니다.

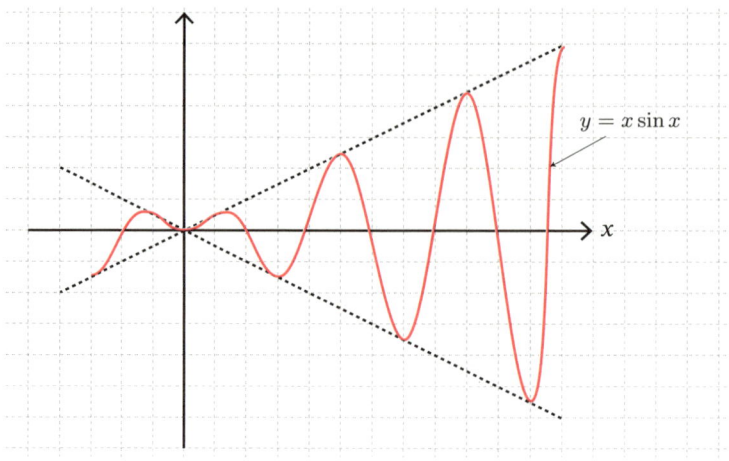

그림 3-19 $y = x\sin x$ 그래프

지금까지 $x \to \infty$일 때의 극한을 살펴봤습니다. 이번에는 특정 상수에 접근할 때의 극한을 알아보겠습니다. 예를 들어 함수 $f(x) = x^2$에서 x가 1이면 $f(1) = 1^2 = 1$이므로 다음 식으로 나타낼 수 있습니다.

$$\lim_{x \to 1} x^2 = 1$$

앞 식은 $x = 1$에서 성립하는 함수이므로 극한을 간단하게 계산할 수 있습니다.

다음으로 함수 $f(x) = \dfrac{x^2(x-1)}{x-1}$을 살펴봅니다. 이는 $x = 1$에서 성립하지 않지만 $x = 1.01$, $x = 1.001$처럼 1보다 조금이라도 숫자가 크면 성립하며, x가 1에 가까울수록 $f(x)$값이 1에 가까워집니다.

또한 $x = 0.99$, $x = 0.999$처럼 1보다 조금이라도 작은 수라면 x가 1에 가까울수록 $f(x)$값도 1에 가까워집니다. 이 함수를 그래프로 나타내면 그림 3-20과 같습니다.

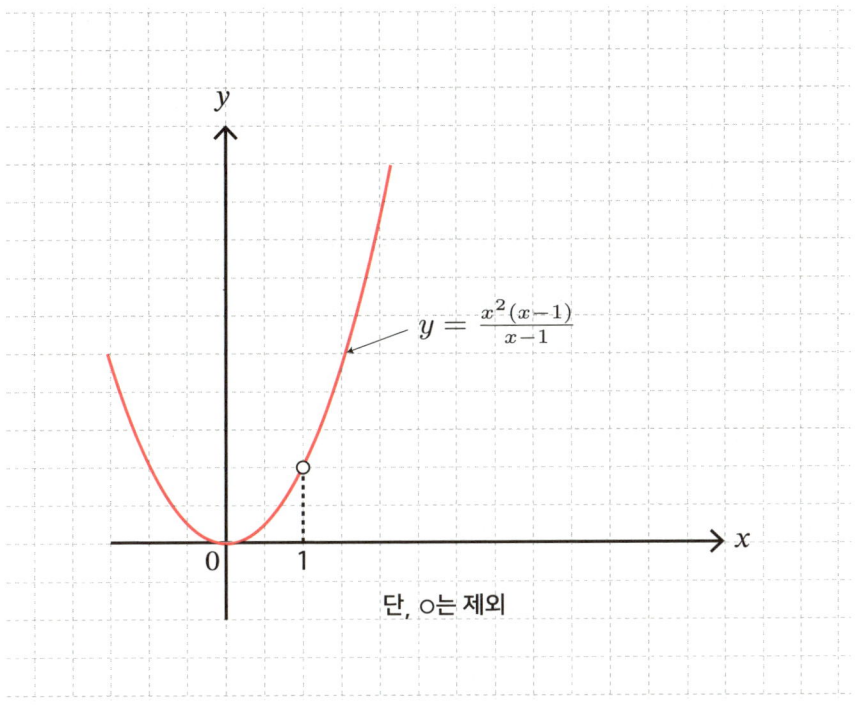

그림 3-20 $y = \dfrac{x^2(x-1)}{x-1}$ 의 그래프

그래프를 보면 x가 1보다 크든 작든 1에 가까울수록 $f(x)$값은 1에 가까워집니다. 이를 식으로 나타내면 다음과 같습니다.

$$\lim_{x \to 1} \frac{x^2(x-1)}{x-1} = 1$$

앞 식은 $x = 1$에서 성립하지 않지만 $x \neq 1$일 때는 분자와 분모의 $(x-1)$을 약분할 수 있으므로 x^2와 같습니다. 즉, x^2에서 $x = 1$일 때의 극한값은 $\dfrac{x^2(x-1)}{x-1}$의 극한값과 같습니다. 이처럼 분자와 분모를 공통 인수로 나눠 극한값을 계산할 수 있습니다.

다음으로 극한이 갖는 특성을 설명합니다. $\lim_{x \to a} f(x) = \alpha$, $\lim_{x \to a} g(x) = \beta$ 일 때(둘 다 수렴할 때) 다음 식이 성립합니다.

식 3-9

$$\lim_{x \to a}(f(x) + g(x)) = \alpha + \beta$$

$$\lim_{x \to a}(f(x)g(x)) = \alpha\beta$$

$$\lim_{x \to a}\left(\frac{f(x)}{g(x)}\right) = \frac{\alpha}{\beta} \quad \text{단, } \beta \neq 0$$

또한 다음의 성질을 나타낼 수 있습니다.

$$\lim_{x \to a}(f(x) - g(x)) = \alpha - \beta$$

$$\lim_{x \to a} kf(x) = k\alpha$$

$$\lim_{x \to a}(kf(x) + lg(x)) = k\alpha + l\beta$$

그럼 극한을 계산하는 예를 살펴보겠습니다.

$$\lim_{x \to \infty}\frac{3x^2 + 2x + 1}{x^2 + 2x + 3} = \lim_{x \to \infty}\frac{3 + 2\frac{1}{x} + \frac{1}{x^2}}{1 + 2\frac{1}{x} + 3\frac{1}{x^2}}$$

$$= \frac{3 + 2\lim_{x \to \infty}\frac{1}{x} + \lim_{x \to \infty}\frac{1}{x^2}}{1 + 2\lim_{x \to \infty}\frac{1}{x} + 3\lim_{x \to \infty}\frac{1}{x^2}}$$

$$= \frac{3 + 2 \cdot 0 + 0}{1 + 2 \cdot 0 + 3 \cdot 0}$$

$$= 3$$

극한을 계산할 때는 식 3-9와 $\lim_{x \to \infty} \frac{1}{x} = 0$이라는 점을 잘 이용해야 합니다.

다음 함수도 살펴봅시다.

$$f(x) = \frac{x(x-1)}{|x-1|}$$

앞 함수는 $x = 1$에서는 성립하지 않으므로 절댓값의 정의에 맞게 $x > 1$과 $x < 1$이라는 범위로 나누어 다음과 같은 식으로 나타냅니다.

$$f(x) = \begin{cases} \dfrac{x(x-1)}{x-1} & (x > 1) \\ \dfrac{x(x-1)}{-(x-1)} & (x < 1) \end{cases}$$

$$= \begin{cases} x & (x > 1) \\ -x & (x < 1) \end{cases}$$

따라서 앞 함수는 x가 수직선 오른쪽에서 1에 접근할 때와 수직선 왼쪽에서 1에 접근할 때의 극한값이 다릅니다. x가 오른쪽에서 a에 접근할 때는 $x \to a + 0$으로 나타내며 왼쪽에서 a에 접근할 때는 $x \to a - 0$으로 나타냅니다. 특히 $a = 0$이면 각각 $x \to +0, x \to -0$이라고 합니다. 앞 $f(x)$의 예라면 다음 식과 같습니다.

$$\lim_{x \to 1+0} \frac{x(x-1)}{|x-1|} = \lim_{x \to 1+0} \frac{x(x-1)}{x-1}$$

$$= \lim_{x \to 1+0} x = 1$$

$$\lim_{x \to 1-0} \frac{x(x-1)}{|x-1|} = \lim_{x \to 1-0} \frac{x(x-1)}{-(x-1)}$$

$$= \lim_{x \to 1-0} -x = -1$$

이처럼 오른쪽에서 접근할 때와 왼쪽에서 접근할 때의 극한값이 다릅니다. 그림 3-21의 $y = f(x)$ 그래프를 살펴봅니다.

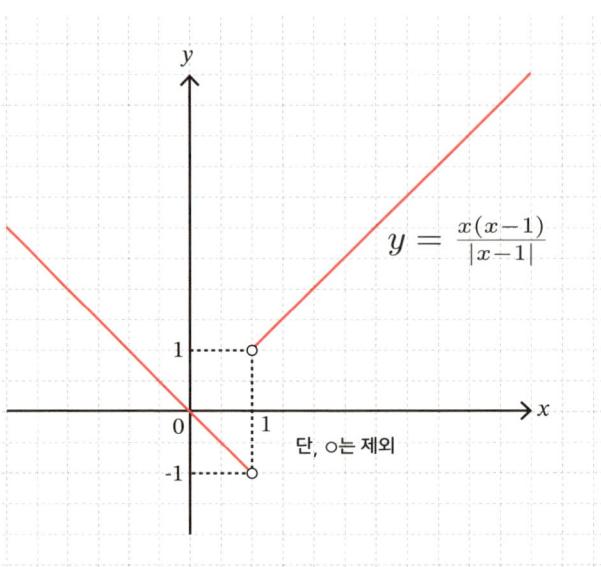

그림 3-21 $y = f(x)$ 그래프

보통 $x \to a + 0$일 때 극한을 오른쪽극한, $x \to a - 0$일 때의 극한을 왼쪽극한이라고 합니다. $x \to a$에서 오른쪽극한과 왼쪽극한이 일치하면 $x = a$의 극한이라고 합니다.

이번에는 연속함수의 정의를 살펴봅니다. 함수 $y = f(x)$가 $x = a$에서 **연속**하다는 것은 다음 식처럼 정의합니다.

$$\lim_{x \to a} f(x) = f(a)$$

이는 $f(x)$가 $x = a$일 때 성립하고, x가 오른쪽이나 왼쪽에서 a에 접근할 때 극한이 $f(a)$라는 뜻입니다. 단, a가 $f(x)$의 끝점일 때, 예를 들어 $f(x)$의 정의역이 닫힌 구간 $[p, q]$이고 $a = p$일 때 a가 연속이려면 다음 식이 성립해야 합니다.

$$\lim_{x \to a+0} f(x) = f(a)$$

이때는 a가 정의역의 범위 중 가장 작은 수이므로 왼쪽에서 a에 접근할 수 없습니다.

마찬가지로 $f(x)$의 정의역이 $[p, q]$이고 $a = q$일 때 $x = a$가 연속이려면 다음 식이 성립해야 합니다.

$$\lim_{x \to a-0} f(x) = f(a)$$

이제 각 점의 연속성을 정의했으므로 함수 전체의 연속성을 정의하겠습니다.

함수 $f(x)$가 연속이라는 것은 정의역의 모든 점에서 연속임을 뜻합니다. 모든 다항 함수는 연속입니다. 지수함수 $y = a^x$과 로그함수 $y = \log_a x$도 연속입니다. 단, 로그함수의 정의역은 $x > 0$입니다.

함수의 연속성이란 일반적으로 말하는 '연속'의 개념과 다르므로 주의해야 합니다. 앞에서 설명한 오른쪽극한과 왼쪽극한의 예인 $y = \dfrac{x(x-1)}{|x-1|}$은 연속함수입니다. 이 함수의 정의역은 $x \neq 1$이고, 함수의 연속성을 정의할 때 $x = 1$의 연속성은 고려하지 않아도 됩니다. 즉, $a \neq 1$이면 $\lim_{x \to a} \dfrac{x(x-1)}{|x-1|} = \dfrac{a(a-1)}{|a-1|}$이 성립합니다.

한편 다음 함수는 연속이 아닙니다.

$$f(x) = \begin{cases} \dfrac{x(x-1)}{|x-1|} & (x \neq 1) \\ 0 & (x = 1) \end{cases}$$

$f(1) = 0$이면서 $\lim_{x \to 1} f(x)$가 성립하지 않기 때문(오른쪽극한과 왼쪽극한의 값이 다름)입니다.

예 제

1 다음을 계산하세요. 수렴하지 않을 때는 발산 또는 진동임을 확인하세요.

ⓐ $\lim\limits_{x \to \infty} \dfrac{3x^3 + x}{x^3 + 2x^2}$

ⓑ $\lim\limits_{x \to \infty} \dfrac{x^2 + x}{x^3 + 2x^2}$

ⓒ $\lim\limits_{x \to \infty} \dfrac{2x^2 + x}{x + 3}$

정 답

1

ⓐ $\lim\limits_{x \to \infty} \dfrac{3x^3 + x}{x^3 + 2x^2} = \lim\limits_{x \to \infty} \dfrac{3 + \dfrac{1}{x^2}}{1 + 2\dfrac{1}{x}}$

$\qquad\qquad\qquad = 3$

ⓑ $\lim\limits_{x \to \infty} \dfrac{x^2 + x}{x^3 + 2x^2} = \lim\limits_{x \to \infty} \dfrac{\dfrac{1}{x} + \dfrac{1}{x^2}}{1 + 2\dfrac{1}{x}}$

$\qquad\qquad\qquad = 0$

ⓒ $\lim\limits_{x \to \infty} \dfrac{2x^2 + x}{x + 3} = \lim\limits_{x \to \infty} \dfrac{2x + 1}{1 + 3\dfrac{1}{x}}$

$\qquad\qquad\qquad = \infty$

즉, 발산입니다.

3.2 지수함수

a의 거듭제곱 a^n(a의 n제곱)은 n이 자연수(1 이상의 정수)라면 다음 식처럼 a를 n번 곱한 수입니다.

$$a^n = \underbrace{a \times a \times \cdots \times a}_{n\text{개}}$$

앞 식은 다음 지수법칙을 만족합니다.

식 3-10

$$a^m \times a^n = a^{m+n}$$

식 3-11

$$(a^m)^n = a^{mn}$$
$$(ab)^n = a^n b^n$$

m과 n이 자연수일 때뿐만 아니라 실수 x에 대해서도 지수법칙을 만족하는 a^x를 정의할 수 있습니다. 이와 같은 a^x을 **거듭제곱**이라고 합니다.

식 3-10에 따라 다음 식이 성립합니다.

$$a^n \times a^0 = a^{n+0} = a^n$$

이때 $a^0 = 1$입니다. 또한 자연수 n에 대해 다음 식이 성립합니다.

$$a^n \times a^{-n} = a^{n+(-n)} = a^0 = 1$$

그리고 다음 식도 성립합니다.

$$a^{-n} = \frac{1}{a^n}$$

여기까지 (반드시 성립하는 것은 아니지만) 정수 n에 대한 a^n을 정의했습니다.

다음은 제곱근을 살펴봅니다. 실수 $a(a \geq 0)$와 자연수 q에 대해서 q제곱하여 a가 되는 숫자 중 양의 실수를 다음 식처럼 나타냅니다.

$$\sqrt[q]{a}$$

특히 $q = 2$일 때는 다음 식처럼 q를 생략합니다.

$$\sqrt{4} = 2, \quad \sqrt[3]{8} = 2, \quad \sqrt[4]{81} = 3$$

물론 제곱근이 정수가 되지 않는 경우가 있습니다. 예를 들어 $\sqrt[3]{3}$ 의 계산 결과는 다음과 같은 무리수입니다.

$$\sqrt[3]{3} = 1.44224\cdots$$

정수를 실수까지 확장하여 실수 x에 대한 a^x을 계산해보겠습니다. 예를 들어 다음 식과 같은 계산을 살펴봅니다.

$$4^{\frac{1}{2}}, \quad 27^{\frac{1}{3}}, \quad 27^{\frac{2}{3}}$$

식 3-11을 만족하면 다음처럼 계산할 수 있습니다.

$$(4^{\frac{1}{2}})^2 = 4^{\frac{1}{2} \times 2} = 4^1 = 4$$

즉, $4^{\frac{1}{2}}$은 제곱했을 때 4가 되는 숫자이므로 $4^{\frac{1}{2}} = 2$ 입니다. 제곱했을 때 4가 되는 숫자는 -2도 있지만 지수 계산에서는 양수만을 고려합니다.

세제곱도 살펴보겠습니다.

$$(27^{\frac{1}{3}})^3 = 27^{\frac{1}{3} \times 3} = 27$$

$27^{\frac{1}{3}}$은 세제곱하면 27이 되는 숫자이므로 $27^{\frac{1}{3}} = 3$ 입니다.

이렇게 유리수에 대한 지수의 계산을 정의했습니다. 보통 정수 p와 자연수 q에 대해 $a^{\frac{p}{q}}$는 다음 식처럼 정의합니다.

$$a^{\frac{p}{q}} = (\sqrt[q]{a})^p$$

마지막으로 유리수가 아닌 실수, 즉 무리수의 지수 계산도 살펴보겠습니다.

$$2^{\sqrt{2}}$$

앞 무리수의 지수 계산은 $\sqrt{2}$에 가까워지는 수열을 생각해봅니다.

$$1, 1.4, 1.41, 1.414, 1.4142, \cdots$$

그럼 $2^{\sqrt{2}}$을 다음 식으로 나타낼 수 있습니다.

$$2^1, 2^{1.4}, 2^{1.41}, 2^{1.414}, 2^{1.4142}, \cdots$$

따라서 극한값은 $2^{\sqrt{2}}$로 정의합니다.

앞의 내용에 따라 실수 x에 대한 a^x을 정의할 수 있습니다. 함수 $f(x) = a^x$은 a를 밑으로 하는 **지수함수**입니다. 이때 $a > 0$이어야 한다는 점에 주의해야 합니다. 예를 들어 $(-2)^{\frac{1}{2}}$은 제곱하면 -2가 되는 숫자로 실수 범위에서는 정의할 수 없습니다.

지금까지 지수법칙을 만족하는 거듭제곱의 개념을 살펴봤으므로 임의의 x, y와 $a(a > 0)$에 대해 다음 식이 성립합니다.

$$a^x \times a^y = a^{x+y}$$
$$(a^x)^y = a^{xy}$$
$$(ab)^x = a^x b^x$$

지수함수 중에서 다음 식에 정의한 e는 매우 중요한 의미가 있습니다.

식 3-12

$$e = \lim_{n \to \infty}\left(1 + \frac{1}{n}\right)^n$$

e는 **자연로그의 밑** 또는 **네이피어 수**라고 하며 다음과 같은 무리수를 뜻합니다.

$$e = 2.71828182845\cdots$$

이 e를 이용한 $f(x) = e^x$라는 지수함수가 왜 중요한지는 미분을 다룰 때 설명하겠습니다.

e^x는 다음 식으로 나타내기도 합니다.

$$\exp x$$

특히 x 부분의 식이 복잡할 때 exp를 사용해 표기하면 편리합니다.

예 제

1 다음을 계산하세요.

ⓐ $9^{\frac{1}{2}}$ ⓑ $8^{-\frac{2}{3}}$ ⓒ $25^{\sqrt{3}-\frac{1}{2}} \times 5^{-1-2\sqrt{3}}$

2 다음 5개 숫자를 오름차순으로 정렬하세요.

$$\sqrt[3]{4},\ \sqrt{2},\ \sqrt{\sqrt{8}},\ 2,\ 2^{\frac{3}{5}}$$

정 답

1

ⓐ $9^{\frac{1}{2}} = \sqrt{9} = 3$

ⓑ $8^{-\frac{2}{3}} = \dfrac{1}{8^{\frac{2}{3}}} = \dfrac{1}{(8^{\frac{1}{3}})^2} = \dfrac{1}{2^2} = \dfrac{1}{4}$

ⓒ $25^{\sqrt{3}-\frac{1}{2}} \times 5^{-1-2\sqrt{3}} = (5^2)^{\sqrt{3}-\frac{1}{2}} \times 5^{-1-2\sqrt{3}}$

$\qquad\qquad\qquad\qquad = 5^{2(\sqrt{3}-\frac{1}{2})} \times 5^{-1-2\sqrt{3}}$

$\qquad\qquad\qquad\qquad = 5^{2(\sqrt{3}-\frac{1}{2})-1-2\sqrt{3}}$

$\qquad\qquad\qquad\qquad = 5^{-2}$

$\qquad\qquad\qquad\qquad = \dfrac{1}{25}$

2 $\sqrt[3]{4} = (2^2)^{\frac{1}{3}} = 2^{\frac{2}{3}}$,

$\sqrt{2} = 2^{\frac{1}{2}}$,

$\sqrt{\sqrt{8}} = \sqrt{\sqrt{2^3}} = \{(2^3)^{\frac{1}{2}}\}^{\frac{1}{2}} = 2^{\frac{3}{4}}$,

$2 = 2^1$

따라서

$\dfrac{1}{2} < \dfrac{3}{5} < \dfrac{2}{3} < \dfrac{3}{4} < 1$ 이므로

작은 순서대로 나열하면 다음과 같습니다.

$\sqrt{2}$, $2^{\frac{3}{5}}$, $\sqrt[3]{4}$, $\sqrt{\sqrt{8}}$, 2

3.3 로그함수

$a > 0$, $a \neq 1$, $b > 0$이고 $a^x = b$일 때 x를 다음 식으로 정의합니다.

$$x = \log_a b$$

즉, $x = \log_a b$는 a를 x제곱했을 때 b가 되는 숫자입니다. 또한 $\log_a b$는 a를 밑으로 삼는 b의 **로그**라고 합니다. $a > 0$, $b > 0$이라는 조건은 지수함수의 밑과 결괏값이 양수인 상황만 다루기 위한 것입니다. $a \neq 1$이라는 조건은 1의 제곱은 항상 1이므로 예외를 두는 조건입니다.

로그함수의 정의에 따르면 다음 식이 반드시 성립합니다.

$$\log_a a^p = p$$

$\log_a a^p = p$는 'a를 p제곱했을 때 a^p가 된다'라는 뜻입니다. 또한 $a^1 = a$, $a^0 = 1$, $a^{-1} = \dfrac{1}{a}$임을 고려하면 다음 식이 성립합니다.

$$\log_a a = 1, \; \log_a 1 = 0, \; \log_a \frac{1}{a} = -1$$

그리고 로그함수는 다음 식이 성립합니다.

식 3-13

$$\log_a pq = \log_a p + \log_a q$$

식 3-14

$$\log_a \frac{p}{q} = \log_a p - \log_a q$$

식 3-15

$$\log_a p^k = k \log_a p$$

이 세 가지 식을 증명하겠습니다.

식 3-13의 증명

$x = \log_a p$, $y = \log_a q$라면 로그의 정의에 따라 $a^x = p$, $a^y = q$입니다. 지수법칙에 따라 $pq = a^x \times a^y = a^{x+y}$이므로 로그의 정의에 따라 $\log_a pq = x + y$입니다. 즉, $\log_a pq = \log_a p + \log_a q$입니다.

식 3-14의 증명

$x = \log_a p$, $y = \log_a q$라면 $\frac{p}{q} = \frac{a^x}{a^y} = a^{x-y}$ 입니다. 로그의 정의에 따라 $\log_a \frac{p}{q} = x - y$ 입니다. 즉, $\log_a \frac{p}{q} = \log_a p - \log_a q$ 입니다.

식 3-15의 증명

$x = \log_a p$라면 로그의 정의에 따라 $a^x = p$입니다. 양변에 k제곱하면 $a^{kx} = p^k$입니다. 이는 다시 로그의 정의에 따라 $\log_a p^k = kx$입니다. 즉, $\log_a p^k = k\log_a p$입니다.

로그를 사용하다 보면 로그의 밑을 바꿔서 계산하고 싶을 때가 있을 것입니다. $\log_a p$가 있고, $b > 0$일 때 다음 식이 성립합니다.

$$\log_a p = \frac{\log_b p}{\log_b a}$$

앞 식은 다음처럼 증명할 수 있습니다.

$\log_a p = x$라면 로그의 정의에 따라 $a^x = p$입니다. 양변에 $\log_b$를 씌우면 식 3-15에 따라 $x\log_b a = \log_b p$입니다. 즉, $x = \frac{\log_b p}{\log_b a}$ 입니다. 따라서 $\log_a p = \frac{\log_b p}{\log_b a}$ 입니다.

자연로그라고 하는 e는 특별한 의미가 있습니다(미분에서 자세히 설명합니다). 로그의 밑을 e로 두는 $\log_e p$는 다음처럼 나타냅니다.

$$\ln p$$

이를 p의 **자연로그**라고 합니다. 지수함수에서 자연로그의 밑을 먼저 정의했는데, 사실 e의 개념은 로그에서 유래한 것입니다.

또한 자연로그를 log p로 나타낼 때도 있으므로 쓰임에 따라 주의해서 의미를 구분하기 바랍니다.

>>> 예 제

1 다음을 계산하세요.

ⓐ $\log_2 8$

ⓑ $\dfrac{\log_2 81}{\log_2 3}$

ⓒ $\log \dfrac{1}{e^2}$

>>> 정 답

1

ⓐ $\log_2 8 = 3$

ⓑ $\dfrac{\log_2 81}{\log_2 3} = \log_3 81 = 4$

ⓒ $\log \dfrac{1}{e^2} = \log e^{-2} = -2$

3.4 미분

함수 $y = f(x)$에서 $x = a$부터 $x = b$까지 변하는 값에 주목해보겠습니다. x값의 변화에 따른 $f(x)$값의 비율은 다음 식으로 나타냅니다.

$$\frac{f(b) - f(a)}{b - a}$$

앞 식은 x가 a에서 b로 변할 때의 **평균변화율**이라고 합니다. 즉, 점 $(a, f(a))$와 점 $(b, f(b))$가 이루는 직선의 기울기입니다(그림 3-22 왼쪽).

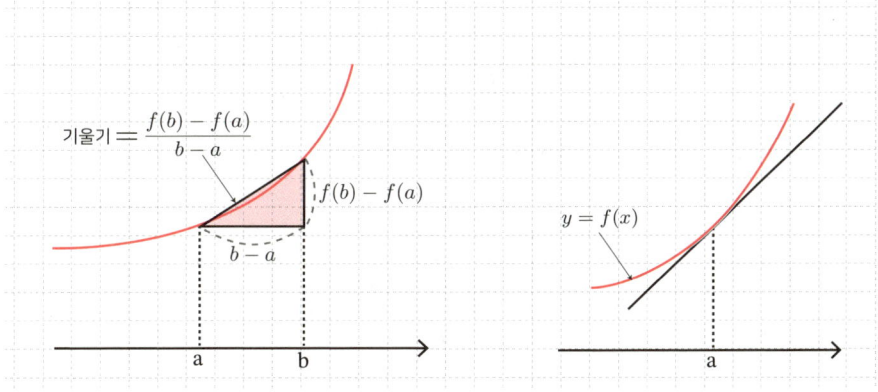

그림 3-22 평균변화율과 접선

b가 a에 접근하면 점 $(a, f(a))$와 점 $(b, f(a))$를 지나는 직선은 그림 3-22 오른쪽처럼 점 $(a, f(a))$ 근처에서 $y = f(x)$와 일치하는 직선이 됩니다. 즉, b가 a에 접근하는 극한이 성립할 때 이 직선은 $x = a$일 때 $y = f(x)$에 대한 **접선**입니다. 이때 평균변화율의 극한은 접선의 기울기입니다. 접선의 기울기가 $x = a$일 때 $f(x)$에 대한 **미분계수**라고 하며 다음 식처럼 $f'(a)$로 나타냅니다.

$$f'(a) = \lim_{b \to a} \frac{f(b) - f(a)}{b - a}$$

여기서 $b - a = h$라면 $b \to a$일 때 $h \to 0$이므로 $f'(a)$를 다음 식처럼 정의할 수 있습니다.

$$f'(a) = \lim_{h \to 0} \frac{f(a+h) - f(a)}{h}$$

h를 사용한 식이 b로 나타낸 식보다 간단하므로 미분계수의 일반적인 정의로 사용합니다.

b가 a에 접근하는 극한이 성립할 때 함수 $f(x)$는 $x = a$에서 미분 가능하다고 합니다. 예를 들어 다음 함수는 $x = 0$에서 미분할 수 없습니다.

$$f(x) = |x|$$

다음을 보면 이 함수는 0을 기준으로 오른쪽과 왼쪽의 극한값이 다릅니다.

$$\lim_{h \to +0} \frac{|x+h| - |x|}{h} = 1$$

$$\lim_{h \to -0} \frac{|x+h| - |x|}{h} = -1$$

지금까지는 a값이 변하지 않는 상황을 가정하고 설명했습니다. 하지만 a값이 변하면 $f'(a)$는 $y = f(x)$의 각 점에 대응하는 접선의 기울기를 나타내는 함수가 됩니다. 이를 x에 대응하는 함수로 바꿨을 때 $f'(x)$는 $f(x)$의 **도함수**라고 합니다. 도함수를 나타내는 식은 다음처럼 여러 가지가 있습니다.

$$f'(x),\ \frac{df}{dx}(x),\ \frac{d}{dx}f(x),\ \frac{dy}{dx}$$

도함수를 나타낼 때는 이 중에 주로 $\frac{d}{dx}$를 함수 $f(x)$ 왼쪽에 위치시킨 $\frac{d}{dx}f(x)$라는 식을 사용합니다. **미분**은 곧 도함수를 계산하는 것이기도 합니다.

특히 상수함수 $f(x) = k$의 도함수는 0입니다. $f(x + h) = f(x) = k$이므로 다음 식이 성립합니다.

$$\frac{d}{dx}k = \lim_{h \to 0} \frac{k-k}{h} = 0$$

또한 x에 대한 함수 $f(x)$와 $g(x)$가 있고 k가 상수일 때, 도함수는 다음과 같은 성질이 있습니다.

식 3-16

$$\frac{d}{dx}(f(x) + g(x)) = \frac{d}{dx}f(x) + \frac{d}{dx}g(x)$$

$$\frac{d}{dx}(kf(x)) = k\frac{d}{dx}f(x)$$

식 3-16은 극한의 성질을 이용해 쉽게 증명할 수 있습니다.

3.5 다항식의 미분

다항식의 미분을 계산하겠습니다. 다항식의 미분을 이해하려면 먼저 **이항정리(binomial theorem)**를 알아야 합니다. 이항정리는 다음과 같은 식으로 나타냅니다.

$$(a+b)^n = {}_nC_0 a^n + {}_nC_1 a^{n-1}b + {}_nC_2 a^{n-2}b^2 + \cdots + {}_nC_n b^n$$

앞 식을 정리하면 다음과 같이 나타낼 수 있습니다.

$$_nC_k = \frac{n!}{k!(n-k)!}$$

특히 ${}_nC_0 = 1, {}_nC_1 = n$입니다.

이제 이항정리를 기반으로 다항식의 미분을 살펴봅니다. 일반 다항식의 미분은 식 3-16에서 살펴본 도함수의 성질을 이용하고 나머지는 상수의 곱셈과 덧셈으로 x^n의 미분을 계산할 수 있습니다. x^n의 미분 과정은 다음과 같습니다.

$$\begin{aligned}\frac{d}{dx}x^n &= \lim_{h\to 0}\frac{(x+h)^n - x^n}{h} \\ &= \lim_{h\to 0}\frac{x^n + nhx^{n-1} + {}_nC_2 h^2 x^{n-2} + \cdots + {}_nC_n h^n - x^n}{h} \\ &= \lim_{h\to 0}\frac{nhx^{n-1} + {}_nC_2 h^2 x^{n-2} + \cdots + {}_nC_n h^n}{h} \\ &= \lim_{h\to 0}(nx^{n-1} + {}_nC_2 hx^{n-2} + \cdots + {}_nC_n h^{n-1}) \\ &= nx^{n-1}\end{aligned}$$

따라서 도함수는 다음과 같습니다.

$$\frac{d}{dx}x^n = nx^{n-1}$$

이 식은 자주 사용하므로 공식으로 기억해두면 좋습니다.

앞 식을 응용해 $x^4 - 2x^2 + 3$이라는 식의 도함수를 계산하면 다음과 같습니다.

$$\begin{aligned}\frac{d}{dx}(x^4 - 2x^2 + 3) &= \frac{d}{dx}(x^4) + \frac{d}{dx}(-2x^2) + \frac{d}{dx}(3) \\ &= \frac{d}{dx}(x^4) - 2\frac{d}{dx}(x^2) + \frac{d}{dx}(3) \\ &= 4x^3 - 2\times 2x + 0 \\ &= 4x^3 - 4x\end{aligned}$$

> **예 제**

1 다음 함수의 도함수를 계산하세요.

   ⓐ $f(x) = x^3$

   ⓑ $f(x) = x^5 + 3x^2 - 2x + 2$

> **정 답**

1

   ⓐ $f'(x) = 3x^2$

   ⓑ $f'(x) = (x^5)' + 3(x^2)' - 2(x)' + (2)'$

           $= 5x^4 + 3 \times 2x - 2 \times 1 + 0$

           $= 5x^4 + 6x - 2$

3.6 곱과 몫의 미분과 고계도함수

어떤 함수의 곱을 미분할 때는 다음 식이 성립합니다.

$$\frac{d}{dx}(f(x)g(x)) = f'(x)g(x) + f(x)g'(x)$$

이 식은 다음과 같은 과정으로 증명합니다.

$$\frac{d}{dx}(f(x)g(x)) = \lim_{h \to 0} \frac{f(x+h)g(x+h) - f(x)g(x)}{h}$$

$$= \lim_{h \to 0} \frac{f(x+h)g(x+h) - f(x)g(x+h) + f(x)g(x+h) - f(x)g(x)}{h}$$

$$= \lim_{h \to 0} \frac{(f(x+h) - f(x))g(x+h) + f(x)(g(x+h) - g(x))}{h}$$

$$= \lim_{h \to 0} \frac{f(x+h) - f(x)}{h} \cdot \lim_{h \to 0} g(x+h) + \lim_{h \to 0} f(x) \cdot \lim_{h \to 0} \frac{g(x+h) - g(x)}{h}$$

$$= f'(x)g(x) + f(x)g'(x)$$

또한 어떤 함수의 몫을 미분할 때는 다음 식이 성립합니다.

$$\frac{d}{dx}\left(\frac{f(x)}{g(x)}\right) = \frac{f'(x)g(x) - f(x)g'(x)}{g(x)^2}$$

이를 증명하려면 먼저 $\frac{d}{dx}\left(\frac{1}{g(x)}\right)$을 계산합니다.

$$\frac{d}{dx}\left(\frac{1}{g(x)}\right) = \lim_{h \to 0} \frac{\frac{1}{g(x+h)} - \frac{1}{g(x)}}{h}$$

$$= \lim_{h \to 0} \frac{g(x) - g(x+h)}{hg(x)g(x+h)}$$

$$= \lim_{h \to 0} \frac{-(g(x+h) - g(x))}{h} \cdot \lim_{h \to 0} \frac{1}{g(x)g(x+h)}$$

$$= -\frac{g'(x)}{g(x)^2}$$

이제 이 식을 $\frac{d}{dx}\left(\frac{f(x)}{g(x)}\right)$에 적용하고 곱의 미분 공식을 사용하면 다음과 같습니다.

$$\frac{d}{dx}\left(\frac{f(x)}{g(x)}\right) = \frac{d}{dx}\left(f(x) \cdot \frac{1}{g(x)}\right)$$

$$= f'(x) \cdot \frac{1}{g(x)} + f(x) \cdot \left(\frac{1}{g(x)}\right)'$$

$$= f'(x) \cdot \frac{1}{g(x)} + f(x) \cdot \left(-\frac{g'(x)}{g(x)^2}\right)$$

$$= \frac{f'(x)g(x) - f(x)g'(x)}{g(x)^2}$$

함수 $y = f(x)$의 도함수 $f'(x)$를 대상으로 다시 도함수를 계산할 수 있습니다. 이를 **이계도함수**(second derivative)라고 하며 $f''(x)$, $\dfrac{d^2}{dx^2}f(x)$, $\dfrac{d^2y}{dx^2}$라고 나타냅니다. 이계도함수를 일반화하면 $f(x)$를 n번 미분한 n계도함수라고 하며 $f^{(n)}(x)$, $\dfrac{d^n}{dx^n}f(x)$ 등으로 나타냅니다.

단, 모든 함수가 n번 미분 가능하지는 않습니다. 그래서 무한으로 미분할 수 있는 함수를 **매끄러운 함수**(smooth function)라고 합니다. 예를 들어 임의의 다항함수는 매끄러운 함수입니다. n차식을 미분하면 $n-1$차식이므로 미분을 반복하면 상수를 미분하게 되어 결국 0이 됩니다. 0은 몇 번을 미분하든 0이므로 다항함수는 매끄럽습니다.

예제

1 다음 함수의 도함수를 계산하세요.

ⓐ $f(x) = (x^2 + 1)(x^2 + 2x + 5)$

ⓑ $f(x) = \dfrac{x^2 + x + 1}{x^2 + 1}$

2 다음 함수의 이계도함수를 계산하세요.

ⓐ $f(x) = x^3$

ⓑ $f(x) = \dfrac{1}{x^2 + 1}$

정 답

1

ⓐ $f'(x) = (x^2+1)'(x^2+2x+5) + (x^2+1)(x^2+2x+5)'$

$\quad = 2x(x^2+2x+5) + (x^2+1)(2x+2)$

$\quad = 2x^3 + 4x^2 + 10x + 2x^3 + 2x^2 + 2x + 2$

$\quad = 4x^3 + 6x^2 + 12x + 2$

ⓑ $f'(x) = \dfrac{(x^2+x+1)' \cdot (x^2+1) - (x^2+x+1) \cdot (x^2+1)'}{(x^2+1)^2}$

$\quad = \dfrac{(2x+1)(x^2+1) - (x^2+x+1) \cdot 2x}{(x^2+1)^2}$

$\quad = \dfrac{1-x^2}{(x^2+1)^2}$

2

ⓐ $f'(x) = 3x^2$

$f''(x) = 6x$

ⓑ $f'(x) = \dfrac{-(x^2+1)'}{(x^2+1)^2}$

$\quad = \dfrac{-2x}{(x^2+1)^2}$

$f''(x) = \dfrac{(-2x)' \cdot (x^2+1)^2 - (-2x) \cdot ((x^2+1)^2)'}{\{(x^2+1)^2\}^2}$

$\quad = \dfrac{-2(x^2+1)^2 + 8x^2(x^2+1)}{(x^2+1)^4}$

$\quad = \dfrac{6x^2 - 2}{(x^2+1)^3}$

3.7 합성함수와 역함수의 미분

w에 대한 함수 $y = f(w)$와 x에 대한 함수 $w = g(x)$를 함수 $y = f(g(x))$라고 나타낼 때 이를 **합성함수(composite function)**라고 합니다. 이는 x를 함수 g에 넣어 계산한 결과를 다시 f에 넣어 계산하는 함수입니다. 그럼 $f(x)$와 $g(x)$가 미분 가능할 때 합성함수의 미분은 다음과 같습니다.

$$\frac{dy}{dx} = \frac{dy}{dw} \cdot \frac{dw}{dx}$$

여기서 $\frac{dy}{dx}$는 x에 y를 대응시키는 함수의 도함수입니다. 즉, 합성함수의 도함수입니다. 따라서 앞 식은 합성함수의 도함수를 $f(x)$와 $g(x)$의 도함수를 사용하여 계산할 수 있다는 것을 나타냅니다.

예를 들어 다음 함수 $h(x)$의 도함수를 계산하겠습니다.

$$h(x) = (x^2 + 2x + 5)^3$$

이는 w에 대한 함수 $f(w)$와 x에 대한 함수 $g(x)$로 나타낼 수 있습니다.

$$f(w) = w^3,\ g(x) = x^2 + 2x + 5$$

이를 합성함수로 나타내면 $h(x) = f(g(x))$입니다. 여기서 $y = h(x)$, $y = f(w)$, $w = g(x)$라면 $h(x)$의 도함수는 다음처럼 계산할 수 있습니다.

$$\begin{aligned}\frac{dy}{dx} &= \frac{dy}{dw} \cdot \frac{dw}{dx} \\ &= 3w^2 \cdot (2x + 2) \\ &= 3(x^2 + 2x + 5)^2 \cdot (2x + 2) \\ &= 6(x + 1)(x^2 + 2x + 5)^2\end{aligned}$$

앞 식에서는 $f(w)$를 w에 대한 함수로 미분했습니다. 하지만 $h(x)$는 x에 대한 함수이므로 결국 $w = g(x)$를 대입해야 한다는 점에 주의하세요.

다음으로 역함수를 설명합니다. 함수 $y = f(x)$에서 함수의 치역에 있는 모든 y에 대해 $y = f(x)$가 성립하는 x가 하나밖에 없다는 조건을 만족하면, y값 하나를 정했을 때 $y = f(x)$를 만족하는 x가 하나 정해집니다. 이 대응 관계를 함수 $x = g(y)$로 나타내며, 함수 $f(x)$의 **역함수**라고 합니다. 변수 g와 x를 사용해 일반화하면 $y = g(x)$로 나타냅니다. g 대신 f^{-1}이라고 표기할 수도 있습니다.

참고로 일반화하면서 x와 y를 바꿔 표기하는 것은 함수를 표기할 때 x에 따라 y가 정해진다는 것을 표현하는 관례에 맞추려는 것입니다. 물론 x, y 이외의 기호를 사용해도 됩니다. 함수 f에 a를 넣어 b값을 계산하면 $f(a) = b$이며, 이때 역함수 f^{-1}은 반대로 b를 넣어 a값을 계산하는 $f^{-1}(b) = a$입니다. 또한 $f^{-1}(b) = a$에 $f(a) = b$를 대입하면 $f^{-1}(f(a)) = a$가 성립합니다. 마찬가지로 $f(f^{-1}(b)) = b$도 성립합니다. 즉, 역함수의 성질은 다음과 같습니다.

$$f^{-1}(f(x)) = x$$
$$f(f^{-1}(x)) = x$$

다음으로 역함수의 예를 몇 가지 살펴보겠습니다. 첫 번째로 함수 $y = 3x + 1$의 역함수를 계산한다면 다음처럼 함수를 x에 대한 식으로 바꾸면서 시작합니다.

$$x = \frac{y - 1}{3}$$

앞 식에서 x와 y를 바꾸면 역함수가 됩니다.

$$y = \frac{x - 1}{3}$$

두 번째로 $y = x^2$의 역함수를 계산하겠습니다. $y = x^2$은 $y = 1$일 때 $x = 1$과 $x = -1$이라는 두 가지 해가 있습니다. 즉, y값 하나를 정했을 때 해가 되는 x값이 여러 개 있으므로 역함수를 정의할 수 없습니다. 그러나 함수의 정의역을 $x \geq 0$에 한정하면 $y = 1$

을 만족하는 x는 다음과 같습니다.

$$x = \sqrt{y}$$

결론적으로 정의역이 $x \geq 0$이면 역함수를 정의할 수 있습니다. 즉, 다음 함수

$$y = x^2 \ (x \geq 0)$$

의 역함수는 다음과 같습니다.

$$y = \sqrt{x}$$

역함수의 미분을 살펴보겠습니다. 함수 $y = f(x)$의 역함수(여기에서는 굳이 x와 y를 바꾸지 않음)가 y값을 넣어 x값을 계산하는 함수라면 도함수를 $\frac{dx}{dy}$로 나타낼 수 있습니다. 이 도함수는 다음 식이 성립합니다.

$$\frac{dx}{dy} = \frac{1}{\frac{dy}{dx}}$$

앞 식은 직관적으로 의미를 잘 이해할 수 없을 것입니다. 역함수를 y값을 넣어 x값을 계산하는 함수라고 하면 도함수는 x값을 넣어 y값을 계산하는 함수의 **역(converse)** 입니다. 즉, 역함수 $y = f^{-1}(x)$의 도함수는 정의역에 있는 b에 대해 $x = b$라고 생각하고 미분계수를 계산하면 됩니다. 그럼 $f(a) = b$(즉, $f^{-1}(b) = a$)가 성립하는 a가 있을 때 $\frac{1}{f'(a)}$가 미분계수입니다.

그렇다면 $y = \sqrt{x}$를 미분해보겠습니다. $f(x) = x^2 \ (x \geq 0)$일 때 $\frac{df^{-1}(x)}{dx}$를 계산하려는 것입니다. 즉, f^{-1}에서 $x = b$일 때 미분계수를 계산하면 $f(a) = b$가 성립하는 a는 $a = \sqrt{b}$ 입니다.

그럼 $f'(x) = 2x$이므로

$$\frac{df^{-1}}{dx}(b) = \frac{1}{f'(a)} = \frac{1}{2a} = \frac{1}{2\sqrt{b}}$$

입니다. 즉, 결과는 다음과 같습니다.

$$\frac{df^{-1}(x)}{dx} = \frac{1}{2\sqrt{x}}$$

지금까지는 이해를 도우려고 일부러 a와 b라는 변수로 바꿔서 계산했습니다. 역함수에 익숙해지면 x, y로 바로 계산할 수 있을 것입니다.

예제

1 다음 함수의 도함수를 계산하세요.

ⓐ $f(x) = (2x + 1)^5$

ⓑ $f(x) = (x^3 + x^2 + x + 1)^3$

2 다음 함수의 역함수를 계산하세요.

ⓐ $f(x) = e^{2x}$

ⓑ $f(x) = \dfrac{1}{1 + \log x} \quad \begin{pmatrix} x > 0, \\ x \neq \dfrac{1}{e} \end{pmatrix}$

ⓒ $f(x) = \dfrac{1}{1 + e^{-x}}$

정답

1

ⓐ $w = g(x) = 2x + 1, y = h(w) = w^5$라고 하면 $f(x) = h(g(x))$입니다.

따라서

$$\begin{aligned} f'(x) &= \frac{dy}{dw} \cdot \frac{dw}{dx} \\ &= 5w^4 \cdot 2 \\ &= 10(2x + 1)^4 \end{aligned}$$

ⓑ ⓐ와 같은 방법으로

$$f'(x) = 3(x^3 + x^2 + x + 1)^2 \cdot (x^3 + x^2 + x + 1)'$$
$$= 3(3x^2 + 2x + 1)(x^3 + x^2 + x + 1)^2$$

2

ⓐ $y = e^{2x}$ 라면

$\log y = 2x$

$$x = \frac{1}{2} \log y$$

따라서

$$f^{-1}(x) = \frac{1}{2} \log x$$

이때 정의역은 $x > 0$입니다.

ⓑ $y = \dfrac{1}{1 + \log x}$ 라면

$$x = e^{\frac{1-y}{y}}$$

따라서

$$f^{-1}(x) = e^{\frac{1-x}{x}}$$

이때 정의역은 $\mathbb{R} - \{0\}$입니다.

ⓒ $y = \dfrac{1}{1 + e^{-x}}$ 라면

$$x = \log \frac{y}{1-y}$$

따라서

$$f'(x) = \log \frac{x}{1-x}$$

하지만 $\frac{x}{1-x} > 0$ 이어야 하므로 정의역은 $0 < x < 1$입니다.

3.8 지수함수와 로그함수의 미분

지수함수의 미분을 계산하기 전에는 몇 가지 준비할 것이 있습니다. 먼저 자연로그 e의 정의인 식 3-12에 따라 $\frac{1}{n} = t$로 두면 $n \to \infty$일 때 $t \to 0$이므로 e를 다음 식으로 나타냅니다.

$$e = \lim_{t \to 0}(1+t)^{\frac{1}{t}}$$

그리고 다음의 극한을 계산합니다.

$$\lim_{h \to 0} \frac{e^h - 1}{h}$$

$e^h - 1 = u$라면 $h \to 0$의 경우 $u \to 0$이며, $e^h = 1 + u$에서 $h = \log(1+u)$이므로 다음 식을 유도할 수 있습니다.

$$\lim_{h \to 0} \frac{e^h - 1}{h} = \lim_{u \to 0} \frac{u}{\log(1+u)}$$

$$= \lim_{u \to 0} \frac{1}{\frac{1}{u}\log(1+u)}$$

$$= \lim_{u \to 0} \frac{1}{\log(1+u)^{\frac{1}{u}}}$$

$$= \lim_{u \to 0} \frac{1}{\log e}$$

$$= 1$$

앞 식의 계산 결과를 이용하여 지수함수 $y = e^x$을 미분하면 다음과 같습니다.

$$\frac{d}{dx}e^x = \lim_{h \to 0} \frac{e^{x+h} - e^x}{h}$$

$$= \lim_{h \to 0} \frac{e^x(e^h - 1)}{h}$$

$$= e^x \cdot \lim_{h \to 0} \frac{e^h - 1}{h}$$

$$= e^x$$

결과를 보면 e라는 숫자가 미분에서 특별한 의미가 있음을 알 수 있을 것입니다. x에 대한 함수 $y = a^x$의 도함수가 $y = a^x$라면 $a = e$입니다. 즉, e는 지수함수의 미분 계산이 간단해지는 특별한 숫자라고 할 수 있습니다.

실제로 $a > 0$을 밑으로 하는 지수함수 $y = a^x$을 미분한다면 $a^x = e^{x \log a}$이므로 합성함수의 미분 공식을 이용한 미분 결과는 다음과 같습니다.

$$\frac{d}{dx}a^x = e^{x \log a} \cdot \log a = a^x \log a$$

이번에는 로그함수 $y = \log x$의 미분을 살펴보겠습니다.

$$\begin{aligned}\frac{d}{dx}\log x &= \lim_{h \to 0} \frac{\log(x+h) - \log x}{h} \\ &= \lim_{h \to 0} \left(\frac{1}{h} \log \frac{x+h}{x} \right) \\ &= \frac{1}{x} \lim_{h \to 0} \left(\frac{x}{h} \log \left(1 + \frac{h}{x}\right) \right) \\ &= \frac{1}{x} \lim_{h \to 0} \log \left(1 + \frac{h}{x}\right)^{\frac{x}{h}}\end{aligned}$$

여기서 $\frac{h}{x} = t$로 두면 $h \to 0$의 경우 $t \to 0$이므로

$$\lim_{h \to 0} \log \left(1 + \frac{h}{x}\right)^{\frac{x}{h}} = \lim_{t \to 0} \log(1+t)^{\frac{1}{t}} = \log e = 1$$

이 됩니다. 즉,

$$\frac{d}{dx} \log x = \frac{1}{x}$$

입니다. 로그함수의 미분도 로그의 밑을 e로 두면 결과가 간결해짐을 알 수 있습니다. 실제로 $a > 0$을 밑으로 하는 로그함수 $y = \log_a x$의 도함수를 계산하면 $\log_a x = \frac{\log_e x}{\log_e a}$이므로 미분 결과는 다음과 같습니다.

$$\frac{d}{dx} \log_a x = \frac{1}{x \log a}$$

밑을 e로 두었을 때만큼 간결해지지는 않습니다.

이처럼 지수함수와 로그함수 모두에서 e라는 숫자가 특별한 의미가 있음을 확인했습니다. 사실 지수함수와 로그함수를 미분한 결과가 단순해지도록 정한 수를 e라고

생각해도 무방합니다. 참고로 함수 log$x$의 미분을 이야기할 때는 암묵적으로 $x > 0$임을 가정했습니다. log$x$는 $x > 0$이라는 범위에서만 성립하기 때문입니다.

다음으로 log|x|의 미분을 살펴봅니다. 이 함수는 $x \neq 0$일 때 성립합니다.

$$\log|x| = \begin{cases} \log x & (x > 0) \\ \log(-x) & (x < 0) \end{cases}$$

log|x|의 도함수는 앞에서 $x > 0$일 때 계산해봤으므로 이번에는 $x < 0$의 범위만 생각해보겠습니다.

$$\frac{d}{dx}\log(-x) = \frac{1}{-x} \times (-1) \quad \text{(합성함수의 적분)}$$
$$= \frac{1}{x}$$

따라서 최종 미분 결과는 다음과 같습니다.

$$\frac{d}{dx}\log|x| = \frac{1}{x}$$

▶▶▶▶ 예 제

1 다음 함수의 도함수를 계산하세요.

ⓐ $f(x) = e^{x^2 + x + 1}$

ⓑ $f(x) = \dfrac{1}{1 + \log x}$

> **정답**

1

ⓐ 합성함수의 미분 공식을 사용합니다.

$$f'(x) = e^{x^2+x+1} \cdot (x^2+x+1)' = (2x+1)e^{x^2+x+1}$$

ⓑ $$\left(\frac{1}{1+x}\right)' = \frac{-1}{(1+x)^2}$$

합성함수의 공식을 사용하면 다음 식을 유도할 수 있습니다.

$$f'(x) = \frac{-1}{(1+\log x)^2} \cdot (1+\log x)' = \frac{-1}{x(1+\log x)^2}$$

3.9 지수의 미분

앞에서 n이 자연수일 때 다음 식이 성립한다는 점을 설명했습니다.

$$\frac{d}{dx}x^n = nx^{n-1}$$

사실 이 식은 n이 자연수가 아니더라도 임의의 실수 α에 대해 다음 식이 성립합니다.

$$\frac{d}{dx}x^\alpha = \alpha x^{\alpha-1}$$

이때 α는 $x \neq 0$일 때만 성립한다는 점에 유의해야 합니다. 여기에서는 앞 식을 증명하지 않겠지만 이해를 돕기 위해 α가 몇 가지 조건을 만족할 때를 살펴보겠습니다.

먼저 α가 자연수 n이 있을 때 $\alpha = -n$으로 나타내는 경우입니다. $x^{-n} = \frac{1}{x^n}$이므로 몫의 미분 공식을 적용하면 다음과 같습니다.

$$\frac{d}{dx}x^{-n} = \frac{(1)' \cdot x^n - 1 \cdot (x^n)'}{(x^n)^2}$$
$$= -nx^{-n-1}$$

즉, $\alpha = -n$일 때 성립합니다.

그다음은 정수 q가 있을 때 $\alpha = \frac{1}{q}$로 나타내는 경우를 생각해보겠습니다. $y = x^{\frac{1}{q}}$는 $y = x^q$의 역함수입니다. 따라서 역함수의 미분 공식을 적용하면 다음과 같습니다.

$$\frac{d}{dx}x^{\frac{1}{q}} = \frac{1}{\frac{d}{dy}y^q}$$
$$= \frac{1}{qy^{q-1}}$$
$$= \frac{1}{q(x^{\frac{1}{q}})^{q-1}}$$
$$= \frac{1}{qx^{\frac{1}{q} \times (q-1)}}$$
$$= \frac{1}{q}x^{\frac{1}{q}-1}$$

즉, $\alpha = \frac{1}{q}$일 때도 성립한다는 사실을 확인할 수 있습니다.

정수 p, q가 있고 $\alpha = \frac{1}{q}$일 때 $x^{\frac{p}{q}} = (x^{\frac{1}{q}})^p$라면 합성함수의 미분 공식을 적용할 수 있습니다. 그 계산은 생략하겠습니다.

> **예 제**

1 다음 함수의 도함수를 계산하세요.

ⓐ $f(x) = \dfrac{1}{x^2}$

ⓑ $f(x) = \dfrac{1}{\sqrt{2x+3}}$

> **정 답**

1

ⓐ $f(x) = x^{-2}$

따라서

$f'(x) = -2x^{-3}$

ⓑ $f(x) = (2x+3)^{-\frac{1}{2}}$

따라서

$f'(x) = -\dfrac{1}{2}(2x+3)^{-\frac{3}{2}} \cdot (2x+3)' = -(2x+3)^{-\frac{3}{2}}$

3.10 함수의 증가·감소와 극대·극소

도함수를 이용해 함수가 증가하는지 감소하는지 판단하여 그래프의 모양을 파악할 수 있습니다. 다음 함수의 도함수를 계산한 후 함수의 증가와 감소를 살펴보겠습니다.

$$f(x) = x^3 - 3x^2 - 9x + 5$$

도함수는 다음과 같습니다.

$$f'(x) = 3x^2 - 6x - 9 = 3(x+1)(x-3)$$

도함수는 $x < -1$일 때는 양수, $x = -1$일 때는 0, $-1 < x < 3$일 때는 음수, $x = 3$일 때는 0, $x > 3$일 때는 양수입니다. 이 상태를 표로 나타내면 표 3-1의 두 번째 줄과 같습니다.

x		-1		3	
$f'(x)$	+	0	−	0	+
$f(x)$	↗	극대	↘	극소	↗

표 3-1 함수의 증감표

도함수는 접선의 기울기를 나타낸다고 했었습니다. 도함수가 양수라면 함수 $f(x)$는 해당 구간에서 증가하는 것입니다. 마찬가지로 도함수가 음수라면 $f(x)$는 해당 구간에서 감소하는 것입니다. 이를 표로 나타내면 표 3-1의 세 번째 행과 같습니다. 이를 **증감표**라고 합니다. 또한 $y = f(x)$의 그래프는 그림 3-23과 같습니다.

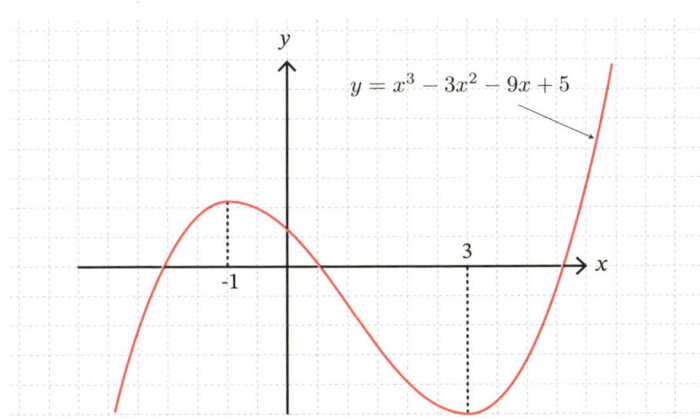

그림 3-23 $y = f(x)$의 그래프

특히 도함수가 0일 때는 $f(x)$가 극대 또는 극소가 될 수 있습니다. **극대**는 특정 범위를 기준으로 최대인 상태고, **극소**는 특정 범위를 기준으로 최소인 상태입니다(표 3-1 참고).

극대일 때의 함숫값을 최댓값으로 부르고 극소일 때의 함숫값을 최솟값이라고 합니다. 극댓값과 극솟값을 통틀어 **극값**이라고 합니다. 도함수가 접선의 기울기를 나타내므로 극대 또는 극소가 되는 점에서 도함수는 0입니다.

한편 도함수가 0이라도 반드시 극대 또는 극소라고는 할 수 없으므로 주의해야 합니다. 예를 들어 다음과 같은 함수를 살펴보겠습니다.

$$f(x) = x^3$$

앞 함수의 도함수는 다음과 같습니다.

$$f'(x) = 3x^2$$

$x = 0$일 때 $f'(x) = 0$입니다. 그러나 도함수는 $x < 0$와 $x > 0$에서 양수이므로 $f(x)$는 $x = 0$ 왼쪽에서 오른쪽으로 증가하며, $x = 0$에서 극값을 갖지 않습니다. 실제로 $y = f(x)$ 그래프는 다음과 같습니다.

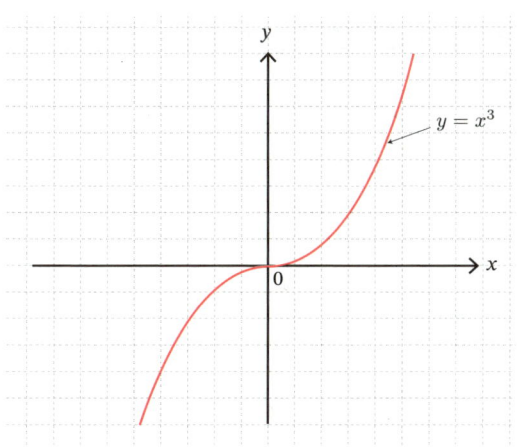

그림 3-24 $y = f(x)$ 그래프

극값이 되는 x를 찾으려면 도함수 $f'(x)$가 0인 방정식을 계산하면 됩니다. 하지만 앞에서 말했듯 $f'(x) = 0$이 성립할 때 x가 항상 극값이라고 할 수는 없으므로 주의해야 합니다. $f'(x) = 0$을 만족하는 x가 극대나 극소인지 확인하려면 증감표를 만들거나 이계도함수를 살펴볼 필요가 있습니다.

>>>> 예 제

1 다음 함수의 극대와 극소를 계산하세요.

$f(x) = x^3 - 3x$

2 다음 함수의 최솟값을 계산하세요.

$f(x) = 3x^4 - 4x^3 - 36x^2$

> **정 답**

1 $f'(x) = 3x^2 - 3 = 3(x+1)(x-1)$

증감표를 만들어보면 $x = -1$일 때 극대고 $x = 1$일 때 극소입니다.

x		-1		1	
$f'(x)$	$+$	0	$-$	0	$+$
$f(x)$	↗	극대	↘	극소	↗

따라서 극댓값은 $f(-1) = 2$, 극솟값은 $f(1) = -2$입니다.

2 $f'(x) = 12x^3 - 12x^2 - 72x = 12x(x-3)(x+2)$

증감표를 만들어보면 극솟값은 2개고, 최솟값은 그중 하나입니다.

	-2		0		3	
$-$	0	$+$	0	$-$	0	$+$
↘	극소	↗	극대	↘	극소	↗

$f(-2) = -64, f(3) = -189$이므로 $x = 3$일 때 최솟값이 -189입니다.

3.11 부정적분

미분하면 $f(x)$가 되는 함수를 $f(x)$의 **부정적분(indefinite integral)** 또는 **원시함수(primitive function)**라고 합니다. $f(x)$의 부정적분은 다음 식처럼 나타냅니다.

$$\int f(x)dx$$

그런데 앞 식은 상수를 미분하면 0이 된다는 점을 나타내지 않았습니다. 즉, 적분에서는 기존 식에는 없던 임의의 상수가 생길 수도 있다는 뜻입니다. 따라서 $f(x)$의 부정적분 중 하나를 F(x)라고 하면, 임의의 상수 C를 함께 사용하는 F(x) + C도 f(x)의 부정적분입니다.

$$\int f(x)dx = F(x) + C$$

이때 C를 **적분상수**라고 합니다.

미분의 성질과 동일하게 부정적분도 다음 식이 성립합니다.

$$\int (f(x) + g(x))dx = \int f(x)dx + \int g(x)dx$$

$$\int (kf(x))dx = k\int f(x)dx$$

이때 등호(=)의 사용에 주의해야 합니다. 부정적분은 상수를 정할 수 없습니다. 즉, 첫 번째 식 $\int (f(x) + g(x))dx = \int f(x)dx + \int g(x)dx$ 는 "f(x)의 부정적분 하나를 F(x), g(x)의 부정적분 하나를 G(x)라고 했을 때 (f(x) + g(x))의 부정적분을 F(x) + G(x) + (상수)로 나타낸다"라는 뜻입니다. 두 번째 식도 마찬가지입니다.

다음으로 다항함수의 부정적분 예를 살펴봅니다. 예를 들어 다음 식이 성립합니다.

$$\int (x^3 + 2x)dx = \frac{1}{4}x^4 + x^2 + C \quad \text{(단, C는 적분상수)}$$

실제로 $\frac{1}{4}x^4 + x^2$을 미분하면 $x^3 + 2x$가 되는지 확인하기 바랍니다.

적분에도 미분과 같은 공식이 있습니다. 미분의 반대되는 개념이므로 이해하기가 어렵지는 않을 것입니다. 다음 식을 참고하세요.

$$\int x^p dx = \frac{1}{p+1} x^{p+1} + C$$

$$\int \frac{1}{x} dx = \log|x| + C$$

$$\int e^x dx = e^x + C$$

이 책에서는 부정적분의 기법을 굳이 설명하지 않습니다. 어떤 함수의 부정적분을 계산하는 방법은 다양한데, $f(x)$의 부정적분이 $F(x)$가 되는지는 $F(x)$를 미분하여 $f(x)$가 되는지만 확인하면 되기 때문에 예제를 통해 이해하도록 하겠습니다.

예 제

1 다음 부정적분을 계산하세요.

ⓐ $\int (x^3 + 2x^2 + 1) dx$

ⓑ $\int \left(x^2 + \frac{1}{x} \right) dx$

ⓒ $\int \left(\frac{1}{\sqrt{x}} + e^x \right) dx$

2 다음 방정식이 성립하는지 확인하세요.

ⓐ $\int (x^2 + 3x + 1) e^x dx = (x^2 + x) e^x + C$

ⓑ $\int \frac{1}{1-x^2} dx = \frac{1}{2} (\log|1+x| - \log|1-x|) + C$

정 답

1 항별로 부정적분을 계산합니다.

ⓐ $\int (x^3 + 2x^2 + 1)dx = \int x^3 dx + 2\int x^2 dx + \int 1 dx$
$= \dfrac{1}{4}x^4 + \dfrac{2}{3}x^3 + x + C$

ⓑ $\int \left(x^2 + \dfrac{1}{x}\right)dx = \dfrac{1}{3}x^3 + \log|x| + C$

ⓒ $\int \left(\dfrac{1}{\sqrt{x}} + e^x\right)dx = \int (x^{-\frac{1}{2}} + e^x)dx$
$= 2x^{\frac{1}{2}} + e^x + C$
$= 2\sqrt{x} + e^x + C$

2 각각 우변을 미분하여 확인합니다.

ⓐ $\dfrac{d}{dx}\{(x^2+x)e^x + C\} = (x^2+x)' \cdot e^x + (x^2+x) \cdot (e^x)'$
$= (2x+1)e^x + (x^2+x)e^x$
$= (x^2 + 3x + 1)e^x$

ⓑ $\dfrac{d}{dx}\left\{\dfrac{1}{2}(\log|1+x| - \log|1-x|) + C\right\} = \dfrac{1}{2}\{(\log|1+x|)' - (\log|1-x|)'\}$
$= \dfrac{1}{2}\left(\dfrac{1}{1+x} + \dfrac{1}{1-x}\right)$
$= \dfrac{1}{1-x^2}$

3.12 정적분

함수 $f(x)$의 부정적분 중 하나가 $F(x)$라면 임의의 상수 a, b에 대해 $f(x)$의 **정적분**은 다음 식처럼 정의합니다.

$$\int_a^b f(x)dx = F(b) - F(a)$$

또한 $F(b) - F(a)$는

$$[F(x)]_a^b$$

라고 나타낼 수도 있습니다.

특히 구간 $[a, b]$에서 $f(x) \geq 0$이면 정적분 $\int_a^b f(x)dx = F(b) - F(a)$는 $a \leq x \leq b$, $0 \leq y \leq f(x)$ 범위의 넓이(그림 3-25)입니다.

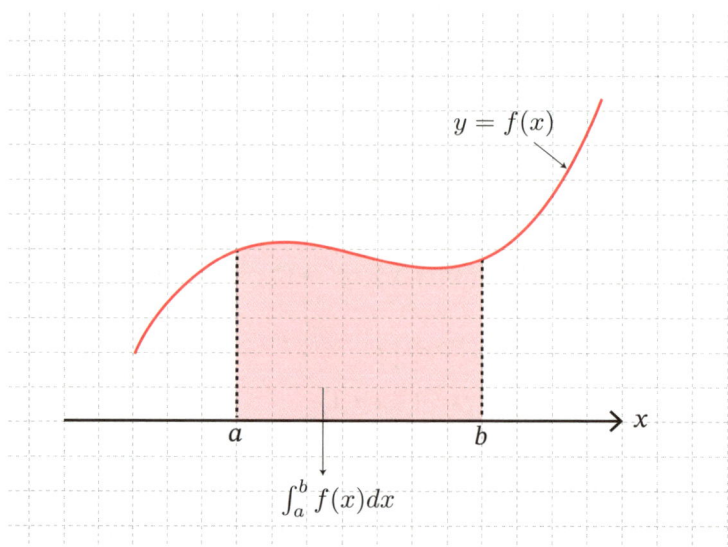

그림 3-25 정적분 $\int_a^b f(x)dx = F(b) - F(a)$

참고로 부정적분의 성질에서 다음 식이 성립함을 기억하세요.

$$\int_a^b (f(x)+g(x))dx = \int_a^b f(x)dx + \int_a^b g(x)dx$$

$$\int_a^b kf(x)dx = k\int_a^b f(x)dx$$

예 제

1 다음 정적분을 계산하세요.

ⓐ $\int_0^2 (x^3+x)dx$

ⓑ $\int_1^4 (x+\sqrt{x})dx$

정 답

1

ⓐ $\int_0^2 (x^3+x)dx = \left[\dfrac{1}{4}x^4 + \dfrac{1}{2}x^2\right]_0^2$

$\qquad\qquad\qquad = \dfrac{1}{4}\times 2^4 + \dfrac{1}{2}2^2$

$\qquad\qquad\qquad = 6$

ⓑ $\int_1^4 (x+\sqrt{x})dx = \left[\dfrac{1}{2}x^2 + \dfrac{2}{3}x^{\frac{3}{2}}\right]_1^4$

$\qquad\qquad\qquad = \left(\dfrac{1}{2}\times 4^2 + \dfrac{2}{3}\times 4^{\frac{3}{2}}\right) - \left(\dfrac{1}{2}\times 1^2 + \dfrac{2}{3}\times 1^{\frac{3}{2}}\right)$

$\qquad\qquad\qquad = \dfrac{73}{6}$

3.13 편미분과 기울기

변수 2개가 있는 함수 $z = f(x, y)$는 (x, y)값 쌍에 z값을 하나 매핑하는 사상입니다. $z = f(x, y)$를 만족하는 (x, y, z)의 집합은 3차원 공간의 곡면이기도 합니다.

다음과 같은 구체적인 예를 생각해보겠습니다.

$$f(x, y) = x^2 + xy + y^2 + x$$

이때 $f(x, y)$를 x의 함수로 간주(즉, y는 상수로 간주)해 미분하면 결과는 다음과 같습니다.

$$2x + y + 1$$

앞 식과 같은 함수를 $f(x, y)$의 x에 대한 **편도함수(partial derivative)**라고 하고, $\frac{\partial}{\partial x} f(x, y)$나 $f_x(x, y)$ 등으로 나타냅니다. 편도함수를 계산하는 것은 **편미분(partial differentiation)**한다고 합니다.

편도함수는 특정 변수를 고정했을 때의 도함수를 뜻합니다. 앞 예라면 $y = 0$일 때의 함수 $f(x, 0) = x^2 + x$를 x에 대해 미분한 것입니다. 이때 편도함수는 $\frac{\partial}{\partial x} f(x, 0) = 2x + 1$과 같습니다. 또한 모든 y에 대해 이 관계가 성립하므로, $y = y_0$의 도함수는 편도함수 $\frac{\partial}{\partial x} f(x, y)$에서 $y = y_0$를 대입하는 다음 식입니다.

$$\frac{\partial f}{\partial x}(x, y_0) = 2x + y_0 + 1$$

앞 식은 xyz 공간에 있는 $z = f(x, y)$라는 곡면을 나타내며, 이를 평면 $y = y_0$로 잘라낸 곡선은 $z = f(x, y_0)$입니다(그림 3-26 참고). 잘라낸 곡선으로 구성되는 단면에 대한 편도함수에 $y = y_0$를 대입하면 $z = \frac{\partial}{\partial x} f(x, y_0)$ 입니다.

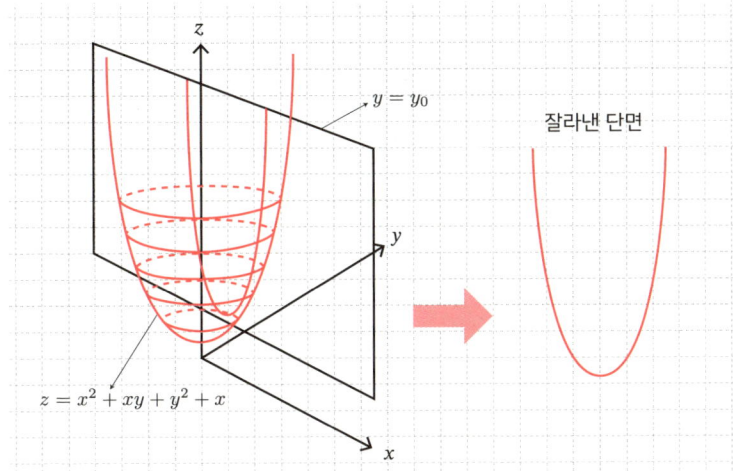

그림 3-26 $z = f(x, y_0)$가 이루는 곡선

변수가 2개인 함수 $z = f(x, y)$에서도 극값을 찾을 수 있습니다. 만약 함수 $z = f(x, y)$가 $(x, y) = (x_0, y_0)$라는 점에서 극값을 갖는다면 $z = f(x, y)$로 구성되는 평면은 $x = x_0$일 때의 단면에서 $y = y_0$라는 극값을 갖고, $y = y_0$일 때의 단면에서 $x = x_0$라는 극값을 갖습니다. 즉, 극값이 존재할 필요조건은 다음과 같습니다.

$$\frac{\partial f}{\partial x}(x_0, y_0) = 0, \quad \frac{\partial f}{\partial y}(x_0, y_0) = 0$$

여기에서 다음 식을 살펴보겠습니다.

$$\nabla f = \begin{bmatrix} \dfrac{\partial f}{\partial x} \\ \dfrac{\partial f}{\partial y} \end{bmatrix}$$

∇f는 $\mathbb{R}^2$에서 $\mathbb{R}^2$으로의 사상이라고 할 수 있습니다. 여기서 ∇는 나블라(nabla)라고 합니다. 즉, $(x, y)^T \in \mathbb{R}^2$에 해당하는 벡터 하나를 선택하면 이에 대응하는 벡터 $\nabla f(x, y)$가 하나 정해집니다. 따라서 $f(x, y)$의 극값을 계산하려면

$$\nabla f(x, y) = 0$$

이 되는 x, y를 계산하면 됩니다. 이를 구체적으로 계산하면 다음과 같습니다.

$$\nabla f(x, y) = \begin{bmatrix} 2x + y + 1 \\ x + 2y \end{bmatrix} = 0$$

따라서 $x = -\frac{2}{3}, y = \frac{1}{3}$ 입니다.

실제 $z = f(x, y)$ 그래프는 그림 3-26과 같으므로 $(x, y) = \left(-\frac{2}{3}, \frac{1}{3}\right)$일 때 극소이면서 최소값을 갖습니다.

지금까지 설명한 내용을 변수 n개인 함수로 일반화시켜보겠습니다. 변수가 n개인 함수는 다음 식과 같습니다.

$$y = f(x_1, x_2, \cdots, x_n)$$

또는 변수를 쉼표로 구분하지 않고 벡터 $\boldsymbol{x} = (x_1, x_2, \cdots, x_n)^T$로 표현하여

$$y = f(\boldsymbol{x})$$

라고 나타낼 수도 있습니다. 이 두 식은 같은 개념입니다. 여기서 f가 편미분 가능하면 모든 x_i를 대상으로 편미분 가능하다는 뜻입니다. 특히 모든 x_i를 대상으로 무한 번 미분 가능하다면 f는 **매끄러운 함수**입니다. 이후의 설명은 f가 매끄러운 함수인 경우만 다룹니다.

이때 f의 **기울기(gradient)** ∇f는 다음 식으로 정의합니다.

$$\nabla f = \begin{bmatrix} \dfrac{\partial f}{\partial x_1} \\ \dfrac{\partial f}{\partial x_2} \\ \vdots \\ \dfrac{\partial f}{\partial x_n} \end{bmatrix}$$

이는 n차원인 $x \in \mathbb{R}^n$에 해당하는 벡터 하나가 정해지면 여기에 n차원 벡터를 하나 더 매핑하므로 $\mathbb{R}^n$에서 $\mathbb{R}^n$으로의 사상입니다.

함수 f가 x에서 극값이 성립하려면 다음 조건이 필요합니다.

$$\nabla f(x) = 0$$

단, 앞 식은 필요조건일 뿐 해당 조건을 만족해도 극값을 갖지 않을 수도 있다는 점에 주의해야 합니다.

극값을 갖는 필요충분조건은 이계도함수의 편미분까지 생각해야 합니다. 먼저 함수를 여러 번 편미분하는 것을 살펴보겠습니다. $f(x)$을 x_i로 편미분한 후 x_j로 편미분하는 것을 다음과 같은 두 가지 형태의 식으로 나타냅니다.

$$\frac{\partial^2 f}{\partial x_j \partial x_i}(x), \; f_{x_i x_j}(x)$$

$f(x)$가 매끄러운 함수일 때는 $f_{x_i x_j}(x) = f_{x_j x_i}(x)$이므로 미분하는 순서는 신경 쓰지 않아도 됩니다. 이때 f의 **헤시안 행렬(hessian matrix)**[2]은 다음처럼 정의합니다.

---

2 옮긴이: 어떤 함수의 이계도함수를 행렬로 나타낸 것입니다.

$$\nabla^2 f = \begin{bmatrix} \dfrac{\partial^2 f}{\partial x_1 \partial x_1} & \dfrac{\partial^2 f}{\partial x_1 \partial x_2} & \cdots & \dfrac{\partial^2 f}{\partial x_1 \partial x_n} \\ \dfrac{\partial^2 f}{\partial x_2 \partial x_1} & \dfrac{\partial^2 f}{\partial x_2 \partial x_2} & \cdots & \dfrac{\partial^2 f}{\partial x_2 \partial x_n} \\ \vdots & \vdots & \ddots & \vdots \\ \dfrac{\partial^2 f}{\partial x_n \partial x_1} & \dfrac{\partial^2 f}{\partial x_n \partial x_2} & \cdots & \dfrac{\partial^2 f}{\partial x_n \partial x_n} \end{bmatrix}$$

함수 f의 헤시안 행렬은 이렇게 $\nabla^2 f$라고 표기하거나 H_f로 표기합니다. 그리고 $\dfrac{\partial^2}{\partial x_i \partial x_j}(x) = \dfrac{\partial^2}{\partial x_j \partial x_i}(x)$이므로 헤시안 행렬은 대칭행렬입니다.

다변수함수 f가 $\nabla f(x) = 0$이 되는 점에서 극값이 있을지는 헤시안 행렬을 확인하면 알 수 있습니다. 극대가 성립할 조건은 헤시안 행렬이 음의 정부호일 때고, 극소가 성립할 조건은 헤시안 행렬이 양의 정부호일 때입니다.

이를 계산하는 예로 이차형식의 기울기를 살펴보겠습니다. 여기에서 **이차형식** (**quadratic form**)[3]은 식 3-17과 같은 n차 대칭행렬 A로 정의합니다.

식 3-17

$$f(x) = x^T A x$$

앞 식의 기울기를 알아보겠습니다. $A = a_{ij}$일 때 다음 식이 성립합니다.

$$f(x) = \sum_{i=1}^{n} \sum_{j=1}^{n} a_{ij} x_i x_j$$

앞 식에서 첨자를 k로 두고 주목하면 x_k는 $i = k, j = k$일 때 우변에 나타납니다. 특히 $i = j = k$일 때는 $a_{kk} x_k^2$이라는 항이 됩니다. f를 x_k에 대해 편미분하면 나머지 항은 0이 되므로 x_k가 나타나는 항만을 고려합니다. x_k가 나타나는 항을 $i = j = k$일 때,

---

3 옮긴이: 여러 개 변수로 이루어졌고 변수의 차수가 모두 2차인 다항식입니다.

$i=k$이고 $j \neq k$일 때, $j=k$이고 $i \neq k$일 때 세 가지로 나누어 계산하면 다음 식과 같습니다.

$$\frac{\partial f}{\partial x_k}(\boldsymbol{x}) = \frac{\partial}{\partial x_k}\left[a_{kk}x_k^2 + \sum_{j \neq k} a_{kj}x_k x_j + \sum_{i \neq k} a_{ik}x_i x_k \right]$$

$$= 2a_{kk}x_k + \sum_{j \neq k} a_{kj}x_j + \sum_{i \neq k} a_{ik}x_i$$

$$= 2a_{kk}x_k + 2\sum_{j \neq k} a_{kj}x_j$$

$$= 2\sum_{j=1}^{n} a_{kj}x_j$$

이때 $\sum_{i \neq k}$는 i를 1부터 n까지 증가하지만 $i=k$인 경우만 제외하고 더한다는 뜻입니다. 또한 $\boldsymbol{A}$가 대칭행렬이므로 $a_{ik} = a_{ki}$입니다. 그럼 기울기는 다음과 같습니다.

$$\nabla f(\boldsymbol{x}) = \begin{bmatrix} 2\sum_{j=1}^{n} a_{1j}x_j \\ 2\sum_{j=1}^{n} a_{2j}x_j \\ \vdots \\ 2\sum_{j=1}^{n} a_{nj}x_j \end{bmatrix} = 2\boldsymbol{A}\boldsymbol{x}$$

앞 이차형식의 기울기는 2차함수 $y = ax^2$의 도함수가 $y' = 2ax$임과 비교했을 때 형태가 비슷하므로 기억하기 쉬울 것입니다.

이제 마지막으로 f의 헤시안 행렬을 계산합니다. 헤시안 행렬의 (k, l) 원소가 h_{kl}이라면 h_{kl}은 ∇f의 k 원소를 x_l로 편미분한 것입니다. 따라서 다음 식이 성립합니다.

$$h_{kl} = \frac{\partial}{\partial x_l}\left(2\sum_{j=1}^{n} a_{kj}x_j\right) = 2a_{kl}$$

따라서 헤시안 행렬은 다음과 같습니다.

$$\nabla^2 f(\boldsymbol{x}) = 2\boldsymbol{A}$$

이때 식 3-17이 $\boldsymbol{x}$에서 극소가 되는 조건은 $\boldsymbol{Ax} = \boldsymbol{0}$이고 $\boldsymbol{A}$가 양의 정부호일 때며, 식 3-17이 $\boldsymbol{x}$에서 극대가 되는 조건은 $\boldsymbol{Ax} = \boldsymbol{0}$이고 $\boldsymbol{A}$가 음의 정부호일 때입니다.

예제

1 변수가 2개인 다음 함수의 극한과 극한일 때의 x, y값을 계산하세요.

$f(x, y) = x^3 + 2xy + y^2 - x$

정답

1 먼저 x와 y를 대상으로 각각 편미분합니다.

$$\frac{\partial}{\partial x} f(x, y) = 3x^2 + 2y - 1$$

$$\frac{\partial}{\partial y} f(x, y) = 2x + 2y$$

앞 식이 0인 방정식, 즉

$$\begin{cases} 3x^2 + 2y - 1 = 0 \\ 2x + 2y = 0 \end{cases}$$

을 계산하면 다음과 같습니다.

$$(x, y) = \left(-\frac{1}{3}, \frac{1}{3}\right), (1, -1)$$

앞 방정식의 해가 극값 (x, y)가 될 후보입니다. 실제로 극값인지를 확인하려면 다음처럼 이계편도함수를 계산합니다.

$$\frac{\partial^2}{\partial x \partial x} f(x, y) = 6x$$

$$\frac{\partial^2}{\partial x \partial y} f(x, y) = 2$$

$$\frac{\partial^2}{\partial y \partial y} f(x, y) = 2$$

그럼 헤시안 행렬은 다음과 같습니다.

$$\nabla^2 f(x, y) = \begin{bmatrix} 6x & 2 \\ 2 & 2 \end{bmatrix}$$

이 헤시안 행렬에 앞에서 계산한 방정식의 해를 대입하면 최종 헤시안 행렬 2개는 다음과 같습니다.

$$\nabla^2 f\left(-\frac{1}{3}, \frac{1}{3}\right) = \begin{bmatrix} -2 & 2 \\ 2 & 2 \end{bmatrix}, \quad \nabla^2 f(1, -1) = \begin{bmatrix} 6 & 2 \\ 2 & 2 \end{bmatrix}$$

$(x, y) = (-\frac{1}{3}, \frac{1}{3})$의 경우는 양의 정부호나 음의 정부호가 되지 않으므로 극값이 성립하지 않습니다. $(x, y) = (1, -1)$의 경우 양의 정부호가 $f(x, y) = -1$입니다. 따라서 $(x, y) = (1, -1)$의 극솟값은 −1입니다.

CHAPTER

파이썬을 이용한 연산

수학 이론을 다룰 때는 엄격한 정의와 증명을 논의합니다. 하지만 실용 수학을 다룰 때는 대략적인 해결 방법만으로도 충분하며, 합리적인 계산 시간도 고려해야 합니다. 이 장에서는 3장에서 다룬 수학 지식을 이해했다고 가정하고 다양한 문제의 현실적인 해결 방법을 소개합니다.

1 : 기본 연산

수학으로 계산할 수 있는 수식 그대로를 파이썬에서 계산을 실행하면 제대로 계산하지 못하는 상황이 있습니다. 이 절에서는 그 예를 살펴보겠습니다.

1.1 실수 연산

먼저 간단한 예로 REPL에서 `0.001`을 1,000번 더하는 프로그램을 실행하고 결과를 살펴봅니다.

오차가 발생하는 연산의 예

```
>>> s = 0
>>> for i in range(1000):
...     s += 0.001
...
>>> s
1.0000000000000007
```

수학에서 0.001을 1,000번 더하면 1입니다. 하지만 파이썬에서 계산을 실행할 때는 오차가 발생합니다. 이는 프로그래밍 언어 내부의 숫자 표현 방식 때문에 생기는 문제입니다. 파이썬의 계산기는 숫자를 2진수로 변환해 저장합니다. 즉, 0.001이라는 숫자를 정확하게 0.001이라고 저장하는 것이 아니라 중간에 반올림한 수를 저장한 것인지도 모릅니다. 예를 들어 $\frac{1}{3}$을 10진수의 유효숫자 다섯 자리까지로 계산하면 0.33333입니다. 그리고 이를 세 번 더하면 0.99999로 1이 되지 않습니다. 계산기 안에서는 이와 같은 일이 발생합니다.

10진수는 $0.001 = 1.0 \times 10^{-3}$처럼 지수를 사용해 표현합니다. 파이썬의 float 타입은 10진수로 환산하면 약 17자리의 정밀도를 갖습니다. 즉, 0.001이라는 숫자는 $1.0000000000000000 \times 10^{-3}$(1. 다음에 0이 16개)이라는 자릿수까지 올바른 값으로 저장되어 있고, 그다음 자리부터 오차가 발생할 수 있다는 뜻입니다. 파이썬의 계산기 안에서는 이 표현의 2진수 버전, 예를 들어 $X.XXX \times 2^Y$ 같은 형태로 숫자를 저장합니다. 그래서 계산의 정확도를 논하려면 정확히 2진수 몇 자리인지 파악해야 합니다.

그러나 수학적으로 엄밀하게 1이어야 할 계산 결과가 실제 프로그램에서는 1.0000000000000007이라도 큰 문제가 되지 않습니다. 얻고 싶은 결과에 충분히 가까운 수치라면 실제 사용하는 데는 문제없기 때문입니다. 물론 이런 수치 계산 방식으로 오차가 발생할 수 있다는 점은 항상 유념해야 합니다. 또한 10진수로 약 17자리인 파이썬 float 타입의 유효자릿수가 계산 과정에서 크게 변할 가능성도 주의해야 합니다.

그럼 주의해야 할 상황을 살펴보겠습니다. 예를 들어 float 타입에 대한 조건식에서 ==을 사용해 수치가 같은지 확인하면 문제가 발생할 때가 많습니다. 다음 프로그램의 실행 예를 살펴보겠습니다.

오차 때문에 무한 루프에 빠지는 예

```
>>> s = 0
>>> while s != 1.:   # s가 1과 같을 때까지 반복 실행
...     print(s)
...     s += 0.1
...
0
0.1
0.2
0.30000000000000004
0.4
0.5
0.6
0.7
0.7999999999999999
0.8999999999999999
0.9999999999999999
1.0999999999999999
1.2
# (무한 루프에 빠짐)
```

앞 프로그램을 실행하면 무한 루프에 빠지므로 [Ctrl] + [C]를 입력해 프로그램 실행을 끝내야 합니다. 이 프로그램은 변수 s를 0으로 초기화하고 0.1씩 더하면서 s가 1과 같지 않으면 연산을 반복 실행합니다. 이 반복문의 종료 조건은 s가 1과 같다는 것인데, 문제는 영원히 종료 조건이 성립하지 않는다는 것입니다. 0.1을 10번 더해도 내부 표현의 오차 때문에 1이 될 수 없기 때문입니다.

이처럼 float 타입을 비교할 때 == 또는 !=을 사용하면 의도와 다른 실행 결과가 나오는 경우가 많습니다. 그럼 대처 방법은 무엇일까요? 이럴 때는 충분히 작은 정수를 설정해 오차가 얼마인지 확인하는 방법을 많이 사용합니다. 다음 예를 살펴보겠습니다.

오차가 발생하지 않는 연산 방법

```
>>> eps = 1e-10  # 충분히 작은 정수
>>> s = 0
>>> while abs(s - 1.) > eps:   # s - 1의 절댓값이 eps보다 클 때만 반복 실행
...     print(s)
...     s += 0.1
...
0
0.1
0.2
0.30000000000000004
0.4
0.5
0.6
0.7
0.7999999999999999
0.8999999999999999
```

앞 프로그램은 무한 루프에 빠지지 않고 무사히 10회를 반복 실행하고 종료되었습니다. 변수 eps를 1e-10(즉, 10^{-10})이라는 충분히 작은 값으로 설정하여 s-1의 절댓값이 eps보다 크면 반복 실행합니다. 즉, s-1의 절댓값이 충분히 작은 수고 eps 이하라면 반복문을 종료합니다. 참고로 수학에서 아주 작은 값을 나타낼 때 ε(엡실론, epsilon)이라는 기호를 사용합니다. 위 프로그램의 변수 이름 eps는 이 엡실론을 뜻합니다.

한편 앞 코드에서는 eps를 1e-10으로 설정했는데 이 값은 어떻게 정하는 것이 좋을까요? 정답은 "문제에 따라 다르다"라고 하겠습니다. 이론에 따라 값을 정할 수도 있고, 실험에 도움이 되는 값으로 정할 수도 있습니다.

1.2 연산에서 발생하는 유의성의 손실

2차 방정식 $ax^2 + bx + c = 0\ (a \neq 0)$의 해를 계산하는 다음과 같은 근의 공식이 있습니다.

$$x = \frac{-b \pm \sqrt{b^2 - 4ac}}{2a}$$

그럼 근의 공식을 계산하는 파이썬 qeq 함수를 정의해봅니다. 프로그램을 쉽게 작성하기 위해 해가 실수인 $b^2 - 4ac \geq 0$의 경우만 생각하겠습니다.

코드 qeq1.py

```python
import numpy as np

def qeq(a, b, c):
    d = np.sqrt(b**2 - 4 * a * c)
    return ((-b + d) / (2 * a), (-b - d) / (2 * a))
```

여기에서는 양의 제곱근($\sqrt{\ }$)을 계산하는 sqrt 함수를 이용하려고 넘파이(NumPy)를 불러왔습니다. 넘파이의 자세한 내용은 다음 절에서 설명합니다. 이 함수는 근의 공식의 답을 계산하여 해 2개를 튜플 타입으로 반환합니다.

이번에는 $(x + 2)(x + 3) = x^2 + 5x + 6$이라는 2차 방정식 문제를 살펴봅니다. 근의 공식을 참고하면 $a = 1, b = 5, c = 6$일 때 이 방정식의 해는 $x = -2, -3$입니다. 그럼 REPL에서 방금 정의한 qeq1.qeq 함수를 불러와서 사용하겠습니다.

맞게 계산한 경우

```
>>> import qeq1
>>> qeq1.qeq(1, 5, 6)
(-2.0, -3.0)
```

이번에는 $(x + 1)(x + 0.000000001) = x^2 + 1.000000001x + 0.000000001$이라는 2차 방정식을 살펴봅니다. 이때는 $a = 1$, $b = 1.000000001$, $c = 0.000000001$입니다. 방정식의 해는 $x = -1, -0.000000001$입니다.

잘못 계산한 경우

```
>>> qeq1.qeq(1, 1.000000001, 0.000000001)
(-1.0000000272292198e-09, -1.0)
```

실행 결과의 왼쪽 해는 8자리까지만 유효하다는 점에 주의하세요. 맞게 계산한 경우와 비교하면 오차가 상대적으로 큽니다. 왜 이런 일이 발생했을까요? 유의성의 손실(loss of significance)이라는 현상이 영향을 주기 때문입니다. 근의 공식의 분자 부분인 $-b + \sqrt{b^2 - 4ac}$ 가 0에 가까울 때 일어나는 현상입니다. $\sqrt{b^2 - 4ac}$ 를 프로그램으로 계산해보겠습니다.

$\sqrt{b^2 - 4ac}$ 의 계산

```
>>> np.sqrt(1.000000001**2 - 4 * 1 * 0.000000001)
0.999999999
```

앞 실행 결과와 $-b = -1.000000001$을 더하면 (결과는 -0.000000002) 소수점 아래 8자리까지가 0이 됩니다. 즉, 원래는 약 17자리까지 유효한 숫자 중 9자리까지의 숫자가 사라졌으므로 남은 유효숫자는 8자리입니다. 이에 따라 계산 결과 역시 8자리까지만 유효합니다. 이처럼 특정 정수에 가까운 수끼리의 뺄셈은 수치 계산에서 유

유효숫자를 잃을 수 있으므로 위험합니다.

그럼 이를 어떻게 해결해야 할까요? 특정 정수와 가까운 수끼리 뺄셈하지 않도록 수식을 같은 식으로 치환하면 됩니다. 앞 근의 공식 예에서는 $\sqrt{}$ 의 계산 결과가 반드시 양수이므로, 특정 정수와 가까운 수의 뺄셈을 할 때는 b의 부호(+ 혹은 −)에 따라 나눠서 생각합니다. $b \geq 0$일 때는 분자에 ± 가 +인 경우에 특정 정수와 가까운 수의 뺄셈이 되므로 다음 식처럼 계산합니다.

$$\frac{-b - \sqrt{b^2 - 4ac}}{2a}$$

$b < 0$의 경우는 반대로

$$\frac{-b + \sqrt{b^2 - 4ac}}{2a}$$

로 계산합니다. 이러한 표현을 한꺼번에 나타낼 때는 부호함수 sign(x)를 사용합니다. 이는 x의 부호에 따라 −1, 0, 1 중 하나의 값을 정한다는 뜻이며 다음과 같은 식으로 정의합니다.

$$\text{sign}(x) = \begin{cases} -1 & (x < 0) \\ 0 & (x = 0) \\ 1 & (x > 0) \end{cases}$$

이제 부호함수 sign을 사용하면 b의 부호와 관계없이 근의 공식을 다음처럼 나타낼 수 있습니다

$$\frac{-b - \text{sign}(b)\sqrt{b^2 - 4ac}}{2a}$$

이번에는 2차 방정식의 해를 계산하는 다른 방법을 살펴봅니다. 2차 방정식 $ax^2 + bx + c = 0$의 해가 α, β라면 다음 식이 성립합니다.

$$\alpha\beta = \frac{c}{a}$$

실제로 계산해보면 다음과 같이 간단하게 나타낼 수 있습니다.

$$\alpha\beta = \frac{-b + \sqrt{b^2 - 4ac}}{2a} \times \frac{-b - \sqrt{b^2 - 4ac}}{2a}$$

$$= \frac{(-b)^2 - \left(\sqrt{b^2 - 4ac}\right)^2}{4a^2}$$

$$= \frac{b^2 - (b^2 - 4ac)}{4a^2}$$

$$= \frac{c}{a}$$

이 성질을 이용하여 두 번째 해를 계산합니다. 계산 순서는 다음과 같습니다.

$$\alpha = \frac{-b - \text{sign}(b)\sqrt{b^2 - 4ac}}{2a}, \ \beta = \frac{c}{a\alpha}$$

이제 지금까지의 계산 과정을 구현한 다음 코드를 실행합니다.

코드 qeq2.py

```
import numpy as np

def qeq(a, b, c):
    alpha = (-b - np.sign(b) * np.sqrt(b**2 - 4 * a * c)) / (2 * a)
    beta = c / (a * alpha)
    return (alpha, beta)
```

부호함수는 넘파이에서 sign으로 정의되어 있으므로 이를 이용했습니다. 다음은 근의 공식에서 $a = 1, b = 5, c = 6$일 때와 $a = 1, b = 1.000000001, c = 0.000000001$일 때 방정식의 해를 계산하는 코드입니다.

qeq 함수 사용

```
>>> import qeq2
>>> qeq2.qeq(1, 5, 6)
(-3.0, -2.0)
>>> qeq2.qeq(1, 1.000000001, 0.000000001)
(-1.0, -1e-09)
```

실행 결과를 살펴보면 앞에서 구현한 qeq1.qeq 함수보다 정확한 값을 계산할 수 있습니다. 이처럼 오차가 상대적으로 작도록 해를 계산하는 방법을 **수치 안정성을 이용한 해 계산**이라고 할 수 있습니다.

1.3 수치의 범위 고려하기

다음 식은 소프트플러스라는 함수를 정의한 것입니다.

$$\text{softplus}(x) = \log(1 + e^x)$$

이 함수는 x가 충분히 크면 $\text{softplus}(x) \approx x$에 근사합니다. 실제로 e^x은 x가 커지면 급격하게 커지므로 $1 + e^x$에서 1은 거의 무시할 수준의 값입니다. 따라서 $\text{softplus}(x) \approx \log e^x = x$입니다. 다음 코드는 앞 식의 형태를 코드로 구현한 것입니다.

코드 softplus.py

```
import numpy as np

def softplus(x):
    return np.log(1 + np.exp(x))
```

이제 방금 구현한 softplus 함수를 REPL에서 호출해 사용해보겠습니다.

> softplus 함수 사용

```
>>> import softplus
>>> softplus.softplus(-1)
0.31326168751822286
>>> softplus.softplus(0)
0.6931471805599453
>>> softplus.softplus(1000)
/Users/user1/chap4/softplus.py:5: RuntimeWarning: overflow encountered in exp
  return np.log(1 + np.exp(x))
inf
```

$x = -1$과 $x = 0$일 때는 아무 문제없이 계산할 수 있었지만, $x = 1000$일 때는 경고 메시지와 함께 inf라는 값이 반환되었습니다. inf는 무한대라는 뜻이며 파이썬 float 타입의 범위를 벗어나는 큰 값이라는 뜻입니다.

사실 softplus(1000)은 1000에 가까운 숫자이므로 float 타입으로 충분히 계산할 수 있는 값의 범위에 있습니다. 그런데 왜 inf라는 값을 반환할까요? np.exp(1000)을 계산할 때 이미 inf가 되기 때문입니다. 코드로 확인해보겠습니다.

> e^{1000} 계산

```
>>> import numpy as np
>>> np.exp(1000)
<stdin>:1: RuntimeWarning: overflow encountered in exp
inf
```

즉, 앞 계산에서 이미 inf가 되기 때문에 inf에 1을 더하든 log를 씌우든 inf인 것입니다.

여기에서 문제점은 실제 수학적 계산 결과가 그다지 크지 않은 상황(파이썬의 float 타입으로 충분히 다룰 수 있음)인데 계산 과정에서 inf가 반환되면서 이후 계산 역시 inf가 된다는 점입니다. 이 문제를 해결하려면 다음처럼 식을 바꿔서 계산 도중에 inf가 반환되지 않도록 해야 합니다.

$$\log(1+e^x) = \log\{e^x(e^{-x}+1)\}$$
$$= \log e^x + \log(e^{-x}+1)$$
$$= x + \log(e^{-x}+1)$$

이제 x가 충분히 큰 경우에 inf가 반환되는 문제는 해결할 수 있습니다. x가 충분히 커지면 e^{-x}은 0에 가까워지기 때문입니다. 하지만 x가 충분히 작으면 e^{-x}이 무한히 커집니다. 따라서 다음 식처럼 어떤 지점을 경계로 삼아 두 식을 나눠 소프트플러스 함수를 정의하는 것이 좋습니다. 여기에서는 $x=0$을 경계로 삼아 다음 식을 얻습니다.

$$\text{softplus}(x) = \begin{cases} \log(1+e^x) & (x < 0) \\ x + \log(1+e^{-x}) & (x \geq 0) \end{cases}$$
$$= \max(0, x) + \log(1+e^{-|x|})$$

여기서 $\max(a, b)$는 a와 b 중 더 큰 값을 선택한다는 뜻입니다. 그럼 다음 코드를 살펴봅니다.

코드 softplus2.py

```
import numpy as np

def softplus(x):
    return max(0, x) + np.log(1 + np.exp(-abs(x)))
```

그럼 새롭게 바꾼 softplus 함수의 동작을 확인합니다.

새롭게 바꾼 softplus 함수 사용

```
>>> import softplus2
>>> softplus2.softplus(-1)
0.31326168751822286
>>> softplus2.softplus(0)
0.6931471805599453
>>> softplus2.softplus(1000)
1000.0
>>> softplus2.softplus(-1000)
0.0
```

이번에는 $x = 1000$일 때도 $x = -1000$일 때도 문제없이 계산할 수 있습니다.

지금까지 예와 함께 파이썬을 이용한 연산에서 주의해야 할 점을 살펴봤습니다. 핵심을 정리하면 다음과 같습니다.

- float 타입은 ==과 != 같은 비교 연산자로 완전히 같은지 비교하지 않습니다.
- 특정 정수와 가까운 수의 뺄셈은 유의성의 손실 때문에 정밀도가 낮아지므로 주의합니다.
- 계산 과정 중간에 inf나 -inf가 반환되는 계산에 주의합니다.

이러한 문제를 해결할 때는 수학적인 사고에 기반해 계산하려는 수식을 정의한 후 이를 빠르게 코드로 구현하는 능력을 갖추는 것이 관건입니다. 그리고 해당 수학식을 파이썬에서 계산할 때 발생하는 예외 상황을 기억해두고 대처하면 됩니다.

2 : 넘파이 기본

넘파이는 수학 계산을 실행하는 데 도움을 주는 파이썬 라이브러리입니다. 이후에 설명하는 REPL 기반 예제 코드는 다음 코드로 넘파이를 불러왔다고 가정합니다.

```
import numpy as np
```

참고로 앞 코드의 np 대신 다른 이름을 지정해 불러와도 상관없습니다. 하지만 관행적으로 np를 사용해 불러옵니다. 넘파이의 공식 문서에도 np라는 이름을 지정해 불러오기를 권하므로 이 책에서도 이를 준수하겠습니다.

넘파이에는 수학에서 자주 사용되는 함수가 포함되어 있습니다. 다음 계산 예를 살펴봅시다.

> 넘파이의 수학 함수

```
>>> np.exp(2)     # 자연로그의 밑 e의 거듭제곱
7.38905609893065
>>> np.log(np.e)  # 자연로그
1.0
>>> np.sin(np.pi) # 사인
1.2246467991473532e-16
>>> np.sqrt(3)    # 제곱근
1.7320508075688772
```

위 실행 결과는 위에서부터 차례로 e^2, $\log e$, $\sin \pi$, $\sqrt{3}$ 을 계산하는 예시입니다. np.e와 np.pi는 각각 e(자연로그의 밑)와 π(원주율)입니다. 사실 수학적으로 엄밀하게는 $\sin \pi = 0$이지만 수치 계산의 오차 때문에 0에 가까운 숫자를 출력합니다.

2.1 넘파이의 배열

넘파이의 특징 중 하나는 배열 타입이 있다는 점입니다. 넘파이의 배열 타입은 ndarray라는 클래스의 객체 형태로 사용하며, 리스트처럼 요소를 늘어놓는다는 점은 같지만, 모든 요소의 데이터 타입이 같아야 한다는 점이 다릅니다.

> 넘파이의 배열

```
>>> a = np.array([2, 3, 5, 7, 8])
>>> a[0]   # 첫 번째 요소(인덱스 0)
2
>>> a[1:3] # 인덱스 1부터 2까지에 해당하는 요소
```

```
array([3, 5])
>>> a[2:-1]   # 인덱스 3과 4(5-1=4)까지의 요소
array([5, 7])
>>> b = np.arange(5)   # arange 함수를 사용하여 배열 만들기
>>> b
array([0, 1, 2, 3, 4])
>>> c = np.arange(1, 3, 0.2)   # 배열 값의 간격을 0.2로 설정
>>> c
array([1. , 1.2, 1.4, 1.6, 1.8, 2. , 2.2, 2.4, 2.6, 2.8])
>>> a.dtype   # 데이터 타입 확인
dtype('int32')
>>> c.dtype
dtype('float64')
>>> d = np.array([1, 2, 3], dtype=np.float64)   # 배열을 만들 때 데이터 타입을 지정
>>> d
array([1., 2., 3.])
>>> d.dtype
dtype('float64')
>>> e = np.arange(5.)   # 인수로 float 타입을 지정
>>> e
array([0., 1., 2., 3., 4.])
>>> e.dtype
dtype('float64')
```

먼저 np.array의 인수로 배열을 만들어 변수 a에 저장해서 배열을 초기화합니다. a[0]과 같이 인덱스를 사용하여 접근할 수 있다는 점과 a[1:3]과 같이 슬라이싱을 할 수 있다는 점은 리스트와 같습니다.

np.arange를 이용하면 연속된 값을 요소로 갖는 배열을 생성합니다. np.arange 함수와 파이썬의 range 함수는 사용 방법이 비슷하지만 반환 값이 ndarray 타입이라는 점이 다릅니다. c에는 np.arange 함수의 인수를 설정할 때 배열 값 사이의 간격을 float 타입으로 설정했습니다(range 함수는 값 사이의 간격을 지정할 수 없습니다).

마지막으로 dtype 함수를 이용해 배열의 요소의 데이터 타입을 확인합니다(배열은 모든 요소가 같은 타입입니다). a.dtype의 실행 결과인 int32는 32비트로 나타내는 정수를 뜻합니다. c.dtype의 실행 결과인 float64는 64비트로 나타내는 실수라는

뜻입니다. 참고로 넘파이에는 int32와 float64 이외에도 내장된 숫자 타입이 있으나 이 책에서 넘파이의 정수라고 하면 int32 타입, 실수라면 float64 타입에 한정하겠습니다.

배열 a 같이 정숫값만으로 배열을 만들면 요소의 타입은 int32인데, d 같이 인수로 dtype=np.float64를 설정해 배열을 정의하면 명시적으로 타입을 정할 수 있습니다. 참고로 arange 함수도 모든 인수가 정수라면 정수 타입을 요소로 갖는 배열을 생성하며, dtype 함수로 타입을 명시적으로 지정할 수 있습니다. 물론 dtype 대신 처음부터 인수를 float 타입으로 설정하는 방법도 있습니다. 예를 들어 인수를 5 대신 5.으로 입력하면 됩니다.

배열은 벡터나 행렬을 다룰 때 자주 사용하므로 요소의 타입은 float로 설정하는 것이 편리합니다. 이후 예제 코드에서는 float64 타입의 요소를 갖는 배열을 자주 다룹니다.

2.2 2차원 배열

인덱스를 2개 갖는 배열을 2차원 배열이라고 합니다.

> **2차원 배열을 사용하는 예**
>
> ```
> >>> a = np.array([[2, 3, 4], [5, 6, 7]], dtype=np.float64)  # 2차원 배열 생성하기
> >>> a
> array([[2., 3., 4.],
>        [5., 6., 7.]])
> >>> a[0, 1]   # 1행 2열의 요소
> 3.0
> >>> a[:, 1]   # 2열의 모든 요소
> array([3., 6.])
> >>> a[1, :]   # 2행의 모든 요소
> array([5., 6., 7.])
> >>> a[0, 2:]  # 1행 2열 이후 요소
> array([4.])
> >>> a[0, :2]  # 1행의 3열 이전 요소
> array([2., 3.])
> ```

리스트 안에 리스트를 넣는 형태로 2차원 배열을 초기화한 후 배열의 요소에는 행렬과 마찬가지로 인덱스 2개를 이용해 접근합니다. 수학에서는 행렬의 인덱스가 1부터 시작하지만, 배열의 인덱스는 0부터 시작한다는 점에 주의해야 합니다.

a[0, 1]은 1행 2열의 요소를 참조합니다. a[:, 1]은 슬라이싱 방법 중 하나로 2열의 모든 요소를 삭제하고 결과를 1차원 배열로 반환합니다. a[1, :]은 2행의 모든 요소를 꺼내고, a[0, 2:]는 1행에서 2열 이후의 요소를 꺼냅니다. a[0, :2]는 1행에서 3열 이전에 있는 요소를 꺼냅니다. 결과를 잘 살펴보면 첫 번째 인덱스와 두 번째 인덱스 각각에 슬라이스를 지정할 수 있습니다. 슬라이스의 지정 방법은 리스트와 같으니 설명은 생략합니다.

한편 배열의 '차원'은 수학의 차원과 의미가 다릅니다. 헷갈리기 쉬우므로 주의하면서 다음 코드를 살펴봅니다.

```
v = np.array([2., 3., 4.])
a = np.array([[1., 2.], [3., 4.]])
```

v는 1차원 배열이고, a는 2차원 배열입니다. 이는 수학의 벡터나 행렬에 대응하는 개념처럼 보여서 벡터의 관점에서 보면 v를 3차원 벡터라고 생각할 수 있습니다. 그러나 넘파이의 배열에 붙이는 '차원'과 수학에서 말하는 벡터의 '차원'은 의미가 다르므로 주의하세요.

2.3 배열의 데이터 속성 확인하기

배열을 확인하는 데 중요한 여러 가지 데이터 속성을 살펴봅니다.

> 배열의 데이터 속성

```
>>> a = np.arange(15.).reshape(3, 5)  # 3행 5열의 2차원 배열로 변경
>>> a
array([[  0.,  1.,  2.,  3.,  4.],
       [  5.,  6.,  7.,  8.,  9.],
       [ 10., 11., 12., 13., 14.]])
>>> a.shape  # 배열의 형태
(3, 5)
>>> a.ndim   # 배열의 차원 수
2
>>> a.size   # 배열의 요소 수
15
>>> b = np.arange(4.)  # 1차원 배열
>>> b.shape
(4,)
>>> b.ndim
1
>>> b.size
4
```

첫 번째 arange(15.)은 0.에서 14. 사이의 정수로 구성된 1차원 배열을 만듭니다. 그리고 reshape(3, 5)는 배열의 형태를 3행 5열로 바꿉니다. 여기서 말하는 형태는 행렬의 크기에 해당하며 shape를 실행해 확인할 수 있습니다. ndim은 배열의 차원을 의미하는데, a가 2차원 배열이므로 a.ndim값은 2입니다. a.size는 a의 전체 요소 수를 확인할 수 있습니다.

다음 b에는 1.부터 4.으로 구성된 1차원 배열을 설정했습니다. 따라서 shape는 (4,)라는 튜플 값을 출력하며, b.ndim은 1입니다. b.size는 요소 수가 4개이므로 4를 출력합니다.

2.4 배열의 형태 변경

배열의 형태를 변경할 때는 reshape 메소드를 사용합니다. 다음은 여러 가지 예입니다.

배열 형태를 다양하게 바꾸는 방법

```
>>> a = np.arange(16.)  # 배열 생성
>>> c = a.reshape(4, -1)  # 행 수에 열 수를 자동으로 맞춘 배열 형태로 변경
>>> c
array([[ 0.,  1.,  2.,  3.],
       [ 4.,  5.,  6.,  7.],
       [ 8.,  9., 10., 11.],
       [12., 13., 14., 15.]])
>>> c.ravel()  # 1차원 배열로 되돌림
array([ 0.,  1.,  2.,  3.,  4.,  5.,  6.,  7.,  8.,  9., 10., 11., 12., 13., 14., 15.])
>>> c.reshape(-1)  # ravel과 같은 효과를 주는 reshape 메소드 활용
array([ 0.,  1.,  2.,  3.,  4.,  5.,  6.,  7.,  8.,  9., 10., 11., 12., 13., 14., 15.])
>>> b = np.arange(4.)
>>> b.reshape(-1, 1)  # 열 수에 행 수를 자동으로 맞춘 배열 형태로 변경
array([[0.],
       [1.],
       [2.],
       [3.]])
>>> b[:, np.newaxis]  # reshape(-1, 1)과 같은 효과를 줌
array([[0.],
       [1.],
       [2.],
       [3.]])
>>> b[:, None]  # None도 reshape(-1, 1)과 같은 효과를 줌
array([[0.],
       [1.],
       [2.],
       [3.]])
>>> b.reshape(1, -1)  # 행 수에 열 수를 자동으로 맞춘 배열 형태로 변경
array([[0., 1., 2., 3.]])
>>> b[np.newaxis, :]  # reshape(1, -1)과 같은 효과를 줌
array([[0., 1., 2., 3.]])
```

처음에 요소 수가 16인 배열 a를 생성했습니다. 그리고 reshape(4, -1)을 실행해 행 수가 4개인 배열로 형태를 바꿉니다. -1이라는 인수는 열 수를 자동으로 설정한다는 의미입니다. a의 크기가 16이므로 행 수를 4로 하면 열 수는 4로 자동 설정됩니다.

배열을 1차원으로 바꾸는 일은 종종 있으므로 ravel이라는 메소드를 사용하면 편리합니다. 메소드 ravel()을 호출하는 것은 reshape(-1)을 호출하는 것과 같습니다.

b에는 크기가 4인 1차원 배열을 생성합니다. 그리고 b.reshape(-1, 1)을 통해 열 수는 1이고 행 수는 자동 설정하는 2차원 배열로 바꿉니다. 즉, (4, 1)의 2차원 배열입니다. b[:, np.newaxis]를 실행해도 결과가 같습니다. 참고로 newaxis는 새로운 축이라는 뜻이므로 행렬을 바꾸려는 의도를 전달하기 쉬워 None의 별칭으로 사용합니다.

다음 b.reshape(1, -1)은 행 수가 1이고 열 수는 자동 설정하는 배열로 바꿉니다. 배열의 형태는 (1, 4)입니다. 다음의 b[np.newaxis, :]을 실행해도 결과가 같습니다.

여기서 주의해야 할 것은 크기가 4인 1차원 배열, (4, 1)인 2차원 배열, (1, 4)인 2차원 배열은 모두 다르다는 점입니다. 각 배열을 나타내면 다음과 같습니다.

```
array([0., 1., 2., 3.])   # 1차원 배열
array([[0.],
       [1.],
       [2.],
       [3.]])   # 형태가 (4, 1)인 2차원 배열
array([[0., 1., 2., 3.]])   # 형태가 (1, 4)인 2차원 배열
```

즉, 1차원 배열은 한 쌍의 대괄호로, 2차원 배열은 반드시 이중 대괄호로 나타냅니다. 수학에서는 벡터와 열 수가 1인 행렬을 같은 것으로 다루지만, 넘파이는 1차원 배열과 2차원 배열을 별개로 다루므로 주의해야 합니다.

2.5 기타 배열 관련 기능

배열과 관련한 몇 가지 유용한 기능을 소개합니다.

다양한 배열 만들기

```
>>> a = np.zeros((3, 4))   # 모든 요소가 0인 배열 생성
>>> a
array([[0., 0., 0., 0.],
       [0., 0., 0., 0.],
       [0., 0., 0., 0.]])
>>> b = np.ones((2, 2))    # 요소가 모두 1인 배열 생성
>>> b
array([[1., 1.],
       [1., 1.]])
>>> c = np.empty((2, 5))   # 임의의 요소를 갖는 배열 생성
>>> c
array([[-4.44659081e-323, 0.00000000e+000, 2.12199579e-314,
         0.00000000e+000, 0.00000000e+000],
       [0.00000000e+000, 1.75871011e-310, 3.50977866e+064,
         0.00000000e+000, 2.17292369e-311]])   # 이 결과는 사용자 환경마다 다름
>>> d = np.linspace(0, 1, 10)   # 등차수열 형태의 배열 생성
>>> d
array([0.        , 0.11111111, 0.22222222, 0.33333333, 0.44444444,
       0.55555556, 0.66666667, 0.77777778, 0.88888889, 1.        ])
```

zeros는 형태를 지정하여 모든 요소가 0인 배열을 만듭니다. 영벡터와 영행렬이 필요할 때 유용합니다. ones는 모든 요소가 1인 배열을 만듭니다.

empty는 임의의 요소를 갖는 행렬을 만드는데, 메모리의 가비지(garbage) 부분을 가져올 수도 있으므로 초깃값이 무엇이 될지는 보증할 수 없습니다. 따라서 시스템 환경에 따라 앞 예제의 결과와 다를 수 있습니다. 즉, 재현할 수 없는 결과를 만든다는 뜻이므로 empty를 사용할 때는 주의가 필요하지만, 나중에 배열의 모든 요소를 재설정해야 하는 상황에서 불필요한 초기화를 하지 않고 배열을 생성할 수 있다는 장점이 있습니다.

마지막으로 linspace는 첫 번째 인수로 설정한 숫자와 두 번째 인수로 설정한 숫자 사이를 세 번째 인수로 설정한 숫자만큼 나눈 결과를 반환합니다. 반환되는 배열의 크기는 세 번째 인수로 지정한 숫자입니다. 또한 첫 번째 인수와 두 번째 인수가 포함되도록 나누기 때문에 세 번째 인수가 n이라면 $n-1$등분된다는 점을 기억하세요. 앞 예는 [0, 1] 범위를 9등분해서 결과에 0과 1을 포함한 총 10개 요소로 구성된 배열을 만듭니다. 참고로 linspace는 나중에 설명할 그래프 그리기에서 활용합니다.

2.6 행렬 연결

이번에는 행렬을 어떻게 연결하는지 살펴봅니다.

다양한 행렬 연결

```
>>> a = np.arange(6).reshape(2, 3)  # 2차원 배열
>>> a
array([[0, 1, 2],
       [3, 4, 5]])
>>> b = np.arange(6, 12).reshape(2, 3)  # 2차원 배열
>>> b  # 2차원 배열
array([[ 6,  7,  8],
       [ 9, 10, 11]])
>>> np.r_[a, b]  # 열 수를 기준으로 연결
array([[ 0,  1,  2],
       [ 3,  4,  5],
       [ 6,  7,  8],
       [ 9, 10, 11]])
>>> np.c_[a, b]  # 행 수를 기준으로 연결
array([[ 0,  1,  2,  6,  7,  8],
       [ 3,  4,  5,  9, 10, 11]])
>>> c = np.arange(3)
>>> d = np.arange(3, 6)
>>> c  # 1차원 배열
array([0, 1, 2])
>>> d  # 1차원 배열
array([3, 4, 5])
>>> np.r_[c, d]
array([0, 1, 2, 3, 4, 5])
>>> np.c_[c, d]
array([[0, 3],
```

```
            [1, 4],
            [2, 5]])
>>> np.r_[a, c]    # 행렬의 크기가 맞지 않아 에러 발생
Traceback (most recent call last):
  File "<stdin>", line 1, in <module>
  File "...", line 407, in __getitem__
    res = self.concatenate(tuple(objs), axis=axis)
  File "<__array_function__ internals>", line 5, in concatenate
ValueError: all the input arrays must have same number of dimensions, but
the array at index 0 has 2 dimension(s) and the array at index 1 has 1
dimension(s)
>>> np.r_[a, c.reshape(1, -1)]    # 2차원 배열로 바꾼 후 연결
array([[0, 1, 2],
       [3, 4, 5],
       [0, 1, 2]])
```

행렬 2개를 열 수 기준으로 연결하려면 r_를 적용합니다. r_는 함수가 아닌 클래스고, 대괄호 사이에 연결하려는 행렬을 나열합니다. 행 수 기준으로 연결할 때는 c_를 적용하며, 역시 대괄호 사이에 연결하려는 행렬을 나열합니다. 이때 r_는 연결하려는 행렬의 열 수가 같아야 하고, c_는 행 수가 같아야 합니다.

2차원 배열의 경우 열 수 기준 연결과 행 수 기준 연결의 차이는 비교적 이해하기 쉽습니다. 하지만 1차원 배열의 연결은 조금 더 생각해야 합니다. 1차원 배열은 행벡터와 같은 형태(실제로는 열벡터 개념으로 다룹니다)고 1차원 벡터 2개에 r_를 적용하면 행벡터를 연결하는 셈입니다. 그럼 열이 많은 행렬이 되는데, 이를 1차원 배열로 나타내면 실행 결과는 결국 두 배열을 가로로 연결한 것과 같은 형태가 됩니다.

한편 1차원 배열 2개에 c_를 적용하면 행벡터 2개를 열벡터로 바꾸고 같은 위치의 원소를 묶어 행벡터로 나열하는 것이므로 열 수가 2인 행렬이 됩니다. 또한 2차원 배열 아래 1차원 배열을 새 행으로 추가하고 싶을 때는 단순히 r_를 적용할 수 없습니다. 앞 예처럼 r_[a, c]를 실행하면 에러가 발생하는데, 그 이유는 c를 실제로는 열벡터로 생각하기 때문입니다. 1차원 배열을 새 행으로 추가하려면 c에 reshape 메소드의 인수를 (1, 3)으로 설정한 뒤 r_를 호출해야 합니다.

3 : 배열의 기본 연산

먼저 배열의 기본 연산을 살펴보겠습니다.

> 배열의 다양한 기본 연산

```
>>> a = np.arange(5.)
>>> a
array([0., 1., 2., 3., 4.])
>>> a.sum()   # 요소의 합
10.0
>>> a.mean()   # 요소의 평균
2.0
>>> a.max() # 요소의 최댓값
4.0
>>> a.min() # 요소의 최솟값
0.0
```

앞 예에서는 배열 요소의 합(sum), 평균(mean), 최댓값(max), 최솟값(min)을 계산했습니다. 다음은 2차원 배열의 기본 연산을 살펴봅니다.

> 2차원 배열의 기본 연산

```
>>> b = np.arange(9.).reshape(3, 3)
>>> b
array([[0., 1., 2.],
       [3., 4., 5.],
       [6., 7., 8.]])
>>> b.sum()
36.0
>>> b.sum(axis=0)
array([ 9., 12., 15.])
>>> b.sum(axis=1)
array([ 3., 12., 21.])
```

변수 b에는 reshape(3, 3)을 실행해 2차원 배열을 생성합니다. b.sum()은 배열의 모든 요소를 더합니다.

225

sum 안에 인수 axis를 설정하면 행이나 열 기준으로 합을 계산합니다. b.sum(axis=0)은 각 배열에서 같은 열에 있는 요소끼리 합을 계산합니다. 이때 반환하는 값은 스칼라가 아닌 배열입니다. b.sum(axis=1)은 반대로 각 배열에서 같은 행에 있는 요소끼리 합을 계산합니다.

참고로 axis를 사용하는 계산은 mean, max, min에도 적용할 수 있습니다.

3.1 브로드캐스팅

넘파이의 배열은 해당 배열을 포함해 연산할 경우 차원 수와 형태를 자동으로 조정하는 기능이 있습니다. 이를 브로드캐스팅이라고 합니다.

함수를 사용할 때의 브로드캐스팅

```
>>> a = np.arange(3., 8.)
>>> a
array([3., 4., 5., 6., 7.])
>>> np.exp(a)
array([  20.08553692,   54.59815003,  148.4131591 ,  403.42879349,
       1096.63315843])
>>> np.log(a)
array([1.09861229, 1.38629436, 1.60943791, 1.79175947, 1.94591015])
>>> np.sqrt(a)
array([1.73205081, 2.        , 2.23606798, 2.44948974, 2.64575131])
>>> b = np.arange(9.).reshape(3, 3)
>>> b
array([[0., 1., 2.],
       [3., 4., 5.],
       [6., 7., 8.]])
>>> np.exp(b)
array([[1.00000000e+00, 2.71828183e+00, 7.38905610e+00],
       [2.00855369e+01, 5.45981500e+01, 1.48413159e+02],
       [4.03428793e+02, 1.09663316e+03, 2.98095799e+03]])
```

a는 1차원 배열이지만 np.exp를 적용하면 요소 각각에 np.exp를 계산한 결과를 반환합니다. np.log(자연로그)와 np.sqrt(제곱근)을 적용해도 마찬가지입니다. b는 2

차원 배열로 여기에 np.exp를 적용하면 역시 모든 요소에 np.exp를 계산한 결과를 반환합니다.

이렇게 배열에 여러 가지 함수를 적용했을 때 각 요소에 함수를 적용해 계산하는 것을 브로드캐스팅이라고 합니다. 그리고 배열을 대상으로 브로드캐스팅하는 함수를 범용함수(universal function)라고 합니다. 단, 배열에 적용하는 모든 함수가 브로드캐스팅하는 것은 아니라는 점을 기억하세요.

브로드캐스팅은 함수뿐만 아니라 연산자에도 적용됩니다.

배열과 스칼라 연산

```
>>> a = np.arange(5)
>>> a
array([0, 1, 2, 3, 4])
>>> a + 3
array([3, 4, 5, 6, 7])
>>> a * 3
array([ 0,  3,  6 , 9, 12])
>>> a ** 2
array([ 0,  1,  4,  9, 16], dtype=int32)
>>> a >= 2
array([False, False,  True,  True,  True])
>>> a != 3
array([ True,  True,  True, False,  True])
>>> b = np.arange(9)
>>> b.resize(3, 3)
>>> b > 3
array([[False, False, False],
       [False,  True,  True],
       [ True,  True,  True]])
```

앞에서는 배열 a에 다양한 연산을 했습니다. 먼저 a + 3은 요소 각각에 3을 더합니다. a * 3은 요소 각각에 3을 곱합니다. a를 벡터로 생각하면 벡터의 스칼라배와 같은 개념입니다. a ** 2라는 연산도 요소 각각을 거듭제곱하는 브로드캐스팅입니다.

조건식에도 브로드캐스팅이 적용됩니다. a >= 2는 2 이상인 요소에는 True를 반환하고 그렇지 않은 요소에는 False를 반환합니다. a != 3에도 요소 각각을 대상으로 3과 같은지를 판단해 True나 False를 반환합니다. 또한 2차원 배열 b에도 b > 3을 적용해 True나 False를 반환합니다.

리스트 내포나 for문에도 브로드캐스팅과 같은 개념을 적용할 수 있습니다. 예를 들어 1차원 배열 a와 b를 살펴보겠습니다.

```
>>> a = np.arange(5)
>>> a ** 2
array([ 0,  1,  4,  9, 16], dtype=int32)
>>> b = np.array([x**2 for x in a])
>>> b
array([ 0,  1,  4,  9, 16])
```

a ** 2의 계산 결과는 리스트 내포인 b = np.array([x**2 for x in a])의 계산 결과와 같음을 알 수 있습니다.

다음 코드는 for문에 브로드캐스팅이 적용되는 예입니다.

```
>>> b = np.empty(a.shape[0])
>>> for i, x in enumerate(a):
...     b[i] = x**2
...     print(b[i])
...
0.0
1.0
4.0
9.0
16.0
```

숫자가 float 타입으로 바뀌었을 뿐 계산 결과는 같습니다. 단, 계산 속도 면에서 브로드캐스팅이 더 빠릅니다. 그래서 크기가 큰 배열을 계산할 때 유용하므로 이 책에서는 가급적이면 브로드캐스팅을 사용할 것입니다.

불(bool) 값을 요소로 갖는 배열을 다른 배열의 인덱스로 사용하면 True로 대응하는 요소만 추출합니다.

불 값을 요소로 갖는 배열의 연산

```
>>> a = np.array([10, 20, 30, 40])
>>> b = np.array([False, True, True, False])  # 불 값을 요소로 갖는 배열
>>> a[b]   # 배열 b를 인덱스로 지정
array([20, 30])   # True에 대응하는 요소만 추출
>>> c = np.array([[3, 4, 5], [6, 7, 8]])   # 2차원 배열의 경우
>>> c
array([[3, 4, 5],
       [6, 7, 8]])
>>> d = np.array([[False, False, True], [False, True, True]])
>>> d
array([[False, False,  True],
       [False,  True,  True]])
>>> c[d]
array([5, 7, 8])
```

불 값을 요소로 갖는 1차원 배열 b는 b[1]과 b[2]가 True이므로 a[b]는 a[1]과 a[2]를 요소로 추출한 배열을 반환합니다. 2차원 배열 d는 d[0, 2], d[1, 1], d[1, 2]가 True이므로 c[d]는 c[0, 2], c[1, 1], c[1, 2]에 해당하는 요소로 추출한 배열을 반환합니다. 두 경우 모두 원래 배열과 인덱스로 사용하는 배열의 형태는 같아야 합니다.

이러한 불 값을 갖는 요소와 브로드캐스팅을 함께 사용하면 조건에 맞는 배열 요소를 쉽게 추출할 수 있습니다.

> 조건을 지정한 배열 요소 추출

```
>>> a = np.arange(10)
>>> a[a > 5]
array([6, 7, 8, 9])
>>> a[(a >= 3) & (a < 6)]
array([3, 4, 5])
>>> a[(a < 2) | (a > 7)]
array([0, 1, 8, 9])
>>> a[a % 3 != 0]
array([1, 2, 4, 5, 7, 8])
```

a[a > 5]는 배열 a의 요소 중 5보다 큰 요소를 추출합니다. a > 5는 브로드캐스팅이 적용되어 a의 요소 각각에 > 5라는 조건을 적용한 후 5보다 큰 요소는 True를, 그렇지 않으면 False를 반환합니다. a[a > 5]는 a > 5 중 True값만 추출하므로 결과적으로 a의 요소 중 5보다 큰 요소를 추출하는 것입니다.

논리곱과 논리합은 보통 if문 등에서 and와 or이라는 연산자로 적용하는데, 배열에서는 이 연산자를 사용했을 때 브로드캐스팅이 적용되지 않는다는 문제가 있습니다. 따라서 브로드캐스팅이 필요할 때는 &와 |를 사용합니다. 앞 예제의 (a >= 3) & (a < 6)은 3 이상 그리고 6보다 작은 요소를 True로, 그렇지 않으면 False를 반환하는 배열이 생성됩니다. 이를 a의 인덱스로 사용하면 3 이상 그리고 6 미만인 요소를 추출합니다.

(a < 2) | (a > 7)은 2보다 작거나 7보다 큰 요소를 추출합니다. 여기서 주의해야 할 점은 &와 |를 적용할 때 조건 각각에 괄호를 붙여야 한다는 것입니다. &와 |는 비트 연산자이므로 연산 우선순위가 등호나 부등호보다 높기 때문입니다.

또한 !=(같지 않음)도 브로드캐스팅이 적용되므로 a[a % 3 != 0]은 3으로 나눴을 때 나머지가 0이 아닌 요소를 추출합니다.

3.2 배열끼리의 연산

다음은 배열끼리의 연산을 살펴봅니다.

> 배열끼리의 연산

```
>>> u = np.arange(4)
>>> v = np.arange(3, 7)
>>> u
array([0, 1, 2, 3])
>>> v
array([3, 4, 5, 6])
>>> u + v
array([3, 5, 7, 9])
>>> u - v
array([-3, -3, -3, -3])
>>> u * v
array([ 0,  4, 10, 18])
>>> u / v
array([0.  , 0.25, 0.4 , 0.5 ])
>>> np.dot(u, v)   # 벡터의 내적
32
>>> (u * v).sum()  # sum 메소드 사용
32
```

변수 u와 v에 크기가 4인 1차원 배열을 저장해 계산했습니다. u + v와 u - v는 요소별 덧셈과 뺄셈이며, 벡터의 덧셈과 뺄셈에 대응하는 것입니다. u * v와 u / v는 요소별 곱셈과 나눗셈으로 사실 벡터에서는 그다지 필요하지 않은 계산이지만 간혹 사용할 때도 있습니다.

np.dot은 두 벡터의 내적을 계산합니다. 한편 u * v라는 요소별 곱셈의 결과를 모두 더하는 것도 벡터의 내적과 같습니다. 즉, (u * v).sum()으로도 내적을 계산할 수 있습니다.

2차원 배열도 살펴봅니다.

2차원 배열의 연산

```
>>> a = np.arange(9.).reshape(3, 3)
>>> b = np.arange(4., 13.).reshape(3, 3)
>>> a
array([[0., 1., 2.],
       [3., 4., 5.],
       [6., 7., 8.]])
>>> b
array([[ 4.,  5.,  6.],
       [ 7.,  8.,  9.],
       [10., 11., 12.]])
>>> a + b
array([[ 4.,  6.,  8.],
       [10., 12., 14.],
       [16., 18., 20.]])
>>> a - b
array([[-4., -4., -4.],
       [-4., -4., -4.],
       [-4., -4., -4.]])
>>> a * b
array([[ 0.,  5., 12.],
       [21., 32., 45.],
       [60., 77., 96.]])
>>> a / b
array([[0.        , 0.2       , 0.33333333],
       [0.42857143, 0.5       , 0.55555556],
       [0.6       , 0.63636364, 0.66666667]])
>>> np.dot(a, b)   # dot 함수
array([[ 27.,  30.,  33.],
       [ 90., 102., 114.],
       [153., 174., 195.]])
>>> a.dot(b)   # dot 메소드
array([[ 27.,  30.,  33.],
       [ 90., 102., 114.],
       [153., 174., 195.]])
>>> a@b   # @ 연산자로도 내적을 계산할 수 있음
array([[ 27.,  30.,  33.],
       [ 90., 102., 114.],
       [153., 174., 195.]])
```

1차원 배열과 마찬가지로 사칙연산은 요소 각각에 대응해 계산합니다. 특히 2차원 배열의 합과 차는 행렬의 합과 차와 같습니다. 요소 각각의 곱이 아닌 행렬 곱을 계

산하고 싶다면 dot 함수를 사용합니다. np.dot(a, b)는 a와 b를 행렬로 다룬 곱을 계산합니다.

dot은 a.dot(b)처럼 메소드로도 배열 a에 사용하여 행렬 곱을 계산할 수 있습니다. 또한 행렬 곱을 나타내는 @라는 연산자도 있는데 파이썬 3.5에서 도입된 새 기능입니다. 넘파이 공식 문서를 보면 dot 함수를 사용한 설명이 더 많고, @는 많이 사용하는 문법이 아니므로 이 책에서도 행렬 곱은 dot 함수를 사용하겠습니다.

그럼 행렬 곱을 좀 더 자세히 살펴보겠습니다.

여러 가지 행렬 곱

```
>>> a = np.arange(9.).reshape(3, 3)
>>> v = np.arange(1., 4.)
>>> a
array([[0., 1., 2.],
       [3., 4., 5.],   # 2차원 배열
       [6., 7., 8.]])
>>> v
array([1., 2., 3.])  # 1차원 배열
>>> np.dot(a, v)   # 행렬 곱 계산
array([ 8., 26., 44.])
>>> np.dot(v, a)   # 인수를 반대로 바꿔 행렬 곱 계산
array([24., 30., 36.])
>>> u = v.reshape(-1, 1)   # (3, 1) 형태의 2차원 배열로 바꿈
>>> np.dot(a, u)
array([[ 8.],
       [26.],
       [44.]])
>>> np.dot(u, a)   # 인수를 서로 바꿔 행렬 곱을 계산하면 에러 발생
Traceback (most recent call last):
  File "<stdin>", line 1, in <module>
  File "<__array_function__ internals>", line 5, in dot
ValueError: shapes (3,1) and (3,3) not aligned: 1 (dim 1) != 3 (dim 0)
>>> w = v.reshape(1, -1)   # (3, 1) 형태의 2차원 배열로 바꿈
>>> w
array([[1., 2., 3.]])
>>> np.dot(w, a)
array([[24., 30., 36.]])
```

여기에서는 2차원 배열 a와 1차원 배열 v를 대상으로 행렬 곱인 dot을 계산합니다. 2차원 배열과 1차원 배열의 곱을 계산할 때는 자동으로 1차원 배열의 방향(행벡터인지 열벡터인지)을 편리한 대로 해석해 계산합니다. 다음 행렬 A와 벡터 v를 각각 a와 v에 대응하는 것으로 생각할 수 있습니다.

$$A = \begin{bmatrix} 0 & 1 & 2 \\ 3 & 4 & 5 \\ 6 & 7 & 8 \end{bmatrix}, v = \begin{bmatrix} 1 \\ 2 \\ 3 \end{bmatrix}$$

그럼 np.dot(a, v)는 Av를 의미하고 np.dot(v, a)는 $v^T A$를 뜻합니다. 참고로 v의 오른쪽에 다시 A을 곱하려면 전치행렬이 성립해야 합니다. 그렇지 않으면 행렬 곱이 정의되지 않기 때문입니다. 따라서 파이썬은 자동으로 v를 v^T로 해석해 계산합니다.

한편 v에 reshape를 적용한 배열 u는 (3, 1) 형태의 2차원 배열입니다. 이는 수학적으로는 3행 1열의 행렬로 다룹니다. 그래서 np.dot(a, u)는 계산할 수 있지만 np.dot(u, a)를 계산하려고 하면 행렬 곱이 정의될 수 없어 에러가 발생합니다. 마찬가지로 (1, 3) 형태의 2차원 배열 w는 np.dot(w, a)만 계산할 수 있습니다.

이번에는 좀 더 복잡한 브로드캐스팅을 살펴보겠습니다. 일반적으로 사용하는 1차원 배열과 2차원 배열을 대상으로 설명합니다.

배열끼리의 연산에서 발생하는 복잡한 브로드캐스팅 예

```
>>> a = np.arange(12.).reshape(4, 3)   # (4, 3) 형태의 2차원 배열
>>> a
array([[ 0.,  1.,  2.]
       [ 3.,  4.,  5.],
       [ 6.,  7.,  8.],
       [ 9., 10., 11.]])
>>> b = np.arange(3.).reshape(1, 3)    # (1, 3) 형태의 2차원 배열
>>> c = np.arange(4.).reshape(4, 1)    # (4, 1) 형태의 2차원 배열
```

```
>>> b
array([[0., 1., 2.]])
>>> c
array([0.],
      [1.],
      [2.],
      [3.]])
>>> a + b
array([[ 0.,  2.,  4.],
       [ 3.,  5.,  7.],
       [ 6.,  8., 10.],
       [ 9., 11., 13.]])
>>> a * c
array([[ 0.,  0.,  0.],
       [ 3.,  4.,  5.],
       [12., 14., 16.],
       [27., 30., 33.]])
>>> b - c
array([[ 0.,  1.,  2.]
       [-1.,  0.,  1.],
       [-2., -1.,  0.],
       [-3., -2., -1.]])
```

배열 a의 형태는 (4, 3)이고, 배열 b의 형태는 (1, 3)입니다. 따라서 a + b는 a[i, j] 성분에 b[0, j] 성분을 더하는 계산입니다. 따라서 s = a + b라는 계산은 다음 코드와 같은 의미의 계산입니다.

```
>>> s = a + b
>>> s = np.empty((4, 3))
>>> for i in range(4):
...     for j in range(3):
...         s[i, j] = a[i, j] + b[0, j]
...         print(s[i, j])
...
0.0
2.0
4.0
3.0
5.0
7.0
6.0
8.0
```

```
10.0
9.0
11.0
13.0
```

또한 배열 c의 형태는 (4, 1)이므로 a * c라는 계산은 a[i, j]에 c[i, 0]을 곱하는 계산입니다. 따라서 s = a * c라는 계산은 다음 코드와 같은 의미의 계산입니다.

```
>>> for i in range(4):
...     for j in range(3):
...         s[i, j] = a[i, j] * c[i, 0]
...         print(s[i, j])
...
0.0
0.0
0.0
3.0
4.0
5.0
12.0
14.0
16.0
27.0
30.0
33.0
```

b - c는 [i, j] 성분이 b[0, j] - c[i, 0]인 행렬을 계산합니다. 따라서 s = b - c라는 계산은 다음 코드와 같은 의미의 계산입니다.

```
>>> s = np.empty((4, 3))
>>> for i in range(4):
...     for j in range(3):
...         s[i, j] = b[0, j] - c[i, 0]
...         print(s[i, j])
...
0.0
1.0
2.0
-1.0
0.0
```

```
 1.0
-2.0
-1.0
 0.0
-3.0
-2.0
-1.0
```

방금 살펴본 배열 연산도 브로드캐스팅입니다. 이해를 돕기 위해 브로드캐스팅과 같은 연산을 하는 중첩 for문을 소개했는데, for문보다는 브로드캐스팅이 연산 속도가 더 빠릅니다.

2차원 배열을 계산할 때의 브로드캐스팅은 2차원 배열 a와 b가 있을 때 두 배열의 차원이 같거나 한쪽이 1인 경우에 이항연산자(예: +)를 적용할 수 있습니다. 특히 a와 b 배열의 차원이 완전히 같다면 배열 요소별로 이항연산이 적용됩니다.

그럼 2차원 배열과 1차원 배열 사이의 브로드캐스팅도 살펴봅시다.

2차원 배열과 1차원 배열 사이의 브로드캐스팅 예

```
>>> a = np.arange(12.).reshape(4, 3)
>>> v = np.arange(3.)
>>> a + v
array([[ 0.,  2.,  4.],
       [ 3.,  5.,  7.],
       [ 6.,  8., 10.],
       [ 9., 11., 13.]])
```

이 코드는 2차원 배열 a에 1차원 배열 v를 더합니다. 보통 크기가 d인 1차원 배열과 2차원 배열의 이항연산은 1차원 배열의 형태를 (1, d)로 다룹니다.

지금까지 살펴본 배열의 브로드캐스팅 계산은 2차원 배열을 행렬로 생각한다는 점에서 수학적으로는 큰 의미가 없습니다. 하지만 수열에 같은 패턴의 계산을 적용한다는 관점에서 유용할 때가 많습니다. 또한 for문보다 브로드캐스팅을 사용하는 것이 연산 속도가 빠르므로 개념을 잘 이해해서 능숙하게 다루기를 권합니다.

4 : 희소행렬

머신러닝에서는 원소 대부분이 0인 행렬을 다룰 때가 많습니다. 이러한 행렬을 **희소행렬(sparse matrix)**이라고 합니다. 희소행렬을 2차원 배열로 다루면 메모리 사용량이나 연산량을 따져봤을 때 효율이 낮습니다. 그래서 희소행렬을 다룰 때는 넘파이와 비슷한 성격의 과학 기술 계산을 위한 파이썬 라이브러리인 사이파이(SciPy)를 사용합니다. 사이파이는 ndarray를 기본 자료형으로 사용할 수 있고 희소행렬 전용 데이터 타입이 준비되어 있습니다.

희소행렬의 반대되는 개념의 행렬을 **조밀행렬(dense matrix)**이라고 합니다. 희소행렬와 조밀행렬은 추상적인 수학 수준으로 생각하면 비슷하지만, 실제 계산을 할 때는 상황에 따라 희소행렬 전용 데이터 타입을 사용하는 것이 편리합니다.

먼저 사이파이의 희소행렬 데이터 타입 사용 예를 살펴보겠습니다.

사이파이의 희소행렬 데이터 타입 사용 예

```
>>> from scipy import sparse  # scipy.sparse 모듈 불러오기
>>> a = sparse.lil_matrix((4, 5))  # lil_matrix 타입의 행렬(희소행렬)을 생성
>>> a[0, 1] = 1
>>> a[0, 3] = 2
>>> a[2, 2] = 3
>>> a[3, 4] = 4
>>> a.toarray()  # 조밀행렬로 바꿈
array([[0., 1., 0., 2., 0.],
       [0., 0., 0., 0., 0.],
       [0., 0., 3., 0., 0.],
       [0., 0., 0., 0., 4.]])
>>> b = sparse.lil_matrix((5, 4))
>>> b[0, 2] = 1
>>> b[1, 2] = 2
```

```
>>> b[2, 3] = 3
>>> b[3, 3] = 4
>>> b.toarray()
array([[0., 0., 1., 0.],
       [0., 0., 2., 0.],
       [0., 0., 0., 3.],
       [0., 0., 0., 4.],
       [0., 0., 0., 0.]])
>>> c = a.dot(b)   # 행렬 곱 계산
>>> c.toarray()
array([[0., 0., 2., 8.],
       [0., 0., 0., 0.],
       [0., 0., 0., 9.],
       [0., 0., 0., 0.]])
>>> a1 = a.tocsr()  # csr_matrix 타입의 행렬(압축된 희소행 행렬)로 바꿈
>>> b1 = b.tocsr()
>>> c1 = a1.dot(b1)
>>> c1.toarray()
array([[0., 0., 2., 8.],
       [0., 0., 0., 0.],
       [0., 0., 0., 9.],
       [0., 0., 0., 0.]])
>>> a2 = a.tocsc()  # csc_matrix 타입의 행렬(압축된 희소열 행렬)로 바꿈
>>> b2 = b.tocsc()
>>> c2 = a2.dot(b2)
>>> c2.toarray()
array([[0., 0., 2., 8.],
       [0., 0., 0., 0.],
       [0., 0., 0., 9.],
       [0., 0., 0., 0.]])
```

희소행렬을 나타내는 타입은 모듈 scipy.sparse에 속해 있습니다. 여기에서는 lil_matrix라는 타입으로 행렬을 만듭니다. 이때 lil_matrix의 생성자(constructor)에는 행렬의 크기(행과 열)를 지정합니다.

이렇게 생성한 행렬은 모든 원소가 0이므로 필요한 원소마다 값을 설정할 수 있습니다. 희소행렬 전용 데이터 타입을 사용하는 계산이 효율을 보일 때는 행렬의 크기가 아주 크면서 원소 대부분이 0인 상황입니다. 하지만 여기에서는 사용법을 이해하기 위해 크기가 작은 행렬로 예를 들었습니다.

toarray 메소드는 희소행렬을 조밀행렬로 바꿉니다. 단, 크기가 큰 희소행렬을 다룰 때는 toarray 메소드를 사용하는 것은 실용적이지 않습니다.

다음으로 희소행렬 a를 tocsr 메소드를 이용해 csr_matrix 타입으로 바꿔 a1에 저장했습니다. b도 csr_matrix 타입으로 바꿔 b1에 저장했습니다. a1.dot(b1)은 a1과 b1의 행렬 곱을 뜻합니다.

tocsc 메소드도 있습니다. 이는 csc_matrix 타입으로 바꿉니다. 여기에서는 a와 b를 csc_matrix 타입으로 바꾼 결과를 a2와 b2에 저장해 a2.dot(b2)로 행렬 곱을 계산했습니다.

앞 예처럼 희소행렬 계산은 csr_matrix 또는 csc_matrix 타입으로 바꿔 계산합니다(두 타입의 차이는 아래에서 설명). 물론 lil_matrix도 사용해도 되지만, 계산 속도 면에서 csr_matrix와 csc_matrix가 빠르기 때문에 바꾸는 것입니다. 단, csr_matrix와 csc_matrix 타입은 행렬의 원소에 순차적으로 값을 설정할 수 없으므로 행렬의 원솟값을 설정할 때는 lil_matrix 타입을 이용합니다.

희소행렬을 다룰 때의 일반적인 흐름은 다음과 같습니다.

- lil_matrix 타입의 변수를 정의하고 원소 각각에 값을 설정
- 설정된 lil_matrix 타입 변수를 csr_matrix 또는 csc_matrix 타입으로 바꿈
- 바꾼 희소행렬로 계산함

이제 csr_matrix와 csc_matrix 타입의 차이점을 살펴봅니다. 간단히 설명해서 csr_matrix 타입은 행을 추출하는 계산 속도가 빠르고, csc_matrix 타입은 열을 추출하는 계산 속도가 빠르다는 차이가 있습니다.

> **세 가지 희소행렬 데이터 타입의 사용 예**
>
> ```
> >>> from scipy import sparse
> >>> a = sparse.lil_matrix((4, 4))   # lil_matrix 타입의 행렬 생성
> >>> a[0, 1] = 1
> >>> a[1, 2] = 2
> >>> a[2, 3] = 3
> >>> a[3, 3] = 4
> >>> a1 = a.tocsr()   # csr_matrix 타입으로 바꿈
> >>> a2 = a.tocsc()   # csc_matrix 타입으로 바꿈
> >>> type(a1)
> <class 'scipy.sparse.csr.csr_matrix'>
> >>> type(a2)
> <class 'scipy.sparse.csc.csc_matrix'>
> >>> b1 = a1.getrow(1)   # 두 번째 행을 추출
> >>> b1.toarray()
> array([[0., 0., 2., 0.]])
> >>> b2 = a2.getcol(3)   # 네 번째 행의 열을 추출
> >>> b2.toarray()
> array([[0.],
>        [0.],
>        [3.],
>        [4.]])
> >>> type(a1.T)   # csr_matrix 타입의 전치행렬 확인
> <class 'scipy.sparse.csc.csc_matrix'>
> >>> type(a2.T) # csc_matrix 타입의 전치행렬 확인
> <class 'scipy.sparse.csr.csr_matrix'>
> ```

여기에서는 lil_matrix 타입의 행렬을 변수 a에 저장한 후 csr_matrix 타입으로 바꾼 것을 a1에, csc_matrix 타입으로 바꾼 것을 a2에 각각 저장합니다. 그리고 type 함수로 a1과 a2의 타입을 확인했습니다. a1은 csr_matrix 타입의 행렬이 저장되었으므로 getrow 메소드로 지정된 행의 원소를 추출할 수 있습니다.

a2에는 csc_matrix 타입이 저장되어 있으므로 getcol 메소드로 특정 열의 원소를 효율적으로 추출할 수 있습니다. csr_matrix 타입에도 getcol 메소드를 사용할 수 있고 csc_matrix 타입에도 getrow 메소드를 사용할 수 있는데, 효율(계산 속도)이 높지 않으므로 보통은 사용하지 않습니다.

한편 조밀행렬(2차원 배열)뿐만 아니라 희소행렬도 .T라는 문법으로 전치행렬을 쉽게 확인할 수 있습니다. 여기에서는 type 함수를 사용했는데 csr_matrix의 전치행렬은 csc_matrix 타입이고, csc_matrix 타입의 전치행렬은 csr_matrix 타입임을 알 수 있습니다.

5 : 넘파이와 사이파이를 이용한 선형대수학

다음 식과 같은 행렬의 역행렬을 넘파이를 사용하여 계산하겠습니다.

$$\begin{bmatrix} 3 & 1 & 1 \\ 1 & 2 & 1 \\ 0 & -1 & 1 \end{bmatrix}$$

넘파이 안에 있는 linalg라는 모듈의 inv 함수를 이용하면 역행렬을 쉽게 계산할 수 있습니다.

역행렬 계산

```
>>> a = np.array([[3, 1, 1], [1, 2, 1], [0, -1, 1]])
>>> np.linalg.inv(a)
array([[ 0.42857143, -0.28571429, -0.14285714],
       [-0.14285714,  0.42857143, -0.28571429],
       [-0.14285714,  0.42857143,  0.71428571]])
```

그럼 다음처럼 행렬 형태로 바꾼 방정식의 해를 구하려면 어떻게 해야 할까요?

$$\begin{bmatrix} 3 & 1 & 1 \\ 1 & 2 & 1 \\ 0 & -1 & 1 \end{bmatrix} \begin{bmatrix} x \\ y \\ z \end{bmatrix} = \begin{bmatrix} 1 \\ 2 \\ 3 \end{bmatrix}$$

방금 사용했던 np.linalg.inv 함수로 쉽게 계산할 수 있다고 생각할 것입니다. 물론 계산할 수 있지만, 방정식의 해를 구할 때 더 빠르고 안정적인 방법이 있습니다. 1차

방정식을 계산하는 함수 np.linalg.solve를 사용하는 것입니다. 다음과 같이 사용합니다.

> **np.linalg.solve 함수 사용**
>
> ```
> >>> a = np.array([[3, 1, 1], [1, 2, 1], [0, -1, 1]])
> >>> b = np.array([1, 2, 3])
> >>> np.linalg.solve(a, b)
> array([-0.57142857, -0.14285714,  2.85714286])
> ```

여기서 알고리즘을 자세히 설명하지 않지만, 역행렬을 계산하는 알고리즘과 1차방정식을 계산하는 알고리즘을 비교하면 np.linalg.solve 함수가 1차방정식을 계산할 때 더 빠르고 안정된 알고리즘으로 알려져 있습니다.

그러나 np.linalg.solve 함수는 방정식 하나를 계산할 때는 효율이 높지만 연립방정식을 계산할 때는 효율이 낮습니다. 예를 들어 식 4-1처럼 계수행렬을 A, 미지수의 행렬을 x라고 할 때 다음과 같은 방정식의 집합을 동시에 계산한다고 생각해보겠습니다.

식 4-1

$$Ax = b_1, Ax = b_2, \cdots, Ax = b_m$$

식 4-1과 같은 문제를 계산하는 데 np.linalg.solve 함수를 사용하면 각각의 방정식을 따로 계산해야 합니다. 그럼 이번에는 np.linalg.inv를 사용하여 역행렬을 계산하면 어떨까요? 실제로 A^{-1}을 계산하면 앞 방정식들의 해는 식 4-2와 같습니다.

식 4-2

$$A^{-1}b_1, A^{-1}b_2, \cdots, A^{-1}b_m$$

이렇게 바로 구할 수 있어서 np.linalg.solve보다는 효율이 높습니다.

그런데 np.linalg.inv를 사용하는 것보다 더 나은 방법이 있습니다. LU 분해라는 알고리즘을 이용하면 직접 역행렬을 계산하는 것보다 수치 계산의 안정성과 빠른 속도를 보장합니다. 여기에서는 LU 분해 알고리즘의 자세한 설명은 생략하고 알고리즘의 개요와 사이파이를 이용한 계산 방법을 설명하겠습니다.

LU 분해는 n차 정사각행렬을 치환행렬 P, 대각성분이 1인 하삼각행렬 L, 상삼각행렬 U를 사용하여 다음 식처럼 나타내는 것입니다.

$$A = PLU$$

치환행렬은 각 행에 1인 성분이 하나 있고 나머지는 모두 0인 행렬이며, 하삼각행렬은 대각성분이 모두 1이면서 대각성분의 오른쪽 원소가 모두 0인 행렬, 상삼각행렬은 대각성분의 왼쪽 원소가 모두 0인 행렬입니다. L은 대각성분이 모두 1이라는 조건이 있으므로 L과 U는 다음 식으로 나타낼 수 있습니다.

$$L = \begin{bmatrix} 1 & & & & \\ * & 1 & & & \\ * & * & 1 & & \\ \vdots & \vdots & \vdots & \ddots & \\ * & * & * & \cdots & 1 \end{bmatrix}, U = \begin{bmatrix} * & * & * & * & * \\ & * & * & * & * \\ & & \ddots & \vdots & \vdots \\ & & & * & * \\ & & & & * \end{bmatrix}$$

*는 어떤 값이 될지 모른다는 뜻입니다.

이러한 행렬 P, L, U를 계수로 갖는 방정식은 빠른 속도로 계산됩니다. 그럼 원래 계산하려던 방정식이 $Ax = b$이므로 다음 식을 만족하는 x를 계산하면 됩니다.

식 4-3

$$PLUx = b$$

이제 순서대로 다음 방정식들의 해를 계산합니다.

식 4-4

$$Pz = b \quad ①$$
$$Ly = z \quad ②$$
$$Ux = y \quad ③$$

식 4-4를 계산해서 구한 x는 식 4-3 연립방정식의 해입니다. 또한 이 방정식 3개를 푸는 계산량은 n차 정사각행렬과 벡터의 곱을 계산하는 계산량과 거의 같습니다.

LU 분해를 이용한 계산량은 A^{-1}의 계산량보다 적고, 식 4-4의 계산량은 행렬 곱의 계산량과 같습니다. 즉, 식 4-1을 계산하거나 식 4-2의 A^{-1}을 계산하는 방정식보다 LU 분해가 효율이 높다고 할 수 있습니다.

그럼 실제로 사이파이의 LU 분해 함수를 사용하여 계산해봅시다.

> **LU 분해를 이용한 방정식 계산**
>
> ```
> >>> a = np.array([[3, 1, 1], [1, 2, 1], [0, -1, 1]])
> >>> b = np.array([1, 2, 3])
> >>> from scipy import linalg  # scipy.linalg 모듈 불러오기
> >>> lu, p = linalg.lu_factor(a)  # LU 분해 실행
> >>> linalg.lu_solve((lu, p), b)
> array([-0.57142857, -0.14285714,  2.85714286])
> ```

먼저 지금까지와 달리 numpy.linalg 대신 scipy.linalg를 사용한다는 점에 주의하세요. linalg.lu_factor 함수는 LU 분해를 하여 L, U, P에 해당하는 행렬을 얻는데, L과 U를 하나의 행렬로 나타내고 L과 U 각각에 해당하는 튜플 타입 값을 추출해 반환합니다. linalg.lu_solve 함수는 linalg.lu_factor의 반환 값과 벡터 b에 해당하는 배열을 인수로 삼아 식 4-4 방정식의 해를 계산합니다.

6 : 난수

난수를 처리하는 모듈은 파이썬에 내장된 random과 넘파이에 있는 np.random이 있습니다. 이 중에서 np.random이 기능도 많고 수학 계산을 하는데 유용하므로 이 책에서는 np.random만 살펴보겠습니다.

다음 코드는 np.random의 사용 예입니다. 실행 결과는 모두 난수이므로 여러분의 실행 결과와 다를 수 있습니다.

numpy.random 모듈 사용 예

```
>>> np.random.rand()
0.918760884878622    # 0~1 사이의 실수를 반환
>>> np.random.rand()
0.058031439340037405
>>> np.random.rand(3, 2)   # 인수를 지정하면 배열을 반환
array([[0.9606555 , 0.06891664],
       [0.53096803, 0.68097269],
       [0.93684757, 0.35192626]])
>>> np.random.rand(5)
array([0.15407288, 0.86120517, 0.28072302, 0.13589998, 0.3513342 ])
>>> np.random.randint(4)   # 정수형의 난수를 반환
2
>>> np.random.randint(10, 20)
19
>>> np.random.randint(5, size=(3, 3))  # 인수 size에 지정한 형태의 배열을 반환
array([[2, 1, 1],
       [1, 1, 0],
       [4, 4, 1]])
```

rand 함수는 구간 [0, 1) 사이의 난수를 반환합니다. rand 함수의 인수로 (3, 2)를 설정하면 형태가 (3, 2)이고 각 요소가 [0, 1) 사이의 난수를 갖는 배열을 반환합니다. 인수가 하나라면 해당 숫자를 크기로 갖는 1차원 배열입니다.

randint는 주어진 범위에서 정수형의 난수를 반환합니다. 인수가 1개면 해당 인수보다 작은 0 이상의 정수를 반환합니다. 인수가 2개면 두 번째 인수보다 작고 첫 번째

인수 이상의 정수를 반환합니다. 즉, randint(4)는 0 이상 4 미만의 정수를 반환하고, randint(10, 20)은 10 이상 20 미만의 정수를 반환합니다. 참고로 randint 함수에서 배열을 반환하려면 인수에 size를 이용해 형태를 설정합니다.

6.1 시드와 재현성

머신러닝 알고리즘은 내부에서 난수를 사용합니다. 따라서 결과가 어쩔 수 없이 어느 정도 우연에 따라 결정됩니다. 단, 같은 데이터를 입력했을 때 같은 결과를 반환할 수는 있습니다. 이때 같은 데이터를 입력하려면 난수의 시드라는 개념을 이용해야 합니다. 예를 들어 주사위를 n번 던져서 나온 숫자의 합을 반환하는 함수를 살펴봅니다.

코드 dice1a.py

```python
import numpy as np

def throw_dice(n):
    return np.random.randint(1, 7, size=n).sum()
```

np.random.randint(1, 7, size=n)은 1~6 사이의 난수 n개로 구성된 배열을 반환합니다. 이 배열을 sum 메소드로 계산하므로 배열의 모든 요소의 합을 반환합니다.

그럼 REPL에서 dice1a 모듈을 불러와서 throw_dice 함수를 사용해보겠습니다.

throw_dice 함수 실행

```
>>> import dice1a
>>> dice1a.throw_dice(10)
36
>>> dice1a.throw_dice(10)
29
>>> dice1a.throw_dice(10)
44
```

함수를 호출할 때마다 실행 결과가 다릅니다.

그런데 throw_dice 함수가 머신러닝 알고리즘이라면 같은 인수(예시에서는 n = 10)를 입력했을 때 의사난수라는 개념을 이용해서 같은 결과를 반환하도록 할 수 있습니다.

파이썬 함수로 얻는 난수는 사실 진짜 난수가 아니고 어떤 규칙에 근거하여 수열 생성기로 만드는 것입니다. 단, 우리가 그 규칙을 알 수 없도록 하는 것뿐입니다. 이 수열 생성기를 조정해 처음부터 원하는 난수를 얻도록 설정하면 몇 번이든 같은 수열(난수열)을 생성할 수 있습니다.

난수열을 생성하는 데는 몇 가지 옵션이 있습니다. 이 옵션을 난수의 시드(seed)라고 합니다. 난수의 시드는 보통 정숫값을 사용하며, 같은 시드로 초기화하면 같은 수열을 얻는다고 보장되어 있습니다. 다음 코드를 살펴보겠습니다.

난수의 시드를 지정해 난수 생성

```
>>> np.random.seed(10)
>>> np.random.rand(5)
array([0.77132064, 0.02075195, 0.63364823, 0.74880388, 0.49850701])
>>> np.random.seed(10)
>>> np.random.rand(5)
array([0.77132064, 0.02075195, 0.63364823, 0.74880388, 0.49850701])
>>> np.random.seed(100)
>>> np.random.rand(5)
array([0.54340494, 0.27836939, 0.42451759, 0.84477613, 0.00471886])
>>> np.random.seed(100)
>>> np.random.rand(5)
array([0.54340494, 0.27836939, 0.42451759, 0.84477613, 0.00471886])
>>> np.random.seed(10)
>>> np.random.rand(5)
array([0.77132064, 0.02075195, 0.63364823, 0.74880388, 0.49850701])
```

먼저 seed 함수의 인수로 정숫값 기반의 시드를 설정한 다음에 rand 함수를 실행했습니다. seed에 설정한 인수에 따라 난수열이 결정됩니다. 이 예에서는 시드를 10으로 설정하고 5개의 난수를 생성한 후 다시 시드를 10으로 설정하고 5개의 난수를 생성합니다. 이때 난수는 정확하게 같습니다. 시드를 100으로 설정했을 때 역시 시드가 10일 때와 값은 다르지만 일정한 난수를 생성합니다. 다시 시드를 10으로 설정하면 이전에 실행했던 결과와 정확히 같은 5개의 난수를 생성합니다.

즉, seed 함수를 사용하면 난수열을 재현할 수 있으므로 이를 추가해 dice1a 모듈의 throw_dice 함수를 다시 정의한 dice1b 모듈을 살펴봅니다.

코드 dice1b.py

```
import numpy as np

def throw_dice(n, random_seed=10):
    np.random.seed(random_seed)
    return np.random.randint(1, 7, size=n).sum()
```

np.random.seed 함수를 호출하는 부분이 추가되었습니다. np.random.seed 함수에는 변수 random_seed를 인수로 설정하는데, 기본값은 10입니다. 즉, 인수 random_seed를 설정하면 n을 여러 번 호출해도 같은 결과를 반환합니다. 인수 random_seed를 추가한 이유는 외부에서 함수를 실행할 때 특정 난수열을 선택하고 싶은 상황도 있기 때문입니다. 예를 들어 난수열을 바꿔 같은 계산을 반복하고 싶을 때 사용합니다.

다음은 dice1b 모듈의 throw_dice 함수를 REPL에서 사용하는 예입니다.

변경한 throw_dice 함수 사용

```
>>> import dice1b
>>> dice1b.throw_dice(10)
34
>>> dice1b.throw_dice(10)
34
>>> dice1b.throw_dice(100)
328
>>> dice1b.throw_dice(100)
328
```

인수가 같으면 같은 결과를 반환합니다.

난수를 사용하는 알고리즘이 하나뿐이고 한 번 호출한다면 특별한 문제가 없지만, 실제 알고리즘을 적용하는 상황은 복잡합니다. 예를 들어 머신러닝 알고리즘 두 종류를 번갈아 호출하면서 마지막에 결과를 얻는 경우를 생각해봅시다. 이와 비슷한 상황을 만든 간단한 Dice 클래스를 살펴보겠습니다.

코드 dice2a.py

```python
import numpy as np

class Dice:
    def __init__(self):
        np.random.seed(0)
        self.sum_ = 0

    def throw(self):
        self.sum_ += np.random.randint(1, 7)

    def get_sum(self):
        return self.sum_
```

Dice 클래스의 throw 메소드를 호출하면 주사위를 한 번 던져서 나온 숫자를 계속 더해 저장합니다. get_sum 메소드를 호출하면 지금까지 던진 주사위 숫자의 합을 반환합니다. 보통 생성자에서 np.random.seed 함수를 호출해 시드를 설정하며, 시드를 초기화하기 전에는 throw 메소드를 반복 호출한 횟수가 같으면 결과가 항상 같습니다. 이를 REPL에서 확인하겠습니다.

Dice 클래스를 사용해 주사위 던지기

```
>>> import dice2a
>>> d1 = dice2a.Dice()   # Dice 클래스의 인스턴스를 하나 생성하여 시드 초기화
>>> for _ in range(10):  # 주사위를 10번 던짐
...     d1.throw()       # 10번의 난수 연산
...
>>> d1.get_sum()         # 주사위를 던져서 나온 숫자의 합 출력
39
>>> d2 = dice2a.Dice()   # 또 다른 Dice 클래스의 인스턴스를 하나 생성하여 시드 초기화
>>> for _ in range(10):
...     d2.throw()       # 10번의 난수 연산
...
>>> d2.get_sum()
39  # d1.get_sum()과 결과가 같음
>>> d1 = dice2a.Dice()
>>> d2 = dice2a.Dice()   # Dice 클래스의 인스턴스 2개를 생성
>>> for _ in range(10):
...     d1.throw()
...
>>> d1.get_sum()
39
>>> for _ in range(10):
...     d2.throw()       # 10번의 난수 연산. 하지만 앞에서 10번을 이미 연산했으므로 20번째가 됨
...
>>> d2.get_sum()
28  # d1.get_sum()과 결과가 다름
```

첫 번째 Dice 클래스의 인스턴스를 하나만 만들고 throw 메소드를 10번 호출하여 결과를 출력했습니다. 그리고 다시 Dice 클래스의 인스턴스를 하나 더 만들고 throw 메소드 10번 호출한 뒤 결과를 확인하면 이전과 같습니다. 이는 Dice 클래스의 생성자가 매번 시드를 초기화하므로 결국 시드가 같기 때문입니다. 이후 계속 10번의 난수를 생성해도 얻는 난수는 같습니다.

다음으로는 새로운 인스턴스 2개를 d1과 d2에 각각 넣고 throw 메소드를 10회씩 호출해봤습니다. 이때 d1과 d2의 결과는 다릅니다. 이는 두 번째 for문을 실행하기 전 np.random 안의 전역 난수 생성기가 초기화되지 않기 때문입니다. 인스턴스를 생성할 때마다 전역 난수 생성기가 초기화되는데, d1과 d2에서 호출하는 throw 메소드는 전역 난수 생성기에서 난수를 차례로 하나씩 불러오므로 d1과 d2가 얻는 난수가 다릅니다.

만약 인스턴스마다 난수열의 재현성을 보장하려면 어떻게 해야 할까요? np.random.seed 함수가 전역 난수 생성기를 초기화한 것이 문제이므로 인스턴스마다 다른 난수 발생기를 갖게 하면 해결됩니다. 이때 np.random.RandomState 클래스를 사용합니다. 다음은 사용 예입니다.

RandomState 클래스 사용

```
>>> rs = np.random.RandomState(10)
>>> rs.rand()
0.771320643266746
>>> rs.rand()
0.0207519493594015
```

RandomState 클래스 생성자의 인수는 난수의 시드를 뜻합니다. 이 클래스에는 rand와 randint 등 np.random 모듈의 전역 함수와 같은 메소드가 있습니다. 따라서 RandomState 클래스를 인스턴스화 해서 난수를 생성하면 재현성을 보장하는 난수열을 얻을 수 있습니다. 다음은 난수열이 재현성을 갖도록 Dice 클래스를 수정한 dice2b 모듈입니다.

코드 dice2b.py

```python
import numpy as np

# 생성자의 인수에 시드를 설정해 재현성을 보장
class Dice:
    def __init__(self, random_seed=None):
        self.random_state_ = np.random.RandomState(random_seed)
        self.sum_ = 0
    def throw(self):
        self.sum_ += self.random_state_.randint(1, 7)

    def get_sum(self):
        return self.sum_
```

생성자에는 일부러 난수의 시드에 해당하는 인수 random_seed의 기본값을 None으로 설정했습니다. RandomState 클래스는 시드를 None으로 설정하면 난수 생성기의 재현성을 보장하지 않습니다. 즉, Dice 클래스를 인스턴스화 할 때 인수가 없으면 재현성을 갖지 않는 결과를 출력하고 인수를 설정하면 이를 시드로 삼아 재현성을 갖습니다.

머신러닝 라이브러리를 사용할 때도 재현성이 필요하거나 필요 없는 상황이 나뉘므로 이런 방식으로 모듈을 구현합니다.

동작 확인

```
>>> import dice2b
>>> d1 = dice2b.Dice(123)
>>> d2 = dice2b.Dice(123)
>>> for _ in range(10):
...     d1.throw()
...
>>> d1.get_sum()
34
>>> for _ in range(10):
...     d2.throw()
...
>>> d2.get_sum()
34  # 결과가 같음
```

이번에는 출력 결과가 같다는 것을 확인할 수 있습니다.

지금까지 알고리즘으로 생성되는 수열에 재현성을 부여하는 방법을 살펴봤습니다. 사실 난수에 재현성을 갖게 만든다는 것은 모순입니다. 하지만 머신러닝에서는 난수를 사용하는 알고리즘이더라도 같은 훈련 데이터에 매번 다른 모델이 생성되면 결과를 제대로 비교할 수 없는 곤란한 상황이 생길 수 있습니다. 이때 방금 설명한 방법이 유용하게 쓰입니다.

7 : 데이터 시각화

맷플롯립(matplotlib)을 사용한 데이터 시각화를 설명합니다. 맷플롯립에는 너무나 다양한 기능이 있으므로 이 책에서 소개하는 내용은 일부분입니다. 더 자세한 내용은 맷플롯립 공식 사이트의 문서[1]를 참고하세요.

7.1 꺾은선 그래프

먼저 꺾은선 그래프를 이용해 다음과 같은 데이터에서 x와 y의 관계를 그래프로 그려보겠습니다.

x	0	1	2	3
y	3	7	4	8

코드 plot1.py

```
import numpy as np
import matplotlib.pyplot as plt

x = np.array([0, 1, 2, 3])
y = np.array([3, 7, 4, 8])

plt.plot(x, y, color="r")
plt.show()
```

---

1 https://matplotlib.org/stable/contents.html

실행 결과

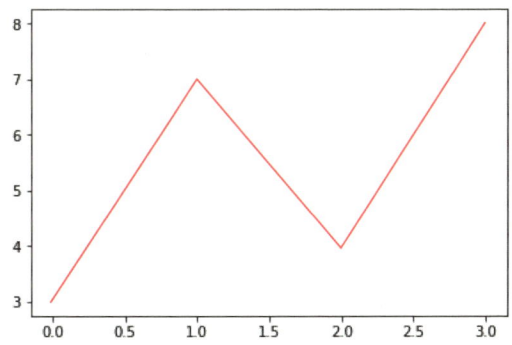

참고로 맷플롯립 공식 문서에도 언급되어 있듯이, matplotlib.pyplot의 별칭을 관행적으로 plt라고 명명합니다.

plot 함수는 선으로 연결하려는 점의 x 좌표 배열과 y 좌표 배열을 인수로 삼습니다. 즉, 앞 예는 (0, 3), (1, 7), (2, 4), (3, 8)이라는 점 4개를 선으로 연결하려는 것이므로 x 좌표의 배열과 y 좌표의 배열이 plot의 인수가 되는 것입니다.

또 다른 plot의 인수 color="r"은 그래프 선의 색상을 지정합니다. "r"은 빨간색, "g"는 초록색, "b"는 파란색, "k"는 검은색을 뜻합니다. 이외의 지정할 수 있는 색상은 맷플롯립의 color example code[2]를 참고하기 바랍니다.

마지막으로 show 함수를 호출해 그래프를 출력합니다.

---

2 https://matplotlib.org/examples/color/named_colors.html

7.2 산점도

다음 데이터에서 산점도를 그려보겠습니다.

코드 scatter1.py

```
import numpy as np
import matplotlib.pyplot as plt

x = np.array([0, 1, 2, 3])
y = np.array([3, 7, 4, 8])

plt.scatter(x, y, color="r")
plt.show()
```

실행 결과

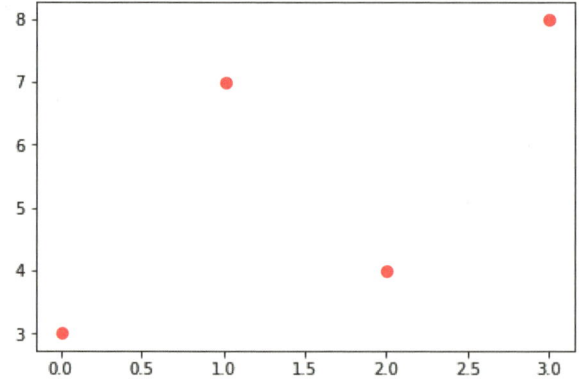

scatter1.py는 plot1.py의 plot 함수를 scatter 함수로 바꿨을 뿐입니다.

7.3 곡선 그래프

그래프를 꺾은선이 아니라 곡선으로 그리고 싶은 상황도 있을 겁니다. 예를 들어 $y = x^2$이라는 함수의 그래프를 그려보겠습니다.

곡선을 그리려면 어떤 구간에서 여러 개의 점을 x값으로 삼은 후 $y = x^2$의 값을 계산합니다. x값으로 삼은 점의 개수가 충분하면 이를 선으로 연결한 그래프의 모양은 자연스레 곡선이 됩니다.

코드 plot2.py

```
import numpy as np
import matplotlib.pyplot as plt

x = np.linspace(-5, 5, 300)  # ❶
y = x**2  # ❷

plt.plot(x, y, color="r")
plt.show()
```

실행 결과

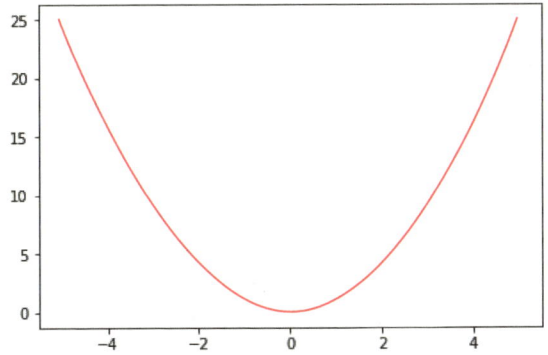

plot2.py는 ❶의 np.linspace 함수에서 설정한 범위인 [-5, 5]에 일정한 간격으로 300개의 점을 생성합니다. 300이라는 숫자에 특별한 의미가 있지는 않습니다. 곡선을 그릴 수 있을 만큼의 숫자이며, 숫자가 너무 크면 선 그래프를 그리는 데 시간이 오래 걸릴 수 있으니 적당한 숫자를 설정합니다. ❷에서는 브로드캐스팅으로 변수 x에 있는 모든 숫자를 제곱해서 변수 y에 저장합니다.

이제 plot 함수가 300개의 점을 꺾은선으로 연결하므로 최종 실행 결과는 곡선으로 보이게 됩니다.

7.4 다중 그래프

하나의 그래프에는 여러 개의 선을 그릴 수 있습니다. 다음 코드를 살펴보겠습니다.

코드 plot3.py

```python
import numpy as np
import matplotlib.pyplot as plt

x = np.linspace(-5, 5, 300)
y1 = x**2
y2 = (x - 2)**2

plt.plot(x, y1, color="r")
plt.plot(x, y2, color="k", linestyle="--")
plt.show()
```

실행 결과

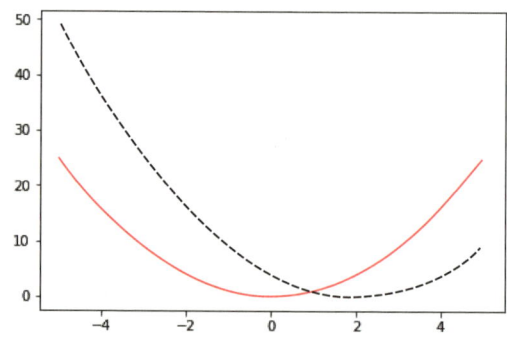

여기서는 $y = x^2$과 $y = (x - 2)^2$의 그래프를 그립니다. plot 함수 2개를 호출한 후 show 함수를 호출하면 그래프 2개가 그려집니다. 참고로 두 번째 plot 함수의 인수인 linestyle="--"는 그래프의 선을 점선으로 나타내겠다는 뜻입니다.

7.5 히스토그램

여기에서는 주사위를 10번 던져서 나온 숫자를 모두 더하는 작업을 1,000번 반복합니다. 그리고 그 합의 표본분포가 어떻게 되는지를 히스토그램으로 그려볼 것입니다. 다음 코드를 살펴봅니다.

코드 hist1.py

```
import numpy as np
import matplotlib.pyplot as plt

np.random.seed(0)
l = []
for _ in range(1000):
    l.append(np.random.randint(1, 7, size=10).sum())   # ❶

plt.hist(l, 20, color="gray")  # ❷
plt.show()
```

실행 결과

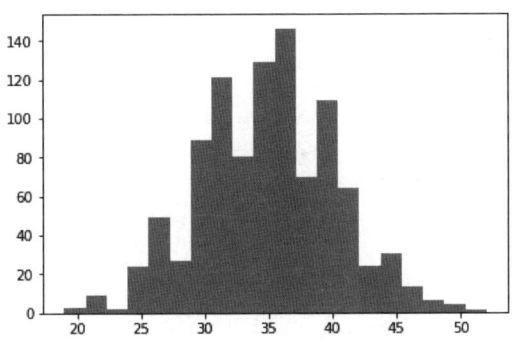

히스토그램을 그릴 때는 hist 함수를 사용합니다. 그래프의 데이터는 숫자로 구성된 리스트입니다. ❶에서는 주사위를 10번 던져서 나온 숫자를 모두 더하는 것을 1,000번 반복해서 리스트 l에 저장합니다. ❷에서는 그 결과를 hist 함수의 인수로 설정해 그래프를 그립니다.

hist 함수의 두 번째 인수(예시에서는 20)에는 빈(bin)을 설정합니다. 히스토그램에서 빈이란 데이터 각각을 분류하는 구간입니다. 즉, 빈을 설정하면 데이터의 최댓값과 최솟값을 빈으로 설정한 숫자만큼 똑같은 간격으로 나눠서 해당 구간의 표본 수를 막대로 나타냅니다.

빈은 보통 숫자로 설정하지만 plt.hist(1, np.arange(15, 55, 2))처럼 명시적인 구간도 설정할 수 있습니다. 이때 np.arange(15, 55, 2)는 요소가 [15, 17, 19, 21, …]인 배열이므로 빈은 [15, 17), [17, 19), [19, 21), …으로 구간이 설정됩니다.

7.6 그래프 여러 개 그리기

다음은 여러 개의 그래프를 나란히 그리는 코드입니다.

코드 subplot1.py

```
import numpy as np
import matplotlib.pyplot as plt

x = np.linspace(-5, 5, 300)
sin_x = np.sin(x)                            # ❶
cos_x = np.cos(x)

fig, axes = plt.subplots(2, 1)  # ❷
axes[0].set_ylim(-1.5, 1.5)
axes[1].set_ylim(-1.5, 1.5)                  # ❸
axes[0].plot(x, sin_x, color="r")
axes[1].plot(x, cos_x, color="k")            # ❹

plt.show()
```

실행 결과

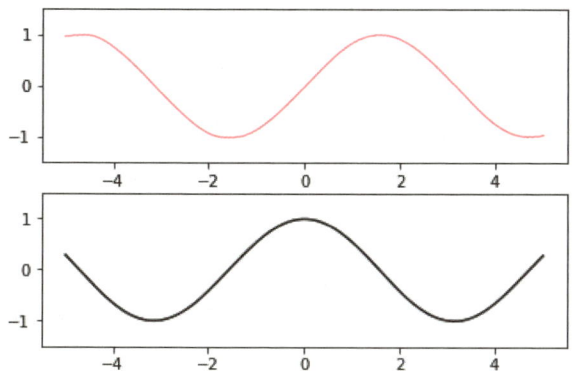

각 그래프를 서브플롯이라고 하면 실행 결과에는 세로로 2개의 서브플롯이 있습니다. 위는 $y = \sin x$, 아래는 $y = \cos x$의 그래프를 그린 것입니다.

❶에서는 그래프를 그릴 때 필요한 데이터를 제공합니다. ❷에서는 `subplots` 함수를 실행해 서브플롯을 생성합니다. 인수 (2, 1)은 2행 1열의 서브플롯을 생성한다는 뜻입니다. 예를 들어 서브플롯 2개를 가로로 나열하려면 인수는 (1, 2)로 설정하고, 서브플롯 4개를 2행 2열로 나열할 때는 (2, 2)로 설정합니다. 반환 값은 `fig`와 `axes`를 받는데, `fig`는 이 책에서 다루지 않으므로 설명은 생략하겠습니다. `axes`는 배열이며 요소 각각에 메소드를 호출해서 그래프를 설정하거나 그릴 수 있습니다.

❸은 `set_ylim` 메소드로 서브플롯 각각에 그림을 그릴 y축 범위를 설정합니다. ❹는 각 서브플롯을 그립니다. 여기에서는 `plot` 메소드를 호출하는데 이는 함수 `matplotlib.pyplot.plot`을 사용하는 것과 같은 방법입니다.

subplots 함수의 두 번째 반환 값(정확하게는 반환 값이 튜플이므로 두 번째 요소)은 `matplotlib.axes.Axes` 클래스 인스턴스의 리스트입니다. Axes 클래스에 속한 메소드는 `matplotlib.pyplot`의 함수들과 기능이 비슷한데, 완전히 같지는 않으므로 주의해야 합니다. 같은 설정을 하는 메소드 이름(함수 이름)이 다른 경우도 있습니다. 이 책에서는 그래프의 세세한 설정까지는 설명하지 않으므로 자세한 내용은 맷플롯립 공식 문서를 참고하세요.

만약 이 부분까지 신경 쓴다면, 서브플롯이 하나만 있을 때 subplots 함수를 사용하는 방법도 있습니다. 예를 들어 다음 코드를 실행하면 plot2.py와 같은 결과를 출력합니다.

코드 subplots2.py

```python
import numpy as np
import matplotlib.pyplot as plt

x = np.linspace(-5, 5, 300)
y = x**2

fig, ax = plt.subplots()
ax.plot(x, y, color="r")
plt.show()
```

즉, subplots 함수를 인수 없이 호출하면 서브플롯을 하나만 만듭니다. 또한 두 번째 인수는 배열이 아닌 Axes 클래스의 인스턴스입니다.

7.7 등고선

등고선(contour line)을 그리는 방법은 다음과 같습니다. 임의의 k가 있을 때

$$x^2 + \frac{y^2}{4} = k$$

를 만족하는 곡선을 그려보겠습니다. k를 고정하면 타원이 되는데, k = 1, 2, 3, 4, 5일 때 곡선을 그리겠습니다.

> **코드 contour1.py**
>
> ```
> import matplotlib.pyplot as plt
> import numpy as np
>
> def f(x, y):
>     return x**2 + y**2 / 4
>
> x = np.linspace(-5, 5, 300)
> y = np.linspace(-5, 5, 300)
> xmesh, ymesh = np.meshgrid(x, y)  # ❶
> z = f(xmesh.ravel(), ymesh.ravel()).reshape(xmesh.shape)  # ❷
>
> plt.contour(x, y, z, colors="k", levels=[1, 2, 3, 4, 5])  # ❸
> plt.show()
> ```

실행 결과

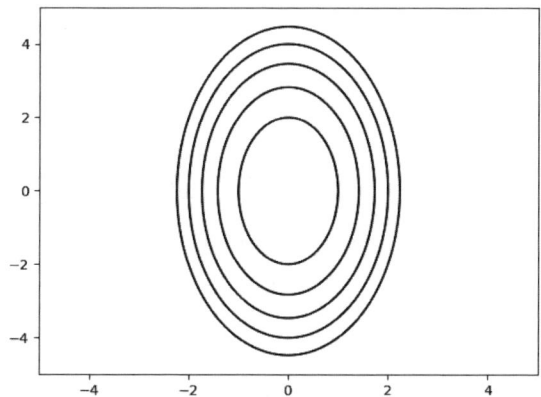

코드를 보면 np.meshgrid라는 함수를 사용합니다. 이 함수의 이해를 돕기 위해 REPL에서 다음과 같은 계산을 해봅니다.

x 좌표와 y 좌표에 해당하는 배열 생성

```
>>> import numpy as np
>>> x = np.array([1, 2, 3])
>>> y = np.array([4, 5, 6])
>>> xmesh, ymesh = np.meshgrid(x, y)
>>> xmesh
array([[1, 2, 3],
       [1, 2, 3],
       [1, 2, 3]])
>>> ymesh
array([[4, 4, 4],
       [5, 5, 5],
       [6, 6, 6]])
```

등고선을 그리려면 평면을 세밀한 그리드(격자)로 나눈 후 등고선을 그리는 데 필요한 값을 평가할 필요가 있습니다. np.meshgrid는 이 평가를 돕는 기능입니다. x 좌표를 1, 2, 3, y 좌표를 4, 5, 6이라고 가정했을 때 해당 값으로 구성되는 그리드 위 9개 점의 좌표는 그림 4-1과 같습니다.

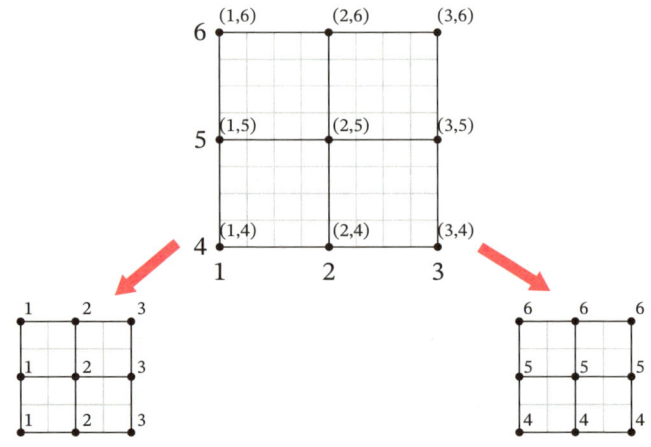

그림 4-1 meshgrid 함수의 동작

이때 각 점의 좌표를 계산하는 것이 np.meshgrid 함수입니다. 변수 x로 배열 [1, 2, 3]을, 변수 y로 배열 [4, 5, 6]을 준비한 후 x와 y를 인수로 삼아 np.meshgrid를 호출합니다. 그럼 2차원 배열 2개를 반환합니다. 반환한 배열에는 그리드 각각의 점을 이루는 x 좌표와 y 좌표가 나열되어 있습니다.

contour1.py의 ❶에서는 [-5, 5] 범위에 300개의 점을 생성한 x와 y를 인수로 하여 np.meshgrid 함수를 호출합니다. 즉, 세밀한 그리드 생성을 고려합니다.

❷에서는 f 함수가 2차원 배열인 x와 y를 판단합니다. f 함수는 브로드캐스팅이 가능하고, 인수 2개가 모두 2차원 배열이므로 계산 결과도 2차원 배열입니다. 그런데 평가와 관련된 함수가 꼭 2차원 배열에 대응하는 것은 아닙니다. 머신러닝에 관련된 함수는 1차원 배열에만 대응하는 경우도 있습니다. 그래서 ravel 메소드를 사용하여 xmesh와 ymesh라는 2차원 배열을 1차원 배열로 바꿔 값을 평가한 후 다시 reshape 메소드를 이용해 2차원 배열로 바꿨습니다. 어쨌든 ❷의 코드가 실행이 끝나면 xmesh와 ymesh에는 그리드 각 점에 해당하는 x 좌표와 y 좌표가 저장되고, z에는 그리드 점 각각을 평가한 값이 저장됩니다. xmesh, ymesh, z는 모두 같은 형태의 2차원 배열입니다.

❸은 등고선을 그립니다. 인수 levels에서 등고선을 그리는 함숫값을 지정합니다. 즉, f 함수의 평가 값이 1, 2, 3, 4, 5인 곳에 등고선을 그립니다.

방금 살펴본 contour1.py의 contour 함수는 등고선의 여러 가지 요소 중 선만 그리는 기능입니다. 이어서 함수의 평가 값을 기반으로 등고선의 각 영역을 색깔로 구분하는 contourf를 살펴봅니다.

코드 contour2.py

```python
import matplotlib.pyplot as plt
import numpy as np

def f(x, y):
    return x**2 + y**2 / 4

x = np.linspace(-5, 5, 300)
y = np.linspace(-5, 5, 300)
xmesh, ymesh = np.meshgrid(x, y)
z = f(xmesh, ymesh)

colors = ["0.1", "0.3", "0.5", "0.7"]
levels = [1, 2, 3, 4, 5]
plt.contourf(x, y, z, colors=colors, levels=levels)
plt.show()
```

실행 결과

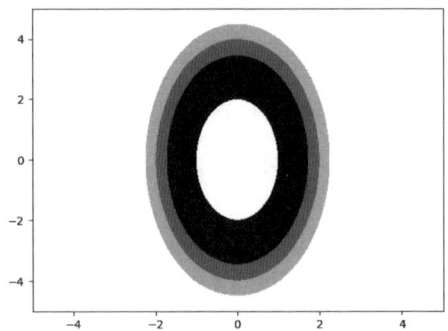

contour2.py의 contourf 함수에는 인수로 colors와 levels가 있습니다. levels는 등고선을 그릴 함수의 평가 값을 설정하고, colors는 등고선 사이의 영역을 채울 색상을 지정합니다. 이때 colors의 요소 수는 levels의 요소 수보다 하나 적게 설정해야 합니다. 앞 예에서는 함수의 평가 값이 1에서 2 사이에는 0.1, 2에서 3 사이에는 0.3을 설정했습니다. 참고로 0.1이라는 숫자는 그레이 스케일의 농도를 뜻합니다. 1.0은 흰색, 0.0은 검은색을 뜻하고 중간 숫자는 흰색과 검은색 사이의 농도를 나타냅니다.

8 : 수학적 최적화

어떤 제약 조건 안에서 함수의 가치를 극대화(또는 최소화)하는 것을 수학적 최적화 문제라고 합니다. 이 절에서는 머신러닝에 관한 수학적 최적화의 전형적인 문제와 그 해결 방법을 소개합니다.

8.1 선형계획법

선형계획법은 머신러닝 알고리즘에 적용하는 상황이 적지만 수학적 최적화 문제의 기본이므로 간단하게 설명합니다. 다음과 같은 문제를 살펴보겠습니다.

> 어떤 공장에서 제품 X, Y를 생산하고 있습니다. 두 제품은 원료 A, B, C를 이용해 만들며 제품 1개를 만드는데 필요한 원료(kg)는 다음 표와 같습니다.
>
> | | A | B | C |
> |---|---|---|---|
> | X | 1 | 2 | 2 |
> | Y | 4 | 3 | 1 |
>
> 또한 공장 창고에 있는 원료의 양(kg)은 다음 표와 같습니다.
>
> | A | B | C |
> |---|---|---|
> | 1700 | 1400 | 1000 |
>
> 제품 X, Y를 1개 팔았을 때의 이익은 각각 3달러와 4달러입니다. 이때 최대 이익을 내려면 X, Y를 몇 개씩 생산해야 하는지 계산하세요.

먼저 제품을 제조하는 원료의 양이 꼭 정수는 아니어도 되는 것으로 가정하겠습니다. 보통 제품의 단위는 1개, 2개로 정수이지만, 합금이나 화학 제품처럼 무게 단위로 다루는 제품이라고 생각하기 바랍니다.

문제를 수식으로 나타내겠습니다. 제품 X와 Y를 생산할 때의 원료 양을 각각 x, y라고 하면 원료 A는 $x + 4y$입니다. 이때 원료 A의 양이 한정되어 있으므로 식은 다음처럼 나타냅니다.

$$x + 4y \leq 1700$$

마찬가지로 원료 B와 원료 C에 대해서 다음 식을 얻습니다.

$$2x + 3y \leq 1400$$
$$2x + y \leq 1000$$

또한 각 제품의 생산량은 0 이상이어야 하므로 다음과 같은 조건을 갖습니다.

$$x \geq 0, y \geq 0$$

결국 앞 조건들을 만족하는 이익 $3x + 4y$를 극대화하는 것이 문제의 핵심입니다. 모든 것을 정리하면 다음 식처럼 나타낼 수 있습니다.

식 4-5

$$\text{Maximize } 3x + 4y$$
$$\text{Subject to } x + 4y \leq 1700$$
$$2x + 3y \leq 1400$$
$$2x + y \leq 1000$$
$$x \geq 0$$
$$y \geq 0$$

이처럼 최적화하고 싶은 함수를 먼저 작성하고 최대화하려는지 최소화하려는지를 Maximize 또는 Minimize로 나타냅니다. 이때 최적화하려는 함수를 목적함수라고 합니다. Subject to 다음에는 최적화에 필요한 조건과 관련된 식을 작성합니다. 이렇게 어떤 조건 아래 목적함수를 최대화 또는 최소화하는 문제를 수학적 최적화 문제라고 합니다.

여기서 x와 y처럼 값이 변하는 문자를 변수, 조건식을 만족하는 변숫값을 실현가능해(feasible solution)라고 합니다. 목적함수를 최적화(최대화 또는 최소화)하는 변수를 최적해(optimal solution)라고 합니다. 이때의 목적함숫값은 최적값이라고 합니다.

변수를 명시하고 싶을 때는 목적함수를 다음 두 가지 형태로 작성할 수 있습니다.

$$\text{Maximize}_{x,y} 3x + 4y$$

$$\text{Maximize}_{x,y} 3x + 4y$$

단, 식에서 변수가 명확할 때는 생략해도 됩니다.

특히 식 4-5는 목적함수와 조건식이 모두 1차식, 즉 선형입니다. 이러한 최적화 문제를 선형계획법이라고 합니다. 이는 그림 4-2처럼 나타낼 수 있습니다.

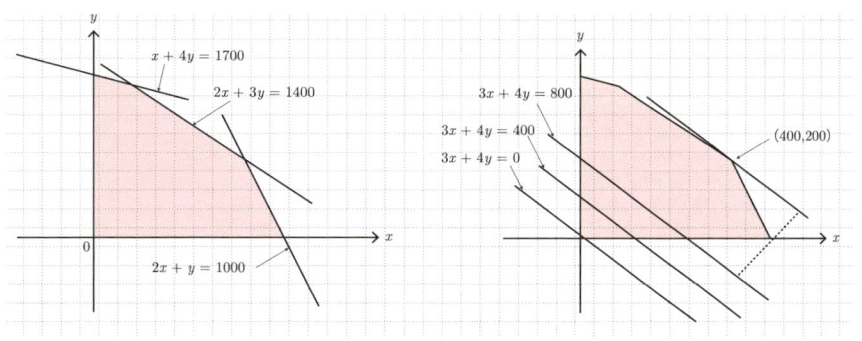

그림 4-2 조건식을 만족하는 영역과 최적해

조건식을 만족하는 영역은 그림 4-2 왼쪽과 같습니다. 칠해진 영역에 속하는 점(경계선의 점 포함)은 모두 실현가능해입니다. 여기에서 최적해를 계산하겠습니다.

269

쉽게 접근하면 실현가능해 영역에서 목적함수 $3x + 4y$가 최대인 점을 계산하면 되는데, 우선 다양한 k에 대해 $3x + 4y = k$를 만족하는 점의 집합을 생각해 볼 것입니다. $3x + 4y = k$를 만족하는 점의 집합은 직선입니다. (x, y)가 실현가능해 영역에 있을 때 $3x + 4y$를 최대화하는 문제는 직선 $3x + 4y = k$가 실현가능해 영역의 사선 부분과 만날 때까지 k값을 증가시키는 문제입니다. k값을 증가시켜 만드는 모든 직선 $3x + 4y = k$는 평행합니다(그림 4-2 오른쪽). 이는 넓은 관점에서 $3x + 4y$의 등고선이기도 합니다.

그림 직선을 평행으로 이동시킬 때 사선과 만나는 점이 최적해고, 이때의 k값이 최적값입니다. 그림 4-2 오른쪽의 예라면 $3x + 4y = k$가 점 (400, 200)을 지날 때 최대입니다. x, y에 대입하면 $3 \times 400 + 4 \times 200 = 2000$이 최적값입니다.

지금까지 변수가 2개일 때 선형계획법을 살펴봤습니다. 그럼 일반적인 상황은 어떨까요? n차원 벡터 x를 변수로 삼는 선형계획법은 식 4-6처럼 일반화할 수 있습니다.

식 4-6

$$\text{Minimize } \boldsymbol{c}^T\boldsymbol{x}$$
$$\text{Subject to } \boldsymbol{Gx} \leq \boldsymbol{h}$$
$$\boldsymbol{Ax} = \boldsymbol{b}$$

식 4-6은 나중에 사용할 함수의 사양에 맞추려고 목적함수를 최소화하는 형태로 정의했습니다. $\boldsymbol{Ax} = \boldsymbol{b}$처럼 식 4-5에는 없었던 등호가 있는 조건식도 있을 수 있습니다.

이제 식 4-5를 식 4-6과 같은 형태로 바꿔보겠습니다. 식 4-5는 최대화 문제이므로 최소화 문제로 바꾸려면 목적함수의 부호를 $-(3x + 4y)$처럼 바꾸면 됩니다. 이를 행렬 형태로 나타내면 다음 식과 같습니다.

$$\text{Minimize} \quad \begin{bmatrix} -3 \\ -4 \end{bmatrix}^T \begin{bmatrix} x \\ y \end{bmatrix}$$

$$\text{Subject to} \quad \begin{bmatrix} 1 & 4 \\ 2 & 3 \\ 2 & 1 \\ -1 & 0 \\ 0 & -1 \end{bmatrix} \begin{bmatrix} x \\ y \end{bmatrix} \le \begin{bmatrix} 1700 \\ 1400 \\ 1000 \\ 0 \\ 0 \end{bmatrix}$$

즉,

$$\boldsymbol{c} = \begin{bmatrix} -3 \\ -4 \end{bmatrix}, \quad \boldsymbol{G} = \begin{bmatrix} 1 & 4 \\ 2 & 3 \\ 2 & 1 \\ -1 & 0 \\ 0 & -1 \end{bmatrix}, \quad \boldsymbol{h} = \begin{bmatrix} 1700 \\ 1400 \\ 1000 \\ 0 \\ 0 \end{bmatrix}$$

입니다.

다음으로 파이썬 라이브러리를 이용해 식 4-5를 계산하겠습니다. 수학적 최적화 문제 및 선형계획법을 다루는 다양한 상용 시스템이 있지만, 여기에서는 사이파이의 함수 scipy.optimize.linprog를 사용하겠습니다.

코드 lp1.py

```python
import numpy as np
from scipy import optimize

c = np.array([-3, -4], dtype=np.float64)
G = np.array([[1, 4], [2, 3], [2, 1]], dtype=np.float64)
h = np.array([1700, 1400, 1000], np.float64)
sol = optimize.linprog(c, A_ub=G, b_ub=h, bounds=(0, None))

print(sol.x)
print(sol.fun)
```

실행 결과

```
[399.99988463 199.99996114]
-1999.9994984688583
```

이 함수를 식 4-6과 연결하면 *c*에 해당하는 것은 인수 c이며, ***G*, *h*, *A*, *b***에 해당하는 것은 각각 A_ub, b_ub, A_eq, b_eq입니다.[3]

또한 모든 변수의 상한값과 하한값은 인수 bounds로 설정할 수 있습니다. 식 4-5 조건식 중 마지막 2개를 bounds의 인수로 설정하겠습니다. 3행의 행렬인 A_ub의 하한값은 0이고 상한값은 없습니다. 따라서 인수 bounds의 설정은 (0, None)입니다. 이처럼 상한값 또는 하한값이 없으면 설정값은 None입니다.

실행 결과를 근삿값으로 생각해보면 결국 $(x, y) = (400, 200)$일 때 -2000이란 최적값을 갖는다는 사실을 알 수 있습니다. 참고로 식 4-6으로 일반화하면서 목적함수의 부호를 바꾸었으므로 식 4-5의 실제 최적값은 2000입니다. 손으로 직접 계산해봐도 같은 결과가 나옵니다.

8.2 2차계획법

다음처럼 변수 2개가 있는 2차함수를 살펴봅니다.

식 4-7

$$f(x, y) = x^2 + xy + y^2 + 2x + 4y$$

---

[3] 옮긴이: https://docs.scipy.org/doc/scipy/reference/generated/scipy.optimize.linprog.html 참고.

앞과 같은 식의 최솟값을 계산하는 것을 2차계획법이라고 합니다. 파이썬의 패키지인 cvxopt를 사용해 계산해보겠습니다.

cvxopt는 아나콘다에 포함된 패키지가 아니므로 별도로 설치해야 합니다. 아나콘다를 설치했다면 패키지 관리 도구인 conda를 실행한 후 셸에서 다음 명령을 실행해 설치합니다(Windows 사용자라면 Anaconda Prompt를 실행해 명령을 실행하면 됩니다).

```
$ conda install -c anaconda cvxopt
```

아나콘다를 사용하지 않는다면 셸에서 pip 명령어를 사용하여 설치합니다.

```
$ pip install cvxopt
```

cvxopt에서 제공하는 함수를 사용하려면 식 4-7을 일반화하는 형태로 바꿔야 합니다. cvxopt로 제약 조건이 없는 2차계획법에서는 다음과 같은 형태의 식을 사용합니다.

$$\frac{1}{2} x^T P x + q^T x$$

여기서 x는 변수고, P와 q는 계수입니다. 이제 식 4-7 $f(x, y)$를 이와 같은 형태로 바꾸면 다음과 같습니다.

$$f(x, y) = \frac{1}{2}[x \quad y]\begin{bmatrix} 2 & 1 \\ 1 & 2 \end{bmatrix}\begin{bmatrix} x \\ y \end{bmatrix} + [2 \quad 4]\begin{bmatrix} x \\ y \end{bmatrix}$$

여기서 $x = (x, y)^T$라면 앞 식과 계수를 비교해서 다음처럼 P와 q를 구할 수 있습니다.

$$P = \begin{bmatrix} 2 & 1 \\ 1 & 2 \end{bmatrix}, \quad q = \begin{bmatrix} 2 \\ 4 \end{bmatrix}$$

그럼 함수 cvxopt.solvers.qp에 방금 구한 계수 P와 q를 인수로 설정하는 다음 코드를 살펴봅시다.

코드 qp1.py

```
import numpy as np
import cvxopt

P = cvxopt.matrix(np.array([[2, 1], [1, 2]], dtype=np.float64))  ⎤ # ❶
q = cvxopt.matrix(np.array([2, 4], dtype=np.float64))            ⎦

sol = cvxopt.solvers.qp(P, q)  # ❷

print(np.array(sol["x"]))
print(np.array(sol["primal objective"]))
```

실행 결과

```
[[ 2.22044605e-16]
 [-2.00000000e+00]]
-4.0
```

cvxopt에서 다루는 행렬, 벡터는 해당 패키지의 고유한 데이터 타입을 사용하므로 넘파이 배열은 타입을 변환해서 사용해야 합니다.

qp1.py의 ❶은 넘파이 배열을 cvxopt.matrix 타입으로 변환해 계수 P와 q로 저장합니다. ❷에서는 최적해를 계산하는데, 최적해의 정보는 딕셔너리 타입으로 제공합니다. 최적해는 sol["x"]로 계산하며 그때의 목적함숫값은 sol["primal objective"]입니다. 코드를 실행하면 최적해 $(x, y) = (0, -2)$(2.22044605e-16을 0으로 간주)에서 최적값 -4를 계산합니다.

이번에는 두 가지 제약 조건이 있는 2차계획법을 살펴보겠습니다. 먼저 cvxopt에는 다음 식의 형태로 조건을 입력할 수 있습니다.

$$Ax=b, Gx \leq h$$

그리고 두 가지 제약 조건은 다음과 같습니다.

식 4-8

$$\text{Minimize } f(x, y) = x^2 + xy + y^2 + 2x + 4y$$
$$\text{Subject to } x + y = 0$$

식 4-9

$$\text{Minimize } f(x, y) = x^2 + xy + y^2 + 2x + 4y$$
$$\text{Subject to } 2x + 3y \leq 3$$

식 4-8을 코드로 구현하면 다음과 같습니다. 여기서 $Ax = b$라는 식을 이용합니다.

코드 qp2.py

```python
import numpy as np
import cvxopt

P = cvxopt.matrix(np.array([[2, 1], [1, 2]], dtype=np.float64))
q = cvxopt.matrix(np.array([2, 4], dtype=np.float64))
A = cvxopt.matrix(np.array([[1, 1]], dtype=np.float64))
b = cvxopt.matrix(np.array([0], dtype=np.float64))

sol = cvxopt.solvers.qp(P, q, A=A, b=b)

print(np.array(sol["x"]))
print(np.array(sol["primal objective"]))
```

실행 결과

```
[[ 1.]
 [-1.]]
-1.0000000000000013
```

앞에서 살펴본 $Ax = b$는 cvxopt.solvers.qp 함수의 인수 A, b로 사용합니다. 그리고 $x + y = 0$이라는 조건식은 다음처럼 바꿀 수 있습니다.

$$[1 \quad 1]\begin{bmatrix} x \\ y \end{bmatrix} = 0$$

이에 따라 A와 b는 다음과 같습니다.

$$A = [1\ 1], b = [0]$$

b는 1차원 벡터(크기 1×1 행렬)로, 변수 b에 저장합니다.

식 4-9를 코드로 구현하면 다음과 같습니다. 여기서는 $Gx \le h$라는 식을 이용합니다.

코드 qp3.py

```python
import numpy as np
import cvxopt

P = cvxopt.matrix(np.array([[2, 1], [1, 2]], dtype=np.float64))
q = cvxopt.matrix(np.array([2, 4], dtype=np.float64))
G = cvxopt.matrix(np.array([[2, 3]], dtype=np.float64))
h = cvxopt.matrix(np.array([3], dtype=np.float64))

sol = cvxopt.solvers.qp(P, q, G=G, h=h)

print(np.array(sol["x"]))
print(np.array(sol["primal objective"]))
```

실행 결과

```
         pcost       dcost       gap     pres    dres
 0:  1.8858e+00  2.9758e-01  2e+00   0e+00   2e+00
 1: -2.1066e+00 -2.1546e+00  5e-02   2e-16   7e-01
 2: -3.9999e+00 -4.0665e+00  7e-02   6e-16   8e-17
 3: -4.0000e+00 -4.0007e+00  7e-04   9e-16   1e-16
 4: -4.0000e+00 -4.0000e+00  7e-06   3e-16   6e-17
 5: -4.0000e+00 -4.0000e+00  7e-08   3e-16   2e-16
Optimal solution found.
[[-2.45940165e-09]
 [-2.00000001e+00]]
-4.0
```

또 다른 조건식 $Gx = h$는 cvxopt.solvers.qp 함수의 인수 G, h로 사용합니다. 식 4-9의 $2x + 3y \leq 3$이라는 조건은 다음 식으로 바꿀 수 있습니다.

$$[2 \quad 3]\begin{bmatrix} x \\ y \end{bmatrix} \leq 3$$

따라서 G와 h는 다음과 같습니다.

$$G = [2 \ 3], h = [3]$$

실행 결과를 살펴보면 지금까지의 예와는 다르게 계산하는 모습을 볼 수 있도록 로그도 함께 출력했습니다. 여기서 로그 읽는 방법을 설명하진 않지만 최적해를 계산하는 과정을 참고만 하면 됩니다.

계산 결과를 보면 최적해의 근사값은 $(x, y) = (0, -2)$고 최적값은 -4이므로 qp1.py의 실행 결과와 같습니다. 이는 조금만 생각하면 당연한 일입니다. 식 4-7 역시 최적해가 $(x, y) = (0, -2)$이고, $2x + 3y \leq 3$이라는 조건을 만족하므로 최적값이 같은 것입니다. 직접 계산해보면 같은 최적해지만, 실제 코드 실행 결과에 다소 차이가 있는 이유는 데이터 타입에 따른 계산 오차 때문입니다.

2차계획법은 다음 식으로 일반화합니다.

$$\text{Minimize} \quad \frac{1}{2}\boldsymbol{x}^T \boldsymbol{P}\boldsymbol{x} + \boldsymbol{q}^T \boldsymbol{x}$$
$$\text{Subject to} \quad \boldsymbol{A}\boldsymbol{x} = \boldsymbol{b}$$
$$\boldsymbol{G}\boldsymbol{x} \leq \boldsymbol{h}$$

선형계획법과 비교하면 목적함수의 결과가 2차함수 형태라는 차이가 있습니다.

8.3 경사하강법

다음과 같이 제약 조건이 없는 최적화 문제를 살펴보겠습니다.

$$\text{Minimize} \ 5x^2 - 6xy + 3y^2 + 6x - 6y$$

여기서 $f(x, y) = 5x^2 - 6xy + 3y^2 + 6x - 6y$일 때 $f(x, y) = k$를 만족하는 점 집합을 생각하면 그림 4-3과 같습니다. 즉, 다양한 k에 대해 등고선을 그릴 수 있습니다.

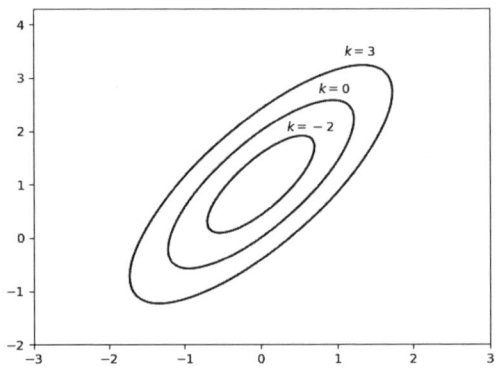

그림 4-3 k에 따라 $f(x, y)$를 만족하는 점 집합

이때 함수 f의 기울기는 다음과 같습니다.

$$\nabla f = \begin{bmatrix} \dfrac{\partial f}{\partial x} \\ \dfrac{\partial f}{\partial y} \end{bmatrix}$$

예를 들어 점 (x_0, y_0)를 지나는 등고선의 접선에 수직 방향으로 k가 커지는 방향벡터 $\nabla f(x_0, y_0)$가 기울기입니다(그림 4-4). 참고로 k가 작아질 때는 $-\nabla f$ 방향으로 움직입니다.

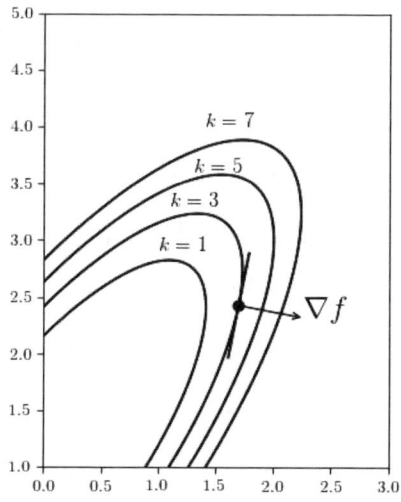

그림 4-4 ∇f의 기울기

어떤 매개변수 α와 시초점(initial point) $\boldsymbol{x}_0 = (x_0, y_0)$를 먼저 정한 후, 현재 점 $\boldsymbol{x}_k$에서 $\boldsymbol{x}_{k+1} = \boldsymbol{x}_k - \alpha \nabla f(\boldsymbol{x}_k)$로 이동하는 것을 반복하면 목적함숫값이 작아집니다. 극값은 $\nabla f(x, y) = 0$일 때이므로 극값을 계산할 수 있는 점을 찾으면 계산이 끝납니다.

이제 2변수함수가 아닌 n변수함수를 대상으로 한 알고리즘을 정리해보면 다음과 같습니다.

- 매개변수 α와 ϵ을 입력값으로 사용합니다.
- 시초점 x_k를 정합니다.
- k값을 1씩 증가시키면서 다음을 반복합니다.
  ❶ $x_{k+1} = x_k - \alpha \nabla f(x_k)$를 계산
  ❷ $\|\nabla f(x_k)\| \leq \epsilon$이면 종료

이 알고리즘을 경사하강법(gradient descent)이라고 합니다. 매개변수 α는 경사하강법으로 최적값을 찾을 때 움직이는 범위를 나타냅니다. α값은 해결할 문제에 따라 다릅니다. α값이 너무 크면 발산하고, 너무 작으면 수렴하기가 어렵습니다.

매개변수 ϵ은 계산을 종료하는 조건을 결정할 수 있는데, 값이 작을수록 정확한 최적해를 구할 수 있습니다. 하지만 값이 너무 작으면 계산하는 데 시간이 오래 걸립니다. $\nabla f(x) = 0$이 되는 x를 찾는 것이 가장 이상적이나, 4장의 기본 연산에서 설명한 것처럼 파이썬은 정확히 0이라는 숫자가 들어있지 않을 수 있기 때문에 알고리즘 안에서 0과 완전히 같은지를 종료 조건으로 삼으면 무한 루프에 빠지는 경우가 종종 있습니다.

다음 코드는 방금 설명한 경사하강법 알고리즘을 구현한 것입니다.

코드 gd.py

```python
import numpy as np

class GradientDescent:
    def __init__(self, f, df, alpha=0.01, eps=1e-6):
        self.f = f
        self.df = df
        self.alpha = alpha
```

```
        self.eps = eps
        self.path = None

    def solve(self, init):
        x = init
        path = []
        grad = self.df(x)
        path.append(x)
        while (grad**2).sum() > self.eps**2:
            x = x - self.alpha * grad
            grad = self.df(x)
            path.append(x)
        self.path_ = np.array(path)
        self.x_ = x
        self.opt_ = self.f(x)
```

GradientDescent 클래스는 변수가 일반적인 숫자일 때 극값을 계산하도록 정의했습니다. 생성자의 인수 중 f와 df에는 최소화하려는 함수와 도함수를 설정합니다. n 변수함수를 최적화하는 경우 f는 n차원 벡터(길이가 n인 1차원 배열)를 전달받아서 float 타입으로 값을 반환합니다. df는 n차원 벡터를 전달받아서 n차원 벡터를 값으로 반환합니다. 이러한 f와 df를 인수로 제공하면 극값을 계산할 수 있습니다.

또한 기본값이 설정된 인수 alpha는 알고리즘에서 극값을 찾으려고 움직이는 크기를 나타냅니다. 인수 eps는 알고리즘 종료 조건의 기준을 나타냅니다. ∇f의 L2 노름이 eps 이하일 때 종료합니다. solve 메소드는 인수로 초깃값(알고리즘에서 x_0)을 입력받아 계산 결과인 최적해를 속성 x_에 저장하고 최적값은 속성 opt_에 저장합니다.

그럼 이제 앞에 나온 함수 $f(x, y) = 5x^2 - 6xy + 3y^2 + 6x - 6y$의 최솟값을 계산하겠습니다. 먼저 다음 식처럼 x와 y 각각에 대해 미분합니다.

$$\nabla f = \begin{bmatrix} \dfrac{\partial f}{\partial x} \\ \dfrac{\partial f}{\partial y} \end{bmatrix} = \begin{bmatrix} 10x - 6y + 6 \\ -6x + 6y - 6 \end{bmatrix}$$

다음 코드는 앞 식을 바탕으로 최적값을 계산합니다. 또한, 계산 과정을 그래프로 출력합니다.

코드 gd_test1.py

```python
import numpy as np
import matplotlib.pyplot as plt
import gd

def f(xx):
    x = xx[0]
    y = xx[1]
    return 5 * x**2 - 6 * x * y + 3 * y**2 + 6 * x - 6 * y    # ❶

def df(xx):
    x = xx[0]
    y = xx[1]
    return np.array([10 * x - 6 * y + 6, -6 * x + 6 * y - 6])

algo = gd.GradientDescent(f, df)
initial = np.array([1, 1])
algo.solve(initial)                                           # ❷
print(algo.x_)
print(algo.opt_)

plt.scatter(initial[0], initial[1], color="k", marker="o")    # ❸
plt.plot(algo.path_[:, 0], algo.path_[:, 1], color="k", linewidth=1.5)  # ❹
xs = np.linspace(-2, 2, 300)
ys = np.linspace(-2, 2, 300)
xmesh, ymesh = np.meshgrid(xs, ys)
xx = np.r_[xmesh.reshape(1, -1), ymesh.reshape(1, -1)]
levels = [-3, -2.9, -2.8, -2.6, -2.4, -2.2, -2, -1, 0, 1, 2, 3, 4]
plt.contour(xs, ys, f(xx).reshape(xmesh.shape), levels = levels, colors="k",
linestyles="dotted")                                          # ❺

plt.show()
```

실행 결과

```
[3.45722846e-07 1.00000048e+00]
-2.9999999999997073
```

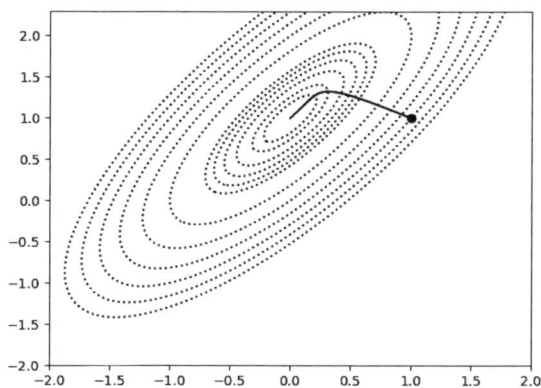

❶에서는 최적화하려는 함수와 그 도함수를 정의합니다. ❷에서는 최적화 계산을 하고 결과를 나타냅니다. 이후 코드는 그래프를 그립니다. ❸은 시작점을 설정하고, ❹는 값이 수렴할 때까지 점을 이동합니다. 마지막으로 ❺에서는 등고선을 그립니다.

그럼 만약 alpha값을 바꾸면 어떻게 되는지 다음 코드를 살펴보겠습니다.

코드 gd_test2.py

```python
import numpy as np
import matplotlib.pyplot as plt
import gd

def f(xx):
    x = xx[0]
    y = xx[1]
    return 5 * x**2 - 6 * x * y + 3 * y**2 + 6 * x - 6 * y
```

```python
def df(xx):
    x = xx[0]
    y = xx[1]
    return np.array([10 * x - 6 * y + 6, -6 * x + 6 * y - 6])

xmin, xmax, ymin, ymax = -3, 3, -3, 3

algos = []
initial = np.array([1, 1])
alphas = [0.1, 0.2]
for alpha in alphas:
    algo = gd.GradientDescent(f, df, alpha)
    algo.solve(np.array(initial))
    algos.append(algo)

xs = np.linspace(xmin, xmax, 300)
ys = np.linspace(ymin, ymax, 300)
xmesh, ymesh = np.meshgrid(xs, ys)
xx = np.r_[xmesh.reshape(1, -1), ymesh.reshape(1, -1)]
fig, ax = plt.subplots(1, 2)
levels = [-3, -2.9, -2.8, -2.6, -2.4, -2.2, -2, -1, 0, 1, 2, 3, 4]
for i in range(2):
    ax[i].set_xlim((xmin, xmax))
    ax[i].set_ylim((ymin, ymax))
    ax[i].set_title("alpha={}".format(alphas[i]))
    ax[i].scatter(initial[0], initial[1], color="k", marker="o")
    ax[i].plot(algos[i].path_[:, 0], algos[i].path_[:, 1], color="k",
               linewidth=1.5)
    ax[i].contour(xs, ys, f(xx).reshape(xmesh.shape), levels=levels,
                  colors="k", linestyles="dotted")

plt.show()
```

실행 결과

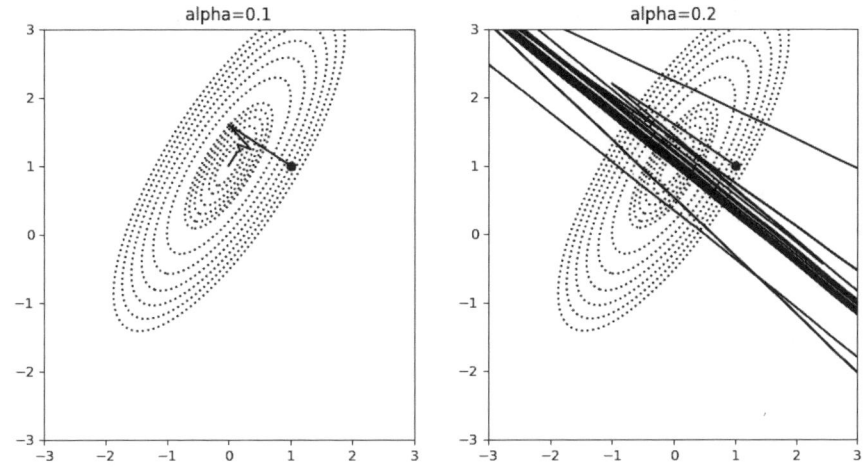

gd_test2.py는 gd_test1.py와 비슷하므로 코드를 자세하게 설명하진 않겠습니다. 실행 결과는 각각 alpha를 0.1로 설정했을 때와 0.2로 설정했을 때의 최적화 계산 과정을 그린 것입니다. alpha의 기본값은 0.01이므로 alpha = 0.01일 때의 그래프인 gd_test1.py의 실행 결과(283쪽 참고)와 비교해보겠습니다.

gd_test2.py의 왼쪽 실행 결과는 꺾은선의 움직임이 조금 흔들리는 것처럼 보입니다. alpha값이 0.01에서 0.1로 커진 것에 비례해 움직임도 커지기 때문입니다. 물론 조금 흔들리더라도 결국은 최적값에 수렴합니다. 그러나 오른쪽 실행 결과는 꺾은선의 움직임이 더욱 크게 흔들리며 최적값에 수렴하지 않는 형태입니다. 즉, alpha값을 너무 크게 설정하면 수렴하지 않는 상황이 생깁니다. 반대로 값이 너무 작으면 수렴하는 데 시간이 오래 걸립니다.

8.4 뉴턴 방법

뉴턴 방법은 어떤 방정식의 해를 수치로 계산하는 방법입니다. 보통 최적화 문제에서 도함수가 0이 되는 점인 최적값을 계산할 때 자주 사용합니다.

매끄러운 함수 $f(x)\,(x \in \mathbb{R})$에 대해 다음 방정식의 해를 계산해보겠습니다.

$$f(x) = 0$$

뉴턴 방법은 초깃값 x_0부터 시작해 $x_1, x_2, \cdots$와 같은 순차적인 방식으로 해를 계산합니다. 그리고 $y = f(x)$에서 $x = x_k$일 때의 접선 및 x축과의 교점을 x_{k+1}로 두고 어떤 작은 값 ϵ에 대해 $|x_{k+1} - x_k| \leq \epsilon$이 되면 계산을 종료합니다.

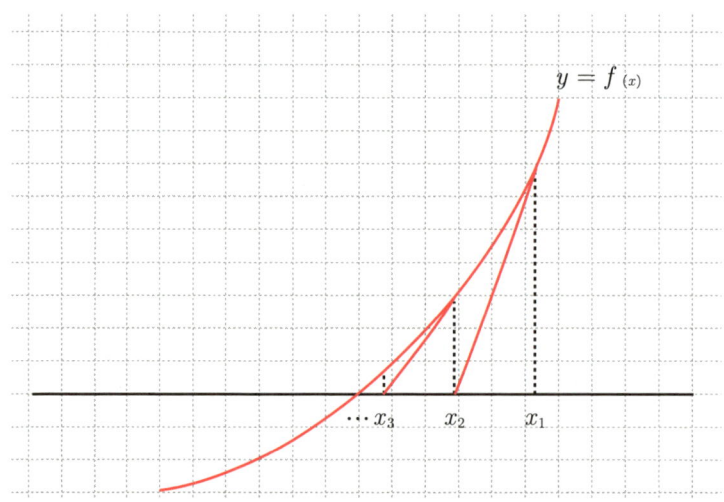

그림 4-5 뉴턴 방법

$y = f(x)$에서 $x = x_k$일 때 접선의 기울기는 $f'(x_k)$이므로 접선의 방정식은 다음과 같습니다.

$$y = f'(x_k)(x - x_k) + f(x_k)$$

앞 식이 이루는 접선과 x축의 교점은 $x = x_{k+1}$입니다. $x = x_{k+1}$, $y = 0$이면 식을 다음처럼 정리할 수 있습니다.

$$x_{k+1} = x_k - \frac{f(x_k)}{f'(x_k)}$$

여기서 x_k가 주어지면 x_{k+1}을 계산할 수 있습니다.

그럼 실제로 방정식 $x^3 - 5x + 1 = 0$의 해를 찾는 코드를 살펴보겠습니다.

코드 newton1dim.py

```
def newton1dim(f, df, x0, eps=1e-10, max_iter=1000):
    x = x0
    iter = 0
    while True:
        x_new = x - f(x)/df(x)
        if abs(x-x_new) < eps:
            break
        x = x_new
        iter += 1
        if iter == max_iter:
            break
    return x_new

def f(x):
    return x**3 - 5 * x + 1

def df(x):
    return 3 * x**2 - 5

print(newton1dim(f, df, 2))
print(newton1dim(f, df, 0))
print(newton1dim(f, df, -3))
```

실행 결과

```
2.1284190638445777
0.20163967572340463
-2.330058739567982
```

newton1dim.py에서는 newton1dim 함수를 이용해 해를 계산합니다. 인수 f는 해를 계산하려는 함수고, df는 f의 도함수입니다. x0는 초깃값, eps는 수렴 조건에 사용하는 ϵ입니다. 그리고 초깃값에 따라 함수가 무한 루프에 빠질 수 있으므로 기본값 인수인 max_iter를 설정하여 최대 반복 횟수를 정합니다. max_iter에 지정한 횟수를 초과하면 그대로 루프를 종료합니다. 앞 예는 우연히 해가 수렴하는 상황이지만, 모든 해가 반드시 수렴하지는 않으므로 주의해야 합니다.

실행 결과를 보면 초깃값 설정에 따라 서로 다른 해 3개를 얻었습니다. 실제로 $x^3 - 5x + 1$의 그래프를 보면 해가 3개 있다는 사실을 확인할 수 있습니다.

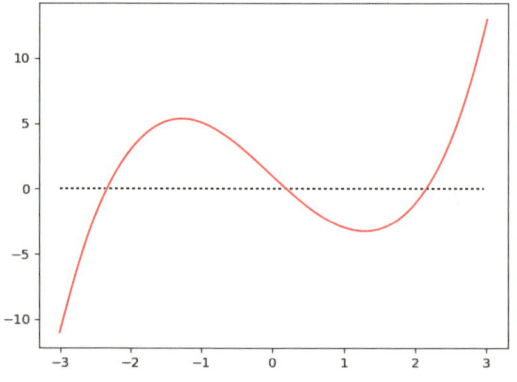

그림 4-6 $x^3 - 5x + 1$의 그래프

뉴턴 방법은 다차원으로 확장할 수 있습니다. 예를 들어 다음과 같은 연립방정식 계산을 살펴봅니다.

$$\begin{cases} f_1(x, y) = x^3 - 2y = 0 \\ f_2(x, y) = x^2 + y^2 - 1 = 0 \end{cases}$$

f가 $\mathbb{R}^2$에서 $\mathbb{R}^2$로의 사상이라면 다음과 같이 식을 정의할 수 있습니다.

$$f(\boldsymbol{x}) = \begin{bmatrix} f_1(\boldsymbol{x}) \\ f_2(\boldsymbol{x}) \end{bmatrix}$$

앞 식에서 $\boldsymbol{x}$는 다음과 같습니다.

$$\boldsymbol{x} = \begin{bmatrix} x \\ y \end{bmatrix}$$

이때 f의 야코비 행렬[4] J_f를 다음과 같이 정의합니다.

$$J_f(\boldsymbol{x}) = \begin{bmatrix} \dfrac{\partial f_1}{\partial x}(\boldsymbol{x}) & \dfrac{\partial f_1}{\partial y}(\boldsymbol{x}) \\ \dfrac{\partial f_2}{\partial x}(\boldsymbol{x}) & \dfrac{\partial f_2}{\partial y}(\boldsymbol{x}) \end{bmatrix}$$

그리고 뉴턴 방법의 식을 야코비 행렬과 연관된 식으로 바꿀 수 있습니다.

$$\boldsymbol{x}_{k+1} = \boldsymbol{x}_k - J_f(\boldsymbol{x}_k)^{-1} f(\boldsymbol{x}_k)$$

여기서 수렴 조건은 $\|x_{k+1} - x_k\| \leq \epsilon$입니다. 여기에서는 왜 이렇게 쉽게 계산되었는지 설명하지 않겠습니다. x와 관련된 변수로 일반화했다는 것만 기억하면 됩니다.

---

[4] 옮긴이: 어떤 벡터 함수의 1차 편미분 결과로 구성된 행렬을 뜻합니다.

그럼 뉴턴 방법을 구현한 코드를 살펴봅니다.

코드 newton.py

```python
import numpy as np
from numpy import linalg

class Newton:
    def __init__(self, f, df, eps=1e-10, max_iter=1000):
        self.f = f
        self.df = df
        self.eps = eps
        self.max_iter = max_iter

    def solve(self, x0):
        x = x0
        iter = 0
        self.path_ = x0.reshape(1, -1)
        while True:
            x_new = x - np.dot(linalg.inv(self.df(x)), self.f(x))  # ❶
            self.path_ = np.r_[self.path_, x_new.reshape(1, -1)]
            if ((x-x_new)**2).sum() < self.eps*self.eps:
                break
            x = x_new
            iter += 1
            if iter == self.max_iter:
                break
        return x_new
```

Newton 클래스는 x값의 궤적을 저장하는데, ❶에서 야코비 행렬을 적용한 뉴턴 방법을 계산합니다. 역행렬 계산은 np.linalg.inv 함수를 사용했습니다.

그럼 앞에서 살펴본 연립방정식의 최적값을 찾는 움직임을 출력해보겠습니다.

코드 newton_test1.py

```python
import numpy as np
import matplotlib.pyplot as plt
import newton
```

```python
def f1(x, y):
    return x**3 - 2 * y

def f2(x, y):
    return x**2 + y**2 - 1

def f(xx):
    x = xx[0]
    y = xx[1]
    return np.array([f1(x, y), f2(x, y)])

def df(xx):
    x = xx[0]
    y = xx[1]
    return np.array([[3 * x**2, -2], [2 * x, 2 * y]])

xmin, xmax, ymin, ymax = -3, 3, -3, 3
plt.xlim(xmin, xmax)
plt.ylim(ymin, ymax)
x = np.linspace(xmin, xmax, 200)
y = np.linspace(ymin, ymax, 200)
xmesh, ymesh = np.meshgrid(x, y)
z1 = f1(xmesh, ymesh)
z2 = f2(xmesh, ymesh)
plt.contour(xmesh, ymesh, z1, colors="r", levels = [0])
plt.contour(xmesh, ymesh, z2, colors="k", levels = [0])
solver = newton.Newton(f, df)

initials = [np.array([1, 1]),
            np.array([-1, -1]),
            np.array([1, -1])]
markers = ["+", "*", "x"]

for x0, m in zip(initials, markers):
    sol = solver.solve(x0)
    plt.scatter(solver.path_[:, 0], solver.path_[:, 1], color = "k", marker=m)
    print(sol)

plt.show()
```

실행 결과

```
[ 0.92071038  0.39024659]
[-0.92071038 -0.39024659]
[-0.92071038 -0.39024659]
```

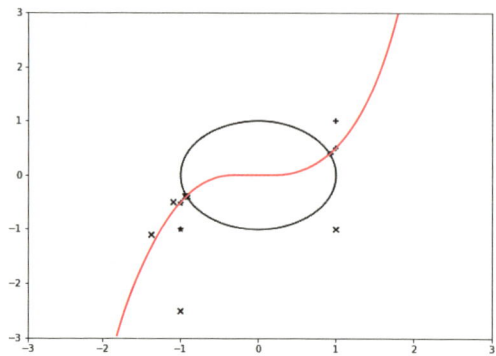

여기에서는 초깃값으로 (1, 1), (−1, −1), (1, −1)을 사용하여 각 방정식을 계산한 후, 최적값에 해당하는 x_k의 움직임을 그래프로 그립니다. 연립방정식 $f_1(x, y) = 0$과 $f_2(x, y) = 0$을 나타내는 곡선은 등고선을 그리는 구조를 사용합니다.

실행 결과 그래프에서 (1, −1)에서 시작한 X 표시를 따라가 보면 초깃값 중 (1, 1), (−1, −1)보다 더 멀리 돌아가서 수렴한 것을 알 수 있습니다.

여기서 살펴본 변수가 2개인 예를 일반화하면 $\mathbb{R}^d$에서 $\mathbb{R}^d$에 사상하는 함수 f에 대해서도 뉴턴 방법을 적용할 수 있습니다. $x = (x_1, x_2, \cdots, x_d)^T \in \mathbb{R}^d$일 때 다음 식과 같은 사상이 성립한다고 하면,

$$f(\boldsymbol{x}) = \begin{bmatrix} f_1(\boldsymbol{x}) \\ f_2(\boldsymbol{x}) \\ \vdots \\ f_d(\boldsymbol{x}) \end{bmatrix} \in \mathbb{R}$$

야코비 행렬은 다음 식처럼 정의합니다.

$$J_f = \begin{bmatrix} \frac{\partial f_1}{\partial x_1} & \frac{\partial f_1}{\partial x_2} & \cdots & \frac{\partial f_1}{\partial x_d} \\ \frac{\partial f_2}{\partial x_1} & \frac{\partial f_2}{\partial x_2} & \cdots & \frac{\partial f_2}{\partial x_d} \\ \vdots & \vdots & \ddots & \vdots \\ \frac{\partial f_d}{\partial x_1} & \frac{\partial f_d}{\partial x_2} & \cdots & \frac{\partial f_d}{\partial x_d} \end{bmatrix}$$

그리고 다음처럼 뉴턴 방법에 야코비 행렬을 치환한 식을 $\|x_{k+1} - x_k\| \leq \epsilon$이 될 때까지 계산을 반복하면 $f(x) = 0$의 해를 구할 수 있습니다.

$$x_{k+1} = x_k - J_f(x_k)^{-1} f(x_k)$$

기타 수치에 관한 미분

지금까지는 함수 f와 f의 도함수를 인수로 삼아 코드를 실행했는데, 함수 f의 도함수를 코드 안에서 알고리즘으로 계산하는 편이 더 간단하다고 생각할 수 있습니다.

그러나 미분의 정의

$$f'(x) = \lim_{h \to 0} \frac{f(x+h) - f(x)}{h}$$

에서 $f(x + h) - f(x)$ 부분은 **4장 1절 기본 연산**에서 설명한 '특정 정수와 가까운 수의 뺄셈'이므로 계산의 정밀도를 높일 수 없습니다. 따라서 직접 계산하기 어려운 도함수가 아니라면 함수와 그 도함수는 인수 형태로 설정하는 것이 좋습니다.

8.5 라그랑주 곱셈자 방법

이번에는 선형이 아닌 조건식이 있는 최적화 문제를 알아보겠습니다. 먼저 식 4-10처럼 등호 제약[5]이 있는 최적화 문제를 살펴봅니다.

식 4-10

$$\text{Minimize } f(x, y) = 5x^2 + 6xy + 5y^2 - 26x - 26y$$
$$\text{Subject to } g(x, y) = x^2 + y^2 - 4 = 0$$

이처럼 선형이 아닌 조건식이 있는 최적화 문제를 해결하려면 다음과 같은 3변수함수 L을 이용합니다.

$$L(x, y, \lambda) = f(x, y) + \lambda g(x, y)$$
$$= 5x^2 + 6xy + 5y^2 - 26x - 26y + \lambda(x^2 + y^2 - 4)$$

이 3변수함수를 최대화하면 최적화 문제가 해결됩니다. 즉, 다음 식을 계산하면 최적해를 구할 수 있습니다.

$$\nabla L(x, y, \lambda) = 0$$

이러한 과정으로 최적화 문제를 해결하는 방법을 **라그랑주 곱셈자 방법**(Lagrange multiplier method)이라고 합니다. 또한 이때 사용하는 함수 L을 **라그랑주 함수**, λ를 **라그랑주 곱셈자**라고 합니다.

그럼 라그랑주 곱셈자 방법의 장점을 알아보겠습니다. 그림 4-7은 제약 조건식 $g(x, y) = 0$과 $f(x, y) = k$를 만족하는 k에 대한 등고선을 나타낸 그래프입니다.

---

5 옮긴이: 어떤 조건이 성립해야 식의 등호가 성립하는 상황을 뜻합니다.

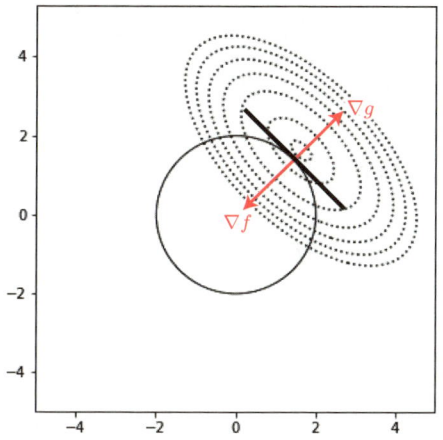

그림 4-7 등호 제약이 있을 때의 등고선

실선은 $g(x, y) = 0$에 해당하며, 점선은 등고선입니다. k가 작을수록 안쪽의 점선에 대응합니다.

$g(x, y) = 0$을 만족하면서 $f(x, y)$를 최대한 작게 할 때는 $g(x, y) = 0$과 공유점을 갖는 등고선 중 가능하면 안쪽에 있는 등고선을 찾아야 합니다. 그림을 보면 $g(x, y) = 0$과 등고선이 접할 때입니다. 접점에서는 ∇g와 ∇f가 평행하므로 다음 식이 성립하는 λ가 있습니다.

$$\nabla f = -\lambda \nabla g$$

앞 식에 따라 다음 식도 성립합니다.

$$\begin{bmatrix} \frac{\partial f}{\partial x} \\ \frac{\partial f}{\partial y} \end{bmatrix} + \lambda \begin{bmatrix} \frac{\partial g}{\partial x} \\ \frac{\partial g}{\partial y} \end{bmatrix} = \begin{bmatrix} \frac{\partial L}{\partial x} \\ \frac{\partial L}{\partial y} \end{bmatrix} = \boldsymbol{0}$$

한편 $g(x, y)$에는 다음 식이 성립합니다.

$$\frac{\partial L}{\partial \lambda} = g(x, y)$$

접점은 $g(x, y) = 0$ 위의 점이므로 다음 식이 성립합니다.

$$\begin{bmatrix} \frac{\partial L}{\partial x} \\ \frac{\partial L}{\partial y} \\ \frac{\partial L}{\partial \lambda} \end{bmatrix} = \nabla L = 0$$

즉, 이 식은 최적화를 위한 필요조건입니다.

그럼 이제 식 4-10의 최적화 문제를 해결해봅시다. 먼저 3변수함수 L을 x와 y에 대해 각각 편미분합니다.

$$\frac{\partial L}{\partial x} = 10x + 6y - 26 + 2\lambda x$$

$$\frac{\partial L}{\partial y} = 10y + 6x - 26 + 2\lambda y$$

그리고 $\nabla L = 0$이므로 다음 연립방정식이 나옵니다.

$$\begin{cases} 10x + 6y - 26 + 2\lambda x = 0 & \cdots \text{①} \\ 10y + 6x - 26 + 2\lambda y = 0 & \cdots \text{②} \\ x^2 + y^2 - 4 = 0 & \cdots \text{③} \end{cases}$$

앞 연립방정식은 대칭성이 있으므로 쉽게 계산할 수 있습니다. ① + ②와 ① – ②를 계산하면 $x+y$와 $x-y$를 λ에 대한 식으로 나타낼 수 있습니다.

그리고 x^2+y^2를 다음 식처럼 바꾼 뒤 ③에 대입합니다.

$$x^2 + y^2 = \frac{1}{2}\{(x+y)^2 + (x-y)^2\}$$

이후 문제를 계산하는 과정은 생략하지만 결과적으로 다음 해를 얻습니다.

$$x = \sqrt{2},\ y = \sqrt{2},\ \lambda = \frac{13\sqrt{2}-16}{2}$$

앞 연립방정식은 직접 계산해도 비교적 쉽게 해를 구할 수 있도록 의도적으로 대칭성이 있는 문제를 제시한 것입니다. 그러나 일반적으로는 간단하게 계산할 수 있는 상황이 적은 편임을 기억하기 바랍니다.

이제 부등호 제약이 있는 다음 두 가지 최적화 문제를 살펴봅니다.

식 4-11a

Minimize $f_1(x,y) = 5x^2 + 6xy + 5y^2 - 26x - 26y$

Subject to $g_1(x,y) = x^2 + y^2 - 4 \leq 0$

식 4-11b

Minimize $f_2(x,y) = 5x^2 + 6xy + 5y^2 - 16x - 16y$

Subject to $g_2(x,y) = x^2 + y^2 - 4 \leq 0$

식 4-11a와 식 4-11b에 대한 제약 조건과 목적함수의 등고선을 나타내면 그림 4-8과 같습니다.

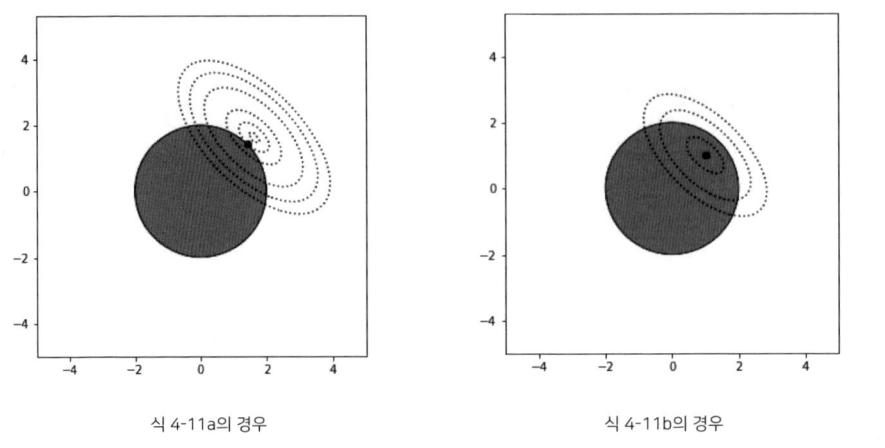

그림 4-8 부등호 제약이 있을 때의 등고선

이번에는 제약 조건이 부등호이므로 제약 조건을 만족하는 범위는 칠해진 원이고, 해당 범위에서 최대한 안쪽에 있는 등고선을 선택하는 문제입니다.

왼쪽 그림의 검은 점은 식 4-11a의 최적해인데, 등호 제약이었던 식 4-10과 같습니다. 식 4-11b는 제약 조건을 만족하는 등고선이 얼마든지 안쪽으로 이동할 수 있으므로 최적해는 오른쪽 그림에서 등고선의 중심에 표시된 검은 점입니다.

이처럼 제약 조건이 부등식이면 최적해가 제약 조건 영역의 경계일 때와 내부일 때가 있습니다. 그럼 이를 특정 기준에 맞춰 나타내는 방법을 생각해보겠습니다.

식 4-11a의 최적해는 식 4-10 최적해와 같으므로 다음 식을 만족하는 점입니다.

$$\nabla f_1 = -\lambda \nabla g_1$$

한편 식 4-11b의 최적해는 제약 조건을 무시하고 f_2를 최소화했을 때 최적해이므로 다음 식을 만족하는 점입니다.

$$\nabla f_2 = 0$$

그림 $f_1(x, y)$의 등고선과 $g_1(x, y) = 0$이 접할 때 해당 접점에서 ∇f_1과 ∇g_1은 방향이 반대입니다. 이를 다음 식으로 나타냅니다.

$$\nabla f_1 = -\lambda \nabla g_1 \ (\lambda > 0)$$

반면 $f_2(x, y)$의 등고선과 $g_2(x, y) = 0$이 접할 때는 해당 접점에서 ∇f_2와 ∇g_2의 방향이 같습니다. 따라서 다음 식처럼 일반적인 2변수함수의 최적화 문제로 나타낼 수 있습니다.

$$\text{Minimize } f(x, y)$$
$$\text{Subject to } g(x, y) \leq 0$$

이 문제를 해결하려면 다음 식을 만족하는 x, y, λ를 계산해야 합니다.

$$\nabla f(x, y) = -\lambda \nabla g(x, y) \ (\lambda > 0)$$

앞 식을 만족하는 x, y가 있으면 x, y가 최적해고, 만족하지 않으면 최적해는 $g(x, y) \leq 0$의 범위 안에 있습니다. 이때는 제약 조건을 무시하고 $\nabla f = 0$을 계산해 최적화하면 됩니다.

이제 여기에 라그랑주 곱셈자 방법에서 소개한 다음 3변수함수 L을 도입합니다.

$$L(x, y, \lambda) = f(x, y) + \lambda g(x, y)$$

그림 최적화 문제를 풀기 위한 조건은 다음과 같습니다.

$$\nabla L(x, y, \lambda) = 0$$

$$\lambda g(x, y) = 0$$

$$\lambda \geq 0$$

$$g(x, y) \leq 0$$

조건을 하나씩 살펴보겠습니다. 먼저 $\lambda g(x, y) = 0$이면 λ와 $g(x, y)$ 중 한쪽이 0이므로 경우를 두 가지로 나눠서 생각합니다. 만약 $\lambda = 0$이면 $L(x, y, \lambda) = f(x, y)$가 되므로, $g(x, y) \leq 0$이라는 범위에서 $\nabla f(x, y) = 0$이 되는 점을 계산할 수 있습니다. 한편 $g(x, y) = 0$이면 점 (x, y)는 제약 조건 영역의 경계선 위에 있습니다. 그럼 $\nabla L(x, y, \lambda) = 0$은 $\nabla f(x, y) = -\lambda \nabla g(x, y)$이며 $\lambda > 0$의 범위에서 계산할 수 있습니다. 이렇게 두 가지 경우 모두 최적화 문제를 풀기 위한 조건이 맞는지 확인하였습니다.

이러한 문제 풀이 방법도 라그랑주 곱셈자 방법이며, 이때의 L은 라그랑주 함수, λ는 라그랑주 곱셈자입니다. 또한 앞에서 살펴본 제약 조건식인 $\lambda g(x, y) = 0, \lambda \geq 0, g(x, y) \leq 0$은 해당 식을 만든 세 명의 이름을 붙여 카루시-쿤-터커(Karush-Kuhn-Tucker) 조건이라고 합니다. 보통 앞 글자를 따서 **KKT 조건**이라고도 합니다.

라그랑주 곱셈자 방법은 지금까지 2변수함수를 예로 들어 살펴보았는데, 다변수함수로 일반화할 수도 있습니다. 또, 등호 제약과 부등호 제약이 함께 있는 경우 등 제약 조건이 하나가 아닌 경우도 있습니다. 만약 변수가 n개인 매끄러운 함수 $f, g_1, \cdots, g_l, h_1, \cdots, h_m$이 있을 때 다음과 같은 형태의 최적화 문제로 일반화할 수 있습니다.

식 4-12

$$\begin{aligned}&\text{Minimize } f(\boldsymbol{x})\\&\text{Subject to } g_1(\boldsymbol{x}) = 0\\&\qquad\qquad g_2(\boldsymbol{x}) = 0\\&\qquad\qquad \vdots\\&\qquad\qquad g_l(\boldsymbol{x}) = 0\\&\qquad\qquad h_1(\boldsymbol{x}) \leq 0\\&\qquad\qquad h_2(\boldsymbol{x}) \leq 0\\&\qquad\qquad \vdots\\&\qquad\qquad h_m(\boldsymbol{x}) \leq 0\end{aligned}$$

식 4-12의 라그랑주 함수는 다음처럼 정의합니다.

$$L(\boldsymbol{x}, \boldsymbol{\lambda}, \boldsymbol{\mu}) = f(\boldsymbol{x}) + \lambda_1 g_1(\boldsymbol{x}) + \lambda_2 g_2(\boldsymbol{x}) + \cdots + \lambda_l g_l(\boldsymbol{x}) + \mu_1 h_1(\boldsymbol{x}) + \mu_2 h_2(\boldsymbol{x}) + \cdots + \mu_m h_m(\boldsymbol{x})$$

그리고 이 식에 새로운 변수 $\boldsymbol{\lambda} = (\lambda_1, \cdots, \lambda_l)^T, \boldsymbol{\mu} = (\mu_1, \cdots, \mu_m)^T$를 대입합니다. 이때 식 4-12의 최적해가 $\boldsymbol{x}^*$라면 식 4-13을 만족하는 $\boldsymbol{\lambda}, \boldsymbol{\mu}$가 존재합니다.

식 4-13

$$\begin{aligned}&\nabla L(\boldsymbol{x}, \boldsymbol{\lambda}, \boldsymbol{\mu}) = 0,\\&\mu_1 h_1(\boldsymbol{x}^*) = 0, \mu_2 h_2(\boldsymbol{x}^*) = 0, \mu_l h_l(\boldsymbol{x}^*) = 0,\\&\mu_1 \geq 0, \mu_2 \geq 0, \mu_l \geq 0,\\&h_1(\boldsymbol{x}^*) \leq 0, h_2(\boldsymbol{x}^*) \leq 0, h_m(\boldsymbol{x}^*) \leq 0\end{aligned}$$

참고로 식 4-13은 필요조건임을 꼭 기억하세요. 이는 최적해 $\boldsymbol{x}^*$가 존재한다면 반드시 식 4-13을 만족할 수 있다는 뜻일 뿐입니다. 즉, 식 04-13을 만족하는 $\boldsymbol{x}^*$를 계산했더라도 반드시 최적해라고 보장할 수 없습니다. 최적해임을 확인하려면 다시 헤시안 행렬 등을 계산해야 합니다. 해당 설명은 생략합니다.

9 : 통계

9.1 통계의 기본

데이터의 분포 상황을 요약하여 나타낸 수치를 통계량이라고 합니다. 특히 자주 사용되는 것은 평균입니다. 다음과 같은 데이터가 있다고 생각해보겠습니다.

$$x_1, x_2, \cdots, x_n$$

이때 평균 $\bar{x}$ 는 다음처럼 정의합니다.

$$\bar{x} = \frac{1}{n}\sum_{i=1}^{n} x_i$$

그다음으로 자주 사용되는 것은 분산과 표준편차입니다. 분산의 정의는 다음 식과 같습니다.

$$\sigma^2 = \frac{1}{n}\sum_{i=1}^{n}(x_i - \bar{x})^2$$

분산의 양의 제곱근은 표준편차라고 하며 σ로 나타냅니다.

$$\sigma = \sqrt{\frac{1}{n}\sum_{i=1}^{n}(x_i - \bar{x})^2}$$

표준편차의 정의를 살펴보면 평균과의 차이를 제곱하는 부분이 있습니다. 제곱한 수이므로 항상 양수이고 어떤 값이 평균에서 얼마나 떨어져 있는지를 나타냅니다. 즉, 표준편차는 평균과의 차이를 이용해 데이터가 얼마나 흩어져 있는지를 나타내는 지표입니다.

그럼 2021년 5월 서울의 일별 최고 기온을 임의로 예로 삼아 통계량을 계산해보겠습니다.

코드 fundstats1.py

```python
import numpy as np

# 2021년 5월 서울 최고 기온(일별)
x = np.array([21.9, 24.5, 23.4, 26.2, 15.3, 22.4, 21.8, 16.8,
              19.9, 19.1, 21.9, 25.9, 20.9, 18.8, 22.1, 20.0,
              15.0, 16.0, 22.2, 26.4, 26.0, 28.3, 18.7, 21.3,
              22.5, 25.0, 22.0, 26.1, 25.6, 25.7])

m = x.sum() / len(x)  # ❶
s = np.sqrt(((x - m)**2).sum() / len(x)) # ❷
print("평균: {:.4f}".format(m))
print("표준편차: {:.4f}".format(s))
```

실행 결과

```
평균: 22.0567
표준편차: 3.4908
```

❶에서는 평균을 계산합니다. x.sum( )은 배열 요소의 합을 계산하는 함수고, len(x)는 배열 요소의 수를 계산하는 함수이므로 평균을 계산할 수 있습니다.

❷에서는 표준편차를 계산합니다. x - m은 브로드캐스팅 연산으로 배열 x의 각 요소에서 m을 뺍니다. 그리고 역시 브로드캐스팅 연산으로 각 요소에 거듭제곱인 **2를 계산합니다. 각 요소를 제곱한 결과에 sum 함수를 적용하여 모든 요소의 합을 구합니다. 즉, ((x - m)**2).sum( )은 표준편차의 정의인 $\sum_{i=1}^{n}(x_i - \bar{x})^2$ 을 코드로 구현한 것입니다. 마지막에는 len(x)를 이용해 계산 결과를 배열 요소의 수로 나눈 후 최종 결과에 제곱근을 씌워 표준편차를 계산합니다.

참고로 분산은 표준편차의 제곱이므로 제곱근을 씌우기 전의 최종 결과와 같습니다. 분산도 데이터의 흩어짐을 나타내므로 필요하다면 표준편차 대신 사용해도 됩니다.

여기서는 수학적 정의와 실제 코드가 어떻게 연결되는지 살펴보려고 모든 계산 과정을 하나하나 구현했습니다. 하지만 평균이나 표준편차는 실생활에서 자주 사용하는 계산이므로 배열의 표준 메소드로 준비되어 있습니다. 평균과 표준편차를 계산하는 메소드는 mean과 std입니다. 따라서 fundstats1.py의 ❶과 ❷를 다음 코드로 간략하게 바꿀 수 있습니다.

```
m = x.mean()
s = x.std()
```

분산의 개념을 확장한 공분산이라는 개념도 살펴봅니다. 다음과 같은 n개의 데이터 쌍이 있습니다.

$$(x_1, y_1), (x_2, y_2), \cdots, (x_n, y_n)$$

여기서 x_i와 y_i를 벡터로 나타낼 수 있습니다.

$$\bm{x} = (x_1, x_2, \cdots, x_n)^T, \bm{y} = (y_1, y_2, \cdots, y_n)^T$$

이때 x와 y의 공분산은 다음 식으로 정의됩니다.

$$\sigma_{xy} = \frac{1}{n} \sum_{i=1}^{n} (x_i - \overline{x})(y_i - \overline{y})$$

앞 식에서 $\overline{x}$는 $\bm{x}$의 평균이고, $\overline{y}$는 $\bm{y}$의 평균입니다. 식의 대칭성에 의해 $\sigma_{xy} = \sigma_{yx}$입니다.

y에 x를 대입한 식을 살펴보겠습니다.

$$\sigma_{xx} = \frac{1}{n}\sum_{i=1}^{n}(x_i - \overline{x})(x_i - \overline{x})$$

$$= \frac{1}{n}\sum_{i=1}^{n}(x_i - \overline{x})^2$$

$$= \sigma_x^2$$

여기서 x의 분산을 σ_x^2이라고 나타냈습니다.

공분산은 두 수의 상관관계를 나타냅니다. 만약 'x_i가 크면 y_i도 크고, x_i가 작으면 y_i도 작다'라는 경향이 있으면, $x_i - \overline{x}$와 $y_i - \overline{y}$는 동시에 양수 혹은 동시에 음수가 될 가능성이 큽니다. 즉, 두 수의 곱이 양수일 때가 많습니다. 따라서 공분산이 커집니다. 한편 'x_i가 크면 y_i가 작고, x_i가 작으면 y_i가 크다'라는 경향이 있으면, 공분산은 음수이면서 작아지는 경향이 있습니다.

또, x와 y의 흩어짐이 크면 공분산도 커지는 경향이 있습니다. 따라서 순수하게 데이터의 상관관계만 보고 싶다면 다음 식처럼 공분산을 x와 y의 표준편차로 나누기도 합니다.

$$\frac{\sigma_{xy}}{\sigma_x \sigma_y}$$

이 값을 상관계수라고 하며 –1에서 1 사이의 값을 갖습니다.

그러면 공분산을 계산해보겠습니다. 여기에서는 임의의 2021년 5월 서울의 최고 기온과 철원의 최고 기온으로 공분산과 상관계수를 계산하겠습니다.

코드 fundstats2.py

```
import numpy as np

# 2021년 5월 서울 최고 기온(일별)
x = np.array([21.9, 24.5, 23.4, 26.2, 15.3, 22.4, 21.8, 16.8,
              19.9, 19.1, 21.9, 25.9, 20.9, 18.8, 22.1, 20.0,
              15.0, 16.0, 22.2, 26.4, 26.0, 28.3, 18.7, 21.3,
              22.5, 25.0, 22.0, 26.1, 25.6, 25.7])
# 2021년 5월 철원 최고 기온(일별)
y = np.array([8.3, 13.0, 8.4, 7.9, 7.0, 3.7, 6.1, 8.5, 8.6,
              11.9, 12.1, 14.4, 7.0, 10.5, 6.6, 10.6, 16.6,
              19.1, 20.1, 19.8, 24.5, 12.6, 16.4, 13.0, 13.3,
              14.1, 14.4, 17.0, 21.3, 24.5])

mx = x.sum() / len (x)
my = y.sum() / len (y)
sx = np.sqrt(((x - mx)**2).sum() / len (x))
sy = np.sqrt(((y - my)**2).sum() / len (y))
sxy = ((x - mx) * (y - my)).sum() / len (x)   # ❶
print("서울 최고 기온의 표준편차: {:.4f}".format(sx))
print("철원 최고 기온의 표준편차: {:.4f}".format(sy))
print("공분산: {:.4f}".format(sxy))
print("상관계수: {:.4f}".format(sxy / (sx * sy)))
```

실행 결과

```
서울 최고 기온의 표준편차: 3.4908
철원 최고 기온의 표준편차: 5.4254
공분산: 5.4872
상관계수: 0.2897
```

❶에서 공분산을 계산합니다.

벡터(배열) 각각의 원소와 공분산을 동시에 다루고 싶을 때는 공분산행렬이라는 개념을 도입하면 됩니다. x와 y의 공분산행렬은 다음 식처럼 정의합니다.

$$\Sigma = \begin{bmatrix} \sigma_{xx} & \sigma_{xy} \\ \sigma_{yx} & \sigma_{yy} \end{bmatrix} = \begin{bmatrix} \sigma_x^2 & \sigma_{xy} \\ \sigma_{xy} & \sigma_y^2 \end{bmatrix}$$

공분산행렬은 다음과 같은 m개의 벡터 모음으로도 생각할 수 있습니다.

$$\boldsymbol{x}_1 = [x_{11}, x_{12}, \cdots, x_{1n}]^T$$
$$\boldsymbol{x}_2 = [x_{21}, x_{22}, \cdots, x_{2n}]^T$$
$$\vdots \qquad \vdots$$
$$\boldsymbol{x}_m = [x_{m1}, x_{m2}, \cdots, x_{mn}]^T$$

이때의 공분산행렬은 다음 식처럼 정의합니다.

$$\Sigma = \begin{bmatrix} \sigma_{\boldsymbol{x}_1 \boldsymbol{x}_1} & \sigma_{\boldsymbol{x}_1 \boldsymbol{x}_2} & \cdots & \sigma_{\boldsymbol{x}_1 \boldsymbol{x}_m} \\ \sigma_{\boldsymbol{x}_2 \boldsymbol{x}_1} & \sigma_{\boldsymbol{x}_2 \boldsymbol{x}_2} & \cdots & \sigma_{\boldsymbol{x}_2 \boldsymbol{x}_m} \\ \vdots & \vdots & \ddots & \vdots \\ \sigma_{\boldsymbol{x}_m \boldsymbol{x}_1} & \sigma_{\boldsymbol{x}_m \boldsymbol{x}_2} & \cdots & \sigma_{\boldsymbol{x}_m \boldsymbol{x}_m} \end{bmatrix}$$

공분산의 성질에 의해 $\sigma_{\boldsymbol{x}_i \boldsymbol{x}_j} = \sigma_{\boldsymbol{x}_j \boldsymbol{x}_i}$ 입니다. 즉, 공분산행렬은 대칭행렬입니다.

9.2 정규분포와 확률밀도함수

확률적인 결과에 따라 값이 바뀌는 변수를 확률변수라고 합니다. 보통 확률변수는 X라는 대문자로 나타냅니다. 확률변수 X가 어떤 값일 확률은 다음 식으로 나타냅니다.

$$P(X \text{에 관한 조건})$$

예를 들어 주사위를 던졌을 때 나오는 숫자를 X라고 하면 확률은 다음과 같습니다.

$$P(X=1) = \frac{1}{6}$$

이는 주사위를 던졌을 때 1이 나올 확률이 $\frac{1}{6}$이라는 뜻입니다. 또한 다음 식처럼 괄호 안에 등호가 아닌 부등호를 사용할 수도 있습니다.

$$P(X \leq 2) = \frac{1}{3}$$

이는 주사위를 던졌을 때 눈이 2 이하가 나올 확률, 즉 눈이 1 또는 2가 나올 확률이므로 $\frac{1}{6}+\frac{1}{6}=\frac{1}{3}$입니다. 주사위를 던졌을 때 나오는 숫자와 같은 형태로 값이 나오는 확률변수를 이산형 확률변수라고 합니다. 이산형 확률변수는 확률변수로 계산하는 모든 확률의 합이 1입니다. 즉, 주사위를 던지는 경우라면 다음 식이 성립합니다.

$$P(X=1) + P(X=2) + P(X=3) + P(X=4) + P(X=5) + P(X=6) = 1$$

방금 살펴본 주사위를 던졌을 때 나오는 숫자의 확률을 일반화하는 개념으로 이산균등분포가 있습니다. 이산균등분포는 확률변수 X가 1에서 n까지의 정숫값을 갖고, 확률이 각각 $\frac{1}{n}$입니다. 즉, n개의 숫자가 있는 주사위나 n개의 숫자가 적힌 룰렛 등을 떠올리면 됩니다.

확률변수로 계산하는 모든 확률의 합을 시그마식으로 나타내면 다음과 같습니다.

$$\sum_{i=1}^{n} P(X=i) = \sum_{i=1}^{n} \frac{1}{n} = n \times \frac{1}{n} = 1$$

그럼 확률변수의 개념을 이해한 상태에서 다음 함수를 살펴보겠습니다(π는 원주율입니다).

식 4-14

$$f(x) = \frac{1}{\sqrt{2\pi}\sigma} \exp\left\{-\frac{(x-\mu)^2}{2\sigma^2}\right\}$$

식 4-14는 정규분포 함수의 정의입니다. 정규분포는 통계에서 자주 사용되며, 이 분포를 따르는 확률변수를 X라고 가정하고 확률을 계산합니다. 또한 식 4-14의 함수로 나타내는 확률분포는 $\mathcal{N}(\mu, \sigma)$로 나타낼 수 있으며, X가 이 확률분포를 따른다는 표현을 다음 식처럼 나타내기도 합니다.

$$X \sim \mathcal{N}(\mu, \sigma)$$

X가 정규분포를 따르면 어떤 a의 확률 $P(X=a)$는 항상 0입니다. 또한 $a < b$인 a, b의 확률이 $P(a \leq X \leq b)$라면 다음 정적분식이 성립합니다.

$$P(a \leq X \leq b) = \int_a^b f(x)dx$$

이처럼 정적분으로 어떤 범위의 값에 관한 확률을 계산할 수 있는 함수를 확률밀도함수라고 합니다. 주사위를 던졌을 때 나오는 모든 사건(숫자)의 확률은 $-\infty$에서 ∞의 범위를 갖는 적분입니다. 즉, 식 4-15의 적분식이 성립합니다.

식 4-15

$$\int_{-\infty}^{\infty} f(x)dx = 1$$

여기 나오는 $-\infty$에서 ∞ 범위의 적분은 다음 식과 같은 부정적분의 극한 개념으로 정의됩니다.

$$\int_{-\infty}^{\infty} f(x)dx = \lim_{\substack{a \to -\infty \\ b \to \infty}} \int_a^b f(x)dx = \lim_{a \to -\infty} \left(\lim_{b \to \infty} \int_a^b f(x)dx \right)$$

또한 다음 두 가지 적분도 앞 식과 같은 부정적분의 극한에 따라 정의됩니다.

$$\int_{-\infty}^b f(x)dx \;,\; \int_a^{\infty} f(x)dx$$

사이파이에는 정규분포의 확률밀도함수를 계산하는 scipy.stats.norm.pdf 함수가 있습니다. 이 함수를 사용하여 정규분포의 그래프를 그려봅니다.

코드 normdist.py

```
import numpy as np
import matplotlib.pyplot as plt
from scipy.stats import norm

x = np.linspace(-5, 5)
y = norm.pdf(x)   # ❶
plt.plot(x, y, color="r")
plt.show()
```

실행 결과

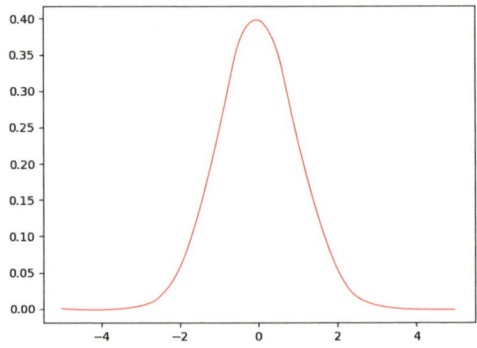

실행 결과는 종 모양입니다. ❶의 norm.pdf 함수는 식 4-14의 μ를 0으로, σ를 1로 설정해 함수 f값을 계산합니다. μ와 σ값을 직접 설정할 때는 각각 loc와 scale이라는 인수를 사용합니다. 예를 들어 $\mu = 1$, $\sigma = 2$를 설정해 계산할 때는 ❶을 다음처럼 바꿉니다.

```
y = norm.pdf(x, loc=1, scale=2)
```

그럼 정규분포를 따르는 확률변수 X가 범위 $[a, b]$에 포함될 확률 $P(a \leq X \leq b)$는 어떻게 계산할까요? 이를 설명하기 전에 먼저 누적분포함수를 정의합니다. 누적분포함수는 정규분포에 한정하지 않고 일반적인 확률밀도함수 f에 대해 정의할 수 있는 개념이며 다음 식으로 정의합니다.

$$F(x) = \int_{-\infty}^{x} f(t)dt$$

즉, 확률분포가 정규분포의 함수 f를 따르는 확률변수를 X라고 하면 다음 식이 성립합니다.

$$F(x) = P(X \leq x)$$

사이파이에 정규분포의 누적분포함수를 계산하는 scipy.stats.norm.cdf 함수가 있습니다. 따라서 정규분포를 따르는 확률변수 X에 대한 확률 $P(a \leq X \leq b)$를 계산할 때는 다음과 같은 과정을 거칩니다.

$$\begin{aligned} P(a \leq X \leq b) &= \int_{a}^{b} f(x)dx \\ &= \int_{-\infty}^{b} f(x)dx - \int_{-\infty}^{a} f(x)dx \\ &= F(b) - F(a) \end{aligned}$$

REPL에서 $\mu = 0$, $\sigma = 1$일 때 확률 $P(-1 \leq X \leq 1)$을 계산합니다.

norm.cdf 함수 실행

```
>>> from scipy.stats import norm
>>> norm.cdf(1) - norm.cdf(-1)
0.6826894921370859
```

참고로 norm.cdf도 norm.pdf와 마찬가지로 loc와 scale 인수를 이용해 μ와 σ값을 직접 설정할 수 있습니다.

정규분포는 자주 사용하는 분포이며 정규분포의 근사를 따르는 경우도 많습니다. 그 예로 n개의 동전을 동시에 던졌을 때 나오는 앞면 혹은 뒷면의 개수를 확률변수로 생각해보겠습니다. 일반적으로 n이 커질수록 정규분포에 가까워집니다. 이를 코드로 구현해 확인합니다.

코드 cointoss.py

```python
import numpy as np
import matplotlib.pyplot as plt

def cointoss(n, m):    # n개의 동전 던지기를 m회 반복해 결과를 리스트로 반환
    l = []
    for _ in range(m):
        r = np.random.randint(2, size=n)
        l.append(r.sum())
    return l

np.random.seed(0)
fig, axes = plt.subplots(1, 2)

l = cointoss(100, 1000000)
axes[0].hist(l, range=(30, 70), bins=50, color="k")
l = cointoss(10000, 1000000)
axes[1].hist(l, range=(4800, 5200), bins=50, color="k")
plt.show()
```

실행 결과

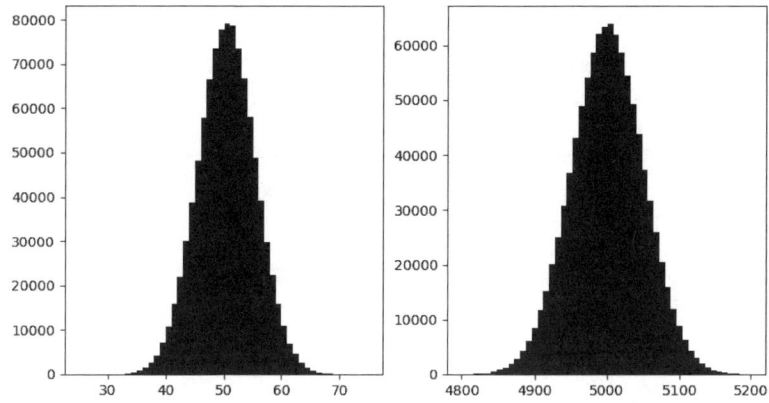

실행 결과는 '100개의 동전을 동시에 던져 앞면이 나오는 개수 세기'를 100만 번 했을 때의 분포와 '10,000개의 동전을 동시에 던져 앞면이 나오는 개수 세기'를 100만 번 했을 때의 분포를 나타냅니다. 두 분포의 모양은 정규분포와 비슷합니다. 동시에 던지는 동전 수를 무한히 크게 해 극한으로 나타내는 것을 정규분포라고 합니다.

동시에 던지는 동전 수가 늘면 앞면이 나오는 동전의 개수가 몇 개인지 정확히 예상하기 점점 어려워지고, 던지는 동전 수가 많을수록 앞면이 나올 개수를 정확히 맞출 확률은 0에 가까워집니다. 이는 정수 a에 대한 확률 $P(X=a)=0$인 정규분포에 대응한다는 뜻입니다.

이제 확률변수의 평균과 분산을 이해할 차례입니다. 확률변수 X에 대한 평균(기댓값)은 $E(X)$로 나타냅니다. X가 이산형 확률변수이고 사상이 $A=\{a_1, \cdots, a_n\}$일 때 $E(X)$는 다음 식과 같이 정의합니다.

$$E(X) = \sum_{i=1}^{n} a_i P(X = a_i)$$

연속형 확률변수라면 $E(X)$를 다음 식과 같이 정의합니다.

$$E(X) = \int_{-\infty}^{\infty} xP(X = x)dx$$

확률변숫값을 반복해서 꺼낼 때 값의 평균은 추출 횟수가 늘수록 $E(X)$에 가까워집니다.

평균은 식 4-16과 같이 선형성이 성립합니다.

식 4-16

$$E(X + Y) = E(X) + E(Y)$$

$$E(kX) = kE(X)$$

이때 X와 Y는 확률변수고 $k \in \mathbb{R}$입니다.

다음으로 확률변수의 분산 $V(X)$를 정의합니다.

$$V(X) = E((X - E(X))^2)$$

앞 식은 이산형과 연속형 확률변수에 공통으로 정의됩니다. $V(X)$는 각 확률변숫값을 반복해서 꺼낼 때 값의 차이를 나타냅니다. 분산은 다음과 같은 중요한 성질이 있습니다.

$$V(X) = E(X^2) - (E(X))^2$$

이는 식 4-16을 이용해 증명할 수 있습니다.

$$E((X - E(X))^2) = E(X^2 - 2E(X) \cdot X + (E(X))^2)$$
$$= E(X^2) - E(2E(X) \cdot X) + (E(X))^2$$
$$= E(X^2) - 2E(X) \cdot E(X) + (E(X))^2$$
$$= E(X^2) - 2(E(X))^2 + (E(X))^2$$
$$= E(X^2) - (E(X))^2$$

그럼 이제 예를 들어 평균과 분산을 계산하겠습니다. 이산균등분포를 고려하면 평균은 다음과 같습니다.

$$E(X) = \sum_{i=1}^{n}\left(i \cdot \frac{1}{n}\right)$$
$$= \frac{1}{n}\sum_{i=1}^{n} i$$
$$= \frac{1}{n} \cdot \frac{1}{2}n(n+1)$$
$$= \frac{1}{2}(n+1)$$

분산은 다음처럼 계산합니다.

$$V(X) = E(X^2) - (E(X))^2$$
$$= \sum_{i=1}^{n}\left(i^2 \cdot \frac{1}{n}\right) - \left(\frac{1}{2}(n+1)\right)^2$$
$$= \frac{1}{n} \cdot \frac{1}{6}n(n+1)(2n+1) - \left(\frac{1}{2}(n+1)\right)^2$$
$$= \frac{1}{12}(n+1)(n-1)$$

예를 들어 주사위를 던지는 경우라면 $n = 6$이므로 평균은 $\frac{7}{2} = 3.5$, 분산은 $\frac{35}{12} \approx 2.92$ 입니다.

이제 정규분포에 대한 평균과 분산을 계산합니다. 함수 f는 식 4-14에서 정의된 것을 이용하며, 식 4-15에서 설명한 성질에 주의하여 평균을 계산합니다.

식 4-17

$$\begin{aligned} E(X) &= \int_{-\infty}^{\infty} xf(x)dx \\ &= \int_{-\infty}^{\infty} \{(x-\mu)+\mu\}f(x)dx \\ &= \int_{-\infty}^{\infty} (x-\mu)f(x)dx + \mu\int_{-\infty}^{\infty} f(x)dx \\ &= \int_{-\infty}^{\infty} (x-\mu)\frac{1}{\sqrt{2\pi}\sigma}\exp\left\{-\frac{(x-\mu)^2}{2\sigma^2}\right\}dx + \mu \end{aligned}$$

여기에서

$$\begin{aligned} f'(x) &= \frac{1}{\sqrt{2\pi}\sigma}\exp\left\{-\frac{(x-\mu)^2}{2\sigma^2}\right\} \times \left\{-\frac{(x-\mu)^2}{2\sigma^2}\right\}' \\ &= -\frac{x-\mu}{\sigma^2} \cdot \frac{1}{\sqrt{2\pi}\sigma}\exp\left\{-\frac{(x-\mu)^2}{2\sigma^2}\right\} \\ &= -\frac{x-\mu}{\sigma^2}f(x) \end{aligned}$$

이므로 앞 식을 다음과 같은 과정으로 식 4-17에 대입합니다.

$$E(X) = \int_{-\infty}^{\infty} -\sigma^2 f'(x) dx + \mu$$
$$= [-\sigma^2 f(x)]_{-\infty}^{\infty} + \mu$$
$$= \mu$$

이때 다음 식을 사용했습니다.

$$\lim_{x \to -\infty} f(x) = \lim_{x \to \infty} f(x) = 0$$

분산은 다음처럼 계산합니다.

식 4-18

$$V(X) = E((X - \mu)^2)$$
$$= \int_{-\infty}^{\infty} (x - \mu)^2 f(x) dx$$

여기에서는

$$((x - \mu)f(x))' = f(x) + (x - \mu)f'(x)$$
$$= f(x) - \frac{(x - \mu)^2}{\sigma^2} f(x)$$

이므로

$$(x - \mu)^2 f(x) = \sigma^2 f(x) - \sigma^2 ((x - \mu)f(x))'$$

입니다. 이 식을 식 4-18에 대입하면 결과가 다음과 같습니다.

$$V(X) = \int_{-\infty}^{\infty} \{\sigma^2 f(x) - \sigma^2 ((x - \mu)f(x))'\} dx$$
$$= \sigma^2 \int_{-\infty}^{\infty} f(x) dx - \sigma^2 \int_{-\infty}^{\infty} ((x - \mu)f(x))' dx$$
$$= \sigma^2 - [(x - \mu)f(x)]_{-\infty}^{\infty}$$
$$= \sigma^2$$

이때 다음 식을 사용했습니다.

$$\lim_{x \to -\infty}(x-\mu)f(x) = \lim_{x \to \infty}(x-\mu)f(x) = 0$$

따라서 식 4-14로 나타내는 정규분포의 평균은 μ이며, 분산은 σ^2임을 알 수 있습니다.

CHAPTER

머신러닝 알고리즘

이 장에서는 머신러닝에서 많이 쓰이는 알고리즘을 소개하고 그 동작 원리를 설명합니다. 또한 알고리즘을 코드로 구현해 실행해보고 동작을 확입합니다.

1 : 준비

이번 절에서는 머신러닝 알고리즘을 구현하는 데 필요한 용어와 표기 방법을 살펴봅니다.

1.1 입력 데이터

지도 학습에서 학습 데이터는 입력 학습 데이터와 출력 학습 데이터로 구성됩니다. 입력 학습 데이터는 행렬로 구성되며, 출력 학습 데이터는 벡터로 구성됩니다. 보통 입력 학습 데이터 행렬의 i행 원소와 출력 학습 데이터 벡터의 i번째 원소가 대응합니다.

예를 들어 입력 학습 데이터가 다음과 같으면,

$$X = \begin{bmatrix} x_{11} & x_{12} & \cdots & x_{1d} \\ x_{21} & x_{22} & \cdots & x_{2d} \\ \vdots & \vdots & \ddots & \vdots \\ x_{n1} & x_{n2} & \cdots & x_{nd} \end{bmatrix}$$

출력 학습 데이터는 다음과 같습니다.

$$y = \begin{bmatrix} y_1 \\ y_2 \\ \vdots \\ y_n \end{bmatrix}$$

그럼 입력 학습 데이터와 출력 학습 데이터는 $[x_{i1} \ x_{i2} \ \cdots \ x_{id}]$와 y_i로 대응합니다. 이 때문에 X의 행 수와 y의 크기는 일치해야 합니다.

X의 i행과 y의 i번째 원소를 꺼낸 것을 **샘플**이라고 합니다. 뒤에서 와인의 품질을 예측하는 예가 나오는데, 학습 데이터의 각 샘플은 와인 각각에 대응합니다. 이처럼 샘플은 예측하려는 대상의 개체에 대응합니다. 샘플 수가 n이고 샘플당 특징(feature)의 차원을 d라고 하면, X의 크기는 $n \times d$이고 y의 크기는 n입니다.

알고리즘을 수식으로 설명할 때는 데이터 행렬 X가 아니라 샘플 각각에 주목해야 할 때가 있습니다. 이 경우 행렬 X의 i행을 수직벡터로 삼아 x_i라고 하고 다음 식처럼 나타냅니다.

$$\boldsymbol{x}_i = \begin{bmatrix} x_{i1} \\ x_{i2} \\ \vdots \\ x_{id} \end{bmatrix}$$

이제 $\boldsymbol{X}$를 블록행렬로 나타내면 다음 식과 같습니다.

$$\boldsymbol{X} = \begin{bmatrix} \boldsymbol{x}_1^T \\ \boldsymbol{x}_2^T \\ \vdots \\ \boldsymbol{x}_n^T \end{bmatrix}$$

머신러닝 알고리즘에서는 다음처럼 선형으로 된 $\boldsymbol{x}_i$의 가중치 합을 고려할 때가 자주 있습니다.

$$w_1 x_{i1} + w_2 x_{i2} + \cdots + w_d x_{id}$$

이는 $\boldsymbol{w} = (w_1, w_2, \cdots, w_d)^T$라는 성질을 이용하여 다음 식처럼 행렬이나 벡터 표현으로 나타낼 수 있습니다.

$$\boldsymbol{w}^T \boldsymbol{x}_i$$

또한, 선형합은 상수항을 포함하여 나타낼 수도 있습니다.

$$w_0 + w_1 x_{i1} + w_2 x_{i2} + \cdots + w_d x_{id}$$

상수항을 포함한 선형합의 식도 상수항이 없을 때처럼 간단히 표기하겠습니다. 이 책에서는 d차원 벡터 $\boldsymbol{v}$의 맨 위에 1을 요소로 추가한 벡터 $\tilde{\boldsymbol{v}}$를 사용합니다.[1] $\tilde{\boldsymbol{v}}$는

---

1 일반적인 방법이 아니라 이 책 고유의 표기 방법이므로 주의하세요.

$d+1$차원입니다. 즉, v가 다음과 같다면

$$v = \begin{bmatrix} v_1 \\ v_2 \\ \vdots \\ v_d \end{bmatrix}$$

$\tilde{v}$는 다음처럼 정의합니다.

$$\tilde{v} = \begin{bmatrix} 1 \\ v_1 \\ v_2 \\ \vdots \\ v_d \end{bmatrix}$$

그리고 $w = [w_0, w_1, \cdots, w_d]^T$라면 상수항이 있는 선형합은 다음 식처럼 나타냅니다.

$$w_0 + w_1 x_{i1} + w_2 x_{i2} + \cdots + w_d x_{id} = w^T \tilde{x}_i$$

상수항이 없으면 $w = [w_1, \cdots, w_d]^T$이고 상수항이 있으면 $w = [w_0, \cdots, w_d]^T$인 것이 자칫 헷갈릴 수도 있지만, 어떤 것을 사용할지는 알고리즘에 따라 정해져 있습니다. 그러므로 이 책에서는 벡터 위에 있는 물결 표시로 이를 구분하면 됩니다. 즉, wx_i라고 나타내면 상수항이 없고 w의 첫 번째 원소는 w_1입니다. $w\tilde{x}_i$라고 나타내면 상수항이 있고 w의 첫 번째 원소는 w_0입니다.

그럼 $x_1, x_2, \cdots, x_n$을 대상으로 한 선형합을 살펴보겠습니다. 상수항이 없다면 다음 식처럼 간단히 나타낼 수 있습니다.

$$\begin{bmatrix} w_1 x_{11} + w_2 x_{12} + \cdots + w_d x_{1d} \\ w_1 x_{21} + w_2 x_{22} + \cdots + w_d x_{2d} \\ \vdots \\ w_1 x_{n1} + w_2 x_{n2} + \cdots + w_d x_{nd} \end{bmatrix} = \begin{bmatrix} \boldsymbol{w}^T \boldsymbol{x}_1 \\ \boldsymbol{w}^T \boldsymbol{x}_2 \\ \vdots \\ \boldsymbol{w}^T \boldsymbol{x}_n \end{bmatrix} = \boldsymbol{X}\boldsymbol{w}$$

상수항이 있는 경우를 간결하게 나타내기 위해서는 새로운 방법을 사용하는데, 행렬 X의 맨 왼쪽에 열을 추가한 후 원소를 모두 1로 삼아 $\tilde{X}$를 정의합니다. 이때 $\tilde{X}$는 $n \times (d+1)$ 행렬입니다.

$$\tilde{X} = \begin{bmatrix} 1 & x_{11} & x_{12} & \cdots & x_{1d} \\ 1 & x_{21} & x_{22} & \cdots & x_{2d} \\ \vdots & \vdots & \vdots & \ddots & \vdots \\ 1 & x_{n1} & x_{n2} & \cdots & x_{nd} \end{bmatrix}$$

그럼 $\boldsymbol{w} = [w_0, \cdots, w_d]^T$와 $\tilde{\boldsymbol{x}}_i$의 선형합을 나열하면 다음 식처럼 간략하게 나타낼 수 있습니다.

$$\begin{bmatrix} w_0 + w_1 x_{11} + \cdots + w_d x_{1d} \\ w_0 + w_1 x_{21} + \cdots + w_d x_{2d} \\ \vdots \\ w_0 + w_1 x_{n1} + \cdots + w_d x_{nd} \end{bmatrix} = \begin{bmatrix} \boldsymbol{w}^T \tilde{\boldsymbol{x}}_1 \\ \boldsymbol{w}^T \tilde{\boldsymbol{x}}_2 \\ \vdots \\ \boldsymbol{w}^T \tilde{\boldsymbol{x}}_n \end{bmatrix} = \tilde{X}\boldsymbol{w}$$

1.2 용어

지금까지는 X를 입력 학습 데이터, y를 출력 학습 데이터라고 했습니다. 그런데 X와 y는 모두 머신러닝 시스템에 입력하는 데이터인데 입력·출력이라고 구분하면 헷갈릴 수 있으므로 일반적으로 사용하는 용어를 소개합니다.

X는 지도 학습과 비지도 학습에 모두 사용하며 **특징 행렬**이라고 합니다. X 안의 샘플 x_i는 **특징 벡터**라고 합니다. 참고로 지도 학습의 학습 데이터는 X와 y이고, 비지도 학습의 학습 데이터는 X만 사용합니다.

회귀는 지도 학습 중에서도 특히 출력 학습 데이터값이 크고 작음에 의미가 있는 경우입니다. 예를 들어 와인의 품질을 예측하는 작업에서는 특징으로 와인의 성질을 나타내는 다양한 수치가 부여되는데, 출력 학습 데이터로 와인의 품질을 나타내는 숫자가 부여됩니다. 이 숫자는 클수록 품질이 좋다는 뜻이며, 숫자의 크고 작음에 의미가 있습니다. 회귀에서 이러한 출력 학습 데이터를 **타깃(target)**이라고 합니다.

출력 학습 데이터값이 크고 작음에 의미가 없는 경우는 **분류**라고 합니다. 분류에서 출력 학습 데이터는 **레이블(label)**이라고 합니다. 예를 들어 6쪽에서 소개한 붓꽃 데이터 세트는 특징으로 붓꽃의 꽃받침과 꽃잎의 길이와 폭을 측정한 숫자 데이터가 있고, 출력 학습 데이터에는 세 종류의 붓꽃을 0, 1, 2라는 숫자로 구분한 데이터가 있습니다. 이때 종류를 나타내는 0, 1, 2라는 숫자는 숫자가 크고 작음에 의미가 없습니다. 이러한 작업을 분류라고 합니다.

1.3 인터페이스

지도 학습에서는 특징을 나타내는 행렬 X와 타깃 또는 레이블을 나타내는 벡터 y 쌍을 학습 데이터로 삼습니다. 비지도 학습에서는 특징만 학습 데이터로 사용합니다.

지도 학습의 머신러닝 알고리즘을 구현한 클래스를 Algorithm이라고 가정했을 때 일반적인 학습 과정은 다음과 같습니다. 참고로 X와 y에는 학습 데이터가 있고, X_test에는 평가용 데이터가 저장되어 있습니다.

```
model = Algorithm(parameters)   # 인스턴스화
model.fit(X, y)   # 학습
y_predicted = model.predict(X_test)   # 평가용 데이터를 이용해 예측 결과 생성
```

비지도 학습에는 클러스터링과 차원 압축이 있습니다. 클러스터링은 흩어져 있는 점이 모여 형성하는 클러스터(군집)를 파악하는 것입니다. 학습 결과는 각 점이 어느 클러스터에 속하는지 식별하는 데이터(레이블)가 됩니다.

클러스터링 훈련 과정은 다음과 같습니다. 비지도 학습이므로 fit 메소드의 인수가 특징 행렬 X뿐이라는 사실에 주의하세요.

```
model = Algorithm(parameters)   # 인스턴스화
model.fit(X)   # 학습
clusters = model.labels_   # 레이블 생성
```

차원 압축은 다차원 공간의 점들을 더 낮은 차원의 공간에 나타내는 것입니다. 먼저 기존에 있던 점들을 대상으로 어떤 방향으로 투영할 것인지 학습한 후 새로운 점을 학습 결과에 따라 투영합니다. 차원 압축의 학습 과정은 다음과 같습니다.

```
model = Algorithm(parameters)   # 인스턴스화
model.fit(X)   # 학습
Z = model.transfer(X)   # 투영
```

2 : 회귀

예를 들어 다음과 같은 데이터가 있습니다.

```
x = [1, 2, 4, 6, 7]
y = [1, 3, 3, 5, 4]
```

머신러닝에 사용하기에는 데이터의 양이 충분하지 않지만 알고리즘의 움직임을 확인해보기 위해 데이터를 간단하게 입력했습니다. x가 특징, y가 타깃일 때 데이터의 분포를 산점도로 나타내면 그림 5-1과 같습니다.

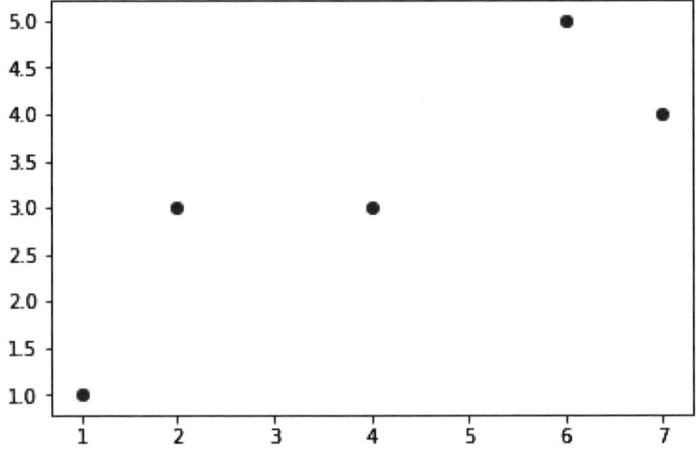

그림 5-1 x, y의 산점도

그림 원점을 지나는 직선 $y = ax$에 이 점들이 근사하는 상황을 살펴봅시다.

2.1 원점을 지나는 직선을 이용한 근사

학습 데이터를 다음 식으로 정의합니다.

$$x = [x_1, \cdots, x_n]^T, \, y = [y_1, \cdots, y_n]^T$$

x는 특징이고 y는 타깃입니다. 이는 특징 행렬 X가 $n \times 1$ 행렬인 특별한 경우이므로 X 대신 소문자 x로 나타냈습니다.

x와 y의 각 원소는 샘플을 나타내며, x_i에 대응하는 출력값은 y_i입니다. 이러한 값을 근사할 때 자주 사용하는 방법은 최소제곱법입니다. 최소제곱법은 클러스터를 어떤 직선으로 근사했을 때 발생하는 오차의 제곱합을 최소화합니다. 여기에서는 다음 식과 같은 E를 최소화합니다.

$$E = \sum_{i=1}^{n}(ax_i - y_i)^2$$

앞 식을 최소화하려면 E를 a에 대한 함수로 생각하고, a에 대해 미분한 함수가 0이 되는 조건을 찾습니다.

식 5-1

$$\frac{\partial E}{\partial a} = \sum 2x_i(ax_i - y_i)$$
$$= 2\left\{a\sum x_i^2 - \sum x_i y_i\right\} = 0$$
$$\therefore a = \frac{\sum x_i y_i}{\sum x_i^2} = \frac{x^T y}{\|x\|^2}$$

그럼 방금 설명한 최소제곱법을 코드로 구현하고 시각화해봅니다.

코드 reg1dim1.py

```python
import numpy as np
import matplotlib.pyplot as plt

def reg1dim1(x, y):  # ❶
    a = np.dot(x, y) / (x**2).sum()  # ❷
    return a

x = np.array([1, 2, 4, 6, 7])
y = np.array([1, 3, 3, 5, 4])
a = reg1dim1(x, y)

plt.scatter(x, y, color="k")
xmax = x.max()
plt.plot([0, xmax], [0, a*xmax], color="k")
plt.show()
```

실행 결과

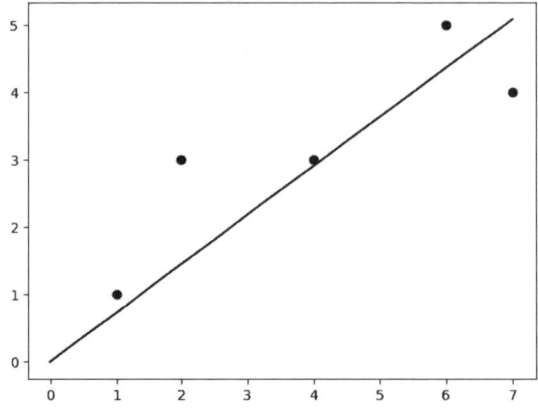

❶의 함수 reg1dim1은 회귀를 계산하는 주요 부분입니다. ❷에서는 식 5-1에 따라 매개변수 a를 추정합니다. np.dot(x, y)는 $x^T y$를 뜻하고 (x**2).sum( )은 $\|x\|^2$을 뜻합니다. x**2는 브로드캐스팅이므로 행렬의 원소를 각각 제곱한 결과에 .sum( )을 적용합니다. 즉, 원소 각각을 제곱한 결과의 합을 계산합니다.

2.2 일반 직선을 이용한 근사

앞 예는 직선이 반드시 원점을 통과해야 한다는 조건($y = ax$)이 있었습니다. 이러한 조건으로 인해 정밀하게 근사하기 어려운 상황도 생깁니다. 그래서 이번에는 원점을 통과한다는 조건을 없앤 직선 $y = ax + b$로 근사해봅니다.

먼저 다음 식과 같은 오차의 제곱합을 기억해두기 바랍니다.

$$E = \sum_{i=1}^{n}(ax_i + b - y_i)^2$$

E는 a, b라는 변수를 갖는 함수 $E(a, b)$이고, $\nabla E = 0$입니다. 오차의 제곱합을 최소화하려면 $\frac{\partial E}{\partial a} = 0$, $\frac{\partial E}{\partial b} = 0$일 때 a, b에 대한 연립방정식의 해를 계산해야 합니다(계산 과정은 생략합니다). 먼저 $\frac{\partial E}{\partial a} = 0$에서 식 5-2를 얻습니다.

식 5-2

$$\sum_{i=1}^{n}x_i(ax_i + b - y_i) = 0$$

또한 $\frac{\partial E}{\partial b} = 0$에서 식 5-3을 얻습니다.

식 5-3

$$\sum_{i=1}^{n}(ax_i + b - y_i) = \sum_{i=1}^{n}ax_i + \sum_{i=1}^{n}b - \sum_{i=1}^{n}y_i = 0$$

$$\therefore b = \frac{1}{n}\sum_{i=1}^{n}(y_i - ax_i)$$

식 5-3을 식 5-2의 좌변에 대입하면 다음 식을 얻습니다.

$$\sum_{i=1}^{n} x_i(ax_i + b - y_i) = a\sum_{i=1}^{n} x_i^2 + b\sum_{i=1}^{n} x_i - \sum_{i=1}^{n} x_i y_i$$

$$= a\sum_{i=1}^{n} x_i^2 + \frac{1}{n}\sum_{i=1}^{n}(y_i - ax_i) \cdot \sum_{i=1}^{n} x_i - \sum_{i=1}^{n} x_i y_i$$

$$= a\sum_{i=1}^{n} x_i^2 + \frac{1}{n}\sum_{i=1}^{n} x_i \sum_{i=1}^{n} y_i - \frac{a}{n}\sum_{i=1}^{n} x_i \sum_{i=1}^{n} x_i - \sum_{i=1}^{n} x_i y_i$$

$$= a\left[\sum_{i=1}^{n} x_i^2 - \frac{1}{n}\left(\sum_{i=1}^{n} x_i\right)^2\right] + \frac{1}{n}\sum_{i=1}^{n} x_i \sum_{i=1}^{n} y_i - \sum_{i=1}^{n} x_i y_i$$

이 식이 = 0이어야 하므로 a에 대해 풀면 다음과 같습니다.

식 5-4

$$a = \frac{\sum_{i=1}^{n} x_i y_i - \frac{1}{n}\sum_{i=1}^{n} x_i \sum_{i=1}^{n} y_i}{\sum_{i=1}^{n} x_i^2 - \frac{1}{n}\left(\sum_{i=1}^{n} x_i\right)^2}$$

다음은 지금까지 설명한 과정을 구현하고 시각화하는 코드입니다.

코드 reg1dim2.py

```python
import numpy as np
import matplotlib.pyplot as plt

def reg1dim2(x, y):
    n = len(x)
    a = ((np.dot(x, y) - y.sum() * x.sum() / n) /   # ❶
         ((x**2).sum() - x.sum()**2 / n))
    b = (y.sum() - a * x.sum()) / n   # ❷
    return a, b

x = np.array([1, 2, 4, 6, 7])
y = np.array([1, 3, 3, 5, 4])
a, b = reg1dim2(x, y)
```

```
plt.scatter(x, y, color="k")
xmax = x.max()
plt.plot([0, xmax], [b, a * xmax + b], color="k")
plt.show()
```

실행 결과

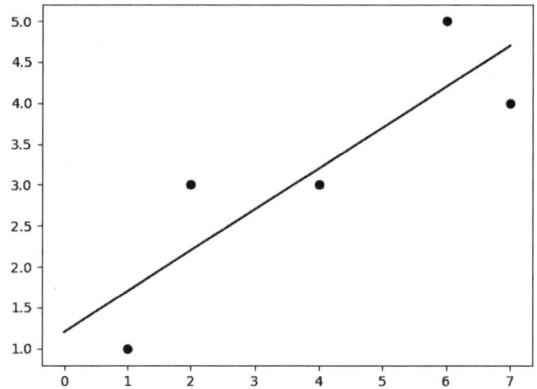

❶에서는 식 5-4에 따라 변수 a를 계산합니다. 수식과 코드를 연결 지어보면 다음과 같습니다.

$$\sum_{i=1}^{n} x_i y_i = \boldsymbol{x}^T \boldsymbol{y} \;\;\rightarrow\;\; \text{np.dot(x, y)}$$

$$\frac{1}{n}\sum_{i=1}^{n} x_i \sum_{i=1}^{n} y_i \;\;\rightarrow\;\; \text{y.sum( ) * x.sum( ) / n}$$

$$\sum_{i=1}^{n} x_i^2 \;\;\rightarrow\;\; \text{(x**2).sum()}$$

$$\frac{1}{n}\left(\sum_{i=1}^{n} x_i\right)^2 \;\;\rightarrow\;\; \text{x.sum( )**2 / n}$$

❷에서는 식 5-3에 따라 b를 계산합니다. 즉, $\frac{1}{n}\sum_{i=1}^{n}(y_i - ax_i) = \left(\sum_{i=1}^{n}y_i - a\sum_{i=1}^{n}x_i\right)/n$을 계산합니다.

실행 결과는 원점을 지나지 않는 직선입니다. 그리고 reg1dim1.py의 실행 결과와 비교해보면 각 점과 선의 간격이 이번 결과에서 더 작습니다.

2.3 다차원 특징 벡터

지금까지 특징 벡터가 1차원인 경우를 살펴봤는데, 이제 특징 벡터가 d차원인 경우를 살펴봅니다. 이때 특징 행렬은 크기가 $n \times d$인 X입니다.

d차원의 **선형 회귀** 모델은 다음 식으로 나타냅니다.

식 5-5

$$y = w_0 + w_1 x_1 + w_2 x_2 + \cdots + w_d x_d + \varepsilon$$

여기서 $[x_0, \cdots, x_d]^T$는 입력변수, $w_0, w_1, \cdots, w_d$는 매개변수, y는 타깃, ε은 오차를 나타내는 항입니다. 특히 $d = 1$일 때는 앞에서 설명한 1차원 벡터에 해당하며, w_0가 b, w_1이 a에 해당합니다.

또한 벡터 $x = [x_1, x_2, \cdots, x_d]^T$에 1이라는 원소를 추가한 벡터 $\tilde{x}$와 벡터 $w = [w_0, w_1, \cdots, w_d]^T$가 있으면 선형 회귀 모델 식을 다음처럼 바꿀 수 있습니다.

$$y = w^T \tilde{x}$$

이 모델 식을 실제로 적용해보겠습니다. X를 대신하는 $\tilde{X}$를 적용하면 앞 식은 다음과 같이 바뀝니다.

$$\hat{y}(w) = \tilde{X}w$$

이제 타깃 y에서 $\hat{y}$를 뺀 결과의 제곱합 $\|y-\hat{y}(w)\|^2$을 최소화하겠습니다. 즉, 다음 $E(w)$값을 최소화하는 w를 계산합니다.

$$\begin{aligned} E(w) &= \|y - \tilde{X}w\|^2 \\ &= (y - \tilde{X}w)^T (y - \tilde{X}w) \\ &= y^T y - w^T \tilde{X}^T y - y^T \tilde{X}w + w^T \tilde{X}^T \tilde{X}w \end{aligned}$$

그리고 $E(w)$의 기울기를 계산할 수 있습니다.

$$\nabla E(w) = -2\tilde{X}^T y + 2\tilde{X}^T \tilde{X}w$$

기울기를 계산하는 식을 = 0으로 설정하면 오차의 제곱합을 최소화하는 w를 계산할 수 있습니다.

$$\tilde{X}^T y = \tilde{X}^T \tilde{X} w$$
$$w = (\tilde{X}^T \tilde{X})^{-1} \tilde{X} y$$

그럼 지금까지 설명한 내용을 코드로 작성해보겠습니다. 먼저 회귀를 계산하는 클래스를 구현합니다.

코드 linearreg.py

```python
import numpy as np
from scipy import linalg

class LinearRegression:
    def __init__(self):
        self.w_ = None

    def fit(self, X, t):
        Xtil = np.c_[np.ones(X.shape[0]), X]
        A = np.dot(Xtil.T, Xtil)
        b = np.dot(Xtil.T, t)
        self.w_ = linalg.solve(A, b)

    def predict(self, X):
        if X.ndim == 1:
            X = X.reshape(1, -1)
        Xtil = np.c_[np.ones(X.shape[0]), X]
        return np.dot(Xtil, self.w_)
```

fit 메소드로는 학습 데이터를 이용해 학습하고 계산 결과를 self.w_에 저장합니다. 인수 X는 입력 학습 데이터, t는 출력 학습 데이터입니다. Xtil은 행렬 X의 왼쪽에 요소 1로 이루어진 문자열을 하나 추가한 것으로 $\tilde{X}$에 해당합니다. 입력값에 대한 출력값을 예측할 때는 predict 메소드를 사용합니다. 이 메소드는 행렬 X를 인수로 삼아 학습할 때와 마찬가지로 X의 각 행을 샘플로 설정해 예측합니다. 앞에 나온 Xtil을 다시 정의한 후 self.w_와의 곱을 계산합니다.

다음으로 방금 구현한 LinearRegression 클래스를 불러와서 데이터를 난수로 생성해 학습을 진행합니다. 아래 코드 파일은 linearreg.py와 같은 디렉터리에 만들어 실행하세요.

코드 reg_test1.py

```python
import linearreg
import numpy as np
import matplotlib.pyplot as plt
from mpl_toolkits.mplot3d import axes3d

n = 100
scale = 10

np.random.seed(0)
X = np.random.random((n, 2)) * scale   # ❶
w0 = 1
w1 = 2
w2 = 3
y = w0 + w1 * X[:, 0] + w2 * X[:, 1] + np.random.randn(n)   # ❷

model = linearreg.LinearRegression()
model.fit(X, y)
print("계수: ", model.w_)   # ❸
print("(1, 1)에 대한 예측값: ", model.predict(np.array([1, 1])))   # ❹

xmesh, ymesh = np.meshgrid(np.linspace(0, scale, 20),   # ❺
                            np.linspace(0, scale, 20))
zmesh = (model.w_[0] + model.w_[1] * xmesh.ravel() +
         model.w_[2] * ymesh.ravel()).reshape(xmesh.shape)
fig = plt.figure()
ax = fig.add_subplot(111, projection='3d')
ax.scatter(X[:, 0], X[:, 1], y, color="k")
ax.plot_wireframe(xmesh, ymesh, zmesh, color="r")
plt.show()
```

실행 결과

```
계수:  [1.11450326 1.95737004 3.00295751]
(1, 1)에 대한 예측값:  [6.07483081]
```

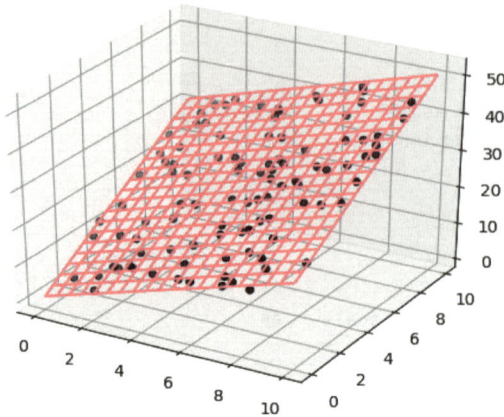

입력 학습 데이터 샘플은 2차원으로 설정하고, 샘플의 개수는 n으로 100개를 생성합니다. 선형합 $w_0 + w_1 x_1 + w_2 x_2$는 $w_0 = 1$, $w_1 = 2$, $w_2 = 3$을 대입해 계산한 후 오차항에 해당하는 난수를 추가하여 데이터를 생성합니다.

❶에서는 np.random.random으로 0에서 1 사이의 난수를 원소로 갖는 100×2 크기의 행렬을 생성합니다. 여기에 scale을 곱하면 브로드캐스팅으로 모든 원소에 10을 곱합니다. 결과적으로 0에서 10 사이의 난수를 원소로 갖는 행렬이 됩니다.

❷에서는 선형합에 오차항에 해당하는 난수를 더해 y에 저장합니다. np.random.randn은 정규분포를 따르는 난수를 원소로 갖는 행렬을 생성합니다. ❸에서는 계수, ❹에서는 (1, 1)에 대응하는 예측값을 계산해 출력합니다. (1, 1)의 참값[2]은 $1 + 2 \times 1 + 3 \times 1 = 6$이므로 실행 결과와 비교하면 괜찮은 예측이라고 판단할 수 있습니다.

❺ 이후는 시각화를 위해 그래프를 그리는 코드입니다. 특징 데이터 샘플이 2차원

---

2 옮긴이: 여러 가지 수량의 실제 크기, 즉 셀 수 있는 모든 것을 나타내는 값을 뜻합니다.

이므로 데이터를 3차원 공간에 시각화합니다. 즉, 입력 학습 데이터와 출력 학습 데이터 세트를 3차원 위에 점으로 나타내고, 예측한 매개변수로 결정되는 평면을 그물 모양으로 그립니다.

실행 결과 화면은 드래그하여 회전시킬 수 있습니다. 회전시켜보면 해당 클러스터를 평면이 잘 근사한다는 점을 알 수 있습니다.

2.4 실제 데이터를 사용하는 예

이제 실제 데이터를 사용하여 학습하는 예를 살펴봅니다. UCI Machine Learning Repository에서 공개하는 여러 가지 데이터 세트 중 와인 품질 데이터 세트[3]를 사용할 것입니다.

데이터 세트는 와인 성분과 관련해 측정한 숫자와 1~5까지의 숫자로 나타내는 품질의 조합입니다. 이 데이터를 사용하여 품질을 예측하는 모델을 만들어 학습시킬 것입니다. 먼저 다음 코드와 같은 디렉터리에 데이터 세트를 다운로드[4]한 후 코드를 실행하세요.

코드 reg_winequality.py

```
import linearreg
import numpy as np
import csv

# 데이터 불러오기
Xy = []
with open("winequality-red.csv") as fp:
    for row in csv.reader(fp, delimiter=";"):  # ❶
        Xy.append(row)
Xy = np.array(Xy[1:], dtype=np.float64)  # ❷
```

---

3   Wine Quality Data Set, https://archive.ics.uci.edu/ml/datasets/wine+quality

4   https://archive.ics.uci.edu/ml/machine-learning-databases/wine-quality/winequality-red.csv

```python
# 데이터 세트를 학습 데이터와 테스트 데이터로 나눔
np.random.seed(0)
np.random.shuffle(Xy)
train_X = Xy[:-1000, :-1]
train_y = Xy[:-1000, -1]
test_X = Xy[-1000:, :-1]
test_y = Xy[-1000:, -1]

# 학습하기
model = linearreg.LinearRegression()
model.fit(train_X, train_y)

# 테스트 데이터에 모델을 적용해 예측
y = model.predict(test_X)

print("처음 5개 데이터의 정답과 예측값: ")
for i in range(5):
    print("{:1.0f} {:5.3f}".format(test_y[i], y[i]))
print()
print("RMSE: ", np.sqrt(((test_y - y)**2).mean()))
```

실행 결과

```
처음 5개 데이터의 정답과 예측값:
7 6.012
6 5.734
5 5.285
8 6.352
5 5.414

RMSE:  0.6724248548467168
```

이 프로그램에서는 데이터 세트를 다루기 위해 csv 모듈을 불러와 사용합니다. CSV 형식은 보통 쉼표(,)로 데이터를 구분하는데, 방금 다운로드한 데이터 세트는 세미콜론(;)으로 데이터를 구분하므로 ❶에서 delimiter라는 인수에 값을 세미콜론으로 설정했습니다.

❷에서는 array의 인수에 dtype=float64를 설정하여 문자열 리스트를 2차원의 숫자 타입 배열로 바꿉니다. 인수 xy[1:]은 제목인 데이터 파일의 첫 번째 행을 변환에서 제외하려는 것입니다.

예측값을 평가할 때는 평균제곱근 오차(Root Mean Square Error, RMSE)를 사용했습니다. RMSE는 자주 사용하는 평가 방법이므로 기억하기 바랍니다. 예측한 결과를 정답과 비교해보기 위해 처음 5개 테스트 데이터의 정답과 예측값을 함께 출력합니다. RMSE는 예측값 $\hat{y} = [y_1, y_2, \cdots, y_n]$과 정답(출력 학습 데이터) $y = [y_1, y_2, \cdots, y_n]$에 대해 다음 식이 성립합니다.

$$\sqrt{\frac{1}{n}\sum_{i=1}^{n}(\hat{y}_i - y_i)^2} = \frac{\|\hat{y} - y\|}{\sqrt{n}}$$

RMSE와 같은 지표는 다른 모델과 비교했을 때 얼마나 우수한지에 대한 평가에 사용하는 편입니다. 앞 코드의 실행 결과인 0.67은 상황에 따라 우수하다고 할 수도 있고, 우수하지 않다고도 평가할 수 있습니다. 하지만 평균적으로 봤을 때 지표가 1 이상이 아니면 의미 있는 예측 결과라고 생각하면 됩니다.

2.5 머신러닝 알고리즘의 평가

와인 품질 데이터 세트를 사용한 학습에서는 데이터를 학습용과 테스트용으로 나눴습니다. 그리고 학습용 데이터만 사용해 학습한 후, RMSE라는 지표를 사용하여 테스트용 데이터와 비교해 얼마나 정확하게 예측했는지를 확인했습니다. 이러한 과정을 따르는 머신러닝 알고리즘의 평가를 보통 홀드아웃 검증이라고 합니다.

머신러닝은 알 수 없는 데이터에서 의미 있는 결과를 잘 예측할 수 있어야 한다는 목표를 둡니다. 이러한 목표를 달성하려면 기존의 데이터만으로 알 수 없는 데이터에 대해 예측할 수 있는 모델을 만들어야 합니다. 이를 달성하기 위한 평가 방법이 홀드아웃 검증입니다.

3 : 릿지 회귀

선형 회귀를 이용해 오차의 제곱합을 최소화하는 목적함수에 파라미터의 크기를 추가한 것을 릿지 회귀라고 합니다. 릿지 회귀에서는 다음 함수를 최소화하는 w를 결정합니다.

$$E(w) = \|y - \tilde{X}w\|^2 + \lambda\|w\|^2$$

$\lambda\|w\|^2$라는 항을 패널티항 혹은 정규화항이라고 합니다. 이 항을 추가하면 클러스터를 선형으로 근사함과 동시에 가능한 한 w의 크기(L2 노름)를 작게 만듭니다. 그 결과 머신러닝 알고리즘이 특정 데이터에 너무 최적화되어 실제 모델의 성능을 떨어뜨리게 만드는 과적합(overfitting)을 막습니다.

여기서 λ는 w의 크기를 조정하는 데 중요한 역할을 하는 상수로 하이퍼 파라미터라고 합니다. 하이퍼 파라미터는 보통 사람의 경험적 판단에 근거해 모델의 성능을 조정할 때 사용하므로 직접 설정하는 편입니다.

선형 회귀와 마찬가지로 기울기 ∇E를 식으로 정의하고 해당 식에 $= 0$을 설정하여 w를 계산합니다.

$$\begin{aligned}\nabla E &= 2\tilde{X}^T\tilde{X}w - 2\tilde{X}^Ty + 2\lambda w \\ &= 2[(\tilde{X}^T\tilde{X} + \lambda I)w - \tilde{X}^Ty] = 0 \\ w &= (\tilde{X}^T\tilde{X} + \lambda I)^{-1}\tilde{X}^Ty\end{aligned}$$

그럼 앞 식의 내용을 코드로 구현한 후, 선형 회귀에서 다룬 임의의 데이터를 이용해 학습시키겠습니다.

코드 ridge.py

```python
import numpy as np
from scipy import linalg

class RidgeRegression:
    def __init__(self, lambda_=1.):
        self.lambda_ = lambda_
        self.w_ = None

    def fit(self, X, t):
        Xtil = np.c_[np.ones(X.shape[0]), X]
        c = np.eye(Xtil.shape[1])
        A = np.dot(Xtil.T, Xtil) + self.lambda_ * c
        b = np.dot(Xtil.T, t)
        self.w_ = linalg.solve(A, b)

    def predict(self, X):
        Xtil = np.c_[np.ones(X.shape[0]), X]
        return np.dot(Xtil, self.w_)
```

코드 ridge_test1.py

```python
import ridge
import numpy as np
import matplotlib.pyplot as plt
from mpl_toolkits.mplot3d import axes3d

x = np.array([1, 2, 4, 6, 7])
y = np.array([1, 3, 3, 5, 4])
model = ridge.RidgeRegression(1)
model.fit(x, y)
b, a = model.w_

plt.scatter(x, y, color="k")
xmax = x.max()
plt.plot([0, xmax], [b, b + a * xmax], color="k")
plt.show()

n = 100
scale = 10

np.random.seed(0)
X = np.random.random((n, 2)) * scale
```

```
w0 = 1
w1 = 2
w2 = 3
y = w0 + w1 * X[:, 0] + w2 * X[:, 1] + np.random.randn(n)

model = ridge.RidgeRegression(1.)
model.fit(X, y)

xmesh, ymesh = np.meshgrid(np.linspace(0, scale, 20),
                            np.linspace(0, scale, 20))
zmesh = (model.w_[0] + model.w_[1] * xmesh.ravel() +
        model.w_[2] * ymesh.ravel()).reshape(xmesh.shape)
fig = plt.figure()
ax = fig.add_subplot(111, projection='3d')
ax.scatter(X[:, 0], X[:, 1], y, color="k")
ax.plot_wireframe(xmesh, ymesh, zmesh, color="r")
plt.show()
```

실행 결과

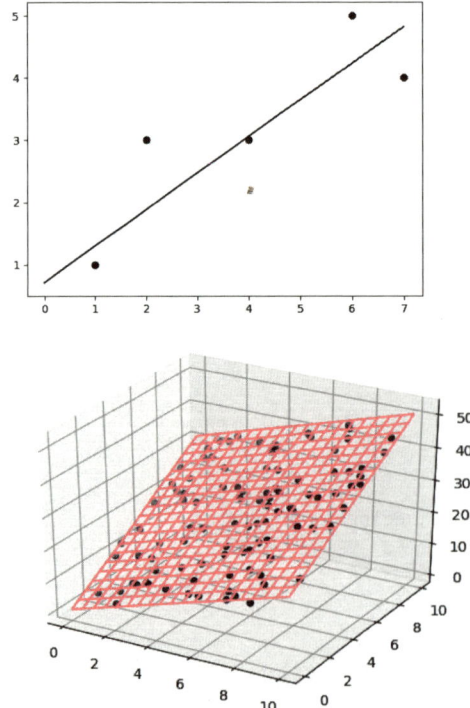

ridge_test1.py는 plt.show( )가 2개 있으므로 2차원과 3차원 공간에 클러스터를 근사한 결과를 각각 나타냅니다. 참고로 REPL에서는 첫 번째 그림 창을 닫아야 다음 그림이 나타납니다.

그런데 방금 살펴본 실행 결과로는 일반적인 선형 회귀와의 차이를 잘 느끼지 못할 것입니다. 따라서 다른 방법으로 다시 데이터를 학습시켜보겠습니다.

코드 ridge_test2.py

```python
import ridge
import linearreg
import numpy as np
import matplotlib.pyplot as plt

x = np.arange(12)
y = 1 + 2 * x
y[2] = 20
y[4] = 0

xmin = 0
xmax = 12
ymin = -1
ymax = 25
fig, axes = plt.subplots(nrows=2, ncols=5)

for i in range(5):
    axes[0, i].set_xlim(xmin, xmax)
    axes[0, i].set_ylim(ymin, ymax)
    axes[1, i].set_xlim(xmin, xmax)
    axes[1, i].set_ylim(ymin, ymax)
    xx = x[:2 + i * 2]
    yy = y[:2 + i * 2]
    axes[0, i].scatter(xx, yy, color="k")
    axes[1, i].scatter(xx, yy, color="k")
    model = linearreg.LinearRegression()
    model.fit(xx, yy)
    xs = [xmin, xmax]
    ys = [model.w_[0] + model.w_[1] * xmin,
          model.w_[0] + model.w_[1] * xmax]
    axes[0, i].plot(xs, ys, color="k")
    model = ridge.RidgeRegression(10.)
```

```
    model.fit(xx, yy)
    xs = [xmin, xmax]
    ys = [model.w_[0] + model.w_[1] * xmin,
          model.w_[0] + model.w_[1] * xmax]
    axes[1, i].plot(xs, ys, color="k")

plt.show()
```

실행 결과

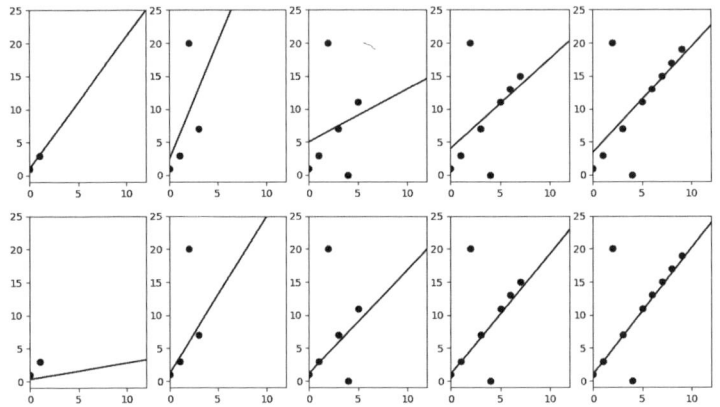

ridge_test2.py는 선형에 가까운 점 데이터를 사용하지만 크게 벗어난 점이 2개 있도록 데이터를 준비했습니다. 여기서 사용한 데이터에는 12개의 점이 있는데, 점을 2개부터 시작해서 2개씩 늘려가며 회귀의 형태가 어떻게 변하는지를 시각화했습니다.

실행 결과의 첫 번째 행은 선형 회귀고 두 번째 행은 릿지 회귀입니다. 맨 왼쪽 열부터 점 2개로 시작해 오른쪽 열로 갈수록 점이 2개씩 늘어납니다. 세 번째 점은 다른 점과 비교했을 때 위쪽으로 멀리 떨어진 곳에 있습니다. 두 번째 열의 그림 2개를 보면 세 번째 점에 영향을 받아 직선의 기울기가 위쪽으로 움직인 것을 알 수 있습니다. 그런데 선형 회귀의 직선이 좀 더 위쪽으로 움직였습니다.

또 세 번째 열의 그림을 보면 다섯 번째 점이 다른 점과 비교했을 때 아래쪽으로 멀리 떨어진 곳에 있습니다. 마찬가지로 회귀직선의 기울기는 이 점의 영향을 받아 기울기가 작아집니다. 이번에도 선형 회귀의 직선이 더 아래쪽으로 움직였습니다.

결론적으로 모든 그림의 첫 번째 행인 선형 회귀와 두 번째 행인 릿지 회귀를 비교하면 점이 늘었을 때 선형 회귀에서 직선의 기울기가 더 크게 변합니다. 릿지 회귀는 점에 따라서 기울기가 변하는 폭이 작습니다.

이처럼 릿지 회귀는 샘플 수가 적더라도 예외 데이터의 영향을 많이 받지 않는 성질이 있습니다. 이는 정규화항 때문입니다. 이러한 성질을 적용하려는 상황에 따라 효율적으로 활용하기 바랍니다.

3.1 하이퍼 파라미터

릿지 회귀에서 언급한 하이퍼 파라미터라는 개념을 설명하겠습니다. 머신러닝 모델은 올바른 예측을 하기 위해 내부에 저장한 매개변수를 바꾸면서 학습합니다. 하지만 하이퍼 파라미터는 학습 전에 설정을 마치면 변하지 않고 계속 그대로 유지되는 값이기 때문에 모델이 학습을 시작하기 전에 미리 값을 결정해야 합니다.

또한 모델의 매개변수가 학습 중 어떻게 변할지 결정하는 것이 바로 하이퍼 파라미터입니다. 모델의 성능을 외부에서 조작한다고 할 수 있습니다. 참고로 앞의 릿지 회귀 예에서는 하이퍼 파라미터가 하나뿐이었는데 일반 알고리즘에서는 여러 개를 사용합니다.

하이퍼 파라미터를 정할 때는 보통 몇 가지 값을 시험해보고 가장 좋은 결과가 나오는 것을 선택합니다. 홀드아웃 검증이라면 하이퍼 파라미터의 값을 결정, 학습, 평가하는 과정을 반복하면서 그중 가장 좋은 값을 사용하는 것입니다.

4 : 일반화와 과적합

일반화(generalization)와 과적합을 더 자세히 설명하는 예로 다항 회귀(polynomial regression) 알고리즘을 소개합니다. 다항 회귀는 입력변수가 x일 때 출력 y를 x의 다항함수로 나타내는 모델입니다. 여기서는 간단하게 입력 x가 1차원이고 다항식의 차수는 d라고 하겠습니다. 즉, 식 5-6과 같은 모델을 생각합니다.

식 5-6

$$y = w_0 + w_1 x + w_2 x^2 + \cdots + w_d x^d + \varepsilon$$

ε은 여기에서도 패널티항을 뜻합니다. 이때 선형 회귀와 마찬가지로 최소제곱법을 이용해 계수를 결정합니다. 어떤 w와 x가 있을 때의 예측값이 다음 식과 같다면,

$$\hat{y} = w_0 + w_1 x + \cdots + w_d x^d$$

예측값은 x와 w에 대한 함수 $\hat{y}(x, w)$를 학습 데이터의 특징 x와 타깃 y에 대해 다음 식을 계산하는 것입니다.

식 5-7

$$\min_{w} \| \hat{y}(x, w) - y \|^2$$

그런데 식 5-6에서 x^i를 x_i로 변경하면 식 5-5와 같습니다. 이 때문에 식 5-7의 최적화 문제는 어떤 학습 데이터의 특징 $[x_1, x_2, \cdots, x_n]^T$에 대한 각 원소를 0차(즉, 1)에서 d차까지 나열한 식 5-8의 행렬을 학습 데이터의 특징 행렬로 삼아 선형 회귀를 계산하는 것과 같습니다.

식 5-8

$$M = \begin{bmatrix} 1 & x_1 & x_1^2 & \cdots & x_1^d \\ 1 & x_2 & x_2^2 & \cdots & x_2^d \\ \vdots & \vdots & \vdots & \ddots & \vdots \\ 1 & x_n & x_n^2 & \cdots & x_n^d \end{bmatrix}$$

실제로 x_i에 대한 예측값이 $\hat{y}_i$고, $\hat{y} = [y_1, y_2, \cdots, y_n]$이라면 함수 $\hat{y}$는 다음 식과 같습니다.

$$\hat{y} = \begin{bmatrix} w_0 + w_1 x_1 + w_2 x_1^2 + \cdots + w_d x_1^d \\ w_0 + w_1 x_2 + w_2 x_2^2 + \cdots + w_d x_2^d \\ \vdots \\ w_0 + w_1 x_n + w_2 x_n^2 + \cdots + w_d x_n^d \end{bmatrix} = \begin{bmatrix} 1 & x_1 & x_1^2 & \cdots & x_1^d \\ 1 & x_2 & x_2^2 & \cdots & x_2^d \\ \vdots & \vdots & \vdots & \ddots & \vdots \\ 1 & x_n & x_n^2 & \cdots & x_n^d \end{bmatrix} \begin{bmatrix} w_0 \\ w_1 \\ \vdots \\ w_d \end{bmatrix} = Mw$$

그럼 앞의 선형 회귀에서 구현한 LinearRegression 클래스를 응용하여 다항 회귀 클래스인 PolynomialRegression을 구현합니다.

코드 polyreg.py

```python
import linearreg
import numpy as np

class PolynomialRegression:
    def __init__(self, degree):
        self.degree = degree

    def fit(self, x, y):
        x_pow = []
        xx = x.reshape(len(x), 1)
        for i in range(1, self.degree + 1):
            x_pow.append(xx**i)
        mat = np.concatenate(x_pow, axis=1)
```

```
        linreg = linearreg.LinearRegression()
        linreg.fit(mat, y)
        self.w_ = linreg.w_

    def predict(self, x):
        r = 0
        for i in range(self.degree + 1):
            r += x**i * self.w_[i]
        return r
```

식 5-8의 행렬에 해당하는 코드는 mat 부분입니다. 먼저 바로 앞에 있는 for문에서 입력값(벡터) x의 1제곱, 2제곱, …과 같은 계산을 반복하여 그 결과를 x_pow 리스트에 저장합니다. 그리고 x_pow 리스트를 np.concatenate의 인수로 삼아 벡터를 옆으로 연결(axis=1)한 행렬을 만듭니다. 이후에는 선형 회귀 알고리즘을 호출해 계산하고 결과를 self.w_에 저장합니다.

다음 코드는 PolynomialRegression 클래스를 사용한 학습 예입니다.

코드 polyreg_test1.py

```python
import polyreg
import linearreg
import numpy as np
import matplotlib.pyplot as plt

# 데이터 생성
np.random.seed(0)

def f(x):
    return 1 + 2 * x

x = np.random.random(10) * 10
y = f(x) + np.random.randn(10)

# 다항 회귀
model = polyreg.PolynomialRegression(10)
model.fit(x, y)

plt.scatter(x, y, color="k")
```

```
plt.ylim([y.min() - 1, y.max() + 1])
xx = np.linspace(x.min(), x.max(), 300)
yy = np.array([model.predict(u) for u in xx])
plt.plot(xx, yy, color="k")

# 선형 회귀
model = linearreg.LinearRegression()
model.fit(x, y)
b, a = model.w_
x1 = x.min() - 1
x2 = x.max() + 1
plt.plot([x1, x2], [a*x1+b, a*x2+b], color="k", linestyle="dashed")

plt.show()
```

실행 결과

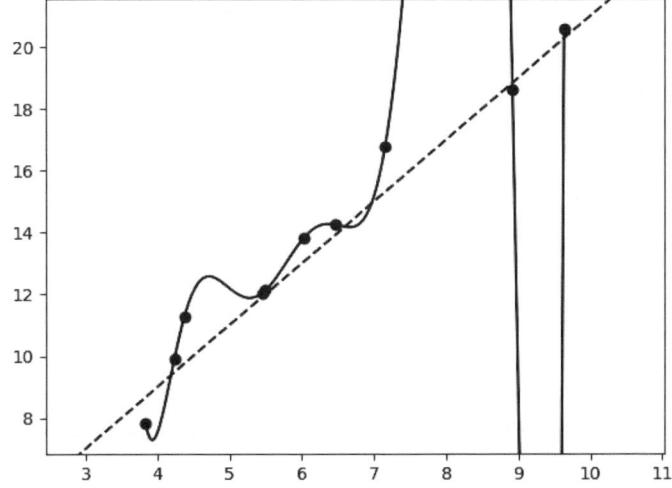

코드를 실행했을 때 뜨는 경고 메시지는 생성한 행렬에 따라 계산 오차가 커질 수도 있다는 뜻으로 무시해도 괜찮습니다. 코드를 보면 $y = 1 + 2x + \varepsilon$(ε은 난수)에 속하는 점을 10개 생성하여 학습 데이터로 삼습니다. 그리고 이 데이터를 사용하여 다항 회귀와 선형 회귀의 그래프를 그립니다.

실행 결과에서 실선은 다항 회귀를 적용한 것이고 파선은 선형 회귀를 적용한 것입니다. 두 그래프를 비교하면 모든 점을 통과하는 다항 회귀가 주어진 점에 더 잘 대응하고 있습니다. 그렇지만 다항 회귀가 성능이 더 좋다고 하기는 어렵습니다. 예를 들어 x = 8일 때의 값을 예상하려고 하면 다항 회귀 그래프에는 대응하는 값이 없으므로 정답과는 크게 어긋난 예측값을 계산해 버리기 때문입니다.

앞 예에서 기억해야 할 점은 특정 학습 데이터를 정확하게 예상하도록 학습한 모델이 꼭 성능이 좋다고 할 수 없다는 점이며, 이는 과적합일 확률이 높습니다. 머신러닝을 활용하는 이유는 이미 알고 있는 데이터가 아니라 알 수 없는 데이터를 대상으로 최대한 정확하게 예측을 하려는 것입니다. 알 수 없는 데이터를 얼마나 정확하게 예측할 수 있는지를 나타내는 지표를 일반화 성능이라고 합니다.

4.1 모델의 일반화 성능

모델의 일반화 성능을 더욱 자세히 살펴봅니다. 참값 $f(x)$를 대상으로 데이터 d를 사용하여 예측한 값을 $\hat{f}_D(x)$라고 하면, 데이터의 집합 D의 제곱 오차의 평균은 다음과 같습니다.

$$E_D[(f(x)-\hat{f}_D(x))^2] = (f(x)-E_D[\hat{f}_D(x)])^2 + E_D[(\hat{f}_D(x)-E_D[\hat{f}_D(x)])^2]$$

여기서 E_D는 $D \in \mathcal{D}$에 해당하는 입력 데이터 모두에 관한 평균을 뜻합니다. 첫 번째 항 $(f(x)-E_D[\hat{f}_D(x)])^2$은 **편향(bias)**입니다. 식의 형태를 보면 참값에서 모든 데이터에 대한 예측값의 평균을 뺀 값을 제곱합니다. 즉, 참값은 변하지 않고 관측 데이터가 변할 때 x의 예측값 평균을 계산한 결과와 참값이 얼마나 차이 나는지를 뜻하는 것입니다.

두 번째 항 $E_D[(\hat{f}_D(x)-E_D[\hat{f}_D(x)])^2]$은 **분산(variance)**입니다. 식을 살펴보면 D가 변화했을 때의 예측값이 $\hat{f}_D(x)$의 분산입니다.

즉, **예측 오차의 평균 = 편향 + 분산**이라는 관계가 성립합니다. 편향은 예측값이 정답과 얼마나 다른가를 나타내는 값이며, 분산은 데이터가 변경될 때 얼마나 예측값이 부정확해지는지를 나타내는 값입니다. 예측 오차는 편향과 분산의 합이므로 편향만으로는 모델의 장점을 제대로 판단할 수 없습니다. 이를 알아보는 간단한 테스트를 해봅니다.

다음 식과 같은 함수가 있을 때 선형 회귀와 다항 회귀를 사용하여 예측하겠습니다.

$$y = \frac{1}{1+x} \quad (0 \leq x \leq 5)$$

이때 편향은 다음과 같은 테스트 과정을 거쳐 근삿값을 계산하여 사용합니다.

> 다음을 10만 번 반복합니다.
>
> **1** $0 \leq x \leq 5$ 범위의 점 5개를 무작위로 생성한 후 해당 값을 $f(x) = 1/(1+x)$에 대입해 계산합니다.
>
> **2** 1에서 계산한 데이터에 각각 선형 회귀와 다항 회귀를 적용해 학습시킵니다.
>
> **3** 0에서 5까지를 0.01 단위로 나눠 선형 회귀와 다항 회귀에 대해 예측값을 계산합니다.
>
> 마지막으로 3에서 계산한 예측값의 평균을 구하고 그림으로 나타냅니다.

이 과정을 계산하는 프로그램이 model_mean.py입니다.

코드 **model_mean.py**

```
import numpy as np
import matplotlib.pyplot as plt
import warnings
import polyreg
import linearreg

def f(x):
    return 1 / (1 + x)
```

```python
def sample(n):
    x = np.random.random(n) * 5
    y = f(x)
    return x, y

xx = np.arange(0, 5, 0.01)
np.random.seed(0)
y_poly_sum = np.zeros(len(xx))
y_lin_sum = np.zeros(len(xx))
n = 100000
warnings.filterwarnings("ignore")

for _ in range(n):
    x, y = sample(5)
    poly = polyreg.PolynomialRegression(4)
    poly.fit(x, y)
    lin = linearreg.LinearRegression()
    lin.fit(x, y)
    y_poly = poly.predict(xx)
    y_poly_sum += y_poly
    y_lin = lin.predict(xx.reshape(-1, 1))
    y_lin_sum += y_lin

plt.plot(xx, f(xx), label="truth", color="k", linestyle="solid")
plt.plot(xx, y_poly_sum / n, label="polynomial reg.", color="k",
         linestyle="dotted")
plt.plot(xx, y_lin_sum / n, label="linear reg.", color="k",
         linestyle="dashed")
plt.legend()
plt.show()
```

실행 결과

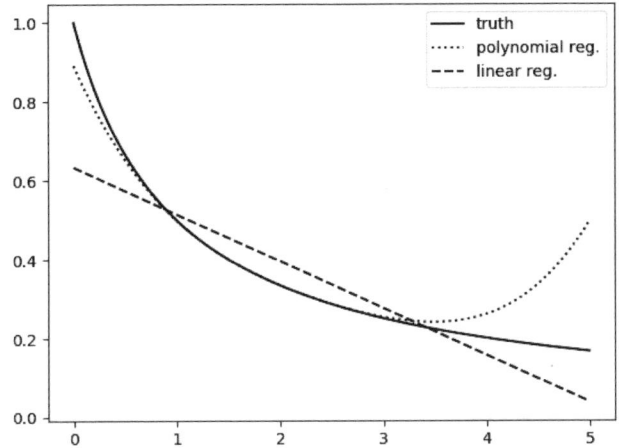

실행 결과를 살펴보면 파선인 선형 회귀(linear reg.)보다 점선인 다항 회귀(polynomial reg.)가 전체적으로 참값(truth)과 더 비슷한 형태를 보입니다. 특히 $x \leq 3$일 때는 다항 회귀와 참값이 거의 일치하는 형태입니다. 즉, 점 5개로 전체를 예측하는 작업을 수많이 반복해서 평균을 계산하면 선형 회귀보다 다항 회귀가 참값에 더 가까워진다는 것을 알 수 있습니다.

그렇다면 다항 회귀가 성능이 더 좋은 모델이라고 결론지어도 되는 것일까요? 예측값의 평균과 참값의 차이는 편향에 대응하는 값일 뿐이므로 예측 오차를 제대로 살펴보려면 분산도 살펴봐야 합니다.

이번에는 같은 샘플링 방식으로 편향과 분산을 모두 그래프로 확인해보겠습니다.

코드 bias_var.py

```
import numpy as np
import matplotlib.pyplot as plt
import warnings
import polyreg
import linearreg
```

```python
def f(x):
    return 1 / (1 + x)

def sample(n):
    x = np.random.random(n) * 5
    y = f(x)
    return x, y

xx = np.arange(0, 5, 0.01)
np.random.seed(0)
y_poly_sum = np.zeros(len(xx))
y_poly_sum_sq = np.zeros(len(xx))
y_lin_sum = np.zeros(len(xx))
y_lin_sum_sq = np.zeros(len(xx))
y_true = f(xx)
n = 100000
warnings.filterwarnings("ignore")

for _ in range(n):
    x, y = sample(5)
    poly = polyreg.PolynomialRegression(4)
    poly.fit(x, y)
    lin = linearreg.LinearRegression()
    lin.fit(x, y)
    y_poly = poly.predict(xx)
    y_poly_sum += y_poly
    y_poly_sum_sq += (y_poly - y_true)** 2
    y_lin = lin.predict(xx.reshape(-1, 1))
    y_lin_sum += y_lin
    y_lin_sum_sq += (y_lin - y_true)** 2

fig = plt.figure()
ax1 = fig.add_subplot(121)
ax2 = fig.add_subplot(122)
ax1.set_title("Linear reg.")
ax2.set_title("Polynomial reg.")
ax1.set_ylim(0, 1)
ax2.set_ylim(0, 1)
ax1.fill_between(xx, 0, (y_lin_sum / n - y_true)**2, color="0.2", label="bias")
ax1.fill_between(xx, (y_lin_sum / n - y_true)**2, y_lin_sum_sq / n,
                 color="0.7", label="variance")
ax1.legend(loc="upper left")
ax2.fill_between(xx, 0, (y_poly_sum / n - y_true)**2, color="0.2", label="bias")
ax2.fill_between(xx, (y_poly_sum / n - y_true)**2, y_poly_sum_sq / n,
                 color="0.7", label="variance")
ax2.legend(loc="upper left")
plt.show()
```

실행 결과

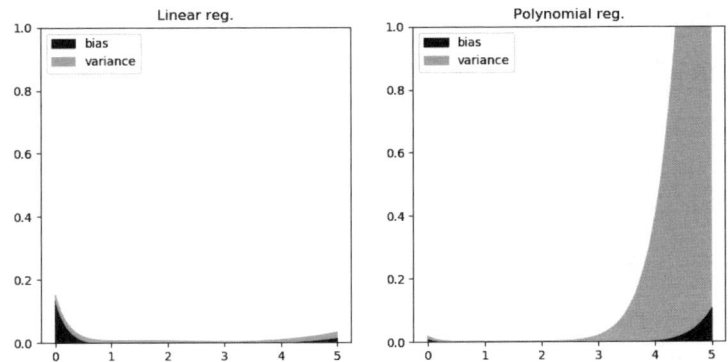

실행 결과는 선형 회귀(왼쪽)와 다항 회귀(오른쪽)에 대한 편향과 분산의 곱을 나타냅니다. 다항 회귀는 $x > 3$에서 분산이 심하게 증가하며, 예측값과 참값의 차이가 큽니다. 편향이 작은데 분산이 크다는 것은 평균을 계산했을 때는 실제 곡선과 일치하지만 평균이 아닐 때는 곡선이 위나 아래로 크게 변할 수도 있다는 뜻입니다.

그럼 기존 데이터에서 알 수 없는 데이터를 예측하는 성능을 높이려면 어떻게 해야 할까요? 이미 req_winequality.py에서 사용한 홀드아웃 검증도 하나의 방법입니다. 홀드아웃 검증에서는 데이터를 학습 데이터와 테스트 데이터로 나눠 학습 데이터만을 사용하여 모델을 학습시키고, 테스트 데이터를 사용하여 학습시킨 모델이 얼마나 정확하게 정답을 예측하는지를 평가합니다.

하이퍼 파라미터를 조정하는 방법도 있습니다. 하이퍼 파라미터는 테스트 데이터의 예측 성능을 확인해 가면서 좋은 결과를 내는 값을 선택합니다. 그런데 데이터의 양이 불충분하면 하이퍼 파라미터가 과적합되는 경우가 있습니다. 하이퍼 파라미터의 과적합이란 하이퍼 파라미터의 값이 테스트 데이터를 대상으로는 높은 예측 성능을 보이지만, 일반 데이터를 대상으로는 예측 성능이 낮은 모델을 만들게 하는 것을 말합니다.

4.2 교차 검증

과적합을 막는 방법에는 **교차 검증**이 있습니다. k겹 교차 검증은 데이터를 k개로 분할하여 k개의 데이터 중 하나를 테스트용으로 삼고 다른 데이터를 학습용으로 삼습니다.

예를 들어 3겹 교차 검증은 데이터를 데이터 1, 데이터 2, 데이터 3 이렇게 3개로 나눕니다. 이 3개의 데이터를 가지고 먼저 데이터 1과 데이터 2로 학습하고 데이터 3으로 테스트합니다. 다음으로는 데이터 3과 데이터 1로 학습하고 데이터 2로 테스트합니다. 마지막으로 데이터 2와 데이터 3으로 학습하고 데이터 1로 테스트합니다. 즉, 학습 및 테스트 과정을 3회 합니다.

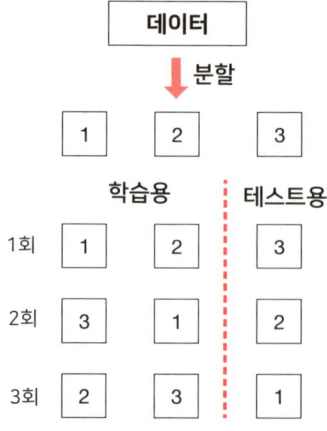

그림 5-2 교차 검증의 구조

참고로 각 회의 학습과 테스트가 끝나면 해당 모델은 결과를 적용하지 않고 처음 상태에서 다시 학습합니다. 그렇게 해서 여러 번 테스트한 결과의 평균을 전체 평가 값으로 사용합니다.

5 : 라쏘 회귀

릿지 회귀에서는 L2 노름을 정규화하면 매개변숫값이 가능하면 작아지는 방향으로 힘이 작용했습니다. 그런데 매개변숫값을 작게 하고 싶다면 L2 노름 이외의 다른 방법을 선택할 수도 있습니다. 정규화항으로 L1 노름을 더하는 것이 라쏘 회귀입니다. 즉, 다음 함수를 최소화하는 w를 계산하는 것입니다.

$$\varphi = \frac{1}{2} \| \boldsymbol{y} - \bar{\boldsymbol{X}} \boldsymbol{w} \|^2 + \lambda | \boldsymbol{w} |_1$$

여기서 $|\boldsymbol{w}|_1$은 L1 노름이라고 하며 다음 식으로 정의합니다.

$$|\boldsymbol{w}|_1 = \sum_{i=1}^{d} |w_i|$$

라쏘 회귀의 해를 계산하는 알고리즘 중에서 여기에서는 좌표강하법(coordinate descent)을 이용하는 방법을 소개합니다.

좌표강하법은 보통 $x \in \mathbb{R}^d$의 함수 $\psi(x)$를 최소화(최대화)하고 싶을 때, $\frac{\partial \psi}{\partial x_j} = 0$ ($j = 1, \cdots, d$)를 만족하는 $(x_1, x_2, \cdots, x_d)$를 동시에 계산하기 어렵다는 점에서 착안했습니다. 즉, 적당한 초깃값에서 시작하여 $\frac{\partial \psi}{\partial x_1} = 0$을 만족하는 x_1값으로 x_1을 업데이트하고, $\frac{\partial \psi}{\partial x_1} = 0$을 만족하는 x_2값으로 x_2를 업데이트하는 과정을 반복합니다. 자세한 과정은 다음과 같습니다.

- 적당한 초깃값 $x^{(0)} = (x_1^{(0)}, x_2^{(0)}, \cdots, x_d^{(0)})$
- k를 0에서부터 1씩 늘리면서 수렴할 때까지 다음 계산을 반복

   ❶ $\frac{\partial \psi}{\partial x_1}(x_1, x_2^{(k)}, x_3^{(k)}, \cdots, x_d^{(k)}) = 0$을 만족하는 x_1을 계산하고, 그 값을 $x_1^{(k+1)}$로 삼습니다.

   ❷ $\frac{\partial \psi}{\partial x_2}(x_1^{(k+1)}, x_2, x_3^{(k)}, \cdots, x_d^{(k)}) = 0$을 만족하는 x_2를 계산하고, 그 값을 $x_2^{(k+1)}$로 삼습니다.

   (이하는 마찬가지로 $x_3^{(k+1)}$에서 $x_d^{(k+1)}$까지 계산합니다).

첫 번째 단계에서 $\frac{\partial \psi}{\partial x_1}(x_1, x_2^{(k)}, x_3^{(k)}, \cdots, x_d^{(k)}) = 0$이 되는 x_1을 계산하는 것은 다른 변수는 고정하고 x_1만 움직여서 최솟값을 계산하는 것입니다.

이는 모든 변수에 대해서 $\nabla \psi = 0$이 되는 값을 계산하기는 어려우므로, 변수를 하나로 놓고 편미분계수가 0이 되도록 하는 것과 같습니다. 이렇게 하면 실제 최적해의 근삿값을 계산할 수 있습니다. 이후에는 같은 개념으로 $x_1, x_2, \cdots, x_d$를 차례로 업데이트합니다.

그러나 라쏘 회귀 함수 φ는 미분이 불가능하므로 좌표강하법을 사용하려면 별도의 과정이 필요합니다. 예를 들어 미분이 불가능한 절댓값 함수 $f(x) = |x|$를 살펴보겠습니다. 이를 그래프로 그려보면 $x = 0$을 중심으로 V자 모양인데, 그래프가 꺾이는 부분을 기준으로 함수를 오른쪽과 왼쪽으로 나눠서 미분한다고 생각해보겠습니다.

다음과 같은 함수 f의 미분 정의에 따라,

$$\lim_{h \to 0} \frac{f(x+h) - h}{h}$$

오른쪽 미분과 왼쪽 미분은 $\lim_{h \to 0}$ 부분을 $\lim_{h \to +0}$, $\lim_{h \to -0}$ 으로 나눠서 하는 것과 같습니다. 오른쪽 미분과 왼쪽 미분을 각각 d^+, d^-로 나타내고, 다음처럼 절댓값 함수 $|x|$에 대해 오른쪽 미분과 왼쪽 미분을 계산합니다.

$$d^+(|x|) = \lim_{h \to +0} \frac{|x+h|-|x|}{h} = \lim_{h \to +0} \frac{(x+h)-x}{h} = 1$$

$$d^-(|x|) = \lim_{h \to -0} \frac{|x+h|-|x|}{h} = \lim_{h \to -0} \frac{-(x+h)-(-x)}{h} = -1$$

오른쪽 미분과 왼쪽 미분처럼 오른쪽 편미분과 왼쪽 편미분도 정의할 수 있습니다. 변수 w_j에 대한 오른쪽 편미분을 $\partial^+_{w_j}$, 왼쪽 편미분을 $\partial^-_{w_j}$로 나타내겠습니다.

먼저 계산이 예외적인 w_0를 계산합니다.

$$\frac{\partial \varphi}{\partial w_0} = -\sum_{i=1}^{n}\left(y_i - w_0 - \sum_{j=1}^{d} x_{ij} w_j\right)$$

$$= -\sum_{i=1}^{n}\left(y_i - \sum_{j=1}^{d} x_{ij} w_j\right) + nw_0 = 0$$

따라서

$$w_0 = \frac{1}{n}\sum_{i=1}^{n}\left(y_i - \sum_{j=1}^{d} x_{ij} w_j\right)$$

입니다.

다음으로 $w_k (k \neq 0)$에 대해 오른쪽 편미분과 왼쪽 편미분을 계산합니다.

$$\partial^+_{w_k}\varphi = -\sum_{i=1}^{n}\left(y_i - w_0 - \sum_{j=1}^{d} x_{ij} w_j\right) x_{ik} + \lambda$$

$$\partial^-_{w_k}\varphi = -\sum_{i=1}^{n}\left(y_i - w_0 - \sum_{j=1}^{d} x_{ij} w_j\right) x_{ik} - \lambda$$

여기서 $\partial^+_{w_k} \varphi = 0$에 대해 w_k를 계산한 값을 w_k^+로 둡니다.

$$w_k^+ = \frac{\sum_{i=1}^n \left(y_i - w_0 - \sum_{j \neq k} x_{ij} w_j \right) x_{ik} - \lambda}{\sum_{i=1}^n x_{ik}^2}$$

마찬가지로 $\partial^-_{w_k} \varphi = 0$에 대해 w_k를 계산한 값을 w_k^-로 둡니다.

$$w_k^- = \frac{\sum_{i=1}^n \left(y_i - w_0 - \sum_{j \neq k} x_{ij} w_j \right) x_{ik} + \lambda}{\sum_{i=1}^n x_{ik}^2}$$

이제 일반적인 좌표강하법과 동일하게 편미분한 것이 0이 되도록 변숫값을 정합니다. 지금 w_k값을 업데이트한다면 값의 후보는 w_k^+ 또는 w_k^-입니다. w_k^+는 $w_k > 0$을, w_k^-는 $w_k < 0$을 전제로 계산했으므로, $w_k^+ > 0$은 w_k^+로 업데이트하고, $w_k^- < 0$은 w_k^-로 업데이트합니다. 또한 $w_k^+ > 0$과 $w_k^- < 0$을 모두 만족하지 않으면 w_k값은 업데이트하지 않고 0입니다.

이제 지금까지 살펴본 내용을 정리하겠습니다. 소프트 임곗값 함수 S를 다음처럼 정의합니다.

$$S(p, q) = \text{sgn}(p)\max\{0, \|p\| - q\}$$

여기서 sgn은 부호 함수로, 다음 식으로 정의합니다.

$$\text{sgn}(x) = \begin{cases} -1 & (x < 0) \\ 0 & (x = 0) \\ 1 & (x > 0) \end{cases}$$

업데이트 후의 w_k값인 $\bar{w}_k$는 다음처럼 나타냅니다.

식 5-9

$$\bar{w}_k = \frac{S\left(\sum_{i=1}^{n}\left(y_i - w_0 - \sum_{j \neq k} x_{ij} w_j\right) x_{ik} \lambda\right)}{\sum_{i=1}^{n} x_{ik}^2}$$

$w_k^+ > 0$이 되는 조건은 다음과 같고,

$$\sum_{i=1}^{n}\left(y_i - w_0 - \sum_{j \neq k} x_{ij} w_j\right) x_{ik} > \lambda$$

$w_k^- < 0$이 되는 조건은 다음과 같습니다.

$$\sum_{i=1}^{n}\left(y_i - w_0 - \sum_{j \neq k} x_{ij} w_j\right) x_{ik} < -\lambda$$

그렇다면

$$-\lambda \leq \sum_{i=1}^{n}\left(y_i - w_0 - \sum_{j \neq k} x_{ij} w_j\right) x_{ik} \leq \lambda$$

의 경우 $w_k^+ \leq 0$과 $w_k^- \geq 0$이며

$$S\left(\sum_{i=1}^{n}\left(y_i - w_0 - \sum_{j \neq k} x_{ij} w_j\right) x_{ik} \lambda\right)$$

$$= \begin{cases} \sum_{i=1}^{n}\left(y_i - w_0 - \sum_{j \neq k} x_{ij} w_j\right) x_{ik} - \lambda & \left(\sum_{i=1}^{n}\left(y_i - w_0 - \sum_{j \neq k} x_{ij} w_j\right) x_{ik} > \lambda\right) \\ 0 & \left(-\lambda \leq \sum_{i=1}^{n}\left(y_i - w_0 - \sum_{j \neq k} x_{ij} w_j\right) x_{ik} \leq \lambda\right) \\ \sum_{i=1}^{n}\left(y_i - w_0 - \sum_{j \neq k} x_{ij} w_j\right) x_{ik} + \lambda & \left(\sum_{i=1}^{n}\left(y_i - w_0 - \sum_{j \neq k} x_{ij} w_j\right) x_{ik} < -\lambda\right) \end{cases}$$

이므로 식 5-9가 성립함을 확인할 수 있습니다.

그림 소프트 임곗값 함수의 특징을 알아보겠습니다. 상수 λ에 대한 $y = S(x, \lambda)$ 그래프는 다음과 같습니다. 이 함수는 $x < -\lambda$, $\lambda < x$의 범위에서 선형이며 $-\lambda \leq x \leq \lambda$에서는 0입니다.

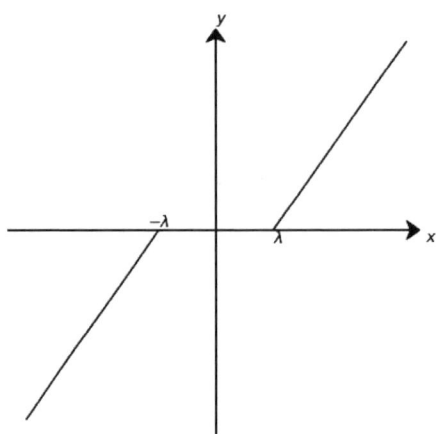

그림 5-3 $y = S(x, \lambda)$ 그래프

w_k 업데이트 관련 내용을 다시 살펴보면 w_k 값은 0에서 시작하므로 일정 조건에서는 w_k 값이 0 그대로 유지되고, 해당 조건이 성립하지 않을 때는 0이 아닙니다. 실제 라쏘 회귀의 해는 원소 대부분이 0입니다. 즉, 라쏘 회귀의 해는 드물게 나타나는 경향이 있습니다.

그럼 라쏘 회귀의 코드 구현을 살펴봅니다. 알고리즘 본체는 lasso.py와 같습니다.

코드 lasso.py

```python
import numpy as np

def soft_thresholding(x, y):
    return np.sign(x) * max(abs(x) - y, 0)

class Lasso:
    def __init__(self, lambda_, tol=0.0001, max_iter=1000):
        self.lambda_ = lambda_
        self.tol = tol
        self.max_iter = max_iter
        self.w_ = None

    def fit(self, X, t):
        n, d = X.shape
        self.w_ = np.zeros(d + 1)
        avgl1 = 0.
        for _ in range(self.max_iter):
            avgl1_prev = avgl1
            self._update(n, d, X, t)
            avgl1 = np.abs(self.w_).sum() / self.w_.shape[0]
            if abs(avgl1 - avgl1_prev) <= self.tol:
                break

    def _update(self, n, d, X, t):
        self.w_[0] = (t - np.dot(X, self.w_[1:])).sum() / n
        w0vec = np.ones(n) * self.w_[0]
        for k in range(d):
            ww = self.w_[1:]
            ww[k] = 0
            q = np.dot(t - w0vec - np.dot(X, ww), X[:, k])
            r = np.dot(X[:, k], X[:, k])
            self.w_[k + 1] = soft_thresholding(q / r, self.lambda_)
```

```
def predict(self, X):
    if X.ndim == 1:
        X = X.reshape(X.shape[0], 1)
    Xtil = np.c_[np.ones(X.shape[0]), X]
    return np.dot(Xtil, self.w_)
```

학습은 fit 메소드를 이용하는데, 여기에서 호출하는 _update 메소드는 식 5-9에 따라 모든 좌표를 대상으로 업데이트합니다.

__init__ 메소드의 인수에는 기본값 이외에 tol과 max_iter가 있습니다. tol은 수렴 판정을 위한 허용 오차(공차)를 의미하고 max_iter는 최대 반복 횟수를 의미합니다.

무엇을 수렴 조건으로 삼을지는 다양한 방법을 고려할 수 있는데, 여기에서는 단순히 w의 L1 노름을 차원 수로 나눈 값($|w| / d$)의 변화량을 tol 이하가 될 때까지 확인하는 일을 반복합니다. 즉, $|w| / d$의 변화량이 tol 이하가 될 때까지 _update 메소드를 호출해 w의 모든 원소를 업데이트하는 작업을 반복합니다. 그런데 수렴 조건을 만족하지 않더라도 max_iter만큼 반복했다면 종료합니다. 즉, 반복 횟수를 max_iter에 설정한 것은 수렴하지 않을 때 무한 루프에 빠지는 것을 막기 위함입니다.

다음으로 선형 회귀를 설명할 때 다뤘던 와인 품질 데이터 예측에 라쏘 회귀를 적용해봅니다.

코드 lasso_winequality1.py

```
import lasso
import numpy as np
import csv

# 데이터 불러오기
Xy = []
with open("winequality-red.csv") as fp:
```

```
        for row in csv.reader(fp, delimiter=";"):
            Xy.append(row)
Xy = np.array(Xy[1:], dtype=np.float64)

# 학습 데이터와 테스트 데이터로 나눔
np.random.seed(0)
np.random.shuffle(Xy)
train_X = Xy[:-1000, :-1]
train_y = Xy[:-1000, -1]
test_X = Xy[-1000:, :-1]
test_y = Xy[-1000:, -1]

# 하이퍼 파라미터를 바꾸면서 학습시킨 후 결과 확인
for lambda_ in [1., 0.1, 0.01]:
    model = lasso.Lasso(lambda_)
    model.fit(train_X, train_y)
    y = model.predict(test_X)
    print("--- lambda = {} ---".format(lambda_))
    print("coefficients: ")
    print(model.w_)
    mse = ((y - test_y)**2).mean()
    print("MSE: {:.3f}".format(mse))
```

실행 결과

```
--- lambda = 1.0 ---
coefficients:
[ 5.58430718  0.         -0.          0.          0.         -0.
  0.         -0.         -0.         -0.          0.          0.        ]
MSE: 0.691
--- lambda = 0.1 ---
coefficients:
[ 5.73493612  0.         -0.1407455   0.34369322 -0.         -2.00071813
  0.         -0.         -0.          0.          0.          0.        ]
MSE: 0.636
--- lambda = 0.01 ---
coefficients:
[ 5.71424724  0.         -1.01439751  0.00742223  0.         -3.34228417
  0.         -0.          0.          0.          1.04248618 0.        ]
MSE: 0.539
```

lasso_winequality1.py에서는 하이퍼 파라미터(코드의 `lambda_`)의 값을 바꾸면서 와인 품질 데이터 각각에 대해 학습한 후 w값과 테스트 데이터의 평균제곱오차(MSE)를 나타냅니다.

실행 결과를 보면 실제 w값(출력 결과의 `coefficients` 부분)이 드물게 나타나는 것을 확인할 수 있습니다. 여기에서 -0.이라는 표기는 소수점 이하 자리의 근삿값입니다. 0은 아니지만 미세한 음수 값을 -0.이라고 나타내는 것입니다. 또한 λ값이 작을수록 0이 아닌 원소가 많아집니다. 전체 원소에서 0인 원소의 비율을 희소성(sparsity)이라고 합니다.

그림 데이터의 예측 결과와 계수벡터인 희소성이 어떤 관계가 있는지 좀 더 자세히 살펴봅시다. 소프트 임곗값 함수 S의 그래프(362쪽 그림 5-3 참고)를 보면, x의 절댓값이 λ 이하면 y는 0입니다. 즉, 식 5-9에서라면 w의 원소를 $\sum_{i=1}^{n}\left(y_i - w_0 - \sum_{j \neq k} x_{ij} w_j \right) x_{ik}$ 로 업데이트하려는데 절댓값이 λ 이하면 0이 된다는 뜻입니다. 따라서 λ가 클수록 0이 되기 쉽고 희소성이 높아집니다.

6 : 로지스틱 회귀

로지스틱 회귀는 주로 이진 분류에 사용하는 알고리즘으로, 레이블값이 두 종류만 있는 지도 학습에서 학습 데이터에 적용됩니다. 레이블값은 0 또는 1이며, 어떤 특징의 샘플 $x \in \mathbb{R}^d$에 대해 레이블이 y가 될 확률을 $P(Y=1 \mid X=x)$로 나타냅니다. y가 0이 될 확률은 $P(Y=0 \mid X=x)$입니다.

로지스틱 회귀는 다음과 같은 식을 전제로 합니다.

식 5-10

$$P(Y=1|X=\boldsymbol{x}) = \sigma\left(w_0 + \sum_{j=1}^{d} x_j w_j\right) = \sigma(\boldsymbol{w}^T \tilde{\boldsymbol{x}})$$

여기서 σ는 다음 식과 같은 시그모이드 함수로 정의합니다.

$$\sigma(\xi) = \frac{1}{1+e^{-\xi}}$$

식 5-10에서 σ가 있는 식을 살펴보면 $\boldsymbol{x}$에 대한 선형함수로 되어 있습니다. 여기서는 선형함수의 값이 클수록 샘플 x가 레이블 1에 속할 확률이 커진다고 할 수 있습니다. 그리고 선형함수의 값은 $-\infty$에서 $+\infty$ 사이의 값으로 정할 수 있습니다.

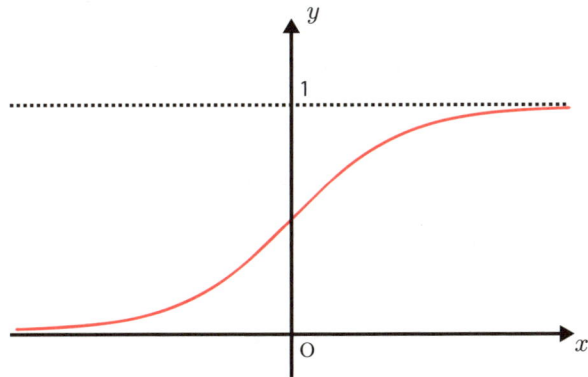

그림 5-4 시그모이드 함수의 그래프

시그모이드 함수를 적용하는 이유는 계산 결과를 확률(0~1 사이의 값)로 다루려는 것입니다. 시그모이드 함수의 그래프는 임의의 ξ에 대해 $0 < \sigma(\xi) < 1$이라는 범위를 가지며, $\lim_{\xi \to -\infty} = 0$, $\lim_{\xi \to \infty} = 1$이 성립합니다. 즉, 로지스틱 함수 σ는 $(-\infty, \infty)$라는 범위를 $(0, 1)$이라는 범위로 바꾸는 역할을 합니다.

레이블은 0과 1이므로 0이 될 확률은 $P(Y=0 \mid X=x) = 1 - P(Y=1 \mid X=x)$입니다. 따라서 레이블값이 y가 될 확률은 다음과 같습니다.

$$P(Y=y \mid X=x) = P(Y=1 \mid X=x)^y P(Y=0 \mid X=x)^{1-y}$$
$$= \sigma(\tilde{x}^T w)^y (1 - \sigma(\tilde{x}^T w))^{1-y}$$

여기에 $y=1$을 대입하면 $P(Y=1 \mid X=x) = \sigma(\tilde{x}^T w)$이고, $y=0$을 대입하면 $P(Y=0 \mid X=x) = 1 - \sigma(\tilde{x}^T w)$이므로 앞 식과 일치함을 알 수 있습니다.

다음으로는 특징 행렬 X와 레이블 벡터 y가 있을 때, X를 이용해 y가 생성될 확률을 알아봅니다. 이는 행렬 X의 k행 샘플이 레이블 y_i로 분류될 확률을 모두 곱한 것과 같으며 식 5-11처럼 나타냅니다.

식 5-11

$$P(y \mid X) = \prod_{k=1}^{n} [\sigma(w^T \tilde{x}_k)^{y_k} (1 - \sigma(w^T \tilde{x}_k))^{1-y_k}]$$

이제 식 5-11의 확률을 최대화하는데, 단순한 곱셈으로 계산하기는 어려우므로 다음 식처럼 $-\log$를 적용한 $E(w)$로 바꾸겠습니다.

$$E(w) = -\log P(y \mid X) = -\sum_{k=1}^{n} [y_k \log \sigma(w^T \tilde{x}_k) + (1-y_k) \log(1 - \sigma(w^T \tilde{x}_k))]$$

이 식으로 도출되는 최적값을 뉴턴 방법을 이용해 계산할 수 있습니다. 즉,

$$\nabla E(w) = 0$$

이라는 방정식의 해를 뉴턴 방법으로 계산하는 것입니다. 그럼 $\nabla E(w)$를 미분해야 하며, 이는 $E(w)$의 헤시안 행렬 $H = \nabla^2 E(w)$를 계산해야 한다는 뜻입니다.

먼저 다음 식처럼 시그모이드 함수의 미분을 계산합니다.

$$\frac{d}{d\xi}\sigma(\xi) = \frac{d}{d\xi}\frac{1}{1+e^{-\xi}}$$

$$= \frac{-1}{(1+e^{-\xi})^2} \cdot \frac{d}{d\xi}e^{-\xi} \quad \text{(합성함수의 미분)}$$

$$= \frac{-1}{(1+e^{-\xi})^2} \cdot (-e^{\xi})$$

$$= \frac{e^{\xi}}{(1+e^{-\xi})^2}$$

$$= \frac{1}{1+e^{-\xi}} \cdot \frac{e^{\xi}}{1+e^{-\xi}}$$

$$= \frac{1}{1+e^{-\xi}} \cdot \left(1 - \frac{1}{1+e^{-\xi}}\right)$$

$$= \sigma(\xi)(1-\sigma(\xi))$$

다음으로 $E(\boldsymbol{w})$의 1계미분(first-order differentiation)을 계산합니다.

$$\nabla E(\boldsymbol{w}) = -\sum_{k=1}^{n}\left[y_k \nabla \log \sigma(\boldsymbol{w}^T \tilde{\boldsymbol{x}}_k) + (1-y_k)\nabla \log(1-\sigma(\boldsymbol{w}^T \tilde{\boldsymbol{x}}_k))\right]$$

$$= -\sum_{k=1}^{n}\left[y_k \frac{1}{\sigma(\boldsymbol{w}^T \tilde{\boldsymbol{x}}_k)}\nabla \sigma(\boldsymbol{w}^T \tilde{\boldsymbol{x}}_k) + (1-y_k)\frac{1}{1-\sigma(\boldsymbol{w}^T \tilde{\boldsymbol{x}}_k)}\nabla(1-\sigma(\boldsymbol{w}^T \tilde{\boldsymbol{x}}_k))\right]$$

$$= -\sum_{k=1}^{n}\left[y_k \frac{1}{\sigma(\boldsymbol{w}^T \tilde{\boldsymbol{x}}_k)}\sigma(\boldsymbol{w}^T \tilde{\boldsymbol{x}}_k)(1-\sigma(\boldsymbol{w}^T \tilde{\boldsymbol{x}}_k))\tilde{\boldsymbol{x}}_k \right.$$

$$\left. + (1-y_k)\frac{1}{1-\sigma(\boldsymbol{w}^T \tilde{\boldsymbol{x}}_k)}\left\{-\sigma(\boldsymbol{w}^T \tilde{\boldsymbol{x}}_k)(1-\sigma(\boldsymbol{w}^T \tilde{\boldsymbol{x}}_k))\tilde{\boldsymbol{x}}_k^T\right\}\right]$$

$$= -\sum_{k=1}^{n}[y_k(1-\sigma(\boldsymbol{w}^T \tilde{\boldsymbol{x}}_k))\tilde{\boldsymbol{x}}_k^T - (1-y_k)\sigma(\boldsymbol{w}^T \tilde{\boldsymbol{x}}_k)\tilde{\boldsymbol{x}}_k^T]$$

$$= \sum_{k=1}^{n}(\sigma(\boldsymbol{w}^T \tilde{\boldsymbol{x}}_k) - y_k)\tilde{\boldsymbol{x}}_k^T$$

여기에서

$$\hat{y} = (\sigma(w^T\tilde{x}_1), \sigma(w^T\tilde{x}_2), ..., \sigma(w^T\tilde{x}_n))^T$$

라면 행렬 $\tilde{X}$를 사용하여 다음 식처럼 간결하게 나타낼 수 있습니다.

$$\nabla E(w) = \tilde{X}^T(\hat{y} - y)$$

다음으로는 2계미분(헤시안 행렬)을 살펴봅니다. 헤시안 행렬 H의 (i, j) 성분 H_{ij}는 다음과 같습니다.

$$H_{ij} = \frac{d}{dw_j}\left[\sum_{k=1}^{n}(\sigma(w^T\tilde{x}_k) - y_k)x_{ki}\right]$$

$$= \sum_{k=1}^{n}\sigma(w^T\tilde{x}_k)(1-\sigma(w^T\tilde{x}_k))x_{ki}x_{kj}$$

$$= \sum_{k=1}^{n}\hat{y}_k(1-\hat{y}_k)x_{ki}x_{kj}$$

여기에서 임의의 $i = 1, 2, \cdots, n$에 대해 $x_{i0} = 1$로 정의합니다. w_0에 대해 편미분되지 않는 부분을 별도로 정의해서 일관된 관점으로 살펴보기 위함입니다.

단순화를 위해 대각행렬 R을 다음과 같이 정의합니다.

$$R = \begin{bmatrix} \hat{y}_1(1-y_1) & & & \\ & \hat{y}_2(1-y_2) & & \\ & & \ddots & \\ & & & \hat{y}_n(1-y_n) \end{bmatrix}$$

그럼 H는 다음 식으로 나타낼 수 있습니다.

$$H = \tilde{X}^T R \tilde{X}$$

$\nabla E(w) = 0$이 되는 w를 뉴턴 방법으로 계산하면 다음과 같이 업데이트되는 식이 나옵니다.

$$w^{\text{new}} = w^{\text{old}} - H^{-1} \nabla E(w^{\text{old}})$$

이 식을 계산하기 쉽도록 바꿉니다.

$$\begin{aligned} w^{\text{new}} &= w^{\text{old}} - (X^T R X)^{-1} X^T (\hat{y} - y) \\ &= (X^T R X)^{-1} X^T R X w^{\text{old}} - (X R X^T)^{-1} X R R^{-1} (\hat{y} - y) \\ &= (X^T R X)^{-1} (X^T R) [X w^{\text{old}} - R^{-1} (\hat{y} - y)] \end{aligned}$$

이렇게 바꾼 이유는 $\tilde{X}^T R$이 두 번이나 나오므로 계산 결과를 재사용할 수 있다는 장점 때문입니다. 또한 R^{-1}이 대각행렬의 역행렬이므로 계산하기 쉽다는 점도 있습니다. 단, R값이 w에 의존하므로 w를 업데이트할 때마다 다시 계산해야 한다는 점을 주의해야 합니다.

그러면 지금까지 설명한 내용을 코드로 구현해 봅니다.

코드 logisticreg.py

```
import numpy as np
from scipy import linalg

THRESHMIN = 1e-10

def sigmoid(x):
    return 1 / (1 + np.exp(-x))
```

```python
class LogisticRegression:
    def __init__(self, tol=0.001, max_iter=3, random_seed=0):
        self.tol = tol
        self.max_iter = max_iter
        self.random_state = np.random.RandomState(random_seed)
        self.w_ = None

    def fit(self, X, y):
        self.w_ = self.random_state.randn(X.shape[1] + 1)
        Xtil = np.c_[np.ones(X.shape[0]), X]
        diff = np.inf
        w_prev = self.w_
        iter = 0
        while diff > self.tol and iter < self.max_iter:
            yhat = sigmoid(np.dot(Xtil, self.w_))
            r = np.clip(yhat * (1 - yhat), THRESHMIN, np.inf)
            XR = Xtil.T * r
            XRX = np.dot(Xtil.T * r, Xtil)
            w_prev = self.w_
            b = np.dot(XR, np.dot(Xtil, self.w_) - 1 / r * (yhat - y))
            self.w_ = linalg.solve(XRX, b)
            diff = abs(w_prev - self.w_).mean()
            iter += 1

    def predict(self, X):
        Xtil = np.c_[np.ones(X.shape[0]), X]
        yhat = sigmoid(np.dot(Xtil, self.w_))
        return np.where(yhat > .5, 1, 0)
```

이제 로지스틱 회귀의 구현을 실제 데이터에 적용하겠습니다. 데이터는 유방암 검사 결과 수치와 유방암의 진단 결과를 저장한 데이터 세트인 UCI 저장소의 Breast Cancer Wisconsin(Diagnostic) Data Set[5]을 이용합니다.

각주에 삽입된 경로에서 wdbc.data라는 파일을 앞 코드와 같은 폴더에 다운로드한 후 다음 코드를 실행합니다.

---

5 https://archive.ics.uci.edu/ml/machine-learning-databases/breast-cancer-wisconsin/

코드 **logisticreg_wdbc.py**

```python
import logisticreg
import csv
import numpy as np

n_test = 100
X = []
y = []
with open("wdbc.data") as fp:
    for row in csv.reader(fp):
        if row[1] == "B":
            y.append(0)
        else:
            y.append(1)
        X.append(row[2:])                      # ❶

y = np.array(y, dtype=np.float64)
X = np.array(X, dtype=np.float64)
y_train = y[:-n_test]
X_train = X[:-n_test]                          # ❷
y_test = y[-n_test:]
X_test = X[-n_test:]
model = logisticreg.LogisticRegression(tol=0.01)   # ❸
model.fit(X_train, y_train)

y_predict = model.predict(X_test)
n_hits = (y_test == y_predict).sum()           # ❹
print("Accuracy: {}/{} = {}".format(n_hits, n_test, n_hits / n_test))
```

실행 결과

```
Accuracy: 97/100 = 0.97
```

❶에서는 파일을 불러옵니다. wdbc.data의 내용은 CSV 형식이므로 csv 모듈을 이용했습니다. 두 번째 열의 값이 B면 레이블값 0을 리스트의 맨 마지막 요소로 추가하고 그렇지 않으면 레이블값 1을 리스트의 맨 마지막 요소로 추가합니다.

❷에서는 불러온 데이터를 리스트에서 배열로 바꿉니다. 데이터를 학습용과 테스트용으로 나누는데, 테스트용 데이터는 100개를 사용하는 것으로 설정합니다. ❸에

서는 모델을 학습시키고 ❹에서는 결과를 계산하고 출력합니다.

❹에서 y_predict는 모델이 예측한 값(0 또는 1이 늘어선 배열)이며, n_hits는 정확하게 예측한 결과의 개수입니다. y_test == y_predict는 bool 타입의 배열로, 요소 각각에 대한 예측과 실제 결과가 일치하면 True, 그렇지 않으면 False를 반환합니다. True는 1, False는 0이므로 .sum( )을 적용하면 정확하게 예측한 결과의 합을 계산하는데, 이는 정확하게 예측한 개수와 같습니다.

실행 결과를 보면 예측 결과 100개 중 97개가 실제 결과와 일치함을 알 수 있습니다.

7 : 서포트 벡터 머신

두 종류의 레이블이 있는 클러스터를 레이블에 따라 초평면으로 나눠보겠습니다. 2차원 공간은 직선으로 나누는데, 클러스터가 그림 5-5처럼 분포한다면 세 개의 직선은 모두 올바르게 분류한 예입니다.

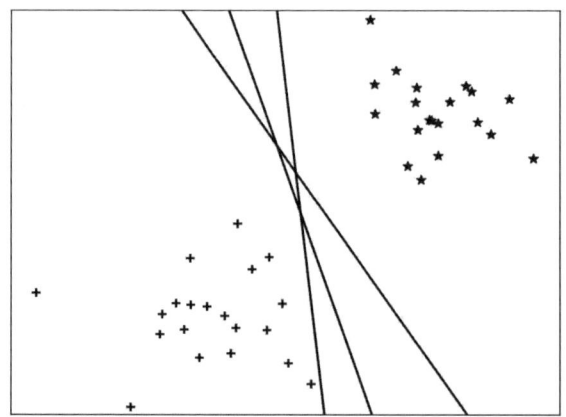

그림 5-5 두 클러스터를 올바르게 분류한 예

그러나 머신러닝은 알 수 없는 데이터를 어떻게 분류하는지에 관한 문제를 해결하는 것이므로, 그림 5-6처럼 x로 표시된 점이 새로 추가되었을 때 이 x를 어떻게 분류할지 해결해야 합니다.

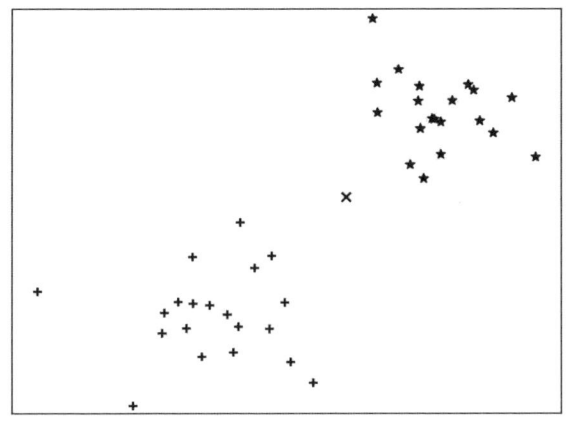

그림 5-6 분류 예제

지금부터는 그림 5-5처럼 클러스터를 직선(초평면)으로 완전히 분류 가능한 경우를 생각해보겠습니다. 그럼 각 클러스터를 마진을 최대화하는 직선으로 분류할 수 있어야 합니다. 마진의 최대화는 그림 5-7처럼 각 클러스터의 점 중 직선에 가장 가까운 점과의 거리를 최대화하는 것입니다. 이러한 알고리즘을 **서포트 벡터 머신(SVM)**이라고 합니다.

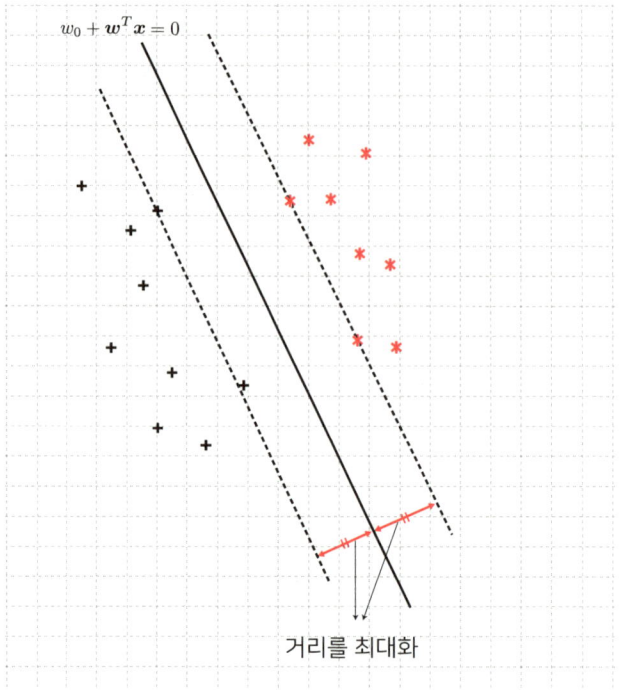

그림 5-7 마진의 최대화

클러스터를 분류하는 직선(일반적으로는 초평면)은 다음 식으로 나타냅니다.

$$y = w_0 + \sum_{i=1}^{n} w_i x_i = w_0 + \boldsymbol{w}^T \boldsymbol{x}$$

즉, $w_0 + \boldsymbol{w}^T \boldsymbol{x}$의 부호는 분류할 레이블을 뜻합니다. 여기서는 편리하게 계산할 수 있도록 레이블값 $y_i = -1$ 또는 $y_i = 1$이고, $\tilde{\boldsymbol{x}}$로 축약해 표기하는 대신 w_0와 $\boldsymbol{w}$로 나누어 표기했습니다.

여기서는 서포트 벡터 머신이 점을 완전히 올바르게 분류하는 경우를 생각하므로 $y_i(w_0 + \boldsymbol{w}^T \boldsymbol{x}_i) > 0$입니다. 이때 i번째 점에서 직선까지의 거리는 다음 식과 같습니다.

$$\frac{y_i(w_0 + \boldsymbol{w}^T \boldsymbol{x}_i)}{\|\boldsymbol{w}\|}$$

마진 최대화는 다음 식으로 나타냅니다.

$$\underset{w_0, \boldsymbol{w}}{\text{Maximize}} \, \underset{i}{\min} \frac{y_i(w_0 + \boldsymbol{w}^T \boldsymbol{x}_i)}{\|\boldsymbol{w}\|}$$

$\underset{i}{\min}$는 i의 최솟값을 선택한다는 뜻이므로 $\underset{i}{\min}\frac{y_i(w_0 + \boldsymbol{w}^T \boldsymbol{x}_i)}{\|\boldsymbol{w}\|}$는 경계선에서 가장 가까운 점까지의 거리를 나타냅니다. 또한 $\underset{w_0, \boldsymbol{w}}{\text{Maximize}}$는 $w_0, \boldsymbol{w}$를 움직이면서 마진을 최대화한다는 뜻입니다.

한편 $\|\boldsymbol{w}\|$는 i에 의존하지 않으므로 $\frac{1}{\|\boldsymbol{w}\|}$은 다음 식처럼 $\underset{i}{\min}$ 밖으로 꺼내도 됩니다. 그러면 다음 최적화 문제와 같은 개념이 됩니다.

$$\underset{w_0, \boldsymbol{w}}{\text{Maximize}} \frac{1}{\|\boldsymbol{w}\|} \underset{i}{\min} \, y_i(w_0 + \boldsymbol{w}^T \boldsymbol{x}_i)$$

여기서 w_0와 $\boldsymbol{w}$의 모든 원소를 κ배하여 $w_0 \rightarrow \kappa w_0, \boldsymbol{w} \rightarrow \kappa \boldsymbol{w}$로 대체하더라도 최적화한 표현식은 바뀌지 않습니다. 즉, $\frac{1}{\|\boldsymbol{w}\|}$의 분모에서 κ를 밖으로 꺼내고 $w_0 + \boldsymbol{w}^T \boldsymbol{x}_i$에서도 κ를 밖으로 꺼내서 약분하면 원래 식과 같습니다.

이 때문에 원래 식의 최솟값은 1이라고 해도 상관없습니다. 최적해가 발견되면 최적해의 상수배도 최적해이므로 min값이 1일 때만 생각해도 문제없는 것입니다. 예를 들어 $\underset{i}{\min} \, y_i(w_0' + \boldsymbol{w}'^T \boldsymbol{x}_i) = m$ 이면, 다음 식처럼 $w_0' = m w_0, \boldsymbol{w}' = m\boldsymbol{w}$로 바꿀 수 있습니다.

$$\min_i y_i(w'_0 + \boldsymbol{w}'^T \boldsymbol{x}_i) = \min_i y_i[(mw_0) + (m\boldsymbol{w})^T \boldsymbol{x}_i] = m \min_i y_i(w_0 + \boldsymbol{w}^T \boldsymbol{x}_i)$$

$$\therefore \min_i y_i(w_0 + \boldsymbol{w}^T \boldsymbol{x}_i) = \min_i y_i(w'_0 + \boldsymbol{w}'^T \boldsymbol{x}_i)/m = 1$$

이를 이용하면 최적화 문제의 식은 다음처럼 단순하게 나타낼 수 있습니다.

$$\underset{w_0, \boldsymbol{w}}{\text{Maximize}} \frac{1}{\|\boldsymbol{w}\|}$$

단, 앞 식은 $\min_i y_i(b + \boldsymbol{w}^T \boldsymbol{x}_i) = 1$이라는 가정을 최적화의 제약 조건식으로 고려해야 합니다. 즉, $y_i(b + \boldsymbol{w}^T \boldsymbol{x}_i) \geq 1$이 제약 조건식입니다.

$\frac{1}{\|\boldsymbol{w}\|}$을 최대화하는 $\boldsymbol{w}$를 계산하는 것과 $\|\boldsymbol{w}\|$를 최소화하는 $\boldsymbol{w}$를 계산하는 것은 같은 개념입니다. $\frac{1}{2}\|\boldsymbol{w}\|^2$을 최소화하는 $\boldsymbol{w}$를 계산하는 것도 마찬가지입니다. 여기서 $\frac{1}{2}$이라는 계수를 사용하는 이유는 나중에 간편하게 계산하려는 의도입니다.

이제 제약 조건식을 추가하면 해결해야 할 최적화 문제는 다음과 같습니다.

$$\underset{w_0, \boldsymbol{w}}{\text{Minimize}} \frac{1}{2} \|\boldsymbol{w}\|^2$$

$$\text{Subject to } y_i(w_0 + \boldsymbol{w}^T \boldsymbol{x}_i) \geq 1$$

이를 라그랑주 곱셈자 방법으로 해결하겠습니다. 제약 조건식이 n개일 때 변수가 $a = (a_1, a_2, \cdots, a_n)^T$라면 라그랑주 함수는 다음처럼 나타냅니다.

식 5-12

$$L(w_0, \boldsymbol{w}, \boldsymbol{a}) = \frac{1}{2} \|\boldsymbol{w}\|^2 - \sum_{i=1}^{n} a_i \{y_i(w_0 + \boldsymbol{w}^T \boldsymbol{x}_i) - 1\}$$

이때 w_0와 $\mathbf{w}$에 대한 편미분이 0이라는 조건이 있으므로 식 5-12에 다음 식을 적용할 수 있습니다.

식 5-13

$$\frac{\partial}{\partial w_0} L(w_0, \mathbf{w}, \mathbf{a}) = -\sum_{i=1}^{n} a_i y_i = 0$$

$$\frac{\partial}{\partial w_j} L(w_0, \mathbf{w}, \mathbf{a}) = w_j - \sum_{i=1}^{n} a_i y_i x_{ij} = 0$$

$$\therefore \sum_{i=1}^{n} a_i y_i = 0$$

식 5-14

$$w_j = \sum_{i=1}^{n} a_i y_i x_{ij} \quad (j = 1, \ldots, d)$$

KKT 조건은 다음과 같습니다.

식 5-15

$$a_i \geq 0$$

$$y_i(w_0 + \mathbf{w}^T \mathbf{x}_i) - 1 \geq 0$$

$$a_i \{ y_i(w_0 + \mathbf{w}^T \mathbf{x}_i) - 1 \} = 0$$

이제 식 5-13과 식 5-14를 식 5-12에 대입합니다. 계산 과정은 다음과 같습니다.

$$\frac{1}{2}\|\boldsymbol{w}\|^2 = \frac{1}{2}\sum_{j=1}^{d} w_j^2$$

$$= \frac{1}{2}\sum_{j=1}^{d}\left(\sum_{i=1}^{n} a_i y_i x_{ij}\right)^2$$

$$= \frac{1}{2}\sum_{j=1}^{d}\left(\sum_{k=1}^{n} a_k y_k x_{kj}\right)\left(\sum_{l=1}^{n} a_l y_l x_{lj}\right)$$

$$= \frac{1}{2}\sum_{j=1}^{d}\sum_{k=1}^{n}\sum_{l=1}^{n} a_k a_l y_k y_l x_{kj} x_{lj}$$

$$= \frac{1}{2}\sum_{k=1}^{n}\sum_{l=1}^{n} a_k a_l y_k y_l \boldsymbol{x}_k^T \boldsymbol{x}_l$$

$$-\sum_{i=1}^{n} a_i\{y_i(w_0 + \boldsymbol{w}^T\boldsymbol{x}_i)-1\} = -\sum_{k=1}^{n} a_k\left\{y_k\left(w_0 + \sum_{l=1}^{n} a_l y_l \sum_{j=1}^{d} x_{lj}x_{kj}\right)-1\right\} \quad \text{(식 5-14 대입)}$$

$$= -w_0\sum_{k=1}^{n} a_k y_k - \sum_{k=1}^{n}\sum_{l=1}^{n} a_k y_k a_l y_l \boldsymbol{x}_l^T \boldsymbol{x}_k + \sum_{k=1}^{n} a_k$$

$$= -\sum_{k=1}^{n}\sum_{l=1}^{n} a_k y_k a_l y_l \boldsymbol{x}_l^T \boldsymbol{x}_k + \sum_{k=1}^{n} a_k \quad \text{(식 5-13 대입)}$$

이러한 과정에 따라 최종적으로 식 5-12를 다음 식으로 바꿀 수 있습니다.

$$L(w_0, \boldsymbol{w}, \boldsymbol{a}) = \frac{1}{2}\sum_{k=1}^{n}\sum_{l=1}^{n} a_k a_l y_k y_l \boldsymbol{x}_k^T \boldsymbol{x}_l - \sum a_k y_k a_l y_l \boldsymbol{x}_l^T \boldsymbol{x}_k + \sum_{k=1}^{n} a_k$$

$$= \sum_{k=1}^{n} a_k - \frac{1}{2}\sum_{k=1}^{n}\sum_{l=1}^{n} a_k a_l y_k y_l \boldsymbol{x}_k^T \boldsymbol{x}_l$$

즉, w_0, $\boldsymbol{w}$, $\boldsymbol{a}$라는 변수에 대한 최적화 문제였던 것이 $\boldsymbol{a}$만 다루는 최적화 문제로 바뀌었습니다. 여기에서 제약 조건식은 식 5-13과 식 5-15 중 $\boldsymbol{a}$에 관련된 부분만 선택하면 됩니다. 그럼 $\boldsymbol{a}$에 대한 2차계획 문제가 됩니다.

식 5-16

$$\text{Maximize } f(\boldsymbol{a}) = \sum_{k=1}^{n} a_k - \frac{1}{2} \sum_{k=1}^{n} \sum_{l=1}^{n} a_k a_l y_k y_l \boldsymbol{x}_k^T \boldsymbol{x}_l$$

$$\text{Subject to } \sum_{i=1}^{n} a_i y_i = 0$$

$$a_i \geq 0$$

$$a_i \{ y_i (w_0 + \boldsymbol{w}^T \boldsymbol{x}_i) - 1 \} = 0$$

이 문제는 통상적인 2차계획 문제의 해법을 적용해도 되지만, 문제의 성질에 따라 더 효율적인 알고리즘을 선택할 수도 있습니다. 여기에서는 Platt을 이용하는 알고리즘을 적용합니다.

먼저 식 5-16의 마지막 제약 조건식을 보면 $y_i(w_0 + \boldsymbol{w}^T \boldsymbol{x}_i) \neq 1$일 때 $a_i = 0$입니다. 만약 $y_i(w_0 + \boldsymbol{w}^T \boldsymbol{x}_i) = 1$이면 해당 점이 마진의 경계선에 속한다는 조건입니다. 즉, 마진의 경계선에 속하는 점 $\boldsymbol{x}_i$에 대응할 때 이외에는 a_i값이 모두 0입니다. 마진 경계선에 속한 점은 서포트 벡터라고 합니다.

식 5-16에는 매개변수가 많아 복잡한 2차계획 문제처럼 보이지만, 서포트 벡터가 어떻게 될지에 주목하여 매개변수 대부분을 무시하는 알고리즘을 사용하면 됩니다. 이러한 알고리즘의 개요는 다음과 같습니다.

- 초깃값 $\boldsymbol{a}^0$를 선택하고 다음 과정을 반복합니다.
- ❶ 특정 기준에 따라 인덱스 i, j를 선택합니다.
- ❷ 다른 변수는 고정하고 a_i와 a_j만 바꿔서 최적의 a_i, a_j를 계산합니다.

인덱스 i, j를 선택하는 방법은 나중에 설명하기로 하고 최적의 a_i, a_j를 계산하는 방법을 살펴봅니다. 먼저 최적화된 식에서 각각 인덱스 i, j에 해당하는 부분을 따로 분리합니다. 그리고 두 번째 항의 $\sum_{k=1}^{n}\sum_{l=1}^{n}$ 부분을 다음처럼 재정리합니다.

$$\sum_{k=1}^{n}\sum_{l=1}^{n} a_k a_l y_k y_l \boldsymbol{x}_k^T \boldsymbol{x}_l$$

$$= \left(\sum_{k=1}^{n} a_k y_k \boldsymbol{x}_k^T\right)\left(\sum_{l=1}^{n} a_l y_l \boldsymbol{x}_l\right)$$

$$= \left(a_i y_i \boldsymbol{x}_i + a_j y_j \boldsymbol{x}_j + \sum_{k \neq i,j} a_k y_k \boldsymbol{x}_k^T\right)\left(a_i y_i \boldsymbol{x}_i + a_j y_j \boldsymbol{x}_j + \sum_{l \neq i,j} a_l y_l \boldsymbol{x}_l\right)$$

$$= a_i^2 y_i^2 \boldsymbol{x}_i^T \boldsymbol{x}_i + a_j^2 y_j^2 \boldsymbol{x}_j^T \boldsymbol{x}_j + 2 a_i a_j y_i y_j \boldsymbol{x}_i^T \boldsymbol{x}_j$$

$$+ 2\sum_{k \neq i,j} a_i a_k y_i y_k \boldsymbol{x}_i^T \boldsymbol{x}_k + 2\sum_{k \neq i,j} a_j a_k y_j y_k \boldsymbol{x}_j^T \boldsymbol{x}_k + \sum_{k \neq i,j}\sum_{l \neq i,j} a_k a_l y_k y_l \boldsymbol{x}_k^T \boldsymbol{x}_l$$

그럼 목적함수는 다음 식과 같습니다.

$$\sum_{k=1}^{n} a_k - \frac{1}{2}\sum_{k=1}^{n}\sum_{l=1}^{n} a_k a_l y_k y_l \boldsymbol{x}_k^T \boldsymbol{x}_l$$

$$= -\frac{1}{2}a_i^2 \boldsymbol{x}_i^T \boldsymbol{x}_i - \frac{1}{2}a_j^2 \boldsymbol{x}_j^T \boldsymbol{x}_j - a_i a_j y_i y_j \boldsymbol{x}_i^T \boldsymbol{x}_j$$

$$+ a_i\left(1 - y_i \boldsymbol{x}_i^T \sum_{k \neq i,j} a_k y_k \boldsymbol{x}_k\right) + a_j\left(1 - y_j \boldsymbol{x}_j^T \sum_{k \neq i,j} a_k y_k \boldsymbol{x}_k\right)$$

$$+ \sum_{k \neq i,j} a_k - \frac{1}{2}\sum_{k \neq i,j}\sum_{l \neq i,j} a_k a_l y_k y_l \boldsymbol{x}_k^T \boldsymbol{x}_l$$

여기서 $y_k = 1$ 또는 -1이므로 $y_i^2 = y_j^2 = 1$을 적용했습니다. 그럼 a_i, a_j에 대한 2차식으로 나타내서 식 5-17처럼 편리하게 계산하도록 바꿀 수 있습니다.

식 5-17

$$Aa_i^2 + Ba_j^2 + Ca_ia_j + Da_i + Ea_j + F$$

첫 번째 제약 조건식을 분리하여 바꾸면 다음과 같습니다.

$$a_iy_i + a_jy_j + \sum_{k \neq i,j} a_ky_k = 0$$

$$\therefore a_j = \frac{1}{y_j}\left(-a_iy_i - \sum_{k \neq i,j} a_ky_k\right)$$

여기서 $\sum_{k \neq i,j} a_ky_k = G$ 라면 $a_j = y_j(-a_iy_i - G)$(여기서 $y_j^2 = 1$임에 주의)고, 이를 식 5-17에 대입하면 a_i에 대한 위로 볼록한 2차함수이므로 축의 위치를 구해 최댓값일 때의 a_i를 계산합니다. 실제 대입한 식은 복잡하므로 생략합니다. 2차식의 계수와 1차식의 계수를 계산한 결과만 봐도 최적화 문제를 해결하는 데는 충분합니다.

$$(a_i^2 \text{의 계수}) = A + B - y_iy_jC$$

$$= -\frac{1}{2}\boldsymbol{x}_i^T\boldsymbol{x}_i - \frac{1}{2}\boldsymbol{x}_j^T\boldsymbol{x}_j + \boldsymbol{x}_i^T\boldsymbol{x}_j$$

$$= -\frac{1}{2}\|\boldsymbol{x}_i - \boldsymbol{x}_j\|^2$$

$$(a_i \text{의 계수}) = 2y_iBG - y_jCG + D - y_iy_jE$$

$$= 1 - y_iy_j + y_i(\boldsymbol{x}_i - \boldsymbol{x}_j)^T\left(\boldsymbol{x}_j\sum_{k \neq i,j} a_ky_k - \sum_{k \neq i,j} a_ky_k\boldsymbol{x}_k\right)$$

따라서 $a_i > 0$, $a_j > 0$이라는 제약 조건을 무시했을 때 목적함수를 최대화하는 a_i가 $\hat{a}_i$라면 $\hat{a}_i$는 식 5-18처럼 나타냅니다.

식 5-18

$$\hat{a}_i = \frac{1}{\|\bm{x}_i - \bm{x}_j\|^2} \left\{ 1 - y_i y_j + y_i (\bm{x}_i - \bm{x}_j)^T \left(\bm{x}_j \sum_{k \neq i,j} a_k y_k - \sum_{k \neq i,j} a_k y_k \bm{x}_k \right) \right\}$$

$\hat{a}_i$를 정했다면 a_j값은 식 5-19로 계산할 수 있습니다.

식 5-19

$$\hat{a}_j = y_j \left(-a_i y_i - \sum_{k \neq i,j} a_k y_k \right)$$

이때 제약 조건을 신경 써야 합니다. $\hat{a}_i < 0$이면 $a_i = 0$이 실제 최적해고, a_j는 $a_i = 0$일 때 기준으로 계산합니다. $\hat{a}_j < 0$이면 $a_j = 0$이 실제 최적해고, a_i는 $a_j = 0$일 때 기준으로 계산합니다.

지금까지 설명은 다른 변수를 고정하고 a_i와 a_j만 바꿔서 a_i에 대한 2차식이라고 생각하여 최적의 a_i, a_j를 계산한 과정이었습니다. 그럼 i, j는 어떻게 선택해야 할까요? 다음과 같은 규칙을 살펴보겠습니다.

식 5-20

$$i = \operatorname*{argmin}_{t \in I_-(\bm{y}, \bm{a})} y_t \nabla f(\bm{a})_t$$

$$j = \operatorname*{argmax}_{t \in I_+(\bm{y}, \bm{a})} y_t \nabla f(\bm{a})_t$$

여기서 argmin과 argmax는 각각 최댓값과 최솟값을 계산했을 때의 인덱스값이라는 뜻입니다. I_-와 I_+는 다음과 같이 정합니다.

$$I_-(\bm{y}, \bm{a}) = \{t \mid y_t = -1 \text{ 또는 } a_t > 0\}$$

$$I_+(\bm{y}, \bm{a}) = \{t \mid y_t = 1 \text{ 또는 } a_t > 0\}$$

다음으로 식 5-16에 라그랑주 곱셈자 방법을 적용해봅니다. 목적함수가 $f(\boldsymbol{a})$라면 새로운 변수 λ와 $\boldsymbol{\mu}$를 사용하는 라그랑주 함수는 다음 식과 같습니다.

$$f(\boldsymbol{a}) - \lambda \sum_{i=1}^{n} a_i y_i - \boldsymbol{\mu}^T \boldsymbol{a}$$

이때의 KKT 조건은 다음과 같습니다.

$$\mu_j a_j = 0, \mu_j \leq 0$$

이어서 라그랑주 함수 $\boldsymbol{a}$에 대한 기울기를 = 0으로 설정하면 다음 식이 성립합니다.

$$\nabla f(\boldsymbol{a}) + \lambda \boldsymbol{y} - \boldsymbol{\mu} = 0$$

또한 배열 원소에 주목하면 다음과 같은 식으로 정리할 수 있습니다.

$$\nabla f(\boldsymbol{a})_t + \lambda y_t = \mu_t \leq 0$$

여기에서 KKT 조건에 따라 $a_t > 0$일 때는 $\mu_t = 0$이어야 하고, μ_t를 자유롭게 바꾸려면 $a_t = 0$일 때에 한정됩니다. 단, $a_t = 0$일 때는 $y_t = 1$ 또는 $y_t = -1$이라는 것에 주의해야 합니다.

이 식의 양변에 y_t를 곱해 정리하면 다음 식을 얻습니다.

$$y_t \nabla f(\boldsymbol{a})_t \geq -\lambda \ (y_t = -1)$$

$$y_t \nabla f(\boldsymbol{a})_t \leq -\lambda \ (y_t = 1)$$

이때 $a_t > 0$이라면 $y_t \nabla f(\boldsymbol{a})_t = -\lambda$입니다. 또한 최적해에서 '$y_t = -1$ 또는 $a_t > 0$'이면 $y_t \nabla f(\boldsymbol{a})_t \geq -\lambda$이고, '$y_t = 1$ 또는 $a_t > 0$'이면 $y_t \nabla f(\boldsymbol{a})_t \leq -\lambda$입니다. 그럼 다음 조건을 만족해야 합니다.

$$\min_{t \in I_-(\boldsymbol{y}, \boldsymbol{a})} y_t \nabla f(\boldsymbol{a})_t \geq \max_{t \in I_+(\boldsymbol{y}, \boldsymbol{a})} y_t \nabla f(\boldsymbol{a})_t$$

만약 이 조건을 만족하지 못하면 조건을 만족하는 $\boldsymbol{a}$값으로 바꾸는 것이 i, j를 결정하는 방식입니다. 그럼 다음 식이 성립합니다.

$$\nabla f(\boldsymbol{a})_t = 1 - \sum_{l=1}^{n} a_l y_t y_l \boldsymbol{x}_t^T \boldsymbol{x}_l$$

$\boldsymbol{a}$를 정하면 식 5-14에 따라 $w_j (j = 1, \cdots, d)$를 계산할 수 있습니다. 그리고 식 5-15에 따라 $a_t \neq 0$인 a_t에 대해 다음 식이 성립하는 w_0를 계산합니다.

$$y_t(w_0 + \boldsymbol{w}^T \boldsymbol{x}_t) = 1$$

이때 앞 식을 만족하는 t값 하나를 찾으면 w_0도 찾을 수 있습니다. 하지만 다음 식처럼 $a_t \neq 0$인 모든 a_t의 합을 계산하는 것이 더 안정적인 방법입니다.

$$S = \{i \mid a_i \neq 0\}$$

이를 이용하면 다음처럼 w_0를 계산할 수 있습니다.

식 5-21

$$w_0 = \frac{1}{|S|} \sum_{k \in S} \left(y_k - \sum_{l \in S} a_l y_l \boldsymbol{x}_k^T \boldsymbol{x}_l \right)$$

여기서 $|S|$는 집합 S의 원소 개수입니다. 또한 $y_i^2 = 1$로 두었습니다.

그럼 지금까지 설명한 내용을 구현한 SVC 클래스를 살펴봅니다.

코드 svm_hard.py

```
import numpy as np
from operator import itemgetter

class SVC:
    def fit(self, X, y, selections=None):
        a = np.zeros(X.shape[0])    # ❶
        ay = 0
        ayx = np.zeros(X.shape[1])
        yx = y.reshape(-1, 1)*X
        indices = np.arange(X.shape[0])
        while True:
            ydf = y*(1-np.dot(yx, ayx.T))   # ❸
            iydf = np.c_[indices, ydf]
            i = int(min(iydf[(y < 0) | (a > 0)], key=itemgetter(1))[0])     # ❹
            j = int(max(iydf[(y > 0) | (a > 0)], key=itemgetter(1))[0])
            if ydf[i] >= ydf[j]:
                break
            ay2 = ay - y[i]*a[i] - y[j]*a[j]                                # ❷
            ayx2 = ayx - y[i]*a[i]*X[i, :] - y[j]*a[j]*X[j, :]
            ai = ((1-y[i]*y[j]
                   + y[i]*np.dot(X[i, :] - X[j, :],                         # ❺
                                 X[j, :]*ay2 - ayx2))
                  / ((X[i] - X[j])**2).sum())
            if ai < 0:
                ai = 0
            aj = (-ai * y[i] - ay2) * y[j]      # ❻
            if aj < 0:
                aj = 0
                ai = (-aj*y[j] - ay2)*y[i]
            ay += y[i]*(ai - a[i]) + y[j]*(aj - a[j])
            ayx += y[i]*(ai - a[i])*X[i, :] + y[j]*(aj - a[j])*X[j, :]
            if ai == a[i]:
                break
            a[i] = ai
            a[j] = aj
        self.a_ = a
        ind = a != 0.
        self.w_ = ((a[ind] * y[ind]).reshape(-1, 1) * X[ind, :]).sum(axis=0)
        self.w0_ = (y[ind] - np.dot(X[ind, :], self.w_)).sum() / ind.sum()

    def predict(self, X):
        return np.sign(self.w0_ + np.dot(X, self.w_))
```

❶에서 a의 초깃값은 0으로 설정합니다. $\sum_{k=1}^{n} a_k y_k$와 $\sum_{k=1}^{n} a_k y_k \boldsymbol{x}_k$를 각각 변수 ay와 ayx에 저장하는데, 모든 합을 매번 계산하는 것이 아니라 업데이트하는 방식으로 저장해 효율을 높입니다. a_i, a_j가 a_i^{old}, a_j^{old}에서 a_i^{new}, a_j^{new}로 바뀌었다면 $\sum_{k=1}^{n} a_k y_k$는 다음과 같습니다.

$$y_i(a_i^{new} - a_i^{old}) + y_j(a_j^{new} - a_j^{old})$$

그리고 $\sum_{k=1}^{n} a_k y_k \boldsymbol{x}_k$는 다음과 같습니다.

$$y_i(a_i^{new} - a_i^{old})\boldsymbol{x}_i + y_j(a_j^{new} - a_j^{old})\boldsymbol{x}_j$$

이를 계산하는 부분이 ❷입니다.

❸에서는 $y_i \nabla f(\boldsymbol{a})_i$를 계산합니다. ❹에서는 식 5-20에서 설명한 argmin과 argmax를 이용해 i, j값을 계산합니다. ❺에서는 $\hat{a}_i$를 계산하며, ❻에서는 $\hat{a}_i < 0$과 $\hat{a}_j < 0$일 때의 계산을 처리합니다.

그럼 SVC 클래스를 사용해 학습하고 결과를 나타내는 코드를 살펴봅니다.

코드 svm_hard_test1.py

```
import numpy as np
import matplotlib.pyplot as plt
import svm_hard

plt.axes().set_aspect("equal")
np.random.seed(0)
X0 = np.random.randn(20, 2)
X1 = np.random.randn(20, 2) + np.array([5, 5])      # ❶
y = np.array([1] * 20 + [-1] * 20)

X = np.r_[X0, X1]
model = svm_hard.SVC()
model.fit(X, y)
```

```
plt.scatter(X0[:, 0], X0[:, 1], color="k", marker="+")  ┐ # ❷
plt.scatter(X1[:, 0], X1[:, 1], color="k", marker="*")  ┘

def f(model, x):
    return (-model.w0_ - model.w_[0] * x) / model.w_[1]

x1 = -0.2
x2 = 6
plt.plot([x1, x2], [f(model, x1), f(model, x2)], color="k")  # ❸
plt.scatter(X[model.a_ != 0, 0], X[model.a_ != 0, 1], s=200,  ┐
            color=(0, 0, 0, 0), edgecolor="k", marker="o")    ┘ # ❹

plt.show()
```

실행 결과

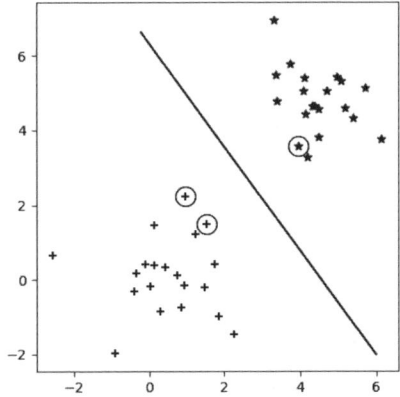

❶에서는 난수를 이용해 테스트 데이터를 생성합니다. ❷에서는 클러스터를 평면에 나타냅니다. ❸에서는 계산된 w_0, w값을 사용하여 직선을 그립니다. ❹에서는 서포트 벡터에 동그라미를 표시합니다.

7.1 오차를 허용하는 분류

지금까지 살펴본 서포트 벡터 머신은 초평면으로 클러스터 2개를 완전히 분류할 수 있었습니다. 그러나 실제 데이터를 다룰 때는 마진 경계 주변에서 여러 종류의 데이터가 어느 정도 섞여서 클러스터를 완전히 분류하기 어렵습니다. 따라서 앞에서 설명한 과정을 약간 수정해 어느 정도 오차를 허용하는 상태로 분류할 필요가 있습니다.

여기에서 $\xi_i \geq 0$ $(i = 1, \cdots, n)$라는 여유변수(slack variable)를 도입합니다. 클러스터가 분류 가능한 경우에는 샘플이 제대로 분류되었는지를 $y_i(w_0 + \boldsymbol{w}^T \boldsymbol{x}_i) \geq 1$로 나타냈습니다. 이번에는 잘못 분류할 가능성이 있으며 그 오차의 정도를 ξ_i로 나타낼 것입니다(그림 5-8).

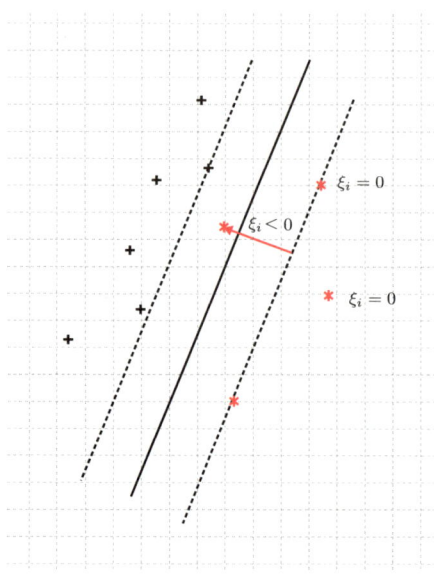

그림 5-8 오차가 발생한 분류

이처럼 분류가 어려울 때는 샘플의 분류 상태를 다음 식으로 나타냅니다.

$$y_i(w_0 + \boldsymbol{w}^T \boldsymbol{x}_i) \geq 1 - \xi_i$$

ξ_i는 오차의 정도를 나타내는 변수로, 값이 클수록 오차가 커집니다. 또한 $\xi_i \geq 0$으로 가정했으므로 $\sum_{i=1}^{n} \xi_i$가 작을수록 오차가 작습니다. 따라서 최소화해야 할 목적함수는 다음과 같습니다.

$$C \sum_{i=1}^{n} \xi_i + \frac{1}{2} \|\boldsymbol{w}\|^2$$

C는 오차를 조정하는 상수로 해당 값이 클수록 ξ_i값을 작게 만들려고 합니다. 즉, C가 클수록 오차를 잘 허용하지 않습니다. 그럼 종속변수를 계산하는 최적화 문제를 다음처럼 정리할 수 있습니다.

$$\text{Minimize} \quad C \sum_{i=1}^{n} \xi_i + \frac{1}{2} \|\boldsymbol{w}\|^2$$

$$\text{Subject to} \quad y_i(w_0 + \boldsymbol{w}^T \boldsymbol{x}) \geq 1 - \xi_i \quad (i = 1, \ldots, n)$$

$$\xi_i \geq 0 \quad (i = 1, \ldots, n)$$

여기에 라그랑주 곱셈자 방법을 적용합니다. 라그랑주 함수에는 새로운 변수 a_i, η_i를 대입하여 다음과 같은 식으로 정리합니다.

$$L(w_0, \boldsymbol{w}, \boldsymbol{\xi}, \boldsymbol{a}) = C \sum_{i=1}^{n} \xi_i + \frac{1}{2} \|\boldsymbol{w}\|^2 - \sum_{i=1}^{n} a_i \{y_i(w_0 + \boldsymbol{w}^T \boldsymbol{x}) - 1 + \xi_i\} - \sum_{i=1}^{n} \eta_i \xi_i$$

이때 KKT 조건은 다음과 같습니다.

$$a_i \geq 0$$

$$y_i(w_0 + \boldsymbol{w}^T\boldsymbol{x}) - 1 + \xi_i \geq 0$$

$$a_i\{y_i(w_0 + \boldsymbol{w}^T\boldsymbol{x}) - 1 + \xi_i\} = 0$$

$$\eta_i \geq 0$$

$$\xi_i \geq 0$$

$$\eta_i \xi_i = 0$$

앞 식을 w_j로 편미분한 뒤 = 0으로 둔 것을 이용하여 w_j를 없앤 식으로 정리하는 것은 클러스터를 완전히 분류할 수 있는 경우와 같으므로 구체적인 과정 설명은 생략합니다. 결과적으로 목적함수 역시 분류 가능한 경우와 식이 같으며 다음과 같습니다.

$$f(\boldsymbol{a}) = \sum_{k=1}^{n} a_k - \frac{1}{2}\sum_{k=1}^{n}\sum_{l=1}^{n} a_k a_l y_k y_l \boldsymbol{x}_k^T \boldsymbol{x}_l$$

그리고 앞 식을 도출하는 과정에서 다음과 같은 제약 조건식이 파생되는 것도 분류 가능한 경우와 같습니다.

$$\sum_{i=1}^{n} a_i y_i = 0$$

분류 가능한 경우의 차이는 다음과 같습니다. 라그랑주 함수 $L(\boldsymbol{w}, \boldsymbol{\xi}, \boldsymbol{a})$는 ξ에 관한 함수이기도 하므로 ξ_i에 대한 미분식을 = 0으로 두어 계산할 수 있습니다.

$$\frac{\partial L}{\partial \xi_i} = C - a_i - \eta_i = 0$$

이때 $\eta_i \geq 0$이면 $a_i \leq C$입니다.

지금까지 설명한 내용을 바탕으로 해결해야 할 최적화 문제를 정리하면 다음과 같습니다.

식 5-22

$$\text{Maximize} \quad f(\boldsymbol{a}) = \sum_{k=1}^{n} a_k - \frac{1}{2}\sum_{k=1}^{n}\sum_{l=1}^{n} a_k a_l y_k y_l \boldsymbol{x}_k^T \boldsymbol{x}_l$$

$$\text{Subject to} \quad \sum_{i=1}^{n} a_i y_i = 0$$

$$0 \leq a_i \leq C$$

그럼 분류 가능한 경우의 식 5-20이 여기서는 어떨지 생각해보겠습니다. 라그랑주 곱셈자 방법을 적용하면 라그랑주 함수와 KKT 조건에 해당하는 식은 다음과 같습니다.

$$f(\boldsymbol{a}) + \lambda \sum_{i=1}^{n} a_i y_i - \boldsymbol{\mu}^T \boldsymbol{a} - \boldsymbol{\nu}(C\boldsymbol{e} - \boldsymbol{a})$$

$$\mu_k a_k = 0, \ \mu_k \leq 0, \ \nu_k(C - a_k) = 0, \ \nu_k \leq 0$$

단, $\boldsymbol{e} = (1, 1, \cdots, 1)^T$입니다. 따라서 분류 가능한 경우와 마찬가지로 라그랑주 함수의 기울기 중 t번째 성분을 대입한 기울기식은 다음과 같습니다.

$$\nabla f(\boldsymbol{a})_t + \lambda y_t - \mu_t + \upsilon_t = 0$$

KKT 조건에 따라 $a_t > 0$일 때 $\mu_t = 0$이며, $a_t < C$일 때 $\upsilon_t = 0$입니다. 그럼 앞 기울기식은 다음처럼 바뀝니다.

$$\nabla f(\boldsymbol{a})_t + \lambda y_t = \mu_t - \nu_t \begin{cases} \geq 0 & (a_t > 0) \\ \leq 0 & (a_t < C) \end{cases}$$

따라서 다음 식이 성립합니다.

$(a_t > 0$이고 $y_t = 1)$ 또는 $(a_t < C$이고 $y_t = -1)$ 또는 $y_t \nabla f(\boldsymbol{a})_t \geq -\lambda$

$(a_t > 0$이고 $y_t = -1)$ 또는 $(a_t < C$이고 $y_t = 1)$ 또는 $y_t \nabla f(\boldsymbol{a})_t \leq -\lambda$

I_-와 I_+는 분류 가능한 경우와 같은 개념을 적용해 다음처럼 정리합니다.

$$I_-(\boldsymbol{y}, \boldsymbol{a}) = \{t \mid (a_t > 0$이고 $y_t = 1)$ 또는 $(a_t < C$이고 $y_t = -1)\}$$

$$I_+(\boldsymbol{y}, \boldsymbol{a}) = \{t \mid (a_t > 0$이고 $y_t = -1)$ 또는 $(a_t < C$이고 $y_t = 1)\}$$

최종으로 다음 식에 따라

$$i = \underset{t \in I_-(\boldsymbol{y}, \boldsymbol{a})}{\arg\min} \, y_t \nabla f(\boldsymbol{a})_t$$

$$j = \underset{t \in I_+(\boldsymbol{y}, \boldsymbol{a})}{\arg\max} \, y_t \nabla f(\boldsymbol{a})_t$$

인덱스를 선택하고 a_i와 a_j값을 업데이트합니다.

한편 목적함수는 분류 가능한 경우와 같으므로 a_i, a_j를 업데이트하기 위해 식 5-18과 식 5-19를 사용할 수 있습니다. 단, 여기서는 $\hat{a}_i > C$ 혹은 $\hat{a}_j > C$가 될 가능성도 고려해야 합니다. $\hat{a}_i > C$일 때는 최적해로 $a_i^* = C$를 선택하고 $\hat{a}_j > C$일 때는 최적해로 $a_j^* = C$를 선택합니다.

그럼 지금까지 설명한 내용을 코드로 구현해봅시다.

코드 svm_soft.py

```python
import numpy as np
from operator import itemgetter

class SVC:
    def __init__(self, C=1.):
        self.C = C

    def fit(self, X, y, selections=None):
        a = np.zeros(X.shape[0])
        ay = 0
        ayx = np.zeros(X.shape[1])
        yx = y.reshape(-1, 1)*X
        indices = np.arange(X.shape[0])
        while True:
            ydf = y*(1-np.dot(yx, ayx.T))
            iydf = np.c_[indices, ydf]
            i = int(min(iydf[((a > 0) & (y > 0)) | ((a < self.C) & (y < 0))],
                    key=itemgetter(1))[0])                                          # ❶
            j = int(max(iydf[((a > 0) & (y < 0)) | ((a < self.C) & (y > 0))],
                    key=itemgetter(1))[0])
            if ydf[i] >= ydf[j]:
                break
            ay2 = ay - y[i]*a[i] - y[j]*a[j]
            ayx2 = ayx - y[i]*a[i]*X[i, :] - y[j]*a[j]*X[j, :]
            ai = ((1-y[i]*y[j] + y[i]*np.dot(X[i, :] - X[j, :],
                    X[j, :]*ay2 - ayx2)) / ((X[i] - X[j])**2).sum())
            if ai < 0:
                ai = 0
            elif ai > self.C:
                ai = self.C
            aj = (-ai * y[i] - ay2) * y[j]
            if aj < 0:                                                              # ❷
                aj = 0
                ai = (-aj*y[j] - ay2)*y[i]
            elif aj > self.C:
                aj = self.C
                ai = (-aj*y[j]-ay2)*y[i]
            ay += y[i]*(ai - a[i]) + y[j]*(aj - a[j])
            ayx += y[i]*(ai - a[i])*X[i, :] + y[j]*(aj - a[j])*X[j, :]
            if ai == a[i]:
                break
            a[i] = ai
            a[j] = aj
        self.a_ = a
```

```
        ind = a != 0.
        self.w_ = ((a[ind] * y[ind]).reshape(-1, 1) * X[ind, :]).sum(axis=0)
        self.w0_ = (y[ind] - np.dot(X[ind, :], self.w_)).sum() / ind.sum()

    def predict(self, X):
        return np.sign(self.w0_ + np.dot(X, self.w_))
```

svm_hard.py와 다른 점은 두 가지입니다. 하나는 I_+, I_-의 정의가 다르므로 ❶에서 i, j의 선택 방법이 다릅니다. 그리고 ❷에서 $\hat{a}_i > C$ 또는 $\hat{a}_j > C$인 경우를 처리하는 코드가 추가되었습니다.

코드 svm_soft_test1.py

```
import numpy as np
import matplotlib.pyplot as plt
import svm_soft

plt.axes().set_aspect("equal")
np.random.seed(0)
X0 = np.random.randn(20, 2)
X1 = np.random.randn(20, 2) + np.array([2.5, 3])
y = np.array([1] * 20 + [-1] * 20)

X = np.r_[X0, X1]

model = svm_soft.SVC()
model.fit(X, y)

plt.scatter(X0[:, 0], X0[:, 1], color="k", marker="+")
plt.scatter(X1[:, 0], X1[:, 1], color="k", marker="*")

def f(model, x):
    return (-model.w0_ - model.w_[0] * x) / model.w_[1]

x1 = -2
x2 = 4
plt.plot([x1, x2], [f(model, x1), f(model, x2)], color="k")
print("정확하게 분류한 점의 개수: ", (model.predict(X) == y).sum())
plt.scatter(X[model.a_ != 0, 0], X[model.a_ != 0, 1],
            s=200, color=(0, 0, 0, 0), edgecolor="k", marker="o")
```

```
def f(model, xx):
    return model.w0_ + np.dot(model.w_, xx)

plt.show()
```

실행 결과

> 정확하게 분류한 점의 개수: 37

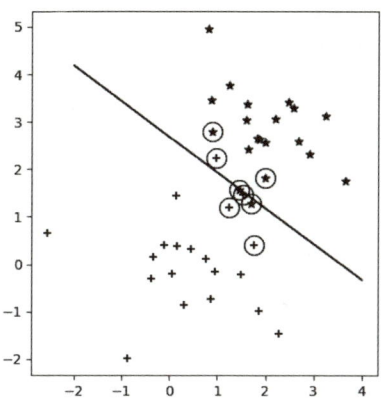

여기에서는 svm_hard_test1.py보다 두 클러스터 사이의 간격을 좁혀서, 일부 점이 겹치도록 테스트 데이터를 준비했습니다. 그 외에는 svm_hard_test1.py와 대부분 같습니다.

7.2 커널 기법

앞에서 초평면(평면 위라면 직선)을 사용해서 분류하는 방법을 살펴봤습니다. 이를 초곡면(평면 위라면 곡선)으로 분류하려면 **커널 기법**을 사용합니다. 커널 기법은 사상 $\Phi: \mathbb{R}^d \to \mathbb{R}^d$를 사용하여 다음 식과 같은 분리초곡면(separating hypersurface)을 나타낸다고 가정합니다.

$$w_0 + \bm{w}^T \Phi(\bm{x})$$

이 경우 식 5-22에 해당하는 최적화 문제는 다음과 같습니다.

$$\text{Maximize} \quad f(\bm{a}) = \sum_{k=1}^{n} a_k - \frac{1}{2} \sum_{k=1}^{n} \sum_{l=1}^{n} a_k a_l y_k y_l \phi(\bm{x}_k)^T \phi(\bm{x}_l)$$

$$\text{Subject to} \quad \sum_{i=1}^{n} a_i y_i = 0$$

여기에서 $\Phi(\bm{x}_k)^T \Phi(\bm{x}_l)$를 다음 식으로 치환할 수 있습니다.

$$\Phi(\bm{x}_k)^T \Phi(\bm{x}_l) = K(\bm{x}_k, \bm{x}_l)$$

그럼 목적함수는 다음처럼 바뀝니다.

$$f(\bm{a}) = \sum_{k=1}^{n} a_k - \frac{1}{2} \sum_{k=1}^{n} \sum_{l=1}^{n} a_k a_l y_k y_l K(\bm{x}_k, \bm{x}_l)$$

이어지는 계산에서는 Φ값을 명시적으로 계산하지 않고 함수 K만 평가합니다. 이 K를 **커널 함수**라고 합니다.

이때 목적함수 f의 $\bm{a}$에 대한 기울기식에서 k번째 성분은 다음과 같습니다.

$$\nabla f(\bm{a})_t = 1 - \sum_{l=1}^{n} a_l y_t y_l K(\bm{x}_t, \bm{x}_l)$$

이제 $\Phi(\bm{x}_k)^T \Phi(\bm{x}_l)$로 치환해 식 5-18을 다시 계산하면 다음과 같습니다.

$$\hat{a}_i = \frac{1}{K(\bm{x}_i, \bm{x}_i) + K(\bm{x}_j, \bm{x}_j) - 2K(\bm{x}_i, \bm{x}_j)} \left[1 - y_i y_j + y_i \left\{ (K(\bm{x}_i, \bm{x}_j) - K(\bm{x}_j, \bm{x}_j)) \sum_{k \neq i,j} a_k y_k \right. \right.$$
$$\left. \left. - y_i \sum_{k \neq i,j} a_k y_k (K(\bm{x}_i, \bm{x}_k) - K(\bm{x}_j, \bm{x}_k)) \right\} \right]$$

a의 최적해를 계산할 때는 예측 과정에서 $w_0 + \boldsymbol{w}^T \boldsymbol{\Phi}(\boldsymbol{x})$를 평가해야 합니다. 보통 $\boldsymbol{w}^T \boldsymbol{\Phi}(\boldsymbol{x})$는 식 5-14에 x_{ij} 대신 커널 함수 $K(\boldsymbol{x}_k, \boldsymbol{x}_l)$로 치환해 계산할 수 있습니다.

$$\boldsymbol{w}^T \phi(\boldsymbol{x}) = \sum_{i=1}^{n} a_i y_i \phi(\boldsymbol{x}_i)^T \phi(\boldsymbol{x})$$
$$= \sum_{i=1}^{n} a_i y_i K(\boldsymbol{x}_i, \boldsymbol{x})$$
$$= \sum_{i \in S} a_i y_i K(\boldsymbol{x}_i, \boldsymbol{x})$$

S는 식 5-21에서와 똑같이 $S = \{i \mid a_i \neq 0\}$으로 정의하고, w_0는 식 5-21의 계산 방식을 참고해 $\boldsymbol{x}_k^T \boldsymbol{x}_l$ 대신 커널 함수로 치환하여 계산합니다.

$$w_0 = \frac{1}{|S|} \sum_{k \in S} \left(y_k - \sum_{l \in S} a_l y_l K(\boldsymbol{x}_k, \boldsymbol{x}_l) \right)$$

지금까지 사용한 커널 함수 K는 여러 가지가 있는데 보통 방사 기저 함수(Radical Basis Function, RBF)를 이용합니다. RBF의 정의는 다음과 같습니다.

$$K(\boldsymbol{u}, \boldsymbol{v}) = \exp\left(-\frac{\|\boldsymbol{u} - \boldsymbol{v}\|^2}{2\sigma^2} \right)$$

개념을 알아봤으니 이제 커널 함수를 이용한 서포트 벡터 머신의 알고리즘을 살펴봅니다.

코드 svm_kernel.py

```python
import numpy as np
from operator import itemgetter

class RBFKernel:
    def __init__(self, X, sigma):
        self.sigma2 = sigma**2
        self.X = X
        self.values_ = np.empty((X.shape[0], X.shape[0]))

    def value(self, i, j):
        return np.exp(-((self.X[i, :] - self.X[j, :])**2).sum() / (2*self.sigma2))

    def eval(self, Z, s):
        return np.exp(-((self.X[s, np.newaxis, :]
                        - Z[np.newaxis, :, :])**2).sum(axis=2) / (2*self.sigma2))

class SVC:
    def __init__(self, C=1., sigma=1., max_iter=10000):
        self.C = C
        self.sigma = sigma
        self.max_iter = max_iter

    def fit(self, X, y, selections=None):
        a = np.zeros(X.shape[0])
        ay = 0
        kernel = RBFKernel(X, self.sigma)
        indices = np.arange(X.shape[0])
        for _ in range(self.max_iter):
            s = a != 0.
            ydf = y * (1 - y*np.dot(a[s]*y[s], kernel.eval(X, s)).T)
            iydf = np.c_[indices, ydf]
            i = int(min(iydf[((a > 0) & (y > 0)) | ((a < self.C) & (y < 0))],
                        key=itemgetter(1))[0])
            j = int(max(iydf[((a > 0) & (y < 0)) | ((a < self.C) & (y > 0))],
                        key=itemgetter(1))[0])
            if ydf[i] >= ydf[j]:
                break
            ay2 = ay - y[i]*a[i] - y[j]*a[j]        ⎤
            kii = kernel.value(i, i)                │
            kij = kernel.value(i, j)                │ # ❶
            kjj = kernel.value(j, j)                │
            s = a != 0.                             │
            s[i] = False                            │
            s[j] = False                            ⎦
```

```
            kxi = kernel.eval(X[i, :].reshape(1, -1), s).ravel()
            kxj = kernel.eval(X[j, :].reshape(1, -1), s).ravel()
            ai = ((1 - y[i]*y[j] + y[i]*((kij - kjj)*ay2 -               # ❶
                (a[s]*y[s]*(kxi-kxj)).sum())) / (kii + kjj - 2*kij))
            if ai < 0:
                ai = 0
            elif ai > self.C:
                ai = self.C
            aj = (-ai*y[i] - ay2)*y[j]
            if aj < 0:
                aj = 0
                ai = (-aj*y[j] - ay2)*y[i]
            elif aj > self.C:
                aj = self.C
                ai = (-aj*y[j] - ay2)*y[i]
            ay += y[i] * (ai-a[i]) + y[j] * (aj-a[j])
            if ai == a[i]:
                break
            a[i] = ai
            a[j] = aj
        self.a_ = a
        self.y_ = y
        self.kernel_ = kernel
        s = a != 0.
        self.w0_ = (y[s] - np.dot(a[s]*y[s], kernel.eval(X[s], s))).sum() / s.sum()  # ❷
        with open("svm.log", "w") as fp:
            print(a, file=fp)

    def predict(self, X):
        s = self.a_ != 0.
        return np.sign(self.w0_ + np.dot(self.a_[s]*self.y_[s], self.kernel_.eval(X, s)))  # ❸
```

커널 함수의 계산은 RBFKernel 클래스에 구현되어 있으며 메소드로는 value와 eval이 있습니다. value 메소드는 인수 i와 j에 대해 $K(x_i, x_j)$를 계산합니다. eval 메소드의 인수 Z는 행렬이고, s는 집합 S에 해당하는 데이터를 Bool 타입 배열로 바꾼 것(즉, 커널 함수를 계산하고 싶은 인덱스는 True, 나머지는 False)입니다. Z의 각 행이 z_k라면 eval은 다음 식을 계산합니다.

$$K(x_i, z_k)\,(i \in S)$$

eval 메소드는 데이터를 3차원 배열로 변환한 후 브로드캐스팅으로 연산하는데, 이와 비슷한 내용이 뒤에서 설명할 k-평균 알고리즘에서 나오므로 여기서는 설명을 생략하겠습니다.

SVC 클래스에는 무한 루프를 막기 위해 생성자에 최대 루프 횟수(max_iter)를 설정했습니다. ❶에서 최적화 계산을 하기 전에 fit 메소드에서는 먼저 a가 0이 아닌 인덱스를 s에 저장합니다. 그리고 s[i]와 s[j]에 False를 저장해 $\sum_{k=i,j}$에 해당하는 계산을 실행합니다. s에 저장된 정보는 w_0의 계산(❷)과 예측값의 계산(❸)에도 사용합니다.

참고로 이 코드는 계산 속도에 문제가 있으므로 주의해야 합니다. $K(x_i, x_j)$는 계산 과정에서 변하지 않는 값이므로 재사용할 수 있지만, 여기에서는 개념을 설명하기 위한 목적으로 매번 계산하도록 했기 때문에 데이터양이 많을 때는 실용적이지 않습니다.

따라서 실제로는 계산한 결과를 기억해서 다음에 같은 값이 필요할 때 불러올 수 있는 LIBSVM이라는 라이브러리를 사용합니다. 또는 이미 값이 확정된 a_k는 이후에 계산을 생략하는 고속화 기법을 사용하기도 합니다.

그러면 RBF 커널 기반의 서포트 벡터 머신 알고리즘으로 모델을 학습시키고 시각화해봅시다.

코드 svm_kernel_test1.py

```python
import numpy as np
import matplotlib.pyplot as plt
import svm_kernel

plt.axes().set_aspect("equal")
np.random.seed(0)
X0 = np.random.randn(100, 2)
X1 = np.random.randn(100, 2) + np.array([2.5, 3])
y = np.array([1] * 100 + [-1] * 100)
X = np.r_[X0, X1]

model = svm_kernel.SVC()
model.fit(X, y)

xmin, xmax = X[:, 0].min(), X[:, 0].max()
ymin, ymax = X[:, 1].min(), X[:, 1].max()

plt.scatter(X0[:, 0], X0[:, 1], color="k", marker="*")
plt.scatter(X1[:, 0], X1[:, 1], color="k", marker="+")
xmesh, ymesh = np.meshgrid(np.linspace(xmin, xmax, 200),
                           np.linspace(ymin, ymax, 200))      # ❶
Z = model.predict(np.c_[xmesh.ravel(),
                  ymesh.ravel()]).reshape(xmesh.shape)
plt.contour(xmesh, ymesh, Z, levels=[0], colors="k")

print("정확하게 분류한 점의 개수: ", (model.predict(X) == y).sum())

plt.show()
```

실행 결과

정확하게 분류한 점의 개수: 193

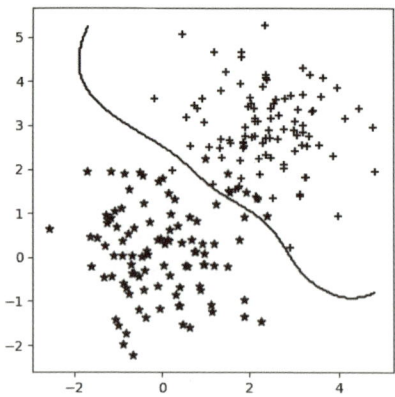

이번에는 총 200개의 점을 분류했는데, 클러스터를 분류하는 선이 곡선으로 그려졌습니다. 이 곡선은 ❶에서 맷플롯립의 등고선 기능을 사용해 렌더링했습니다.

8 : k-평균 알고리즘

이 절에서는 클러스터링 알고리즘 중 하나인 k-평균(k-means) 알고리즘을 소개합니다. 클러스터링은 비지도 학습이므로 특징 행렬 X만 학습 데이터로 삼습니다. X 이외에는 클러스터의 숫자인 k를 입력받습니다. 그럼 X의 각 샘플 x_i를 점이라고 생각하고, k개 클러스터로 분류하겠습니다.

k-평균 알고리즘의 수행 과정은 다음과 같습니다.

- 각 점 x_i에 무작위로 클러스터를 할당합니다.
- 수렴할 때까지 다음 과정을 반복합니다.
  ❶ 각 클러스터에 할당된 점 중에서 중심을 지정합니다.
  ❷ 중심과 각 점 사이의 거리를 계산하고, 각 점을 거리가 가장 가까운 클러스터에 다시 할당합니다.

점 사이의 거리를 계산할 때는 '유클리드 거리'라는 개념을 이용합니다. 위 수행 과정에서 수렴 조건은 클러스터에 속한 점의 정보가 변하지 않는 경우, 클러스터에 속한 점의 변화가 일정 비율 이하인 경우입니다.

먼저 클러스터에 할당된 점 중에서 중심을 계산해봅니다. j번째 클러스터에 속하는 점의 인덱스 집합이 I_j라면 클러스터의 중심 G_j는 다음 식으로 나타냅니다.

$$G_j = \frac{1}{|I_j|}\sum_{i \in I_j} x_i$$

이는 단순히 클러스터에 속한 점의 평균값을 계산하는 식이므로 어렵지 않지만, 코드로 구현할 때 기억해야 할 부분이 있습니다. 점과 관련된 데이터는 클러스터에 속한 하나의 배열에 저장하며, 해당 배열을 업데이트하는 방식으로 점의 평균값을 계산한다는 것입니다.

그럼 k-평균 알고리즘을 구현하기 전에 간단한 데이터를 이용해 구조를 먼저 살펴보겠습니다. 다음 코드처럼 특징 행렬 X를 정의하고 각 점이 속한 클러스터의 정보를 labels에 저장합니다.

클러스터 배열 만들기

```
>>> X = np.array([[1, 2],
...               [2, 3],
...               [3, 4],
...               [4, 5],
...               [5, 6],
...               [6, 7],
...               [7, 9]])
>>> labels = np.array([0, 1, 2, 0, 1, 2, 0])
```

앞 코드는 클러스터가 3개 있고, 클러스터 0에는 [1, 2], [4, 5], [7, 9]라는 점 3개, 클러스터 1에는 [2, 3], [5, 6]이라는 점 2개, 클러스터 2에는 [3, 4], [6, 7]이라는 점 2개가 속해 있다는 뜻입니다.

이 경우에 클러스터의 중심을 효율적으로 계산하려면 인덱싱 구조를 잘 사용해야 합니다. 예를 들어 클러스터 0에 속하는 점만을 꺼낼 때는 다음 코드를 사용합니다.

클러스터 0에 속하는 점만 꺼내기

```
>>> X[labels == 0, :]
array([[1, 2],
       [4, 5],
       [7, 9]])
```

클러스터의 중심을 계산하려면 출력 결과에서 열을 기준으로 평균을 계산하면 되므로 코드는 다음과 같습니다.

클러스터의 중심 계산하기

```
>>> X[labels == 0, :].mean(axis=0)
array([4.        , 5.33333333])
```

혹은 클러스터의 중심 cluster_centers를 다음처럼 설정해도 됩니다.

클러스터의 중심 설정

```
>>> cluster_centers = np.array([[1, 1],
                                [2, 2],
                                [3, 3]])
```

앞 코드는 클러스터의 중심을 3개 설정한 것입니다. 이때 중심 3개와 x에 저장된 7개 점과의 거리를 무작위로 계산해야 합니다. 이때 거리의 제곱은 다음과 같은 방법으로 한꺼번에 계산할 수 있습니다.

> **클러스터의 중심에서 점과의 거리의 제곱**
>
> ```
> >>> ((X[:, :, np.newaxis] - cluster_centers.T[np.newaxis, :, :])**2).sum(axis=1)
> array([[  1,   1,   5],
>        [  5,   1,   1],
>        [ 13,   5,   1],
>        [ 25,  13,   5],
>        [ 41,  25,  13],
>        [ 61,  41,  25],
>        [100,  74,  52]], dtype=int32)
> ```

이 배열에서 [i, j] 요소는 X[i, :]과 cluster_centers[j, :] 사이의 거리입니다. 이해를 돕기 위해 다음처럼 계산 과정을 나눠서 변수 p, q, r, s에 저장하겠습니다.

> **계산 과정을 나눠서 처리**
>
> ```
> >>> p = X[:, :, np.newaxis]              # ❶
> >>> q = cluster_centers.T[np.newaxis, :, :]  # ❷
> >>> r = (p - q)**2                        # ❸
> >>> s = r.sum(axis=1)                     # ❹
> ```

최종 계산 결과는 s에 저장되며 그 값은 바로 앞에서 출력한 행렬과 같습니다. 즉, s[i, j]는 X[i, :]과 cluster_centers[j, :] 사이의 거리입니다.

❶에서는 X를 인덱스가 3개인 배열로 바꾸고 세 번째 인덱스에 해당하는 값은 무조건 0이 되도록 합니다. 즉, X의 [i, j] 요소를 p[i, j, 0]에 저장합니다. ❷에서도 인덱스가 3개인 배열로 바꾸는데, .T로 인해 전치행렬을 계산해 출력하므로 [k, l] 요소를 [0, l, k]로 변환합니다.

❸에서는 브로드캐스팅을 적용해 p - q를 계산합니다. 이는 클러스터 수인 모든 k를 대상으로 [i, k, 0] 요소와 [0, k, j] 요소의 차이를 계산하는 것이고, r은 [i, k, j] 요소를 갖는 배열이 됩니다. 이 결과에 다시 브로드캐스팅으로 **2라는 연산을 하여 모든 성분을 제곱합니다. 즉, r[i, k, j] = (p[i, k] - q[k, j])**2라는 관계가 성립합니다.

마지막으로 ❹에서는 [i, k, j] 요소의 k에 대한 합을 계산하므로 s에는 입력받은 점과 클러스터의 중심과의 거리가 저장됩니다.

그럼 입력받은 점이 각각 어떤 클러스터의 중심과 가장 가까운지를 나타내겠습니다. 클러스터의 중심에 가까운 인덱스 번호, 즉 레이블은 배열에서 행 방향으로 최솟값의 인덱스 번호를 반환하는 넘파이의 argmin으로 출력합니다. 코드 실행 예는 다음과 같습니다.

클러스터의 중심에 가까운 인덱스 번호

```
>>> s.argmin(axis=1)
array([0, 1, 2, 2, 2, 2, 2], dtype=int64)
```

지금까지 살펴본 코드 예를 기반으로 k-평균 알고리즘의 구현을 살펴봅니다.

코드 kmeans.py

```python
import numpy as np
import itertools

class KMeans:
    def __init__(self, n_clusters, max_iter=1000, random_seed=0):
        self.n_clusters = n_clusters
        self.max_iter = max_iter
        self.random_state = np.random.RandomState(random_seed)

    def fit(self, self, X):
        cycle = itertools.cycle(range(self.n_clusters))  # ❶
        self.labels_ = np.fromiter(itertools.islice(cycle, X.shape[0]), dtype=np.int)
        self.random_state.shuffle(self.labels_)
        labels_prev = np.zeros(X.shape[0])
```

```
            count = 0
            self.cluster_centers_ = np.zeros((self.n_clusters, X.shape[1]))
            while (not (self.labels_ == labels_prev).all() and count < self.max_iter):  # ❷
                for i in range(self.n_clusters):
                    XX = X[self.labels_ == i, :]  # ❸
                    self.cluster_centers_[i, :] = XX.mean(axis=0)
                dist = ((X[:, :, np.newaxis]
                        - self.cluster_centers_.T[np.newaxis, :, :]) ** 2).sum(axis=1)  # ❹
                labels_prev = self.labels_  # ❺
                self.labels_ = dist.argmin(axis=1)
                count += 1

    def predict(self, X):
        dist = ((X[:, :, np.newaxis]
                - self.cluster_centers_.T[np.newaxis, :, :]) ** 2).sum(axis=1)
        labels = dist.argmin(axis=1)
        return labels
```

__init__ 메소드의 인수 n_clusters에는 클러스터 수를 설정합니다. 옵션 인수로는 max_iter를 설정할 수 있습니다. 이는 점들이 클러스터 수에 맞게 수렴하지 않고 무한 루프에 빠지는 상황을 막는 최대 반복 횟수입니다.

__init__ 메소드 안에는 난수를 생성하는 클래스 속성인 random_state를 정의합니다. 여기서는 난수 생성을 제어하고자 np.random.RandomState의 인수로 사용할 random_seed를 __init__ 메소드의 인수로 설정합니다. 그럼 같은 데이터일 때는 같은 결과를 얻도록 제어할 수 있습니다.

fit 메소드로는 학습을 실행합니다. 비지도 학습이므로 인수는 특징 행렬 X뿐입니다. ❶에서는 초깃값으로 난수 기반의 레이블을 설정합니다. itertools.cycle은 반복 가능한(iterable) 객체(시퀀스 타입처럼 하나씩 값을 꺼낼 수 있는 것)를 바탕으로 주기적인 값을 생성하는 생성자를 만듭니다. 즉, 변수 cycle은 0에서 self.n_clusters-1까지의 값을 반복해 생성합니다. 예를 들어 self.n_clusters가 3이면 0, 1, 2, 0, 1, 2, ...이라는 값을 반복하는 것입니다.

그리고 self.random_state.shuffle을 실행해 생성한 값을 무작위로 섞습니다. 주기적인 값을 생성하도록 설정했으므로 각 레이블은 개수가 균등합니다. ❷의 while문은 메인 반복문입니다.

❸에서는 클러스터의 중심을 계산하고, ❹에서는 각 점과 중심 사이의 거리를 계산합니다. ❺에서는 클러스터의 중심에 가까운 인덱스에 해당하는 레이블을 계산해서 labels_prev에 저장합니다. labels_prev는 while문에서 새로 계산한 레이블과 바로 전의 레이블을 비교하여 값이 변하지 않았는지 확인하는 데 사용합니다. 그리고 최대 반복 횟수에 도달했는지도 확인합니다. 이 두 가지는 반복문을 종료하는 조건을 만족하는지를 결정합니다.

fit 메서드를 이용한 학습 결과는 클래스 속성 labels_를 확인합니다. labels_에는 각각의 점이 몇 번째 클러스터에 속하는지에 관한 정보가 저장되어 있기 때문입니다.

한편 predict 메소드는 학습 데이터에 포함되지 않은 점을 제공해서 분류한 후 어떤 클러스터에 속하는지 계산합니다. predict 메소드에서는 단순히 각 점에 가장 가까운 클러스터 중심이 무엇인지만 계산하면 됩니다.

그럼 KMeans 클래스를 임의의 데이터에 적용해 학습시켜봅시다.

코드 kmeans_test1.py

```
import numpy as np
import matplotlib.pyplot as plt
import kmeans

np.random.seed(0)
points1 = np.random.randn(50, 2)
points2 = np.random.randn(50, 2) + np.array([5, 0])     # ❶
points3 = np.random.randn(50, 2) + np.array([5, 5])
```

```
points = np.r_[points1, points2, points3]  # ❶
np.random.shuffle(points)

model = kmeans.KMeans(3)
model.fit(points)

markers = ["+", "*", "o"]  # ❷

for i in range(3):
    p = points[model.labels_ == i, :]  # ❸
    plt.scatter(p[:, 0], p[:, 1], color="k", marker=markers[i])  # ❹

plt.show()
```

실행 결과

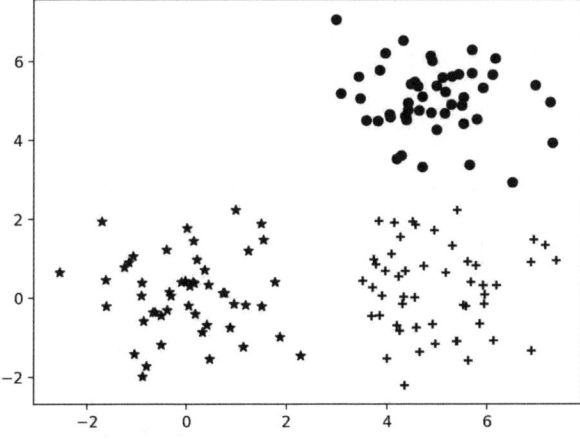

❶에서는 난수 데이터를 생성합니다. np.random.randn(50, 2)는 정규난수[6]를 원소로 갖고 크기 50×2 행렬을 생성합니다. points1에는 정규난수를 그대로 저장하고, points2에는 정규난수에 np.array([5, 0])을 더한 값을 저장합니다. 브로드캐스팅되므로 50개의 점이 모두 (5, 0) 방향으로 평행 이동합니다. 즉, points2는 점 (5, 0)을 중심으로 생성된 난수입니다. 마찬가지로 points3에는 점 (5, 5)를 중심으로 생성된 난수를 저장합니다.

points1, points2, points3에는 각각 50개의 점이 있습니다. np.r_를 이용해 150개 점을 points에 저장하면 모든 점을 한꺼번에 다룰 수 있습니다. 이때 같은 클러스터의 점끼리 나열되면 부자연스러우므로 np.random.shuffle을 사용하여 뒤섞습니다.

❷ 이후로는 산점도를 그리는 부분입니다. ❸은 브로드캐스팅과 인덱싱으로 레이블이 i인 점을 추출하고, ❹에서는 ❸에서 추출한 점을 표시합니다.

레이블에 따라 점의 모양을 다르게 표시했으므로 실행 결과를 보면 점들이 각 클러스터로 잘 분류되었음을 알 수 있습니다.

9 : 주성분 분석

주성분 분석(PCA)은 비지도 학습의 하나로 차원 압축 기법입니다. 데이터를 더 낮은 차원의 공간에 투영한 후 최대한 점들의 흩어짐이 커지도록 합니다. 원본 데이터의 특징을 잘 파악한 투영을 찾으려는 것입니다. 특히 다차원을 2차원으로 압축하면 다차원 데이터를 시각화하는 데 도움이 됩니다.

---

6 옮긴이: 정규분포를 따라 생성되는 난수입니다.

주성분 분석에서는 차원 압축 후의 분산을 최대화합니다. 먼저 이해를 돕기 위해 1차원에 투영하는 경우를 생각해봅니다. 투영할 대상의 벡터가 w_1이면 이 벡터의 크기에는 의미가 없으므로 $\|w_1\| = 1$로 가정합니다. 즉, $w_1^T w_1 = 1$입니다.

또한, 데이터 $\{x_i\}_{i=1}^n$의 평균은 $\bar{x}$로 나타내며 다음 식으로 정의합니다.

$$\bar{x} = \frac{1}{n}\sum_{i=1}^n x_i$$

이때 $\{w_1^T x_i\}_{i=1}^n$의 평균을 계산하면 다음 식과 같습니다.

$$\frac{1}{n}\sum_{i=1}^n w_1^T x_i = \frac{1}{n} w_1^T \sum_{i=1}^n x_i = w_1^T \bar{x}$$

따라서 $\{w_1^T x_i\}_{i=1}^n$의 분산은 다음과 같습니다.

$$\frac{1}{n}\sum_{i=1}^n \| w_1^T x_i - w_1^T \bar{x} \|^2$$
$$= \frac{1}{n}\sum_{i=1}^n \{w_1^T(x_i - \bar{x})\}\{(x_i - \bar{x})^T w_1\}$$
$$= w_1^T \left\{ \frac{1}{n}\sum_{i=1}^n (x_i - \bar{x})(x_i - \bar{x})^T \right\} w_1$$

여기서 $\frac{1}{n}\sum_{i=1}^n (x_i - \bar{x})(x_i - \bar{x})^T$는 x_i의 공분산 행렬이며, 이를 S라고 하면 $d \times d$ 행렬입니다(d는 X의 열 수, 즉 특징의 차원입니다).

이제 해결해야 할 문제는 다음과 같은 최적화 문제입니다.

$$\text{Maximize } w_1^T S w_1$$
$$\text{Subject to } w_1^T w_1 = 1$$

이를 라그랑주 곱셈자 방법으로 해결하기 위해 다음과 같은 함수를 살펴봅니다.

$$\varphi(w_1, \lambda_1) = w_1^T S w_1 - \lambda_1 (w_1^T w_1 - 1)$$

이어서 φ를 w_1에 대해 미분한 결과가 =0인 식 5-23을 살펴봅니다.

식 5-23

$$\frac{\partial \varphi}{\partial w_1} = 2(S w_1 - \lambda_1 w_1) = 0$$

$$\therefore S w_1 = \lambda_1 w_1$$

λ_1은 S의 고윳값[7]입니다. 그럼 $w_1^T S w_1 = w_1^T \lambda_1 w_1 = \lambda_1$이므로 목적함수를 최대화하려면 λ_1을 최대화해야 합니다. 즉, 식 5-23을 만족하는 w_1값은 여러 개가 있더라도 목적함수를 최대화하는 것은 λ_1값이 최대인 경우입니다. 이는 가장 큰 고윳값을 찾는 것이기도 합니다.

9.1 다차원 투영과 특잇값 분해

c차원의 부분 공간으로 차원을 압축하려면 고윳값을 큰 순서대로 c개($\lambda_1, \cdots, \lambda_c$) 선택한 후 해당 값에 대응하는 고유 벡터($w_1, \cdots, w_c$)를 선택하면 됩니다.

보통 $w_1, \cdots, w_c$가 정해지면 $x_1, \cdots, x_n$을 투영하여 차원을 압축할 수 있습니다. 이때 투영되는 벡터를 z로 나타냅니다. z는 $x_1, \cdots, x_n$값 중 하나인데, 굳이 해당 범위로 제한하지 않아도 '학습 데이터 X의 투영 후 분산이 최대가 되는 방향으로 일반 벡터 z를 투영한다'라는 방식으로 z를 다룰 수 있습니다.

---

[7] 옮긴이: 행렬 A의 선형변환 결과가 자기 자신의 상수배가 되는 0이 아닌 벡터를 고유벡터(eigenvector)라 하고 이 벡터에 상수배하는 값을 고윳값(eigenvalue)이라고 합니다.

또한 $w_1, \cdots, w_c$는 모두 단위벡터로 서로 직교하므로 각각을 새로운 좌표축으로 생각할 수 있습니다. 원래 공간 벡터 z를 좌표계[8]로 변환할 때는 j 요소를 w_j에 투영한 크기로 다룰 수 있으므로 $w_j^T z$라고 생각해도 됩니다. 그럼 w_j^T를 세로로 나열한 행렬 $W^{(c)}$를 다음 식으로 정의합니다.

$$W^{(c)} = \begin{bmatrix} w_1^T \\ w_2^T \\ \vdots \\ w_c \end{bmatrix}$$

z의 투영은 다음과 같습니다.

$$\begin{bmatrix} w_1^T z \\ w_2^T z \\ \vdots \\ w_c^T z \end{bmatrix} = W^{(c)} z$$

특히 $c = d$, 즉 c가 X의 열 수와 일치하면, 이를 $w_1, \cdots, w_d$처럼 가로로 바꿔 나열한 벡터 W를 다음 식처럼 정의할 수 있습니다.

$$W = (w_1 \; w_2 \; \cdots \; w_d)$$

이때 w_j가 단위벡터라면 이 벡터와 직교하는 W는 직교행렬입니다. 그럼 식 5-23을 참고해 다음 식을 정의합니다.

$$SW = W\Lambda$$

---

8 옮긴이: 유클리드 공간이나 기타 기하학적 요소를 고유하게 결정하려고 하나 이상의 숫자인 좌표를 사용하는 체계를 말합니다.

이때 Λ는 다음 식처럼 정의됩니다.

$$\Lambda = \begin{bmatrix} \lambda_1 & & & \\ & \lambda_2 & & \\ & & \ddots & \\ & & & \lambda_d \end{bmatrix}$$

또한 W가 직교행렬이므로 다음 식이 성립합니다.

식 5-24

$$S = W\Lambda W^{-1} = W\Lambda W^T$$

다차원 투영 알고리즘의 구현은 뒤에서 사이파이 함수인 행렬을 특정 구조에 따라 분해하는 특잇값 분해(Singular Value Decomposition, SVD) 함수를 이용하겠습니다. 지금부터는 특잇값 분해가 무엇인지 살펴봅니다.

먼저 $M \times N$ 행렬 A가 있을 때, M과 N의 대소 관계에 상관없이 특잇값 분해를 정의할 수 있다는 사실을 기억해둡니다. 하지만 이 책에서는 $M > N$으로 가정해 특잇값 분해를 정의할 것입니다. 왜냐하면 A가 다양한 데이터를 다루는 행렬일 때는 보통 열보다 행이 더 큰 경우가 많기 때문입니다.

이제 $\|Av_1\|$이 최댓값을 갖도록 단위벡터 v_1을 계산한 후 그 최댓값을 σ_1이라고 하겠습니다. 그러면 v_i는 $\|v_i\| = 1$이고, $v_1, \cdots, v_{i-1}$이 수직이라는 조건 아래 $\|Av_i\|$가 최댓값을 갖는 것으로 결정합니다.

이렇게 얻는 v_i를 특이 벡터(singular vector)라고 합니다. A의 크기가 $M \times N (M > N)$이면 보통 M개의 특이 벡터를 얻습니다. 여기서 $\|Av_i\| = \sigma_i$라면 식 5-25처럼 최댓값과 관련된 식이 성립합니다.

식 5-25

$$\sigma_1 \geq \sigma_2 \geq \cdots \geq \sigma_M$$

또, 다음 식이 성립하면

$$u_i = \frac{1}{\sigma_i} A v_i$$

σ_i의 정의에 따라 $\|u_i\| = 1$입니다. 그럼 다음 식처럼 앞 식의 주요 항을 분해해 범위를 설정하는 것이 특잇값 분해입니다.

$$\{u_i\}_{i=1}^n, \ \{v_i\}_{i=1}^n, \ \{\sigma_i\}_{i=1}^n$$

특잇값 분해의 결과는 행렬로도 나타낼 수 있습니다. 먼저 다음 행렬식을 기억해둡니다.

$$U = \begin{bmatrix} u_1^T \\ u_2^T \\ \vdots \\ u_N^T \end{bmatrix}, \quad \Sigma = \begin{bmatrix} \sigma_1 & & & \\ & \sigma_2 & & \\ & & \ddots & \\ & & & \sigma_M \end{bmatrix}, \quad V = \begin{bmatrix} v_1^T \\ v_2^T \\ \vdots \\ v_M^T \end{bmatrix}$$

$\|v_i\| = 1$이고 $v_i \perp v_j \ (i \neq j)$이었으므로 V는 직교행렬입니다. 증명은 생략하지만 같은 개념에 따라 U도 직교행렬입니다.

다음 식이 성립함에 따라,

$$A = U \Sigma V^T$$

특잇값 분해의 출력은 $A = U\Sigma V^T$를 만족하는 U, Σ, V입니다.

마지막으로 특잇값 분해 알고리즘은 사이파이 함수 `scipy.linalg.svd`를 사용한다는 것을 기억하세요.

9.2 주성분 분석 알고리즘

데이터 행렬 X의 모든 행에서 $\bar{x}$를 뺀 것을 Y라고 하겠습니다. 그럼 Y는 다음처럼 정의합니다.

식 5-26

$$Y = \begin{bmatrix} (x_1 - \bar{x})^T \\ (x_2 - \bar{x})^T \\ \vdots \\ (x_n - \bar{x})^T \end{bmatrix} = \left(x_{ij} - \frac{1}{n} \sum_{k=1}^{n} x_{kj} \right)$$

X의 공분산 행렬 S는 다음처럼 나타냅니다.

$$S = \frac{1}{n} \sum_{i=1}^{n} (x_i - \bar{x})(x_i - \bar{x})^T$$

$$= \frac{1}{n} Y^T Y$$

이때 Y의 특잇값 분해를 U, Σ, V라고 하겠습니다. 그럼 $Y = U\Sigma V^T$이므로 앞 S를 다음 식으로 치환할 수 있습니다.

식 5-27

$$S = \frac{1}{n} Y^T Y$$

$$= \frac{1}{n} (U\Sigma V^T)^T (U\Sigma V^T)$$

$$= \frac{1}{n} V\Sigma U^T U\Sigma V^T$$

$$= V \begin{pmatrix} \sigma_1^2/n & & & \\ & \sigma_2^2/n & & \\ & & \ddots & \\ & & & \sigma_M^2/n \end{pmatrix} V^T$$

여기서 U는 직교행렬이므로 $U^T U = I$입니다. 또한 V도 직교행렬이므로 $V^T = V^{-1}$이고, 식 5-27은 공분산 행렬 S의 고윳값이 σ_1^2/n, σ_2^2/n, $\cdots$, σ_M^2/n임을 보여줍니다. σ_1^2/n, σ_2^2/n, $\cdots$, σ_M^2/n은 식 5-25에 따라 S의 고윳값을 큰 순서대로 나열한 것입니다. 따라서 특잇값 분해를 계산하는 함수를 사용하면 주성분 분석을 계산할 수 있습니다.

식 5-27과 식 5-24를 비교해 보면 다음처럼 나타낼 수 있습니다.

$$W = V, \Lambda = \begin{bmatrix} \sigma_1^2/n & & & \\ & \sigma_2^2/n & & \\ & & \ddots & \\ & & & \sigma_M^2/n \end{bmatrix}$$

지금까지 설명한 내용을 바탕으로 한 주성분 분석 알고리즘의 개요는 다음과 같습니다.

- 입력 데이터로 주어진 압축된 차원 수를 c라고 합니다.
  ❶ 공분산 행렬 S를 계산합니다.
  ❷ S를 특잇값 분해하면 $S = U\Sigma V$고, V에 있는 c행을 꺼낸 결과를 $V^{(c)}$라고 합니다.
  ❸ 벡터 x에 대해 $V^{(c)}x$를 계산합니다.

다음은 주성분 분석을 구현한 코드입니다. 알고리즘 ❷에 해당하는 작업을 PCA 클래스의 fit 메소드로 구현해 유지하고 ❸에 해당하는 작업은 transform을 이용해 구현합니다.

코드 pca.py

```python
import numpy as np
from scipy.sparse.linalg import svds

class PCA:
    def __init__(self, n_components, tol=0.0, random_seed=0):
        self.n_components = n_components
        self.tol = tol
        self.random_state_ = np.random.RandomState(random_seed)

    def fit(self, X):
        v0 = self.random_state_.randn(min(X.shape))  # ❶
        xbar = X.mean(axis=0)  # ❷
        Y = X - xbar  # ❸
        S = np.dot(Y.T, Y)  # ❹
        U, Sigma, VT = svds(S, k=self.n_components, tol=self.tol, v0=v0)
        self.VT_ = VT[::-1, :]

    def transform(self, X):
        return self.VT_.dot(X.T).T
```

pca.py에서 생성자의 필수 인수는 n_components만 있습니다. 이는 압축된 차원 수를 뜻합니다. tol은 특잇값 분해를 계산하는 라이브러리에서 제공하는 허용 오차(tolerance)라는 값으로, 계산했을 때 오차를 얼마나 허용할 것인지 나타내는 수치입니다. 기본값으로 설정한 0은 계산기가 다룰 수 있는 최대한의 정밀도(precision)까지 계산하는 것입니다. random_seed는 난수의 시드입니다.

fit 메소드의 ❶에서 계산하는 v0는 특잇값 분해 계산에 이용하는 초깃값으로 난수를 이용합니다. ❷에서는 X의 열 방향으로 평균을 계산해 xbar에 저장하고, ❸의 Y에는 브로드캐스팅으로 X의 각 행에서 평균 xbar를 빼서 저장합니다. 이는 식

5-26의 *Y*를 나타내는 것입니다. ❹에서는 공분산 행렬을 계산합니다.

그럼 실제 데이터를 적용해보겠습니다. 선형 회귀 예에서 다룬 와인 품질 데이터 세트의 11차원 특징을 2차원으로 압축하고 시각화해봅니다.

코드 pca_test1.py

```python
import numpy as np
import matplotlib.pyplot as plt
import csv
import pca

# 데이터 불러오기
Xy = []
with open("winequality-red.csv") as fp:
    for row in csv.reader(fp, delimiter=";"):
        Xy.append(row)
Xy = np.array(Xy[1:], dtype=np.float64)
X = Xy[:, :-1]

# 학습
model = pca.PCA(n_components=2)
model.fit(X)

# 변환
Y = model.transform(X)

# 그리기
plt.scatter(Y[:, 0], Y[:, 1], color="k")
plt.show()
```

실행 결과

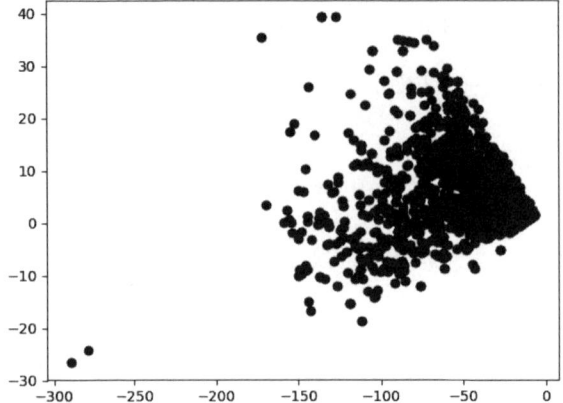

여기서 구체적인 평가를 하진 않지만, 왼쪽 아래에 클러스터와 크게 떨어진 점이 2개 있는 것으로 보아 어느 정도 점이 분산되어 있는 것을 확인할 수 있습니다.

CHAPTER

참고 문헌과 자료

이 책을 쓰는 데 도움을 받은 참고 문헌을 소개합니다. 이 책을 읽으면서 혹은 이 책을 읽은 이후에 공부할 때 참고하기 바랍니다.

1 : 수학

이 책을 이해하기 위해서 고등학교에서 배우는 수학 내용을 파악할 필요가 있다고 생각하여 다음 서적을 참고했습니다.

- 『처음 배우는 딥러닝 수학』(한빛미디어, 2018)
- 『이토록 쉬운 딥러닝을 위한 기초수학 with 파이썬』(루비페이퍼, 2019)
- 『수학대백과사전』(동양북스, 2020)
- 『머신 러닝·딥 러닝에 필요한 기초 수학 with 파이썬』(인사이트, 2020)
- 『다시 미분 적분』(길벗, 2019)

2 : 파이썬

파이썬을 처음 배울 때 읽으면 좋습니다.

- 『러닝 파이썬』(제이펍, 2018)
- 『Do it! 점프 투 파이썬』(이지스퍼블리싱, 2019)
- 『파이썬의 정석』(루비페이퍼, 2021)

3 : 머신러닝

라쏘 회귀

라쏘 회귀의 개념은 로버트 팁시라니(Robert Tibshirani)의 다음 논문에서 출발했습니다.

> R. Tibshirani, Regression shrinkage and selection via the lasso, Journal of the Royal Statistical Society (Series B), vol. 58, pp. 267-288, 1996.

이후 라쏘 회귀를 포함하는 개념으로 L2 정규화항을 추가한 엘라스틱넷(Elastic Net)이 고안되었습니다. 다음 논문에서 참고할 수 있습니다.

> H. Zou and T. Hastie, Regularization and variable selection via the elastic net, Journal Of The Royal Statistical Society Series B, vol. 67, no. 2, pp. 301-320, 2005.

이 책에 나오는 알고리즘은 다음 논문을 참고로 설명했습니다.

> JH Friedman, T. Hastie, and R. Tibshirani, Regularization paths for generalized linear models via coordinate descent, Journal of Statistical Software, vol. 33, no. 1, pp. 1-22 2 2010

서포트 벡터 머신

SVM 라이브러리로 가장 많이 사용하는 것은 앞서 소개한 LIBSVM입니다. 사이킷런 내부에서도 LIBSVM을 사용합니다. 이 책에서 소개한 알고리즘은 LIBSVM과 비교했을 때 아주 일부분만 구현한 것으로, LIBSVM 설계와 관련된 내용은 아래의 논문에서 상세한 알고리즘을 확인할 수 있습니다.

> C.-C. Chang and C.-J. Lin. LIBSVM: a library for support vector machines. ACM Transactions on Intelligent Systems and Technology, 2:27:1--27:27, 2011.

또한 이 책에서 설명한 서포트 벡터 머신의 2차계획 문제 해법은 다음 두 가지 논문을 참고했습니다.

> J.C. Platt, Fast training of support vector machines using sequential minimal optimization, Advances in kernel methods: support vector learning, MIT Press, Cambridge, MA, 1999

> R.-E. Fan, P.-H. Chen, and C.-J. Lin. Working set selection using the second order information for training SVM. Journal of Machine Learning Research 6, 1889-1918, 2005.

책 전반에 걸친 머신러닝 알고리즘의 설명은 다음 책을 참고했습니다.

- 『패턴 인식과 머신 러닝』(제이펍, 2018)
- 『통계학으로 배우는 머신러닝 2/e』(에이콘출판사, 2020)

찾아보기

A
add 메소드 ... 50
Anaconda ... 7
append 메소드 ... 42
argument ... 34
attribute ... 52

B
bias ... 350
bin ... 260
binomial theorem ... 167
block matrix ... 107
Breast Cancer Wisconsin(Diagnostic) Data Set ... 372

C
Classification ... 4
close 메소드 ... 60
Clustering ... 4
composite function ... 173
constructor ... 239
contour line ... 262
contour 함수 ... 265
contourf 함수 ... 266
converse ... 175
coordinate descent ... 357
csc_matrix 타입 ... 240
csr_matrix 타입 ... 240
cvxopt 패키지 ... 273
cvxopt.matrix 타입 ... 274
cvxopt.solvers.qp 함수 ... 274

D
datetime 모듈 ... 52
Deep Learning ... 3
def ... 50
dense matrix ... 238
diagonal element ... 111
diagonalization ... 138
Dimensionality Reduction ... 4
divergence ... 147
dot 함수 ... 233
dtype 함수 ... 216
dump 함수 ... 62
dumps 함수 ... 64

E
eigenvalue ... 134
eigenvector ... 134
Elastic Net ... 424
elif ... 40
else ... 37
equivalence ... 125
except ~ as ~ ... 65
Exception ... 67
except문 ... 65
extend 메소드 ... 42

F
feasible solution ... 269
feature ... 320
Feature Vector ... 5

first-order differentiation ... 369
fit 메소드 ... 325
FizzBuzz ... 39
float ... 29
float 함수 ... 33
float64 타입 ... 217
for ... 37
format 메소드 ... 34
from ~ import ~ 구문 ... 55
full rank ... 125

G

generalization ... 346
Gensim ... 1
getcol 메소드 ... 241
getrow 메소드 ... 241
gradient ... 196
gradient descent ... 280

H

hessian matrix ... 197
hist 함수 ... 259
Hyper parameter ... 3
hyperplane ... 95

I

if ... 37
image ... 76
Immutable ... 45
import ~ as ~ 구문 ... 56
in ... 50
indefinite integral ... 188
insert 메소드 ... 42
int ... 29
int 함수 ... 33

int32 타입 ... 217
inv 함수 ... 242
inverse matrix ... 112
invertible matrix ... 112
Iris Data Set ... 5
items 메소드 ... 48
iterable ... 409

J-K

Jupyter Notebook ... 20
Karush-Kuhn-Tucker 조건 ... 300
Key ... 47
KKT 조건 ... 300
k-means ... 404
k-평균 알고리즘 ... 404

L

L2 정규화항 ... 424
label ... 324
Lagrange multiplier method ... 294
len 함수 ... 32
LIBSVM ... 402
linalg ... 242
linalg.lu_factor 함수 ... 245
linalg.lu_solve 함수 ... 245
linear dependent ... 116
linear independent ... 117
load 함수 ... 62
loads 함수 ... 64
loss of significance ... 208
LU 분해 ... 244

M

Machine Learning ... 1
matplotlib ... 254

matplotlib.axes.Axes 클래스 … 262
Maximize … 268
Minimize … 268
MSE … 366

N

Natural Language Toolkit … 1
ndarray 타입 … 216
negative definite … 146
negative semidefinite … 145
np.arange … 216
np.array … 216
np.dot … 231
np.exp … 226
np.linalg.inv 함수 … 242
np.linalg.solve 함수 … 243
np.linspace 함수 … 257
np.log … 226
np.meshgrid 함수 … 265
np.random 모듈 … 246
np.random.RandomState 클래스 … 252
np.random.seed 함수 … 249
np.sqrt … 226
NLTK … 1
NumPy … 7

O

open 함수 … 59
optimal solution … 269
orthogonal matrix … 140
oscillation … 148
overfitting … 340

P

parametric representation … 90

partial derivative … 194
partial differentiation … 194
PCA … 412
PEP 8 … 28
pickle 모듈 … 61
pip … 14
pip3 … 15
plot 메소드 … 261
plot 함수 … 255
polynomial regression … 346
positive definite … 144
positive semidefinite … 144
precision … 420
predict 메소드 … 334
Prediction … 4
preimage … 76
primitive function … 188
projection … 91
PyTorch … 1

Q-R

quadratic form … 198
Radical Basis Function … 399
rand 함수 … 246
randint 함수 … 247
range 함수 … 38
rank … 123
RBF … 399
Read-Eval-Print Loop … 18
Reinforcement Learning … 4
REPL … 18
reshape 메소드 … 219
RMSE … 339
Root Mean Square Error … 339
rstrip 메소드 … 59

S

scatter 함수 ... 256
Scikit-learn ... 1
SciPy ... 238
scipy.linalg.svd 함수 ... 417
scipy.optimize.linprog 함수 ... 271
scipy.stats.norm.cdf 함수 ... 311
scipy.stats.norm.pdf 함수 ... 310
second derivative ... 171
seed ... 248
self ... 53
separating hypersurface ... 397
Set ... 49
set 함수 ... 50
set_ylim 메소드 ... 261
show 함수 ... 255
Singular Value Decomposition ... 416
singular vector ... 416
slack variable ... 390
smooth function ... 171
sparse matrix ... 238
sparsity ... 366
sqrt 함수 ... 207
square matrix ... 111
str 함수 ... 34
subplots 함수 ... 261
sum 메소드 ... 247
Supervised Learning ... 4
SVD ... 416
SVM ... 375
symmetric matrix ... 143

T

target ... 324
TensorFlow ... 1
toarray 메소드 ... 240
tocsc 메소드 ... 240
tocsr 메소드 ... 240
tolerance ... 420
try문 ... 65
Tuple ... 45
type 함수 ... 29

U-Z

universal function ... 227
Unsupervised Learning ... 4
Value ... 47
variance ... 350
Vector ... 5
while ... 39
with ... 60
writerow 메소드 ... 64
zero vector ... 79

ㄱ

가역행렬 ... 112
값 ... 47
강화 학습 ... 4
거듭제곱 ... 157
경사하강법 ... 278
고유벡터 ... 134
고윳값 ... 134
곡선 그래프 ... 256
공백 문자 ... 27
공분산 ... 305
공분산행렬 ... 306
공집합 ... 71
과적합 ... 340
교집합 ... 72
교차 검증 ... 356
극값 ... 186

극대	186
극댓값	186
극소	186
극솟값	186
극한	147
극한값	147
근의 공식	207
기본값	51
기울기	196
기하	85
꺾은선 그래프	254

ㄴ

난수열	248
내적	84
넘파이	214
네이피어 수	160
노름	81
논리곱	230
논리합	230
누적분포함수	311
뉴턴 방법	286

ㄷ

다중 그래프	258
다항 회귀	346
다항식의 미분	167
단위벡터	82
단위행렬	112
대각원소	111
대각행렬	111
대각화	138
대칭행렬	143
데이터 시각화	254
도함수	166

동치	125
등고선	262
등차수열	75
등호 제약	294
딕셔너리	47
딥러닝	3

ㄹ

라그랑주 곱셈자	294
라그랑주 곱셈자 방법	294
라그랑주 함수	294
라쏘 회귀	357
랭크	123
레이블	324
로그	162
로그함수	162
로지스틱 회귀	366
리스트	41
리스트 내포	44
릿지 회귀	340

ㅁ

마진	375
매개변수	51
매개변수표현	90
매끄러운 함수	171, 196
매직 명령어	24
매핑	47
맷플롯립	254
머신러닝	1
모듈	55
목적함수	268
무한수열	146
문자열	31
미분	166

미분계수	165
미적분	69

ㅂ

반복 가능	409
반복문	37
발산	147
방사 기저 함수	399
방향벡터	90
범용함수	227
법선벡터	93
벡터	77
벡터의 차	89
벡터의 합	88
변수	31
복사	43
복소벡터	78
부등호 제약	297
부분집합	71
부정적분	188
부호함수	209
분류	324
분리초곡면	397
분산	302
분산	350
붓꽃 데이터 세트	5
브로드캐스팅	226
블록행렬	107
비가역행렬	112
비교 연산자	214
비지도학습	4
빈	260

ㅅ

사상	75
투영	91
사이킷런	1
사이파이	238
산점도	256
상	76
상관계수	305
상삼각행렬	244
샘플	320
생성자	239
서브플롯	261
서포트 벡터	381
서포트 벡터 머신	374
선형 회귀	332
선형계획법	267, 269
선형대수학	77
선형독립	117
선형종속	116
선형합	321
세트	49
소프트 임곗값 함수	360
소프트플러스 함수	211
속성	52
수열	74
수학적 최적화	267
숫자 타입	29
스칼라	79
슬라이싱	33
시그모이드 함수	367
시드	248
시퀀스 타입	46
실벡터	78
실수 행렬	98
실수형	29
실현가능해	269
심층학습	3

ㅇ

아나콘다	7
야코비 행렬	289
양의 정부호	144
양의 준정부호	144
엘라스틱넷	424
여유변수	390
역	175
역함수	174
역행렬	112
연속	154
열벡터	104
영벡터	79
영행렬	103
예외 처리	65
예측	4
예측 오차	351
예측값	339
오른쪽극한	154
와인 품질 데이터 세트	337
왼쪽극한	154
요소	49
원상	76
원소	70, 78, 98
원시함수	188
위치벡터	86
유의성의 손실	208
유클리드 거리	405
음의 정부호	146
음의 준정부호	145
의사난수	248
이계도함수	171
이계편도함수	201
이산균등분포	308
이산형 확률변수	308
이차형식	198
이항연산	237
이항정리	167
인덱스	32
인수	34
인스턴스	52
일반항	74
일반화	346
일반화 성능	350
입력 학습 데이터	319
입력변수	332

ㅈ

자연로그	163
자연로그의 밑	160
재현성	252
적분상수	189
전역 난수 생성기	252
전치	103
전치행렬	103
접선	165
접선의 기울기	165
정규난수	412
정규부분	313
정규분포	309
정규직교	141
정규화항	340
정밀도	420
정수형	29
정의역	76
정적분	192
젠심	1
조건문	37
조밀행렬	238
좌표강하법	357
좌표계	415
주석	28

주성분 분석	412
주피터 노트북	20
중첩 리스트 내포	44
증감표	185
지도 학습	4
지수법칙	157
지수함수	159
직교행렬	140
진동	148
집합	49, 70

ㅊ

차원	78
차원 압축	325
차원 축소	4
차집합	72
참조	43
첨자	74
초평면	95
최댓값	186
최소제곱법	327
최솟값	186
최적해	269
출력 학습 데이터	319
치환행렬	244

ㅋ - ㅌ

카루시-쿤-터커 조건	300
커널 기법	397
커널 함수	398
클래스	52
클러스터링	4, 325
키	47
타깃	324
텐서플로	1

통계량	302
튜플	45
특수 메소드	54
특이 벡터	416
특잇값 분해	416
특징	320
특징 벡터	5, 324
특징 행렬	324

ㅍ

파이썬 가상 환경	15
파이토치	1
패널티항	340
편도함수	194
편미분	194
편향	350
평균변화율	165
평균제곱근 오차	339
평균제곱오차	366
평행 관계	80
표본분포	259
표준 라이브러리	52
표준편차	302
풀 랭크	125
피즈버즈 문제	39

ㅎ

하삼각행렬	244
하이퍼 파라미터	345
학습 데이터	319
할당 연산자	31
함수	50, 76
합성함수	173
합집합	72
행렬	98

행렬식	114
행렬의 크기	99
행벡터	104
허용 오차	420
헤시안 행렬	197
홀드아웃 검증	339
확률밀도함수	309
확률변수	307
회귀	324
희소성	366
희소행렬	238
히스토그램	259

etc

__init__ 메소드	53, 364
__str__ 메소드	54
1계미분	369
1차변환	128
2계미분	370
2차계획법	272
2차원 배열	217